Preussischer Staat
Hamburg
Auedeich

Kurt Wagner · Rudolf Meier · Hinrich Stroh

FINKENWERDER

Auf den Spuren der Vergangenheit

«Das Garnstück»
Zeichnung von August Pahl

Kurt Wagner · Rudolf Meier · Hinrich Stroh

FINKENWERDER

Auf den Spuren der Vergangenheit

M. Glogau jr. Verlag · Hamburg 1

2. Auflage

Gesamtherstellung Clausen & Bosse, Leck
ISBN 3-920384-30-X
Printed in Germany
– L/A –

1
Das Grußwort vom Reg. Bürgermeister der Freien und Hansestadt Hamburg, Klaus von Dohnanyi, zum 750jährigen Bestehen von Finkenwerder

Ein liebenswertes Kleinod Hamburgs, ein Stück Geschichte und Zukunft der Hansestadt begeht in diesem Jahr ein großes Jubiläum: Finkenwerder, das sich nicht nur für die Hamburger mit vielen Erinnerungen an gestern, sondern auch mit Hoffnungen auf morgen verbindet, feiert seinen 750. Geburtstag. Dazu gratuliere ich auch im Namen des ganzen Senats sehr herzlich.

Ein Blick in die Annalen von Finkenwerder, zu dem gerade auch dieses Buch einlädt, macht vieles sichtbar von dem, was die in weiten Teilen immer noch idyllische und anheimelnde Elbinsel für ihre Bewohner und für Hamburg bedeutet. Für manche ein Stück Paradies, für viele harte Arbeit, Opfer und gerade deshalb Heimat, für alle aber eine Aufgabe, die Zukunft zu gestalten und die Spuren der Vergangenheit zu sichern.

Wer Hamburger nach Finkenwerder fragt, der hört viel über diese Insel – unterschieden von Generation zu Generation, von Beruf, Herkunft und Geschlecht.

Ganz obenan stehen Fischerei, Obstanbau, später Schiffbau, immer wiederkehrende Zerstörungen durch Sturmfluten aber auch ein reges eigenständiges und prägendes Kulturleben, angeregt durch die Reize der Landschaft und die Überlieferung von alten Sitten und Bräuchen.

Finkenwerder, dessen Bewohner schon früh ihre Augen auch auf Hamburg warfen und dort Arbeit und Brot suchten, das oft genug leichter verdienbar erschien, hat immer die Verbindung zum Nachbarn Hamburg gesucht.

Der größte Heimathafen der deutschen Segelfischereiflotte ist Finkenwerder nicht mehr. Der Aufschwung der Seefischerei um die Jahrhundertwende war von kurzer Dauer.

Mit Beginn des 20. Jahrhunderts hat sich dann auch das Gesicht und die Struktur Finkenwerders mehr und mehr verändert. Werften und Industrie, Sturmflutschutz und leistungsfähigere Verkehrsverbindungen zum Festland hinterließen tiefe Spuren. Und doch hat Finkenwerder seine Eigentümlichkeiten, seine besonderen Wohn- und Siedlungsformen und allem voran seinen besonderen Menschenschlag, bis heute behalten. Eigenwillige, zupackende und ideenreiche Leute waren es wohl immer, die dafür gesorgt haben, daß Finkenwerder auch nach Sturmfluten und Bombenhagel wieder auf die Beine kam und heute nicht nur von Erinnerungen leben muß, sondern ein guter Industrie- und Wirtschaftsstandort ist.

Von dem Weg durch die vergangenen Jahrhunderte, von der Trennung bis zur Vereinigung Finkenwerders mit Hamburg haben – da bin ich sicher – alle profitiert. Und so – denke ich – läßt sich auch ein wenig Wehmut über die durchlebte Vergangenheit in der berechtigen Hoffnung auf eine gute Zukunft Finkenwerders an der Seite Hamburgs auffangen.

Klaus von Dohnanyi
Erster Bürgermeister der Freien und Hansestadt Hamburg

2 An miene leeben Landslüüd

Un's Fie'r.

Wü freit uns, dat wü in düt Joar dat Fest «750-Joar-Finkwarder» fiern döt.

No uns Wünschen schall dat een Fie'r war'n, bi dee wü de Gelegenheit nutzen wöt, de eegenwillige un tragische Entwicklung von düsse ehemolige Elvinsel dortostillen.

Vör uns hett dat veele groode Lüd geben, de mit ganzen Harten un mit veel Insatz föa'r de Sook Finkwarder arbeit hebbt. Gegen de Gewalten von de Natur un gegen de Plonungen von de Afkoten un Behörden.

De Finkwarders hebt veele Kämpfe verloren ober nie den Moot un de Morol. Se hebt rechtiedig lier't, ut jede schwierige Sook dat Beste to mooken.

De Vergangenheit uptoteeken wür een Anforderung an den Inhalt von düt Book.

In de Gegenwart hebt wü een jüngere Generaschoon, de opgeklärt un krietisch is.

De Sook Finkwarder mütt ober ook in de Tokunft pleegt un erhoolen war'n.

Dat Joar 1236 is von de Geschichtsforschern ans dat Geburtsjoar von uns Elvinsel fastlegt wor'n, wiel doar in een Urkunde Finkwarder dat ierste Mol neumt wür. De Anlaß wür een Vergliek twüschen eenen Erzbischof un eenen Herzog.

Dat is to vermoden, dat dat uns Finkwarder al eenige Joar'n vörher geben hett. Un's Vörfoahrn hebt ober mit düsse Geschicht left, un veele von uns ölleren Inwohner köönt sich noch an dat Joar 1936 erinnern, an's hier de 700 Joar-Fier wesen is.

Wü wöt hoffen, dat de Vörteeken 1986 beter sünd ans de von 1936, un dat Finkwarder in'n goode Tokunft kieken kann.

Mien größte Wunsch is een harmonschen Verloop von uns 750-Joar-Fier, doarmit düt Fest al de Gäst un uns in bester Erinnerung blieben ward.

Heimatvereinigung Finkenwerder

3 750 Jahre Schicksal Finkenwerder

Verfasser: Kurt Wagner, Finkenwerder

Unter mehreren Überschriften hat Finkenwerder eines der wichtigsten Stücke in der Geschichte der Unterelbe geschrieben.

Als

Elbinsel, die bis etwa 1900 von Fischreichtum umgeben war.

ein Land, das für den Anbau von Kernobst den idealen Boden hat.

Heimathafen der größten deutschen Segelfischerei-Flotte.

Paradies zwischen dem hohen Nordufer, der Norderelbe und dem weiten Marschland der Süderelbe, das den Künstlern alle Motive und Umwelt einer einmalig schönen Flußlandschaft liefert.

eine in einen Hamburger Teil und einen Lüneburger bzw. Preußischen Teil bis 1937 getrennte Insel.

erste der besiedelten Elbinseln für die von See kommenden, auf dem Weg nach Hamburg fahrenden Schiffe.

Ausflugsziel für Hamburger, die an den Wochenenden zwischen 1892 bis 1960 Entspannung und Erholung suchten.

Opfer vieler Sturmfluten, die Finkenwerder als erstes großes Hindernis im Flußbett der Elbe oft grausam zurichteten.

Objekt großer Planungen, wie Hafenerweiterung, Wasserflughafen und Verkehrsflugplatz.

Standort auf Zeit für eine – über Jahrzehnte bekannte, große, moderne Schiffswerft, den größten deutschen U-Boots-Bunker, eines Marinestützpunktes und einer Seemannsschule.

Ziel von Bombenangriffen, die von englischen Luftwaffeneinheiten in den Kriegsjahren von 1940 bis 1945 geflogen wurden.

Standort eines Flugzeugwerkes, eines Stahlwerkes, eines Aluminiumwerkes, vieler gut geführter Familienunternehmen und vieler guter, alter Handwerksbetriebe.

Stadtteil der Hansestadt Hamburg, in dem auch echte Hanseaten wohnen.

Elbinsel, die schon mal von Franzosen, Russen und Engländern besetzt war.

Heimat anerkannter Künstler, Schriftsteller und Heimatdichter.

Bühne vieler kultureller Veranstaltungen.

ein Ort, in dem die plattdeutsche Sprache in Wort, Schrift und Gesang zu Hause ist.

ein Ort, der trotz seiner schicksalsreichen Geschichte seinen Freunden immer noch Gelegenheit gibt, gute alte Traditionen und Bräuche zu pflegen.

Wenn sich heute die Insel als eine Einheit darstellt, ist es nicht zu übersehen, daß die über mehrere hundert Jahre anhaltende Teilung der Insel auch einen Einfluß auf die doch recht unterschiedlich verlaufene Entwicklung der Lüneburger Seite und Hamburger Seite genommen hat.

Die Wege der ersten Siedler der Lüneburger Seite führten durch die Dörfer Hasselwerder, Francop, Neuenfelde und über die Süderelbe auf die Elbinsel. Noch heute werden Gemeinsamkeiten mit den Bewohnern des Alten Landes festgestellt.

Die Kontakte zum Hafen, Nienstedten, Blankenese, zu Altona und zur Hansestadt Hamburg prägten mehr und mehr die Mentalität der Bewohner der Hamburger Seite.

Die Lüneburger Seite hat die Ausbreitung der Industrie innerhalb ihrer Grenzen kaum zu spüren bekommen, während die Hamburger Seite seit 1900 mit Planungen und Bau aller Arten von Gebäuden, Anlagen und Industriebetrieben überrollt wurde.

Im Jahre 1236 wurde Finkenwerder erstmals und danach regelmäßig in Urkunden erwähnt.

Die weitere Art der Aufzeichnung über diese Zeitspanne stellt sich wie folgt dar:

Ab 1419 gibt es Vermerke über die Bewohner mit Angabe der Familiennamen.

1568 erschien in der Elbkarte von Lorich eine Grafik der Elbinsel Finkenwerder.

Ab 1621 wurden die Kirchenbücher regelmäßig geführt.

Etwa 1850 erschienen die ersten Werke der Landschaftsmaler mit Motiven unserer Elbinsel.

Ab 1850 gibt es die ersten Fotografien.

Das Fotografieren spielte sich zunächst in den Ateliers der Fotografen ab. Es wurden ab ca. 1860 qualitativ gute Fotografien von Mitmenschen gemacht.

So ab 1900 verließ man die Ateliers und fotografierte Gebäude, Schiffe und Ereignisse. Mit einer Zeitverzögerung wurde auch die Landschaft als Motiv entdeckt.

Die erste Schrift über Finkenwerder erschien um 1760, das erste Buch 1860.

Von 1902 an gibt es Finkenwerder in allen Dokumentationsformen, Urkunden, Landkarten, Zeichnungen, Grafiken, Gemälde und Fotografien.

Einige wichtige Ereignisse aus der Zeitgeschichte und der Geschichte Finkenwerders sind nachstehend aufgeführt.

22.09.1236 Original-Text der Urkunde

Erzbischof Gerhard II. von Bremen und Herzog Otto von Braunschweig errichten folgenden Vergleich: Der Erzbischof belehnt den Herzog mit den beiden Inseln Gorieswerder* und Finkenwerder, mit der Grafschaft über die beiden Gauen Hittfeld und Hollenstedt**, mit 150 Mark Pfennigen jährlich Grafenschatzes und mit 100 Pfennigen, welche Anderen lehnbar verpfändet sind, und verspricht, ihm 1600 Mark Geldes in drei Tagen dieses Jahres zu bezahlen. Dafür verzichtet der Herzog auf seine Ansprüche gegen den Erzbischof wegen Lehngüter.

Ueber Eigenthum und Dienstmannen aber soll der Kaiser am bestimmten Gerichtstage entscheiden*. Die Schlösser Ottersberg und Harburg** sollen gänzlich zerstört und nie wieder aufgebaut werden. Keiner soll dem anderen näher als jetzt ein Schloß bauen, noch die Unterthanen des anderen, die sich eines Verbrechens gegen denselben schuldig gemacht haben, in Schutz nehmen. Denen, die im Kriege dem einen oder anderen geholfen haben, sollen ihre Güter restituirt werden.

---

* Über Görieswerder cfr. die beiden Urkunden der Jahre 1297 und 1306 in P. F. Suhm Historic af Danmark. XL Tomc. Kjobenhavn 1812, 40 pag. 876 und 899, von denen die erstere auch in Lappenberg's Hamburgischem Urkundenbuche I. pag. 748 No DCCCXCVII.

** In einer Urkunde vom 24. Oct. 1240 wird die Go Holdenstede und darin Rothen und Thiederstorp (also Kaden und Dierstorf) genannt. Holdenstede ist also das jetzige Hollenstedt bei Moisburg. In einer Urkunde über dieselben Güter de 1244 heißt es: «Acta in uilla Hollenstede in plebicito quod uulgo gothinc appallatur». In einer Urkunde de 1272 (cfr. v. Hodenberg Verdener Geschichtsquellen. Zweites Heft pag. 140 und 141 in der Anmerkung) heißt es: «Sprotzelo (jetzt Sprötze) in parrochia holdenflede in comitatu ftadenfi.» Hollenstedt lag also in der Grafschaft Stade.

1427 Graf Otto II. von Holstein und Schauenburg verpfändet dem Hamburger Ratsherrn Erich v. Tzewen seinen Teil, den nördlichen Teil der Insel Finkenwerder.

1445 Graf Otto II. von Holstein und Schauenburg verpfändet dem Rat der Stadt Hamburg seinen Teil des in der Elbe gegenüber Nienstedten gelegenen Finkenwerder, dessen anderer Teil dem Herzog von Braunschweig Lüneburg gehört.

1445 Erich von Tzewen sorgt dafür, daß die Nordseite der Insel neu eingedeicht wurde.

1446 Der Rat der Stadt Hamburg bekundet, daß er, nachdem er vorher an den Hamburger Ratsherren Erich von Tzewen verpfändete, vor der Stadt Hamburg gelegene Hälfte Finkenwerders von Graf Otto II. von Holstein und Schauenburg käuflich erworben hat.

1446 Für Hamburg war der Besitz der nördlichen Hälfte der Insel von großer wirtschaftlicher Bedeutung, da man so ein Umfahren des Handelsplatzes Hamburg von der Unterelbe über die Dradenau nach der Süderelbe verhindern konnte. Auch sicherten die Hamburger sich die reichen Fischgründe bei Finkenwerder.

1508–1511 Die Nordhälfte der Insel wird durch Sturmfluten stark verwüstet, die Deiche total zerstört.

1568 Vertrag über die Grenzverlegung. Die Landscheide, ein alter schon 1420 erwähnter Elbarm, wird die Grenze zwischen den beiden Inselhälften.

1603–1612 Man nimmt an, daß in dieser Zeit die erste Eindeichung beider Inselhälften erfolgt ist.

1618–1648 Dreißigjähriger Krieg. Die Insel ist vom Krieg verschont geblieben.

1705 Lüneburgisch Finkenwerder fällt durch eine Erbschaft an Hannover.

1756–1763 Siebenjähriger Krieg, ohne Bedeutung für Finkenwerder.

1800 Senator Wilhelm Amsink läßt Finkenwerder neu eindeichen und erläßt 1801 die Amsinksche Deichverordnung «Verfügung für das Finkenwerder Deichwesen».

1810–1814 Besetzung durch die Franzosen (Machtentfaltung des ersten französischen Kaiserreiches).

1814 Besetzung durch die Russen.

1862 Dänemark verliert den Krieg gegen Preußen und tritt Schleswig-Holstein und Lauenburg ab.

1866 Die Lüneburger Seite wird preußisch. Die Hannoveraner verloren ihren Krieg gegen Preußen.

1870/71 Krieg gegen Frankreich.

1914–1918 Der Erste Weltkrieg.

1918 Die Hamburger Seite Finkenwerders wird ein Stadtteil Hamburgs.

1936 700-Jahr-Feier der Elbinsel Finkenwerder.

1937 Durch das Groß-Hamburg-Gesetz wird die Lüneburger Seite in den Stadtteil Finkenwerder eingemeindet.

1939–1945 Der Zweite Weltkrieg.

1945 Besetzung der Elbinsel Finkenwerder durch britische Truppen.

1986 750-Jahr-Feier der Elbinsel Finkenwerder.

Von Bedeutung sind die Aufzeichnungen aus dem Lagerbuch des Amtes von 1667 (Amtslagerbuch). Aus diesen Aufzeichnungen lassen sich sehr viele wichtige Informationen über die Eingesessenen und das Leben der Lüneburger Seite ableiten.

Die wichtigsten uns überlieferten Daten stammen jedoch aus den seit 1621 geführten Kirchenbüchern. An den Zahlen der Geburten und Sterbefällen ist zu erkennen, daß in Finkenwerder erst ab 1780 stabile Siedlungsverhältnisse herrschten. Zwischen 1651 und

1779 überstieg die Zahl der Sterbefälle sehr oft die Zahl der lebend Geborenen.

Die Geschichte der Finkenwerder Kirche läßt sich nicht lückenlos aufzeigen. Es ist sicher, daß auf der Elbinsel Finkenwerder mindestens fünf Kirchen gebaut wurden.

In den Jahren 1436 und 1511 wird das Vorhandensein einer Kirche auf Finkenwerder erwähnt. Die Elbkarte von Lorich zeigt 1568 eine Kirche innerhalb der eingedeichten Lüneburger Seite. Diese Kirche ist vermutlich 1568 abgebrochen worden.

Im Jahre 1617 wurde wieder eine neue Kirche gebaut. Wie lange sie genutzt werden konnte, ist nicht genau bekannt.

Es wurde zwischen 1754 und 1756 eine Kirche gebaut, von der es eine Grafik gibt (Abb. S. 157) die am 17.03.1756 eingeweiht wurde. Diese Kirche wurde im Jahre 1881 abgebrochen.

Am 02.09.1880 war Grundsteinlegung und am 13.11.1881 die Einweihung der St. Nikolai-Kirche, die noch heute als ein besonders schönes Bauwerk, im neugotischen Stil, von unserer protestantischen Gemeinde geliebt und besucht wird.

Bis zum Bau dieser Kirche gab es mindestens 16 Pastoren in Finkenwerder:

Otto Tynsdal wird 1439 namenhaft gemacht. Joh. Brand wird 1568 erwähnt. Sebastian König wird 1590 genannt. Joh. Schulze ist von 1621 bis 1646 (25 Jahre) im Amt. Eibert Janzen von 1647 bis 1678 (31 Jahre). Michael Pflug von 1678 bis 1714 (36 Jahre). Joh. Friedr. Overbeck von 1714 bis 1724 (10 Jahre). Joh. Heinr. Ziehn von 1724 bis 1755 (31 Jahre). Daniel Conr. Heinr. Evers von 1756 bis 1765 (9 Jahre). Joh. Heinr. Evers, Bruder von Daniel Conr. Heinr. Evers von 1765 bis 1777 (12 Jahre). Aug. Ludw. Eggers von 1777 bis 1784 (7 Jahre). Eberhard Ludw. Hansemann von 1784 bis 1794 (10 Jahre). Henning Friedr. Christoph Pott von 1794 bis 1826 (32 Jahre). Georg Friedrich Strekkewald von 1824 bis 1836 (12 Jahre). Joh. Friedrich Justus Müller von 1836 bis 1858 (22 Jahre). Friedrich Wilh. Bodemann von 1858 bis 1883 (25 Jahre).

Von den Erwähnten liegen bei 13 Personen Angaben über die Amtszeit in Finkenwerder vor.

Für mindestens 8 von ihnen war die Aufgabe, die sie in Finkenwerder übernahmen, zugleich ihr Lebenswerk.

Sie setzten sich mit allen Problemen des grauen Alltags auseinander und standen der Bevölkerung mit Rat und Tat zur Seite. Große Schwierigkeiten entstanden ihnen durch die Teilung der Insel.

Vor dem Bau der ersten Kirche waren die Eingesessenen der Lüneburger Seite in Hasselwerder oder Estebrügge und die der Hamburger Seite in Nienstedten eingepfarrt. Von 1436 bis 1417 mußten die Bewohner der Hamburger Seite den Weg über die Elbe zum Kirchgang nach Nienstedten antreten. Am 17.03.1617 wurde der Zusammenschluß der beiden Inselgemeinden zu einer Kirchengemeinde «auf ewige Zeiten» vollzogen.

Nach Zerwürfnissen zwischen den beiden Gemeinden kam es zwischen 1660 und 1672 zu einer Trennung auf Zeit. Als im Jahr 1712 in Hamburg die Pest ausgebrochen war, kam es im Jahr 1713 zu schweren Auseinandersetzungen, den Bewohnern der Hamburger Seite wurde der Zugang zur Kirche verweigert. Es gab im Laufe der Jahre weitere Konflikte, die erst nach dem Bau und der Einweihung der St. Nikolai Kirche 1881 beigelegt waren.

Die Pastoren litten gemeinsam mit der Bevölkerung an den alljährlich wiederkehrenden Sturmfluten, die für die Elbinsel oft verheerende Folgen hatten.

Zur Zeit der schweren Sturmfluten gab es viele Schäden an Deichen und Gebäuden. Es wurde mit der reißenden Flutwelle oft das ganze Hab und Gut und die Ernte eines ganzen Sommers vernichtet und fortgespült.

Nicht selten mußten von einer hungernden Bevölkerung harte Wiederaufbauarbeiten an Deichen, Gebäuden und Einrichtungen geleistet werden.

Finkenwerder erlitt bis 1800 durch die Sturmfluten große Schäden.

In jedem Jahrhundert gab es mindestens eine besonders starke Sturmflut, die die Fähigkeiten der Erbauer der Deiche, im Kampf gegen die Natur in Frage stellten.

Zumal die Bemühungen dieser Leute sicherlich Einfluß auf die Form unserer Elbinsel genommen haben.

Die ersten verbindlichen Aufzeichnungen mit allen Elbinseln und Stromverzweigungen ist die Elbkarte von Michael Lorich aus dem Jahre 1568. In dieser Karte wird Finkenwerder als ein von der Natur geformtes Stück Land dargestellt.

Die 1762, 1853 und 1904 gezeichneten Karten zeigen deutliche Veränderungen an der Form der Insel.

Es ist auch zu erkennen, daß die Hamburger Seite durch die Flutwelle mehr gefährdet war. Das vor Finkenwerder liegende Stück der Elbe zwischen Nienstedten und Schulau hat die Form eines gerade verlaufenden Kanals, der die Flutwelle bei westlichem Wind so ausrichten kann, daß sie theoretisch nur über den Hamburger Teil der Insel läuft. Die Lüneburger Seite liegt im Schutz der vorgelagerten Estemündung.

Die Hamburger Seite hatte mit den Sturmfluten mehr Sorgen.

Die Geschichte der Sturmfluten wurde schon sehr früh dokumentiert. Weit vor 1236 wurden die Sturmfluten mit Angabe der Jahreszahl in den Urkunden erwähnt.

Ab 1662 gibt es eine fast lückenlos geführte Aufzeichnung aller Sturmfluten mit genauer Angabe und der in Hamburg gemessenen Sturmflut-Scheitelhöhe.

Ein Auszug aus diesen Aufzeichnung mit Angabe schwerer Sturmfluten zwischen 1717 und 1825:

24./25. Dezember 1717
506 cm über NN

24. November 1736
484 cm über NN

15. November 1745
432 cm über NN

11. September 1751
511 cm über NN

08. Oktober 1756
518 cm über NN

31. August 1777
453 cm über NN

25. Januar 1788
437 cm über NN

22. März 1791
512 cm über NN

10. Dezember 1792
520 cm über NN

03. März 1793
449 cm über NN

27. Februar 1806
463 cm über NN

26. Dezember 1806
442 cm über NN

03. November 1824
434 cm über NN

25. November 1824
482 cm über NN

03./04. Februar 1825
520 cm über NN

27. November 1825
473 cm über NN

Auffallend ist an dieser Zusammenfassung, daß man im Jahr 1777 im August und im Jahr 1793 im März je eine schwere Sturmflut hatte.

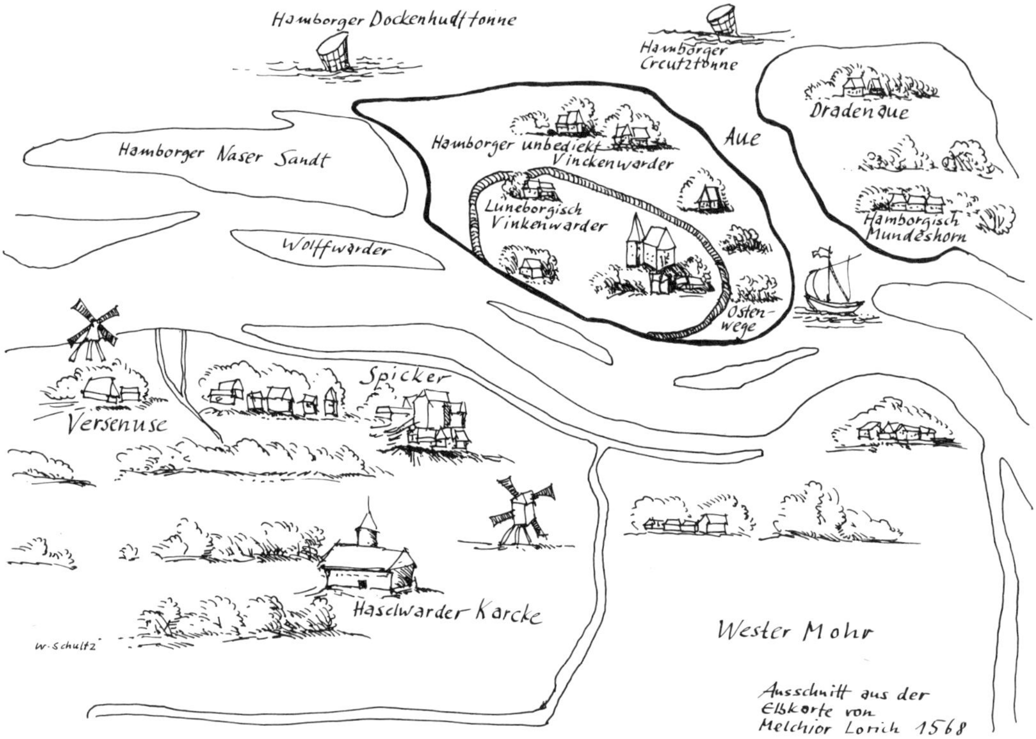

Elbinsel Finkenwärder Anno 1762

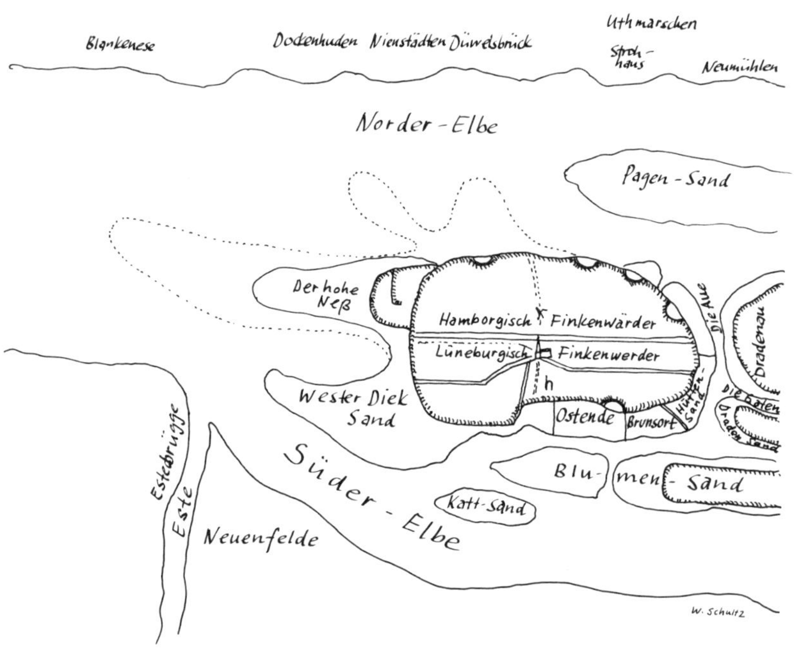

Neuenfelde
Francop
Rosengarten
Este
Alte Süder Elbe
Neufeld
Altenwärder
Hannov.
Grenze
Finkenwerder
Neß
Hamb.
Hornsand
Blumensand
Tradenau
Die Aue
Köhlfleth
Nessfall
Waltershof
Nienstädten
Teufelsbrücke
Develgönne
Neumühlen
Mühlenwerder
1853

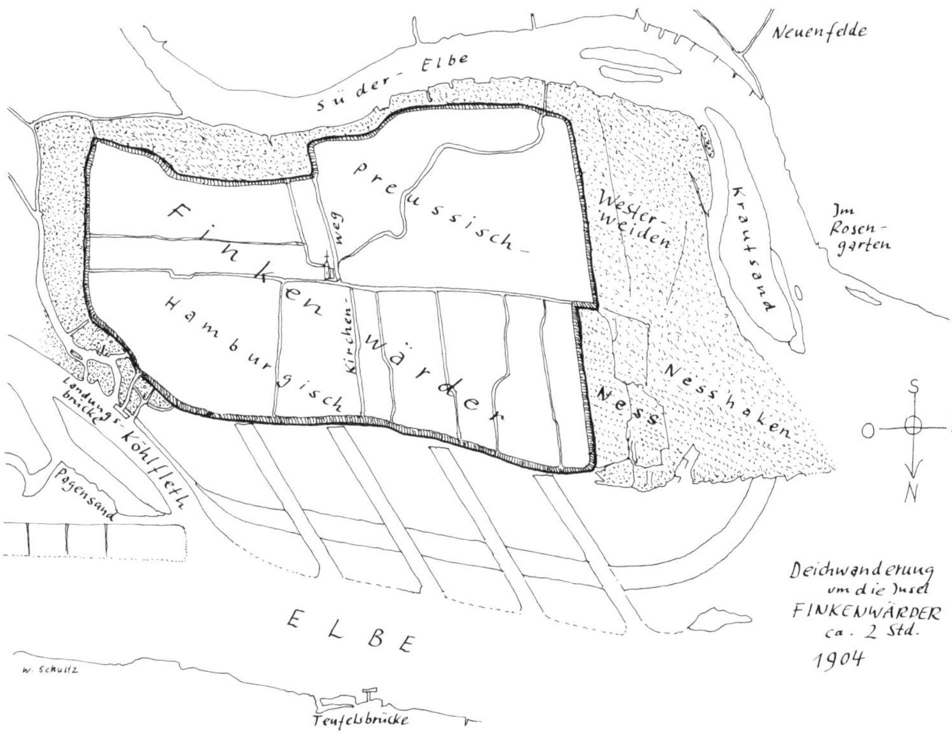
Neuenfelde
Süder-Elbe
preussisch-
Finkenwärder
Hamburgisch
Weg
Kirchen-
Wester-weiden
Krautsand
Im Rosengarten
Ness
Nesshaken
Landungsbrücke
Köhlfleth
Pagensand
S
O
W
N
ELBE
Deichwanderung um die Insel FINKENWÄRDER ca. 2 Std.
1904
W. Schultz
Teufelsbrücke

Ebenso auffallend ist die Häufigkeit von 16 schweren Sturmfluten in 108 Jahren. Für Reparaturen blieben den Inselbewohnern in diesem Abschnitt wenig Zeit.

Die Reparaturarbeiten waren für alle Beteiligten mit hohem Aufwand verbunden. Nach jedem Deichbruch fehlten mehrere Kubikmeter Material, um die Lücken zu schließen. Alle Transportwege führten über die Nord- oder Süderelbe.

Der Hamburger Senat forderte zu Sammlungen in den Kirchen auf.

Nachstehend der Inhalt einiger Forderungen:

1743
«Die Herstellung der Deiche fällt den Bewohnern ganz unmöglich, wie denn schon einige ihre Häuser und Ländereien mit dem Rücken ansehen, viele andere aber ohne außerordentliche Hilfe ein gleiches zu tun unumgänglich werden gezwungen sein.»

1751
«Finkenwärder, das durch dergleichen Unglücksfälle bereits erschöpfte Land, ist bei der letzten Sturmflut fast aufs äußerste gebracht. Der ganze 8½ Hundert Ruten sich erstreckende Deich ist verwüstet und fast durchgängig bis auf den Fuß weggespült. Außer vielen beinah umgekehrten und verwüsteten Wohnungen sind 11 Häuser ganz weggetrieben, 9 Menschen ertrunken. Die noch auf dem Felde stehende Ernte ist verwüstet, die eingeerntete in den überströmten Scheunen verdorben. Das Land steht den Winterfluten offen. Das Vermögen reicht nicht aus, den Deich wieder herzustellen.»

1791
«Die Deiche haben bei der letzten Sturmflut sehr gelitten, beinahe der dritte Teil der ganzen Deichstrecke muß von Grund auf neu aufgeführt werden.»

1792
«Die Flut vom 21. zum 22. März des vorigen Jahres würde den gänzlichen Ruin zur Folge gehabt haben, wenn Beihilfen nicht gewesen wären. Sie haben aber bei weitem nicht ausgereicht, die Deiche auf die vorige Art wiederherzustellen, viel weniger das Deichwesen so einzurichten, daß künftig derartige Verwüstungen nicht mehr zu befürchten sind.»

1794
«Die Flut vom 3. März 1793 hat nicht nur alle Ausbesserungen der Deiche und Häuser wieder zerstört, auch manche Häuser fortgerissen. Die Unterstützung reicht nicht aus; in Finkenwärder sind manche außerstande, ihre Deiche und Wohnungen wieder herzustellen.»

Aus diesen Ausführungen läßt sich eine gewisse Hilflosigkeit erkennen. Es war weit und breit keine Lösung in Sicht, mit der man die Deiche gegen die Sturmfluten sicherer machen konnte.

Nach diesen vielen Rückschlägen war die Motivation der Bewohner der Hamburger Seite zum Thema Deichbau auf ein Minimum gesunken.

Auf der Lüneburger Seite waren die Deiche, unter strenger Aufsicht, in einem den Anforderungen entsprechenden Zustand.

Mit großer Sorge wurde hier auf den schlechten Zustand der Hamburger Deiche geschaut.

Für die Hamburger war das Beispiel der Lüneburger Seite ein Beweis, daß es auch anders geht. Der ständige Wechsel der für Deichfragen verantwortlichen Landherren und weitere Mängel in der Organisation könnten die Ursache für die verheerende Situation gewesen sein.

Es kam auch zu Verhandlungen mit der hannoverschen Regierung, um gemeinsam Lösungen zu erarbeiten.

Es ging vor allem um die Frage, ob hohe flutfeste Deiche oder niedrigere, mit Überlauf versehene Deiche, für Finkenwerder die richtige Lösung wären.

Die Freunde der niedrigen Sommerdeiche sahen folgende Vorteile:

Es würde weniger Deichbrüche geben. Das Wasser würde, über die niedrigen Deiche, sanfter ins Land laufen. Mit den Überschwemmungen würde fruchtbarer Elbschlamm auf die Felder gespült.

Es wurde zwischen Hamburg und Hannover vereinbart, daß die Finkenwerder Deiche mit äußerst flachen Überlaufstellen für höhere Fluten versehen werden sollten.

Nachdem um 1799 dieser Plan aufgegeben war, bearbeitete man eine schon im Jahre 1792 entworfene Deichverordnung und setzte diese beim Senat durch. Bei Aktionen trat ein Mann in Erscheinung, der sich voll für die Sache Finkenwerders einsetzte, der Senator Wilhelm Amsinck.

Es wurde von den anerkannten Wasserfachmännern Woltmann und Heydemann unterstützt. Das gesamte Projekt Deichbau, einschließlich Schleusen und Sielbau wurde gewissenhaft durchgearbeitet von der Planung bis zur Vollendung.

Es war dem Einsatz Amsincks zu verdanken, daß die notwendigen finanziellen Mittel für dieses Projekt bereitgestellt werden konnten.

Es gab im Hamburger Senat auch Stimmen, die den Hamburger Teil der Insel aufgeben wollten.

Mit dieser Aufgabe hätte Hamburg aber auch die Fischereirechte in der Elbe um Finkenwerder und einen wichtigen Stützpunkt in einer politisch angespannten Zeit an Hannover verloren.

Nach Wilhelm Amsincks Amtszeit als Landherr im Jahr 1801 wurde die «Verfügung für das Finkenwerder Deichwesen» erlassen. Von ihm wurde durchgesetzt, daß neben dem Landherren ein ständiger Deichkommissar beauftragt wurde, der die Aufgabe hatte, die rein technischen Fragen des Deichwesens zu erledigen. Die Verwaltung war weiterhin Aufgabe des Landherrn.

Er selbst übernahm von 1801 an das Amt des Deichkommissars und behielt es auch, als er 1802 bis zum Ende seiner Amtszeit im Jahre 1810 zum Bürgermeister gewählt wurde. Durch seine ständigen Bemühungen ist es dann schließlich gelungen, die Deiche in einen noch nie erreichten Zustand von Vollkommenheit zu bringen.

1805 wurde der Norderdeich, der eine zu steile Außenböschung hatte, an einer Probestrecke von 80 m vor dem alten Deichfuß mit einem 2 m hohen Schutz aus Granitfindlingen mit Steinhinterfüllung verstärkt. Diese Probestrecke bekam 1903, als Straße, den Namen Steendiek.

Die Deichbauarbeiten, die in den «Verfügungen für das Finkenwerder Deichwesen» von 1801 vorgeschrieben waren, fanden 1819 ihren Abschluß.

Am 3. und 4. Februar 1825 gab es die erste Prüfung durch eine besonders schwere Sturmflut.

Die Deiche wurden in ganzer Länge überflutet. Auf der Lüneburger Seite waren 20 Durchbrüche und Kappstürze in einer Gesamtlänge von 520 m entstanden, auf der Hamburger Seite 6 Deichbrüche von 20 bis 150 m Breite, 22 Kappstürze von denen der größte 80 m Breite aufwies und zwei Grundbrüche von ca. 30 m Breite.

Gemessen an den bei dieser Sturmflut auf anderen Elbinseln entstandenen Schäden war ein Fortschritt zu erkennen. Es wurde allen Beteiligten klar, daß das Thema Deichbau im Geiste Amsincks mit großer Disziplin weiter behandelt werden mußte.

Eine für die Elbinsel Finkenwerder schlimme Zeit brachte die Besetzung durch die Franzosen zwischen 1806 und 1814. Beide Inselhälften standen unter gemeinsamer Verwaltung der Franzosen.

Es hat unter den Finkenwerdern bis dahin oft die Wunschvorstellung gegeben, unter nur einer Verwaltung zu leben, aber nicht unter solchen Umständen.

Diese Besatzungszeit brachte viele Sorgen für die Insel. Das Ende der Franzosenzeit vollzog sich mit Hilfe Russischer Soldaten, die danach Finkenwerder besetzten.

Während ihrer kurzen Anwesenheit übertrafen sie die Franzosen in allen Unsitten.

Es dauerte einige Jahre bis man sich von den Auswirkungen dieser schrecklichen Zeit erholte.

Um 1830 begann für die Hamburger Seite ein Aufschwung der mehrere Ursachen hatte.

Blankenese war der Heimathafen der Hamburger Seefischerei-Flotte, der Ort gehörte seinerzeit zu Dänemark.

Die Fischerfahrzeuge unter Dänischer Flagge wurden von englischen Seeschiffen daran gehindert, ihre Fangplätze in der Nordsee zu erreichen.

Die Finkenwerder Fischer dagegen hatten unter der Flagge der Freien und Hansestadt Hamburg keine Schwierigkeiten und somit zog es viele Seefischer von der Oberelbe und Unterelbe nach Finkenwerder. Es wurden viele Blankeneser Fischereifahrzeuge übernommen. Für die Blankeneser gab es weitere Gründe sich aus der Seefischerei zurückzuziehen.

Bis etwa 1800 hatten die Blankeneser nichts gekannt als ihr Dorf, die Elbe, die See, die Fischerei und von der Stadt Hamburg den Fischmarkt.

Sie hatten gefischt, weil ihre Vorfahren gefischt hatten und kannten die Nordsee, sie lebten einfach und schlicht.

So um 1800 siedelten immer mehr wohlhabende Hamburger rund um den Süllberg und brachten großstädtische Bequemlichkeiten und Annehmlichkeiten nach Blankenese.

So sahen die Seefischer, daß es viele Wege gab, auf denen sie einfacher und schneller ihren Lebensunterhalt erwerben konnten als mit ihrem gefahrvollen Beruf.

Den Blankenesern war es nur Recht, mit den auf dem anderen Elbufer in unmittelbarer Nachbarschaft lebenden Finkenwerdern Nachfolger gefunden zu haben, an die sie ihre Fahrzeuge, einschließlich Zubehör, verkaufen konnten. Die Finkenwerder, die noch frei waren von aller großstädtischen Verfeinerung, faßten ihre neue Aufgabe mit dem nötigen Elan an.

Die Anzahl der Fischereifahrzeuge stieg ständig. Finkenwerder hatte:

1820	19 Fahrzeuge
1850	42 Fahrzeuge
1870	79 Fahrzeuge
1888	186 Fahrzeuge

Mit dieser Entwicklung zog es auch viele Handwerker, die mit der Fischerei ihr Geld verdienten, aus dem Raum der Unterelbe nach Finkenwerder.

Eine Betrachtung der Einwohnerzahlen der Jahre 1810 und 1880 zeigt:

Lüneburger	Seite 1810	472 Einwohner
Lüneburger	Seite 1880	718 Einwohner
Hamburger	Seite 1810	897 Einwohner
Hamburger	Seite 1880	2824 Einwohner

Die Einwohnerzahl der Lüneburger Seite nimmt um das 1,52 fache zu, die der Hamburger Seite in der gleichen Zeit um das 3,15 fache.

Man kann bei dieser Betrachtung davon ausgehen, daß die Zahlen der Lüneburger Seite den normalen Anstieg wiedergeben, während die Entwicklung auf der Hamburger Seite ungesunde Tendenzen zeigt.

Gut war, daß die neuen Siedler fast alle aus Norddeutschland kamen und sich sehr schnell anpassen konnten.

Im Bereich der Aue entstand ein richtiges Siedlungsgebiet. Es wurden dort nicht nur Wohnhäuser gebaut, sondern 1816 die Mühle, im Laufe der Jahre einige neue Gasthöfe und 1827 die Aueschule.

Die Geschichte der Schulen in Finkenwerder kann sich sehen lassen.

An der Landscheide, auf der Hamburger Seite, wurde bereits 1660 eine Schule gebaut.

Es war der Wille von 21 Bauern, die am 21. März 1660 den Antrag stellten, dort eine Schule – die heutige Westerschule – zu bauen.

Sie waren damit dem Preußischen König um 50 Jahre voraus, der erst 1717 die Schulpflicht für alle fünf- bis zwölfjährigen Kinder zum Gesetz erhob.

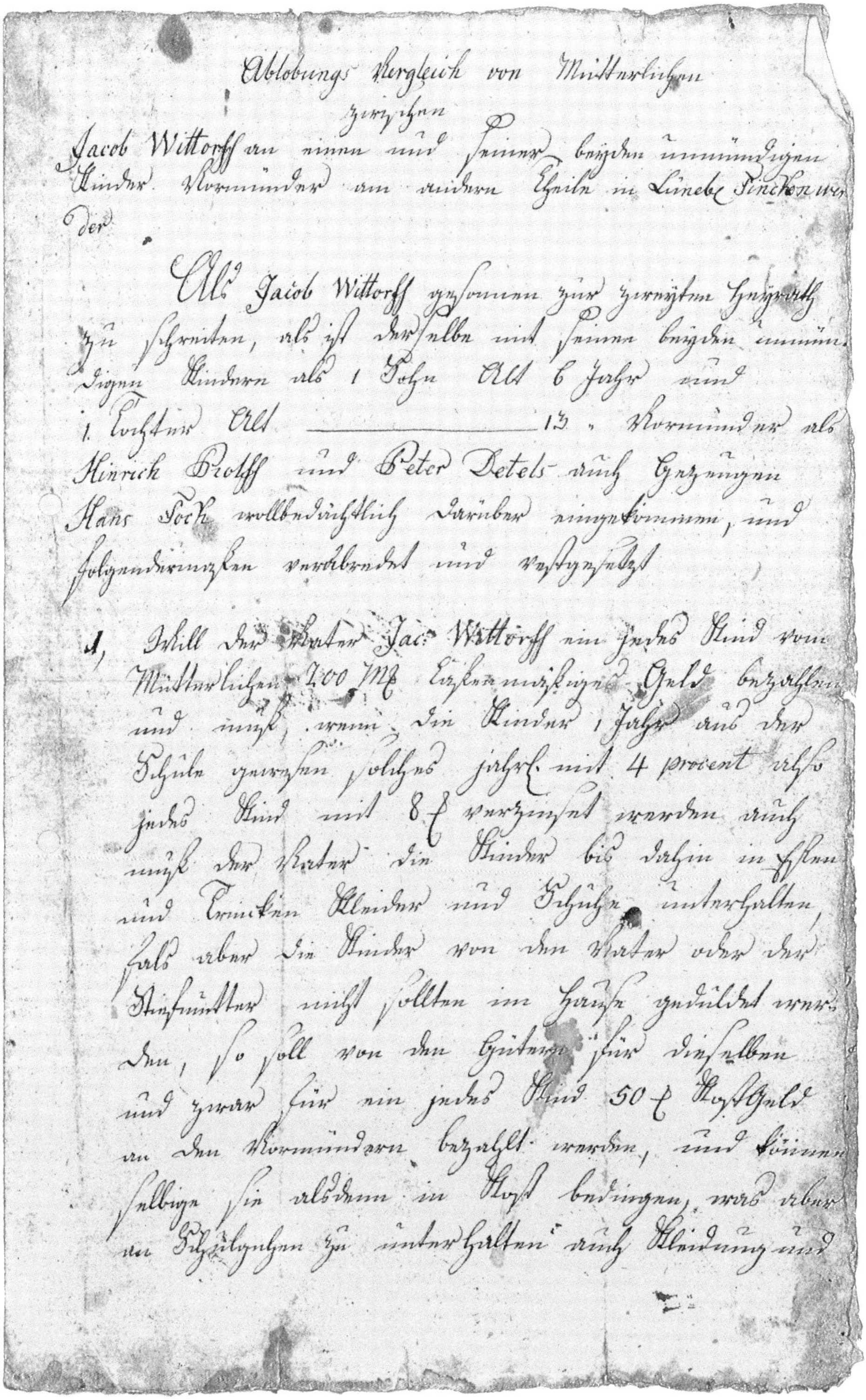

Ablobungs Vergleich von Mütterlichen
zwischen
Jacob Wittorff an einem und seiner beyden unmündigen Kinder Vormünder am andern Theile in Luneb. Finckenwerder

Als Jacob Wittorff gesonnen zur zweyten Heyrath zu schreiten, als ist derselbe mit seinen beyden unmündigen Kindern als 1 Sohn Alt 6 Jahr und 1 Tochter Alt ——— 13 " Vormünder als Hinrich Wolff und Peter Detels auch Beyzeugen Hans Fock wohlbedächtlich darüber eingekommen, und folgendermaßen verabredet und festgesetzt.

1, Will der Vater Jac. Wittorff ein jedes Kind von Mütterlichen 200 Mk Cassenmäßigen Geld bezahlen und muß, wenn die Kinder 1 Jahr aus der Schule gewesen solches jährl. mit 4 procent also jedes Kind mit 8 ß verzinset werden auch muß der Vater die Kinder bis dahin in Essen und Trinken Kleider und Schuhe unterhalten, falls aber die Kinder von den Vater oder der Stiefmutter nicht sollten im Hause geduldet werden, so soll von den Gütern für dieselben und zwar für ein jedes Kind 50 ß Kostgeld an den Vormündern bezahlt werden, und können selbige sie alsdann in Kost bedingen, was aber an Schulgelder zu unterhalten auch Kleidung und

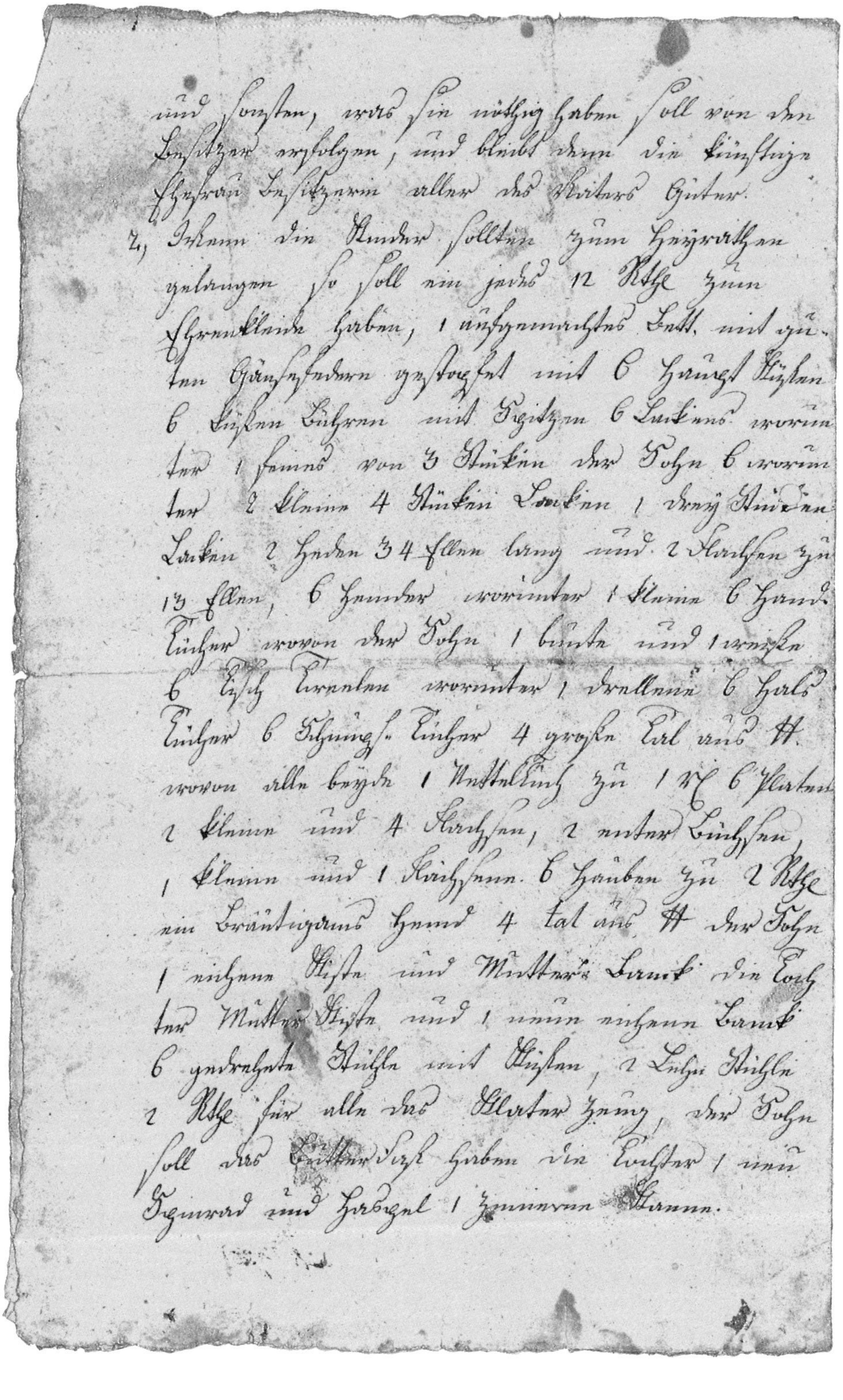
und sorgen, was sie nöthig haben soll von den
Besitzer erfolgen, und bleibt dann die künftige
Ehefrau Besitzerin aller des Vaters Güter.
2, Wenn die Kinder sollten zum Heirathen
gelangen so soll ein jedes 12 Rthl zum
Brautkleide haben, 1 aufgemachtes Bett mit gu-
ten Gänsefedern gestopfet mit 6 haupt Küssen
6 Küssen Bühren mit Spitzen 6 Laken worun
ter 1 feines von 3 Stücken der Sohn 6 worun
ter 2 kleine 4 Stücken Laken 1 drey Stücken
Laken 2 heden 34 Ellen lang und 2 Kölschen zu
13 Ellen, 6 Hemder worunter 1 feines 6 Hand
tücher wovon der Sohn 1 bunte und 1 weiße
6 Tisch Servieten worunter 1 drellene 6 Hals
tücher 6 Schnupf-tücher 4 große Tel und St.
wovon alle beyde 1 Unterbettuch zu 1 Rth 6 Platen
2 kleine und 4 Kölschen, 2 unter Bühren
1 kleine und 1 Kölschen. 6 Hauben zu 2 Rthl
ein Bräutigams hemd 4 tel und St der Sohn
1 eichene Kiste und Mutters Schrank die Toch
ter Mutters Kiste und 1 neuen eichenen Schrank
6 gedrehte Stühle mit Küssen, 2 Lehn Stühle
2 Rthl für alle des Vaters Zeug, der Sohn
soll des Vaters Tisch haben die Tochter 1 neu
Spinrad und Haspel 1 zinnernen Kanne.

3, Wenn eins von den Kindern krank würde so soll sie ihre Zuflucht in ihres Vaters Haus nehmen und muß derselbige ihnen gehörige Pflege leisten.

4, Wenn der Sohn zum hl. Abendmahl gelassen werden soll, so soll ihm der Vater 1 Kittel 1 Futterhemd, 1 Buchse geben, das Geld soll er aber nicht haben, bis er zum Heirathen kömt, desgl. auch die Tochter

5, Wenn eins von den Kindern zum Heirathen gelangen sollte, so sollen sie einen freyen Austritt aus dem Hause haben, sollte eins oder ander von den Kindern unverheirathet versterben, so soll der Besitzer ihr vor die Ausstäuerung beerdigen lassen, das Capital aber, soll den nechstgelassenen zu gute kommen.

Zu Urkunde dessen haben wir diesen Ablobungs Vergleich so bey der Vogtey beschrieben und und von dem Amtsvogt Lampe deutlich ~~vorgel~~ vorgelesen, eigenhändig unterschrieben, und Hohen Königlichen Amt zur hochbeliebigen Confirmation überreicht, so geschehen

Altenwerder d 11 Sept. 1777.

X Lampe

Bedingungen

unter welchen abseiten des Gemeindevorstandes zu Finkenwärder der Bau einer Landungsbrücke daselbst demjenigen übertragen werden soll, welcher bis zum 30. November d. J. abends 6 Uhr das annehmbarste Anerbieten dafür versiegelt bei dem Gemeindevorsteher zu Finkenwärder persönlich oder durch die Post einreicht.

Hierzu die Anlagen:
2 Blatt Zeichnungen.

Allgemeine Beschreibung der Brücke.

Die Brücke ist in einer Länge von 36.40 m und einer Breite von 3.50 m herzustellen.

Die zur vollständigen Herstellung der Brücke erforderlichen Arbeiten nach Maßgabe vorstehender Bedingungen und anliegender Zeichnungen einschließlich der Anlieferung sämtlicher Materialien, Geräte und Gerüste sind:

A. Ramm- u. Zimmerarbeiten. B. Schmiede- u. Eisenarbeiten. C. Malerarbeiten.

Allgemeine Bedingungen.

Den Mitgliedern des Gemeindevorstandes und der Commission ist stets in höflicher Weise zu begegnen und ihnen jederzeit auf gestellte, den Bau betreffende Fragen bereitwilligst Auskunft zu ertheilen. Kommen Zuwiderhandlungen vor, so sind auf erstes Anfordern der Bauleitung die betreffenden Personen vom Bauplatz zu entfernen und nicht wieder bei diesem Bau zu beschäftigen.

Alle baupolizeilichen und polizeilichen Vorschriften sind vom Übernehmer strenge inne zu halten.

Im Jahre 1849 wurde die Lüneburger Schule und 1893 die Norderschule gebaut.

1952 wurde in dem Anbau der Aueschule eine Mittelschule eingerichtet, und 1974 bekam Finkenwerder ein Gymnasium.

In den ersten Jahren waren die vorgenannten Schulen einklassig.

So um 1900 waren sie mehrklassig, in der Norderschule gab es bereits 1903 sechs Schulklassen.

Über die Qualität des Unterrichts ist kaum etwas überliefert.

Es gibt Urkunden, aus denen zu erkennen ist, daß die Finkenwerder ihre Besitzverhältnisse amtlich und notarisch bestätigen ließen.

Die älteste Urkunde stammt aus dem Jahre 1777.

Eine weitere Urkunde zeigt, daß der Unterzeichner 1893 noch nicht in der Lage war, seinen Namen zu schreiben, er unterzeichnete mit XXX.

Im Jahre 1860 gab es auf der Hamburger Seite nur zwei Schullehrer.

1866 wurde die Lüneburger Seite preußisch.

Ein Aufruf des unterlegenen Königs an sein Volk erinnert an dieses historische Ereignis.

Auf das Leben der nun preußischen Seite nahm diese Änderung keinen wesentlichen Einfluß.

Die Gemeinde Finkenwerder gehörte nun zur Preußischen Provinz Hannover Regierungsbezirk Lüneburg.

Die Hamburger Seite erhielt 1880 eine neue Gemeindeverfassung. Damit war den Vertretern der Gemeinde mehr Selbständigkeit in Gemeindeangelegenheiten gegeben.

Einen großen Einfluß hatten Ende des 19. Jahrhunderts zwei Ereignisse.

1885 wurden die ersten Fischdampfer in der Nordsee beim Fischen gesichtet.

1892 hatte man mit dem Raddampfer «Harmonie» die erste brauchbare Fährverbindung zwischen Finkenwerder und Hamburg eingerichtet.

Bekanntmachung

für

Finkenwärder.

Es wird hierdurch bekannt gemacht, daß auch ferner wöchentlich zweimal Mittwochs und Sonnabends früh morgens von der Landscheide herauf dem Auedeiche und Norder-Elbdeiche ein Dreckwagen fahren wird, um die von den Bewohnern an den Deichweg zu setzenden Abtrittseimer mit Unrath, Asche und dergleichen auszuleeren; jedoch wird strenge verboten Unrath, welcher nicht als Düngungsmittel benutzt werden kann, als: Schlacken von Steinkohlen, Cindern, Steine, Scherben von Topfgeräthen, altes Eisen, Knochen etc. in die Abtrittseimer zu werfen.

Jeder Bewohner, welcher nicht genügend nachweisen kann, dass er seinen Unrath selbst auf seinem Lande als Düngungsmittel gebraucht, ist verpflichtet, denselben an den Dreckwagen abzugeben.

Die Bewohner haben die auszuleerenden Gefässe kurz vor der Ankunft des Wagens an den Deichweg zu setzen und gleich nachdem sie geleert sind, wieder zurückzunehmen. Abtrittsstoffe müssen in ordentlichen mit einem eisernen Henkel versehenen Eimern angetragen werden; Asche ist in eisernen mit einem Deckel versehenen Gefässen zu verwahren; für Hausabfall und derartigen Unrath – welcher aber nicht zu dem verbotenen gehören darf – genügen hölzerne Gefässe von solcher Grösse, dass ein Mann sie bequem zu heben vermag.

Versuchsweise wird bis auf Weiteres bei denjenigen Bewohnern am Deiche, welche dem Führer des Wagens pro Eimer 5 Pfennig, welche monatlich voraus bezahlt werden müssen, zahlen, das Herausbringen der Eimer aus den Abtritten und das Wiederzurückbringen derselben abseiten der Leute des Uebernehmers beschafft.

Die Führer des Wagens, sowie die Gassenpolizei sind angewiesen, strenge auf die Befolgung dieser Bekanntmachung zu achten, und wird jede Uebertretung derselben bis zu 15 Mark bestraft.

Finkenwärder, im November 1878.

Der Vorstand.

Die Fischdampfer waren für unsere Segelfischerei eine große Konkurrenz.

Die Dampfer waren schneller, konnten auch bei Flaute fischen und konnten unabhängig vom Wind ihre Ware immer an den Markt bringen.

Durch diese regelmäßige Fährverbindung nach Hamburg hatten die Finkenwerder Gelegenheit die Gewohnheiten der Leute in der Stadt zu studieren und sich nach anderen Existenzmöglichkeiten umzusehen.

Besonders begabte Finkenwerder fanden in Hamburg, im Hafen oder der Stadt, ein neues Betätigungsfeld.

Mit Einsatz und großem Fleiß packten sie ihre neuen Aufgaben an und kamen in der neuen Umgebung gut zurecht.

Für die Seefischer war die Möglichkeit auf einem Fischdampfer oder auf Handelsschiffen zu fahren eine echte Alternative.

Die Lawine der Zivilisation setzte sich schon um 1874 in Bewegung.

Ab 21.12.1874 wurden auf der Hamburger Seite die Protokolle der Gemeindeversammlung ordnungsgemäß geführt.

LANDHERRENSCHAFT
DER MARSCHLANDE.

An den Gemeinde-Vorstand zu
Finkenwärder.

Zu dem Protocoll der Gemeinde-Versammlung vom 25. v. Mts., welches hier am 11. Aug. einging, hat die Landherrenschaft Folgendes zu bemerken. Sie will gegen den Beschluß „dem Gemeinde-Vorstande zu überlassen wie derselbe am billigsten und besten die Versorgung der Gemeinde mit Trinkwasser bestellen kann" keinen Einspruch erheben. Sie erwartet aber bestimmt, daß der Gemeinde-Vorstand sie von Allem unterrichtet hält, was in Bezug auf die Trinkwasserversorgung Finkenwärders abseiten desselben geschieht. Auch wird es zweckmäßig sein, daß der Gemeinde-Vorstand sich von der Gemeinde-Versammlung bei nächster Gelegenheit eine bestimmte Summe – etwa M. 800, nämlich 80 Tage à etwa M 10. – als Grenze bewilligen läßt, um eine gesicherte Grundlage für seine Ausgaben zu haben.

Hamburg, den 12. August 1893.

Der Senator und Landherr der Marschlande:

J. Lehmann

Weitere Daten wichtiger Ereignisse:

1874 Gründung der Freiwilligen Feuerwehr, Bau des ersten Spritzenhauses.

1892 In Finkenwerder war die Cholera ausgebrochen.

1892 Herr Dr. Homann kam als Arzt nach Finkenwerder und eröffnete hier eine Praxis.

1892 Mit der Bekanntmachung vom 16.09. wurde allen kleineren Segelfahrzeugen die Benutzung der südlichen Fahrrinne vor Finkenwerder untersagt.

1893 Die Landherrenschaft und die Gemeindeversammlung bemühten sich um eine Trinkwasserversorgung.

1895 Es trat eine neue Regelung über die Abgabe der Einkommensteuer in Kraft.

1900 Es wurde für den Fährbetrieb zwischen Hamburg und Finkenwerder eine neue Landungsbrücke am Stack gebaut.

1900 Zwischen der Gemeinde Finkenwerder und der HADAG kam es zu einem Vertragsabschluß über den Fährbetrieb zwischen Hamburg und Finkenwerder.

1900 Finkenwerder wird in die Planungen für ein neues Hafengebiet einbezogen.

1900 Das Vorland wird mit Baggergut aus der Elbe aufgeschüttet und mit Kanaleinschnitten zur Entwässerung des Landes versehen.

1901 Mit der Bekanntmachung vom 18. Juli wurde die Benutzung der im Köhlfleet gerammten Duc d'Alben geregelt.

1902 Der Auedeich erhält zwischen Stack und Landesgrenze ein brauchbares Straßenpflaster aus blauen Klinkern.

1902 Am 20.07. wird am Stack die erste öffentliche Schöpfstelle für Trinkwasser eingerichtet. Gespeist wird diese durch eine Wasserbohrung am Stack.

1902 Am 19.09. nahm der erste Wochenmarkttag auf unserer Elbinsel einen günstigen Verlauf. «Die Waren zeichneten sich durch eine wohltuende Frische aus!»

1902 Es blieben im Kampf mit See und Sturm vier Fischereifahrzeuge.

1903 25.07. Die Gemeindeverwaltung hatte einen Entwurf für die Straßenordnung ausgearbeitet.

1903 Es blieben vier Fischereifahrzeuge.

1904 Der Wasserturm wurde gebaut.

1904 30. Dezember. Es trat mit der Bekanntmachung vom 30.12. eine Regelung für die Trinkwasserversorgung in Kraft.

1904 Es blieben fünf Fischereifahrzeuge.

1905 Es blieben fünf Fischereifahrzeuge.

1907 Am 5. Juni wurde eine Gemeindepolizeiliche Wege- und Wasserordnung in Kraft gesetzt.

1907 Am 1. April wurde auf der Lüneburger Seite eine Pflichtfeuerwehr ins Leben gerufen.

1907 3. Dezember. Abschluß eines Konzessionsvertrages zwischen der Gemeinde Finkenwerder und der Elektrizitäts GmbH für die Versorgung der öffentlichen Beleuchtung und der privaten Haushalte mit elektrischem Strom.

1909 25. Juni. Mitteilung des Senats an die Bürgerschaft über Terrainankäufe für die künftige Bahnanlage von Finkenwerder nach Harburg.
30. Juni. Mitteilung der Bürgerschaft an den Senat in gleicher Sache.

1909 Die Finkenwerder Seefischereiflotte verzeichnet ihre höchsten Verluste in ihrer Geschichte. Es blieben neun Fahrzeuge.

Damit hatte sich die Flotte der Seefischer nach dem Stand vom Jahre 1888 mit 186 Seefischereifahrzeugen, in 22 Jahren bis 1910 mit 95 Seefischereifahrzeugen auf die Hälfte reduziert.

1911 fingen die Finkenwerder an mit Genehmigung der Behörden ihre Abwasser in die Aue zu leiten.

Mit der Grundsteinlegung der Deutschen Seemannsschule im Juni 1912, auf der aufgespülten Fläche zwischen Köhlfleet und dem Werftkanal, wurde die Epoche eingeleitet, die das Gesamtbild und den Charakter unserer Elbinsel total veränderten.

Der Erste Weltkrieg unterbrach die weitere Entwicklung aber schon gleich nach Kriegsende folgte dem Bau der Seemannsschule, der Aufbau der «Deutschen Werft». Die HEW übernahm das Werk der «Finkenwerder Elektrizitäts GmbH». Für die Betriebsangehörigen der Deutschen Werft wurde 1920 eine Siedlung gebaut. Diese Siedlung hatte dann die ersten Wohnungen mit fließendem Wasser und WC.

Bekanntmachung,
betreffend
Benutzung von im Köhlfleth gerammten Duc d'Alben.

Vor und parallel mit dem nordöstlichen Ufer des regulirten Köhlfleths sind 24 fünfpfählige Duc d'Alben gerammt worden, in Abständen von je 25 m von Mitte zu Mitte. An den beiden End-Duc d'Alben sind Eisbrecher angebaut.

Diese Duc d'Alben sind für das Befestigen von Fahrzeugen bestimmt, und es ist verboten, Schiffe im Köhlfleth unterhalb der Aue-Mündung für längere Zeit vor Anker zu legen. Jedes in das Köhlfleth einlaufende Fahrzeug ist sofort in der Weise zu vertäuen, daß dessen Mitte gegen eine Duc d'Albe liegt und hier durch nach den zunächst befindlichen Duc d'Alben geführte Befestigungen gehalten wird. Können die Duc d'Alben nicht direct unter Segel erreicht werden, so müssen die Fahrzeuge mit Verholleinen, durch Warpen oder in anderer Weise an sie hinangebracht werden. Das sofortige Vertäuen darf nur unterbleiben, wenn Sturm oder Eisgang es unmöglich machen, es muß aber geschehen, sobald der Sturm nachläßt, und der Eisgang vorüber ist.

Oberhalb der Aue-Mündung ist das Ankern erlaubt. An den Duc d'Alben, welche vor dem Dampfer-Landeplatz bei Finkenwärder mit Ballons bezeichnet sind, dürfen nicht mehr wie zwei Fahrzeuge nebeneinander befestigt werden.

Uebertretungen werden nach § 366 [10] des Strafgesetzbuches bestraft.

Hamburg, den 18. Juli 1901.

Die Landherrenschaft der Marschlande.

Einkommensteuer für 1895.

Nach § 10 des Einkommensteuer-Gesetzes vom **22. Februar 1895 ist jeder Steuerpflichtige gehalten, sein Einkommen selbst anzugeben.**

Sie werden demnach aufgefordert, zum Behuf der Steuerausschreibung für das Jahr 1895 auf untenstehendem Formular nach Maaßgabe des angebogen abgedruckten Gesetzes Ihr steuerpflichtiges Einkommen, oder in dem im § 7 vorgesehenen Fall, Ihren steuerpflichtigen Verbrauch anzugeben. Das Recht, den Verbrauch zu versteuern, darf nur von denjenigen **Nicht-Reichsangehörigen** in Anspruch genommen werden, welche keine Geschäfts- oder Erwerbsthätigkeit hier ausüben und deren Wohnung resp. Aufenthalt im Hamburgischen Staatsgebiet von geringerer als fünfjähriger Dauer ist.

Ueber den Begriff des steuerpflichtigen Einkommens ergiebt sich das Nähere aus den im Anhang zu § 4 gegebenen Erläuterungen. Zur Grundlage für die Angabe und Berechnung des steuerpflichtigen Einkommens dient nach § 5 des Gesetzes in der Regel das Einkommen des Vorjahres. Dagegen haben die Inhaber solcher Geschäfte, in denen kaufmännische, den Bestimmungen des Handelsgesetzbuches entsprechende Bücher geführt werden müssen, ihr gesammtes Einkommen, -- und zwar sowohl ihr geschäftliches als auch ihr privates — nach dem Durchschnittseinkommen der letzten drei dem Steuerjahr unmittelbar vorhergegangenen Jahre anzugeben.

Das Einkommen auswärtig lebender Theilhaber oder Commanditisten Ihres Geschäfts haben Sie besonders anzugeben.

Falsche Angaben ziehen eine Bestrafung nach Maaßgabe des § 16 nach sich.

Nicht gehörig ausgefüllte oder zu spät eingereichte Selbstschätzungen haben keinen Anspruch auf Beachtung.

Die Abschätzung derjenigen Steuerpflichtigen, welche die rechtzeitige Selbstschätzung unterlassen haben, geschieht durch die Schätzungsbürger des betreffenden Bezirks (§ 10).

Hamburg, im März 1895.

Die Steuer-Deputation.

Die untenstehende Declaration ist bei dem Strich abzutrennen und bis spätestens zum 15. März in einen der an nachstehend verzeichneten Orten befindlichen Briefkasten zu stecken oder der Steuer-Deputation frankirt einzusenden.

Billwärder a. d. Elbe bei Hrn. C. Knoblauch,
Billwärder a. d. Bille bei Hrn. Mern, No. 112,
Moorwärder bei Herrn W. A. Annen,
Ochsenwärder b. d. Gastwirth Hrn. Ramm,
Finkenwärder im Steifen'schen Fährhause.
Moorburg bei Herrn J. Horstmann.
Fuhlsbüttel bei dem Gastwirth Hrn. Hinze.

1909 Juni 25. 1

Mitteilung des Senats an die Bürgerschaft.

№ 181. **Hamburg, den 25. Juni 1909.**

Antrag, betreffend **Terrainankäufe für die künftige Bahnanlage von Waltershof und Finkenwärder nach Harburg.**

Antrag, betreffend Terrainankäufe für die künftige Bahnanlage von Waltershof und Finkenwärder nach Harburg.

In dem Staatsvertrage, betreffend die Verbesserung des Fahrwassers der Elbe pp., sind in den §§ 29 fg. sowie unter XIII und XIV des Schlußprotokolls die näheren Bestimmungen enthalten über eine von den hamburgischen Gebietsteilen Waltershof und Finkenwärder über Altenwärder nach Harburg herzustellende Eisenbahnverbindung. Nach diesen Bestimmungen hat Hamburg die Bahn innerhalb fünf Jahren nach Genehmigung des Vertrages zu erbauen und wird für die auf preußischem Gebiet liegenden Strecken der Bahnanlage das Enteignungsrecht erhalten. Die Trace der Bahn ist vorbehältlich des noch näher zu vereinbarenden Punktes ihres Anschlusses an die preußische Staatsbahnlinie Harburg—Cuxhaven aus dem dem Antrage des Senats vom 6. Januar d. J. beiliegenden Übersichtsplan ersichtlich.

Da es erwünscht erscheinen mußte, sich die Verfügung über das durch die künftige Bahnanlage in Anspruch genommene Terrain baldmöglich zu sichern, hat der Senat bereits vor einiger Zeit die Finanzdeputation mit der Einleitung der Verhandlungen über den Erwerb dieses Terrains beauftragt. Die zunächst nur freihändig geführten Verhandlungen haben dazu geführt, daß der weitaus größere Teil der in Frage kommenden Ländereien auf preußischem Gebiet inzwischen erworben ist. Ein auf der Kanzlei der Bürgerschaft niedergelegter Lageplan nebst beigefügter Zusammenstellung der erworbenen Landstellen läßt dies des näheren erkennen. Die für die einzelnen Abschlüsse bisher zu zahlenden Kaufpreise sind einstweilen und vorbehältlich ihrer späteren Übertragung auf Anleihe aus dem vorjährigen und diesjährigen Budgetposten für Unvorhergesehene Ausgaben angewiesen und unter Mitgenehmigung des Bürgerausschusses verwendet worden.

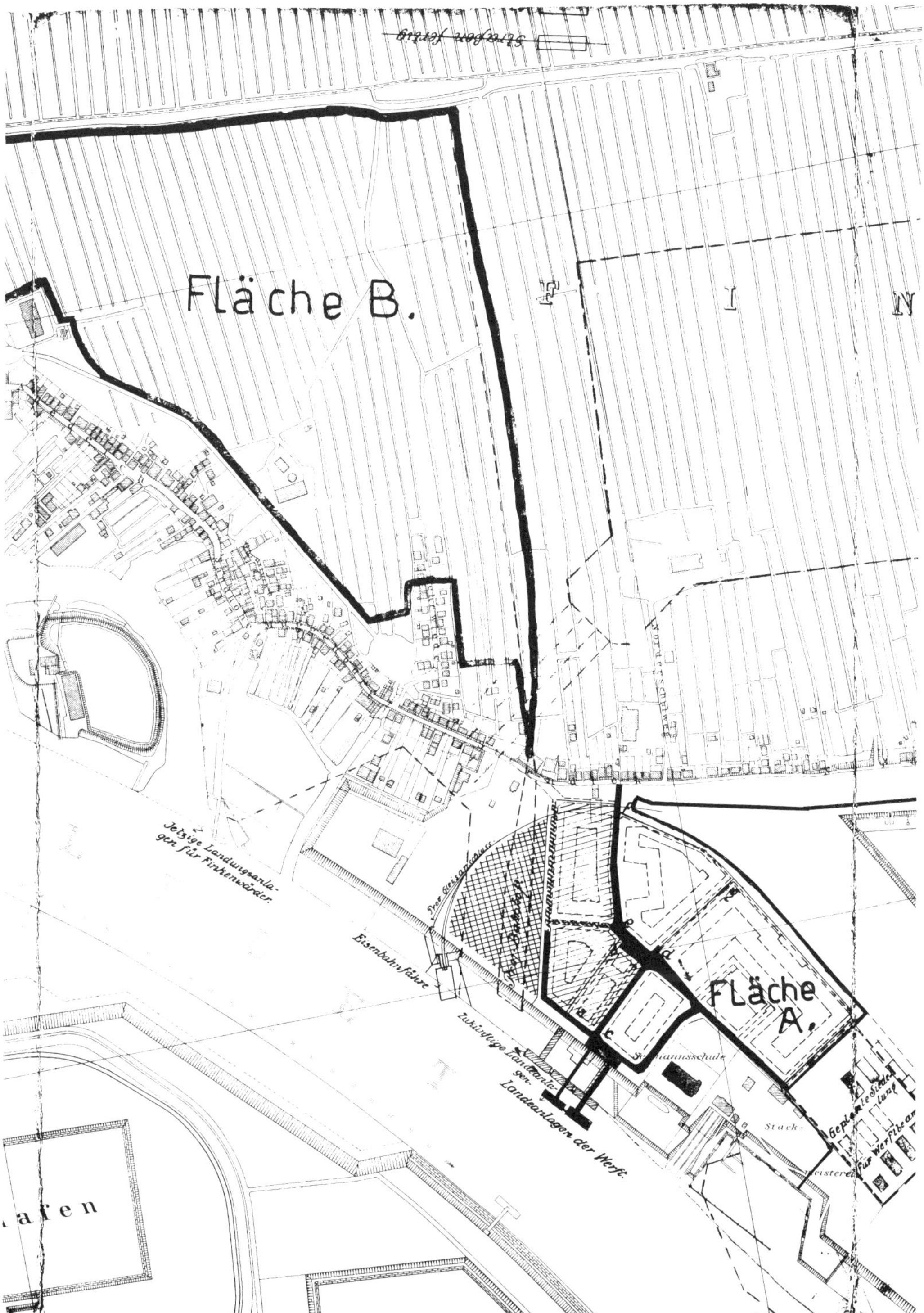

Fläche B.
Fläche A.
Jetzige Landungsanlagen für Finkenwärder
Eisenbahnfähre
Zukünftige Landeanlagen
Landeanlagen der Werft.
Seemannsschule
Geplante Siedelung für Werftbeamte
afen

Gemeindepolizeiliche Wege- und Wasserordnung
für die Gemeinde Finkenwärder.

Auf Grund des Artikels 3 der Landgemeindeordnung vom 12. Juni 1871 und Beschlusses der Gemeindeversammlung zu Finkenwärder vom 27. April 1907 wird hierdurch folgende gemeindepolizeiliche Wege- und Wasserordnung, die von der Landherrenschaft der Marschlande bestätigt worden ist, zur öffentlichen Kenntnis gebracht.

§ 1.

Die Beaufsichtigung der öffentlichen Wege und Wasserläufe liegt, unbeschadet des Aufsichtsrechts der Landherrenschaft der Marschlande, dem Gemeindevorstande ob, der hierin durch die nach dem Ortsstatut zu wählende Wegekommission unterstützt wird.

§ 2.

Der Vorstand ist berechtigt und verpflichtet, mindestens zweimal in jedem Jahre, im Frühjahr und Herbst, nach vorheriger vierzehntägiger Bekanntgabe eine Schauung über öffentliche Wege und Wasserläufe abzuhalten. Die bei der Schauung zutage getretenen Mängel sind auf Anordnung des Gemeindevorstandes bis zu einem von diesem bestimmten Zeitpunkte zu beseitigen.

Werden solche, Anordnungen nicht befolgt, so ist der Gemeindevorstand berechtigt, die nötigen Maßregeln auf Kosten der Zuwiderhandelnden ausführen zu lassen. Den Beteiligten ist mindestens 3 Tage vor Beginn der Arbeit entsprechende Mitteilung zu machen. Die erforderliche Beitreibung der Kosten erfolgt im Verwaltungswege.

§ 3.

Gegen die Verfügung des Gemeindevorstandes kann innerhalb einer Woche Beschwerde an die Gemeindeversammlung eingelegt werden, gegen deren Beschluß binnen einer Woche die weitere Beschwerde an die Landherrenschaft erhoben werden kann. Das Recht zur Erhebung der Klage wird hierdurch nicht berührt.

2

§ 4.

Öffentliche Wege in der Gemeinde Finkenwärder im Sinne dieser Verordnung sind die folgenden:

1) der Westliche Norderelbdeich,
2) der Östliche Norderelbdeich,
3) der Steendiek,
4) die Müggenburg,
5) Sandhöhe,
6) Auedeich,
7) Kirchenweg,
8) Norderschulweg,
9) Kanalstack,
10) Landscheideweg,
11) Von Cöllnsweg,
12) Garnstück,
13) Kehrwieder.

§ 5.

Zu den öffentlichen Wegen gehören alle zur Vervollständigung der Wegeanlage oder zum Schutze und zur Sicherheit derselben und ihrer Benutzung nötigen Anstalten, Vorrichtungen und Gegenstände, namentlich Brücken, Durchlässe, Entwässerungsanlagen, Böschungen (mit Ausnahme der Deichböschungen), Baumpflanzungen, Schutzgeländer sowie die nicht dem Staate gehörenden Straßenschilder, Wegweiser, Warnungstafeln und dergleichen mehr. Anstalten und Vorrichtungen, die einem den Wegeanlagen fremden Zwecke dienen (z. B. die nur zum Gebrauch der angrenzenden Grundbesitzer dienenden Brücken über die Seitengräben der Wege und Durchfahrten durch diese Gräben), gehören nicht zu den öffentlichen Wegen, unterstehen aber der Aufsicht des Gemeindevorstandes und sind von den Besitzern in ordnungsmäßigem Zustande zu erhalten.

§ 6.

Die in § 4 unter 10 bis 13 aufgeführten öffentlichen Wege (Fahrbahn und Fußweg) sind in ortsüblicher Weise von den Eigentümern der anliegenden Grundstücke zu unterhalten. Sind dieselben bereits in irgend einer Weise befestigt, sei es mit Schlacken, Kies, Steinschlag, Pflaster und dergleichen, so sind diese Wege auch weiter mit demselben Material in ordnungsmäßigem Zustande zu erhalten. Die Unterhaltung der Wege schließt die Reinigung in sich.

§ 7.

Wird ein öffentlicher Weg infolge Anlegung von Fabriken, Sandgruben und ähnlichen Unternehmungen oder durch Zufahren von Baumaterialien vorübergehend oder dauernd in erheblichem Maße abgenutzt, so kann auf Antrag derjenigen, deren Unterhaltungslast durch derartige Benutzung vermehrt wird, durch Beschluß der

3

Gemeindeversammlung die Genehmigung zur ferneren Benutzung des Weges durch die betreffenden Unternehmer davon abhängig gemacht werden, daß letztere nach Verhältnis der Mehrbelastung des Weges einen angemessenen Beitrag zu den Kosten der Wegeunterhaltung leisten.

§ 8.

Alle Besitzer, deren Grundstücke von Wasserläufen begrenzt oder durchschnitten werden, sind zur Reinigung und Unterhaltung verpflichtet, sofern diese Verpflichtung nicht einem Dritten obliegt. Wasserläufe im Sinne dieser Verordnung sind die Landscheide und alle Gräben, welche für die Entwässerung von Nachbargrundstücken, Plätzen oder Straßen als Vorfluten dienen.

§ 9.

Bäume, Büsche, Hecken und dergleichen, welche den Verkehr auf den Wegen hindern, sind auf Anordnung des Gemeindevorstandes zu entfernen.

§ 10.

Jede Verunreinigung und Beschädigung öffentlicher Wege und Wasserläufe ist verboten.

Die Lagerung von Dünger, Schutt, Erde und dergleichen auf öffentlichen Wegen ist verboten. Für die vorübergehende Lagerung von Baumaterialien ist die Erlaubnis des Gemeindevorstandes erforderlich. Sind solche Materialien für den Bedarf oder zwecks Weiterbeförderung abgeladen, so hat der Eigentümer für ihre Wegräumung in angemessener Frist zu sorgen. Die vorübergehende Lagerung von Dünger zur sofortigen Weiterbeförderung ist in der Zeit vom 1. Oktober bis 1. Mai gestattet. Der Übernehmer der Abfuhr hat dafür zu sorgen, daß der Verkehr durch solche Lagerung nicht gehindert und die Straße bis Abends 6 Uhr gereinigt wird. Für den Landscheideweg kann der Gemeindevorstand eine längere Lagerung gestatten.

Die Aborteimer müssen spätestens eine halbe Stunde nach Passieren des Kummerwagens von den Straßen entfernt werden.

§ 11.

Es ist verboten, unter den öffentlichen Wasserpfosten schmutzige Gefäße, Wäsche und dergleichen zu spülen, sowie in die bei den Pfosten befindlichen Abläufe unreine Flüssigkeiten aller Art zu gießen oder feste Abfälle zu werfen.

§ 12.

Bei eintretender Winterglätte sind die Fußwege auf den von der Gemeindeversammlung zu bestimmenden Strecken mit Sand, Asche oder anderem abstumpfenden Material in ausreichender Weise zu bestreuen. Die Verpflichtung hierzu haben die Bewohner oder Inhaber der an der Straße im Erdgeschoß belegenen Wohnungen oder sonstigen Lokalitäten und, soweit dadurch ein bestimmter anderer Verpflichteter nicht gegeben ist, die Eigentümer des Grundstücks.

4

§ 13.

Die Grundeigentümer haben sich das Anbringen von Hausnummern und ähnlichen öffentlichen Merkzeichen an den Häusern oder Umzäunungen gefallen zu lassen.

§ 14.

Öffentliche Fahrwege dürfen von jedermann zum Gehen, Reiten, Fahren und Viehtransport, öffentliche Fußwege nur zum Gehen benutzt werden.

Das Recht zur Benutzung einer bestehenden Überfahrt bleibt unberührt. Die Anlage neuer Überfahrten bedarf der Genehmigung des Gemeindevorstandes.

§ 15.

Die Belastung der Fuhrwerke darf 2000 kg nicht überschreiten. Die Felgenbreite der Fuhrwerke muß bei einer Ladung von bis zu 1000 kg mindestens 7 cm, bei schwereren Ladungen mindestens 10 cm betragen.

Zur Beförderung schwererer Lasten ist die Genehmigung des Gemeindevorstandes erforderlich.

§ 16.

Fuhrwerke jeder Art und Fahrräder müssen nach Eintritt der Dunkelheit ausreichend beleuchtet sein. das gleiche hat bezüglich der gemäß § 10 Absatz 2 vorübergehend auf öffentlichen Wegen gelagerten Materialien usw. zu geschehen.

§ 17.

An jedem Fahrrad muß eine sicher wirkende Bremsvorrichtung und eine helltönende Glocke vorhanden sein.

§ 18.

Radfahrer haben, soweit angängig, stets die Mitte der Straße zu benutzen.

Entgegenkommenden Fuhrwerken, Reitern, Radfahrern und Fußgängern haben sie, falls Hindernisse nicht vorhanden sind, nach rechts auszuweichen, oder es ist anzuhalten.

Das Vorbeifahren (Überholen) hat in der Regel links zu geschehen. Nur wenn die Fahrbahn gänzlich frei ist, darf dies nach rechts geschehen.

§ 19.

Zuwiderhandlungen gegen die Vorschriften dieser Verordnung werden, falls nicht verschärfte Strafbestimmungen bestehender Gesetze Anwendung finden, in jedem Falle mit einer Geldstrafe bis zu ℳ 18 geahndet werden.

Diese Verordnung tritt sofort in Kraft.

Finkenwärder, den 5. Juni 1907.

Der Gemeindevorstand.

Gedruckt bei Lütcke & Wulff, E. H. Senats Buchdruckern.

Bekanntmachung,

betreffend

die Wasserversorgung der Landgemeinde Finkenwärder.

Nachdem die Gemeindeversammlung zu Finkenwärder ein Regulativ für die Wasserversorgung Finkenwärders beschlossen hat, wird die von der Landherrenschaft genehmigte Verordnung hiermit zur öffentlichen Kenntnis gebracht.

Hamburg, den 30. Dezember 1904.

Die Landherrenschaft der Marschlande.

Regulativ

für die Wasserversorgung der Landgemeinde Finkenwärder.

§ 1.

Jedes Grundstück kann an die öffentliche Leitung, soweit diese nicht mehr eine provisorische ist, angeschlossen werden, jedoch darf das den Grundstücken durch Anschlußleitungen zugeführte Wasser zu gewerblichen Betrieben nur soweit benutzt werden, als diese aus Gastwirtschaften bestehen, oder nachweislich nur geringere Wassermengen erfordern.

Anträge auf Wasseranschluß sind an die von der Gemeinde eingesetzte Wasserkommission zu richten und diese entscheidet, ob in bezug auf gewerbliche Betriebe Einschränkungen stattzufinden haben oder nicht.

§ 2.

Die Herstellung und Unterhaltung der Anschlußleitung, sowie der Leitungen und aller für die Versorgung sonst erforderlichen Einrichtungen innerhalb des Grundstücks hat der Grundeigentümer auf seine Kosten durch Unternehmer beschaffen zu lassen, welche die Deputation für die Stadtwasserkunst nach Prüfung ihrer Zuverlässigkeit für solche Arbeiten zugelassen hat.

§ 3.

Jedes angeschlossene Grundstück soll im allgemeinen eine selbständige Zuflußleitung besitzen. Ausnahmen von dieser Regel kann die Wasserkommission auf Antrag dann zulassen, wenn sich mehrere Grundeigentümer über die gemeinsame Benutzung einer Grundleitung in solcher festverbindlichen Form einigen, daß kein Mitbenutzer durch Maßnahmen eines der übrigen im Wasserbezuge beeinträchtigt werden kann. Wenn eine solche gemeinsame Zuflußleitung in der zwischen der öffentlichen Leitung und dem ersten Grundstücksanschluß liegenden Strecke schadhaft wird, so haben sämtliche Beteiligte die Reparatur- oder Erneuerungskosten zu gleichen Teilen zu tragen; liegt die Schadhaftigkeit zwischen dem ersten und zweiten Grundstücksanschluß, so entfallen solche Kosten zu gleichen Teilen auf die Grundeigentümer, welchen die Fortsetzung der Leitung über den ersten Anschluß hinaus dient, usw.

§ 4.

Jeder Leitungsschaden muß sofort nach seiner Entdeckung ausgebessert werden. Wenn sich ein Grundeigentümer in dieser Beziehung säumig zeigt, so ist die Wasserkommission berechtigt, die Ausbesserung auf seine Kosten vornehmen zu lassen.

§ 5.

Jedes angeschlossene Grundstück muß mit einem Wassermesser ausgestattet sein.

Der Wassermesser wird von der Stadtwasserkunst gegen eine jährliche Miete von ℳ 6 geliefert und in gebrauchsfähigem Zustande erhalten. Der Einbau des Wassermessers in die Hausleitung erfolgt unter tunlicher Berücksichtigung der Wünsche des Grundeigentümers auf dessen Kosten entweder im Inneren eines Gebäudes, oder in einem dafür herzustellenden Schachte, derart, daß der gesamte Wasserverbrauch des Grundstücks kontrolliert wird. Die Herstellung von Abzweigungen vor dem Wassermesser ist streng untersagt.

Der Grundeigentümer ist verpflichtet, den Wassermesser vor Frost zu schützen und so zugänglich zu erhalten, daß er jederzeit bequem nachgesehen werden kann, sowie jede Beschädigung ungesäumt zur Kenntnis der Wasserkommission zu bringen; er darf unter keinen Umständen an dem Wassermesser selbst irgend etwas vornehmen.

Wenn ein Grundeigentümer an der richtigen Wirkungsweise seines Wassermessers zweifelt, so kann er eine Prüfung in seiner Gegenwart (auf dem Lagerplatz der Stadtwasserkunst in Hamburg) verlangen; ergibt sich bei dieser Prüfung, daß der Wassermesser richtig anzeigt, so trägt der Grundeigentümer die Kosten der Prüfung, im anderen Falle werden diese von der Stadtwasserkunst getragen und es findet eine entsprechende Richtigstellung der Wasserrechnung statt.

§ 6.

Die Wasserbeiträge, sowie die Wassermessermieten sind halbjährlich zu bezahlen.

Der Wasserbeitrag für ein Grundstück wird nach der durch den Wassermesser angezeigten Verbrauchsmenge berechnet, und zwar bis auf weiteres

mit 10 Pfg. pro cbm für die ersten 100 cbm
„ 15 „ „ „ „ „ zweiten 100 „
„ 20 „ „ „ „ „ dritten 100 „
„ 25 „ „ „ „ „ vierten 100 „ und
„ 30 „ „ „ „ jedes über einen Jahresverbrauch von 400 cbm hinausgehende Kubikmeter.

Wenn der Grundeigentümer die Zahlungsfristen nicht innehält, so erhält er einen Mahnzettel, und wenn die Mahnung erfolglos bleibt, so kommen die gesetzlichen Beitreibungsmittel in Anwendung.

Außerdem ist die Gemeindeversammlung in diesen Fällen berechtigt, bei Nichtinnehaltung der vorgesehenen Zahlungsfristen die fernere Wasserlieferung einzustellen, sofern nicht etwa der hiervon zuvor zu benachrichtigende Eigentümer des betreffenden Grundstücks seinerseits die fälligen Zahlungen leistet.

§ 7.

Der Wasserkommission und den Beamten der Stadtwasserkunst steht das Recht zu, die Wasserversorgungsanlagen zu beaufsichtigen. Der Grundeigentümer darf einer solchen Beaufsichtigung keinerlei Schwierigkeiten bereiten und hat sich allen Anforderungen zu fügen, welche die Kommission zum Zwecke der Beseitigung von Wasservergeudungen trifft.

§ 8.

Die Kündigung eines Wasseranschlusses kann nur auf den Schluß eines Halbjahres erfolgen und muß spätestens 14 Tage vorher bei der Wasserkommission eingereicht werden.

§ 9.

Bei dem Eigentumswechsel eines Grundstücks gehen Rechte und Pflichten des seitherigen Eigentümers gegenüber der Gemeinde stillschweigend auf den neuen Eigentümer über; letzterer ist jedoch verpflichtet, der Wasserkommission die geschehene Übertragung anzuzeigen.

§ 10.

Sollten außerordentliche Umstände die Gemeinde verhindern, ihren Verpflichtungen gegen die Abnehmer nachzukommen, so wird sie baldtunlichst die Störungen zu beseitigen trachten; sie ist aber nicht verpflichtet, für etwa den Abnehmern durch die Unterbrechung der Wasserversorgung entstandene Nachteile Schadenersatz zu leisten.

§ 11.

Etwaige Beschwerden haben die Abnehmer an den Gemeindevorstand zu richten.

§ 12.

Zuwiderhandlungen gegen die Vorschriften dieses Regulativs, ferner jede Vergeudung an Wasser, sei es durch Undichtigkeit von Leitungen und deren versäumte Reparatur, sei es in anderer Weise, sowie jede unter Umgehung des Wassermessers stattfindende Entnahme von Wasser und jede mutwillige Beschädigung des Wassermessers werden, unbeschadet der nach den allgemeinen Strafgesetzen etwa verwirkten höheren Strafe, sowie der Verpflichtung zum Ersatz der dadurch der Gemeinde entgangenen Einnahme und des dadurch der Stadtwasserkunst entstandenen Schadens, mit einer Geldstrafe bis zu ℳ 18 bezw. Haft bis zu 3 Tagen geahndet.

Finkenwärder, den 30. Dezember 1904.

Der Gemeindevorstand.

Gedruckt bei Lütcke & Wulff, E. H. Senats Buchdruckern.

1927 wurde auf dem Vorland zwischen Neßkanal und Rüschkanal für die Gasversorgung der Haushalte ein Gasometer in Betrieb genommen. Um die gleiche Zeit fuhren die ersten Autos in Finkenwerder und 1929 erhielt Finkenwerder mitdem Bau der Helferich-Brücke die erste trockene Verbindung einem benachbarten Stück Land. Im gleichen Jahr wurde über die Aue und dem Köhlfleth eine Eisenbahnbrücke gebaut zum Anschluß über die Waltershofer Bahngeleise, nach Hamburg.

Es wurde zwischen Altenwerder und der Helferich-Brücke eine Betonstraße gebaut. Ein weiterer Bauabschnitt ist eine Straße von der Helferich-Brücke zur Hamburger Staatsgrenze.

Diese Straße wurde am 18. September 1930 für den Verkehr freigegeben. Finkenwerder hatte nach 694 Jahren den Charakter einer Insel verloren. Im gleichen Jahr wurde die erste Turnhalle gebaut, die «Gorch Fock Halle».

Es folgte die Bebauung der Fläche B mit Wohnblocks rund um die Ostfrieslandstraße.

Im Westen Finkenwerders wurde das Gelände um den früheren Neßhof durch Baggersand aufgehöht und ein riesiges Gelände geschaffen. Im nördlichen Teil dieses Geländes, direkt an der Elbe, errichtete die Werft Blohm & Voss eine große Flugzeugwerft für die Produktion von Wasserflugzeugen. Die Bauarbeiten dieses Werkes wurden Anfang 1940 abgeschlossen. Die Flugzeugwerke errichteten für ihre Betriebsangehörigen eine neue Wohnsiedlung, wozu wiederum neue Straßen, die Nordmeerstraße, die Wikingstraße, geschaffen wurden.

Im Jahr 1933 kam die politische Veränderung, von der man zuerst in Finkenwerder nicht sehr viel zu spüren bekam. Fast alles blieb wie früher, die Finkenwerder waren im Grunde politisch wenig engagiert. Es hat später dann in den Kriegsjahren einige Probleme gegeben.

Im Jahre 1937, als Groß Hamburg geschaffen wurde, kam auch der preußische Teil Finkenwerders zu Hamburg.

Störmfloot an de Eck von de Au un Osterfelddiek, in Achtergrund de Oolwarder-Weiden (Betonstroot)

Fock,
Gemeindevorsteher

Finkenwerder, den 6. September 1930.

Die Straße innerhalb des Gemeindebezirks Finkenwerder von der vor einigen Jahren neuerrichteten Helferich-Brücke bis zur Hamburger Staatsgrenze ist dank der Hilfe des Staates Hamburg und des Landkreises Harburg ausgebaut worden. Zur Besichtigung dieses wichtigen Straßenzuges, der einmal eine feste Verbindung der Gemeinde Finkenwerder, insbesondere aber auch des Hamburger Teiles der Insel Finkenwerder mit dem festen Lande darstellt, werden

hiermit ergebenst eingeladen.

Die Besichtigung selbst findet am Donnerstag, den 18. September 1930, nachmittags 3 Uhr, statt und beginnt bei der Helferich-Brücke. Es wird gebeten, sich zu diesem Zeitpunkte an der genannten Stelle einfinden zu wollen.

Im Anschluß an die Besichtigung erlaubt sich der Unterzeichnete, die Teilnehmer zu einem einfachen Imbiß in das Gasthaus von Hinrich Fock „Zur Linde" am Köterdamm in Finkenwerder hiermit ergebenst einzuladen.

Gefl. Rückantwort über Teilnahme wird bis zum 15. ds. Mts. spätestens an den Unterzeichneten erbeten.

Sommerdag in de Oolwarder-Weiden,
in Achtergrund Lenos Gasthus
«Storchennest»

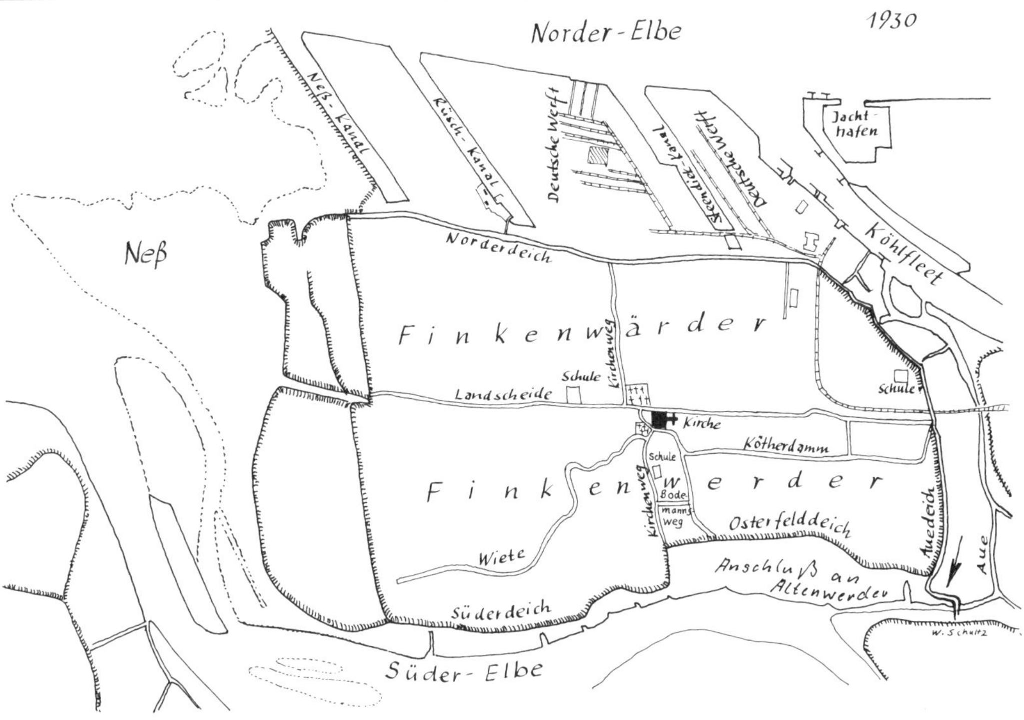

Zur Doppelschrift
RM 3.– Urkundensteuer
gemäß § 11 (1/2)

in Marken entwertet.
Zur Erstschrift
RM 3.– Urkundensteuer
entrichtet.
Hamburg, den 27. Nov. 1936

Zwischen dem Hamburgischen Staat und der Gemeinde Preußisch-Finkenwerder wird folgendes vereinbart:

1.

Der Hamburgische Staat erklärt sich für das hamburgische Gebiet damit einverstanden, daß von der Gemeinde Preußisch-Finkenwerder bezw. von den Anliegern des Landscheidegrabens im Einvernehmen mit der Baubehörde, Abteilung Strom- und Hafenbau, Brücken über den Landscheidegraben errichtet werden. Die Brücken sind auf Kosten der Gemeinde bezw. der Anlieger stets in ordnungsmäßigem Zustand zu erhalten. Dem Hamburgischen Staat sind alle Ansprüche Dritter, die aus der Errichtung oder dem Vorhandensein der Brücken hergeleitet werden könnten, von der Hand zu halten.

2.

Die Gemeinde Preußisch-Finkenwerder erklärt sich dagegen im Einvernehmen mit den Anliegern des Landscheidegrabens damit einverstanden, daß die bei den regelmäßigen Reinigungen des Landscheidegrabens anfallenden Erdmassen auf den auf der preußischen Seite gelegenen Grund und Boden geworfen werden.

3.

Gerichtsstand und Erfüllungsort für beide Parteien ist die Stadt Hamburg.

4.

Die Urkundensteuer wird von den Parteien je zur Hälfte getragen; Vertragsgebühr wird nicht erhoben.

Hamburg, den 13. November 1936.

Hamburgische Vermögens- und Liegenschaftsverwaltung
Im Auftrage

Für die Gemeinde Preußisch Finkenwerder

Bürgermeister.

De letzte Vertrag twüschen de Lünborger un Hamborger Siet

De erste Lok dampt dorch Finkwarder

De Damperbrück 1938

Kutter vun Lüttfischer in de Süderelv

Bei Ausbruch des Krieges im September 1939 hatten alle Finkenwerder Betriebe gut zu tun. Zwischen Neßkanal und der Deutschen Werft begann man mit dem Bau des U-Boot-Stützpunktes Fink I und U-Boot-Stützpunktes Fink II. Es wurden auf dem Werftgelände in der Nähe des Rüschkanals auch noch zwei Hochbunker mit je fünf Stockwerken bebaut, die Hochbunker «I» und «K».

Für dieses Bauvorhaben kamen viele ausländische Arbeiter nach Finkenwerder und es mußten zur Unterbringung dieser vielen Menschen Wohnmöglichkeiten geschaffen werden. So entstanden im Laufe des Krieges verschiedene Arbeits- und Wohnlager:

Gemeinschaftslager Finkenwerder I
am Neßdeich
Gemeinschaftslager Finkenwerder II
am Finksweg
Gemeinschaftslager Finkenwerder III
am Norderdeich.

Es wurden öffentliche Luftschutzbunker für die Bevölkerung gebaut, hauptsächlich zwei Typen: der Rundbunker und der Röhrenbunker. In den Kellern der Wohnhäuser schaffte die Finkenwerder Bevölkerung Luftschutzräume. Es wurde die Verdunkelung der Fenster zur Pflicht. Jeder Wohnblock bekam einen Luftschutzwart. Es wurden Marinesoldaten auf dem U-Bootstützpunkt und Flaksoldaten auf dem Vorland am Finksweg stationiert.

Zur Luftabwehr wurden an mehreren Plätzen Fesselballons installiert. Die mit Gas gefüllten Ballons von ca. 2 m Durchmesser hieß man an einem Drahtseil in die Luft steigen, um mit ihnen als Hindernis für die feindlichen Flugzeuge gezielt Teile des Luftraumes zu sperren.

Je nach Einstellung zum Dritten Reich und Militär, nahm die Bevölkerung das Thema Krieg auf.

Durch Kriegsnachrichten aus den Zeitungen und Sondermeldungen aus dem Radio wurde die Zivilbevölkerung über die ersten noch erfolgreichen Operationen an den Kriegsschauplätzen informiert. Am 11.05.1940 wurde Finkenwerder das erste Mal in seiner 700jährigen Geschichte militärisch angegriffen. Auf dem Gelände der Deutschen Werft wurden ca. 50 Brandbomben abgeworfen. Am 18.05. fielen während einer sternklaren Nacht am Auedeich, ohne das Fliegeralarm gegeben wurde, drei Sprengbomben. Finkenwerder hatte die ersten Opfer zu beklagen: ein Toter, ein Schwerverletzter. Die mit diesem Angriff von der Bevölkerung das erste Mal wahrgenommenen Geräusche wurden zunächst als Donner eines Gewitters gedeutet. Ein Blick aus dem Fenster in Richtung des sternenklaren Nachthimmels brachte manchem die schreckliche Gewißheit der ersten Bombenabwürfe.

Am nächsten Morgen waren die Schadensstellen von tausenden von Menschen belagert, die sich die Schäden ansehen wollten. Es waren noch relativ kleine Bomben gefallen, so daß die Häuser noch standen, aber Wohnungen und Einrichtungen waren schwer beschädigt. Für die Kinder war das Sammeln von Bombensplittern eine Attraktion. Der Sicherheits- und Hilfsdienst wurde das erste Mal eingesetzt und konnte sich bei diesem Angriff noch bewähren. In den Jahren 1941 bis 1943 hatte Finkenwerder viele kleinere Fliegerangriffe zu überstehen.

Das Bild der Insel hatte sich im Laufe dieser Jahre stark geändert. Rings um Finkenwerder standen Ballonsperren. Flakstellungen wurden überall auf freiem Gelände gebaut. Zusätzlich wurde noch eine Heimatflak zusammengestellt aus Männern, die in den Rüstungsbetrieben den Tag über schwer arbeiten mußten und ihre Freizeit mit Übungen und Einsätzen an den Flugabwehrgeschützen verbrachten. Eine weitere Maßnahme war das Aufstellen von Nebeltonnen, die bei Fliegeralarm geöffnet wurden und durch den ausströmenden Nebel, den Piloten der Bombenflugzeuge, die Ziele zu verschleiern. Der Nebel ein ätzendes Gas konnte zu Verbrennungen der Haut führen und wurde auch durch seinen unangenehmen Geruch als schwere Belästigung gesehen.

Im allgemeinen war jeder der Ansicht, alles Notwendige für die Sicherheit Finkenwerders getan zu haben.

Erst als 1943 Hamburg durch laufende schwere Bombenangriffe teilweise in Schutt und Asche gelegt wurde, wußten auch die Finkenwerder, daß sie wegen der Industrie und des Petroleumhafens in großer Gefahr schwebten, auch einem Angriff zum Opfer zu fallen.

Man erinnert sich noch heute, daß am Tag nach den Angriffen die Sonne nicht die Kraft hatte die Qualmwolken zu verdrängen.

Es kamen viele ausgebombte Hamburger, die in Finkenwerder Verwandte oder Bekannte hatten, mit ihren letzten Habseligkeiten auf unsere Insel um zunächst einmal eine Bleibe zu finden.

Für die obdachlos gewordenen Belegschaftsmitglieder der Deutschen Werft wurden in Finkenwerder zwei Schnellbausiedlungen errichtet. Eine am Rüschweg die andere am Uhlenhoffsweg.

Die Finkenwerder Bevölkerung nahm die Schilderung der Ausgebombten über die Einzelheiten der Bombennächte mit Anteilnahme auf und sah die Chance zu überleben darin, den Fliegeralarm im U-Bootsbunker zu verbringen, so daß bei jedem Fliegeralarm halb Finkenwerder nach dem U-Bootbunker wanderte, um sich und die Seinen in Sicherheit zu bringen. Das Abwandern nach diesem Bunker, der eine Decke von über 3,5 m hatte, war so schlimm, das einzelne Häuser ohne Bewachung waren.

Später hatte es sich gezeigt, daß auch der U-Bootsbunker keine 100%ige Sicherheit bot. Erst im Jahre 1944 setzten die Angriffe auf Finkenwerder und den benachbarten Petroleumhafen wieder verstärkt ein. Durch den Petroleumhafen hat Finkenwerder sehr leiden müssen, denn es ist erwiesen, daß viele Bomben, die den Petroleumhafen treffen sollten, das Finkenwerder Gebiet trafen. Am 20.06.1944 fielen etwa 60 Sprengbomben südlich des Petroleumhafens auf Finkenwerder, und insbesondere fielen sie auf den landschaftlich malerischen Auedeich, wo viele alte Fachwerkhäuser dem Angriff zum Opfer fielen.

Im Monat Oktober des gleichen Jahres wurden wiederholt Angriffe auf Finkenwerder geflogen. U.a. fielen am 06.10.1944 Sprengbomben auf die Deutsche Werft und die Gegend südlich davon.

Mehrere Zivilpersonen wurden durch Splitter verletzt. Ein Rundbunker am Neßdeich stürzte teilweise zusammen, jedoch hatte nur eine Frau eine schwere Beinverletzung davongetragen. Alle anderen Insassen des Bunkers kamen mit einem Schrecken davon.

Ein Einzelhaus am Neßdeich war eingestürzt und der Inhaber des Hauses lag im Keller verschüttet. Es gelang jedoch mit vereinigten Hilfskräften, ihn lebend zu bergen und er erfreute sich noch lange guter Gesundheit. Am 25.10.1944 fielen etwa 50 Sprengbomben und Hunderte von Brandbomben südlich des Landscheideweges und zur selben Zeit 20 Sprengbomben und Hunderte von Brandbomben auf den Flugplatz am Neßdeich.

Gott sei Dank ist der Personen- und Sachschaden in den letzten Fällen nur gering gewesen. Durch die weitläufige Bebauung Finkenwerders fielen viele Bomben in die Obstgärten und richteten nur Baumschäden an. Durch den weichen Marschboden drangen die Sprengbomben tief in das Erdreich hinein und verursachten riesige Trichter, deren Wiederausfüllung den Bauern große Schwierigkeiten bereiteten, weil es an Erdreich fehlte.

Alle Bombenangriffe aufzuzählen, ist nicht möglich. In der Übersichtskarte wurden die auf Finkenwerder gefallenen Bomben eingetragen.

Als die Truppen unserer damaligen Feinde schon weit auf deutschen Boden vorgedrungen waren, hoffte man mit einer Maßnahme, die man Volkssturm nannte, eine wirkungsvolle Waffe zur Verteidigung gefunden zu haben.

Am 18. 10. 1944 wurde ein Notgesetz erlassen. In Finkenwerder fand die Vereidigung dieser Nottruppe auf dem Platz vor der Seemannsschule statt.

Das Jahr 1945 hat auch für Finkenwerder die entscheidenden Hauptangriffe gebracht. Am 30. 4. 1945 fielen zahlreiche Sprengbomben auf die Kasernenanlagen des U-Bootstützpunktes Fink I. Mehrere Gebäude wurden vernichtet. Wie hoch die Truppenverluste waren, ist nie herausgekommen. Auch die Gorch-Fock-Halle und umliegende Gelände wurden am gleichen Tage mit Sprengbomben belegt.

Am 31. 03. 1945 fielen zahlreiche Flüssigkeitsbomben auf die Deutsche Werft und zerstörten durch Feuer mehrere Hallen.

Am 09. 04. 1945 war in Finkenwerder der Hauptkampftag, den keiner vergessen wird, der ihn miterlebt hat. Die 3,5 m starke Decke des U-Bootbunkers wurde durch feindliche Spezialbomben getroffen und an 5 Stellen durchschlagen. Es gab viele Tote und Verletzte. Am gleichen Tage wurde am Kanalstack ein Rundbunker, der mit etwa 100 Personen besetzt war, ebenfalls total zerstört. Der Rundbunker war nicht unmittelbar getroffen worden, sondern die starken Bomben hatten den Bunker hochgehoben und dann zusammengestaucht, so daß mehrere Personen total zerquetscht wurden. Es war ein schauriges Bild, wie diese Menschen später geborgen wurden. Der 09. 04. 1945 war wohl der schwärzeste Tag Finkenwerders, denn über 75 Tote waren zu beklagen.

Die Anzahl der Verletzten ging in die Hunderte. Auch wurde an diesem Tage vielen Einwohnern Finkenwerders der letzte Zufluchtsort bei Bombenangriffen genommen.

Jetzt war bewiesen worden, daß die Bunker nicht mehr sicher war und als besonderes Angriffsziel für Fliegerangriffe galten. Bei den nächsten Fliegeralarmen flüchteten viele Menschen nicht mehr in ihre Luftschutzkeller oder die öffentlichen Luftschutzräume, sondern sie hielten sich im Freien auf den Obsthöfen auf und warteten auf ihr Schicksal.

De Inschläge vun de Bombenangriffe op uns Insel

Eine allgemeine Mutlosigkeit ergriff die Menschen und es war ein offenes Geheimnis für alle, daß der Krieg nunmehr verloren sei. Finkenwerder wurde vor weiteren Angriffen zum Glück bewahrt, so daß Verluste bis zum Kriegsende nicht eingetreten.

Die Gesamtverluste (Todesfälle) bis Ende des Krieges betrugen in Finkenwerder

130	Deutsche
3	Kroaten
4	Russen
18	Franzosen
4	Belgier
2	Polen
5	Italiener
8	Schweden
1	Amerikaner
1	Holländer
176	durch Kriegseinwirkung insgesamt

Noch einige Tage vor Beendigung der Feindseligkeiten und der Besetzung Hamburgs hatte Finkenwerder aufregende Tage zu verleben. Der noch von deutschen Marinetruppen besetzte U-Boot-Stützpunkt in Finkenwerder, schoß mit seiner Flak auf feindliche Erkundungsflugzeuge, so daß es gar nicht mehr lange dauerte, bis plötzlich der U-Boot-Stützpunkt in Finkenwerder feindlichen Artilleriebeschuß erhielt. Die englische Artillerie stand auf dem Geestrükken südlich Finkenwerders und beschoß mehrere Geschütze, den erwähnten Stützpunkt und weitere Ziele auf der Elbe. Bei der Beschießung, die besonders nachts unheimlich war und keinen zur Ruhe kommen ließ, sind Gott sei Dank keine Menschen und Wohnhäuser getroffen worden.

Wenn man heute bedenkt, daß eine Handvoll Marinesoldaten und Volkssturmangehörige Finkenwerder verteidigen wollten, muß man über diesen Wahnsinn nur den Kopf schütteln. Rings um Finkenwerder waren Schützengräben und Maschinengewehrstellungen ausgehoben worden, sämtliche Zugangswege waren besetzt und es sah zuerst tatsächlich so aus, als wenn mit der Verteidigung ernst gemacht würde.

Als Hamburg Anfang Mai 1945 kampflos übergeben wurde, atmete alles auf. In der Nacht vorher verließen sämtliche Marinetruppen Finkenwerder fluchtartig; nur auf dem U-Boot-Stützpunkt verblieb ein sogenanntes Übergabekommando. In der Nacht vor der Übergabe – 5. Mai 1945 – setzten in Finkenwerder die Plünderungen der verlassenen Wehrmachtsunterkünfte und Arbeitslager ein. Alles, was mitnehmenswert war, wurde geraubt. Die Polizei war hiergegen machtlos. Sie konnte nur Ausschreitungen der noch in Finkenwerder befindlichen vielen fremdländischen Arbeiter verhindern. Bei den Plünderungen wurde besonders der U-Boot-Stützpunkt heimgesucht, da auf diesem neben Bekleidungs- und Ausrüstungsstücken noch viele Lebensmittel lagerten. Das im Stützpunkt verbliebene deutsche Übergabekommando verhielt sich gegen die Plünderer passiv, da ja doch alles den Besatzungstruppen in die Hände fallen würde. Später haben diese Truppen viele noch gebrauchsfähige Sachen verbrannt, so daß die Plünderung an und für sich niemanden geschadet hatte, sondern viele Einwohner ihre Notlage verbesserten. Gesetz und Ordnung waren an diesem Tage dahin.

Nach dem Einzug der englischen Besatzungstruppen zog in Finkenwerder wieder Ruhe und Ordnung ein. Die Polizei war am Einzugstage der englischen Besatzungstruppen neben den Truppen alleinige Beherrscherin der Straße, da sämtlichen Zivilisten am Tage vorher durch Bekanntmachungen das Verlassen ihrer Wohnungen verboten worden war. Am Spätnachmittag kamen englische Panzer über Moorburg–Altenwerder nach Finkenwerder hineingefahren, die ohne Aufenthalt bis zu der Flugzeugwerft von Blohm & Voss fuhren und die Werft besetzten. Auch die Deutsche Werft wurde am anderen Tage von den Besatzungstruppen besetzt. An diesen Tagen ruhte sämtliche Arbeit, auch die Geschäfte hatten geschlossen. Nur die Polizei verrichtete weiterhin ihren

Ordnungsdienst. Belästigungen durch die Besatzungstruppen erfolgten nicht, da sie sich zuerst in ihren Stützpunkten ganz reserviert hielten. Mit der Polizei wurden erst einige Tage später Verbindungen aufgenommen. Am Tage nach der Besetzung wurde durch Anschlag bekanntgegeben, daß sämtlicher Zugangsverkehr auf dem Landwege nach Finkenwerder und Altenwerder gesperrt sei. Man konnte von Finkenwerder und Altenwerder nur noch mit dem Dampfer nach Hamburg kommen, der weiterhin regelmäßig fuhr. Da die alte Süderelbe die Grenze war und die alte Pionierbrücke und neue Eisenbahnbrücke gesperrt waren, versuchten flüchtende Zivilpersonen doch noch über die alte Süderelbe zu kommen. Auf allen möglichen Wegen wurde der Übergang bewerkstelligt. Es gab viele Menschen, die nachts bei Ebbe durch die Süderelbe wateten, während andere wieder durch ortskundige Anlieger der Süderelbe mittels Booten hinübergerudert wurden. Häufig hörte man dann scharfes Schießen der Posten, aber soweit bekannt, sind Tote oder Verletzte nicht vorgekommen. Das Ausgehverbot wurde auf bestimmte Zeiten in der Nacht beschränkt, so daß die Finkenwerder Einwohner nach Aufhebung der Tagesausgehsperre wieder ihren gewohnten Beschäftigungen nachgehen konnten.

Das Polizeirevier Finkenwerder unterstand nach dem Krieg der Hafen- und Schifffahrtspolizei und hatte während der kritischen Tage vor und nach der Besetzung als vorgesetzte Dienststelle den SW.-Abschnitt Ca erhalten. Die Dienststelle war zuerst im Reviergebäude und nach der Besetzung im Ortsamt Finkenwerder in der früheren Seemannsschule untergebracht. Die Leitung hatte der damalige Polizeimajor Bliss, der der englischen Sprache mächtig war und somit alle Verhandlungen mit den Besatzungstruppen führen konnte. Die erste Maßnahme der Engländer war der Aufruf an die Finkenwerder Einwohner, sämtliche Waffen, Munition, Fotoapparate und Ferngläser abzugeben. Auf dem Polizeirevier war die Sammelstelle für diese aufgerufenen Sachen eingerichtet worden. Es war in diesen Tagen ein Kommen und Gehen. Die abgegebenen Sachen wurden gegen Quittung entgegengenommen. Da am Polizeirevier kein Platz für die vielen abgegebenen Waffen mehr vorhanden war, wurde ein Rundbunker damit belegt. Nach einigen Tagen wurden zuerst die Fotoapparate und Ferngläser von der Besatzungsmacht abgeholt und später wieder zurückgegeben, nachdem die besten Stücke herausgenommen waren. Der Abtransport der gesammelten Waffen und Munition dauerte Wochen, da immer neue abgegeben wurden. Beklagenswert war die Abgabe der schönen wertvollen Jagdwaffen, die die Besitzer nie wieder zu sehen bekamen. In den nächsten Wochen begann auch die Beschlagnahme von zwei Einzelhäusern in der Schloostraße für Offizierswohnungen und für eine Offiziersmesse sowie die Beschlagnahme von sechs Wohnblocks am Finksweg für die Errichtung einer Mannschaftsmesse und für Büroräume. Die größte Sorge machten der Polizei die vielen noch in den Arbeitslagern befindlichen Ausländer, die sich der Zivilbevölkerung und auch teilweise der Polizei gegenüber herausfordernd benahmen. Zu größeren Schwierigkeiten ist es jedoch, bis auf einen Fall, nicht gekommen, da die Besatzungstruppen versuchten, die Konflikte zu beseitigen. Es ist auch nie vorgekommen, daß den Zivilisten Uhren und Schmucksachen oder der Polizei Waffen von der Besatzungsmacht abgenommen wurden. Man kann wohl ohne Übertreibung behaupten, daß das Verhältnis zwischen Polizei und Besatzungsmacht den Umständen nach als befriedigend angesehen werden mußte.

Am 21.10.1945, um 15.35 Uhr, erfolgte auf Anordnung der englischen Militärregierung auf dem früheren U-Boot-Stützpunkt Fink II in Finkenwerder die Sprengung des riesigen und besonders starken U-Bootbunkers. Die Sprengung wurde durch Anhäufung von Fliegerbomben, Torpedos und sonstigem Kriegsmaterial und durch Verwendung weiteren Sprengstoffs durchgeführt. Die Gesamtleitung hatte Colonel O'Rorke vom englischen Sicherheitsdienst unter Teilnahme des zuständigen PSO Ashby vom Polizeiabschnitt XI. Der englischen MP waren etwa 300 Polizisten der Polizeischule und der PEA für Räumungs- und Absperrzwecke zugeteilt worden. Der Abschnitt XI stellte nur Einweisungskräfte. In einem Umkreis von 1000 m wurde das gesamte Gebiet evakuiert. Mehr als 1500 Personen mußten ihre Wohnungen räumen. Eine Sperrung des gesamten öffentlichen Verkehrs auf dem Lande und auf der Elbe wurde eine Stunde vorher durchgeführt. Kranke und gehunfähige Personen wurden mittels Krankenwagen aus dem Räumungsgebiet abtransportiert und bei Bekannten und in Schulen untergebracht. Die um 15.35 Uhr erfolgte Sprengung verlief ohne Zwischenfälle. Nur einzelne Fensterscheiben gingen zu Bruch. Der U-Bootbunker wurde durch die Sprengung restlos zerstört. Mehrere deutsche U-Boote lagen noch unter den Trümmern.

Die Trümmer des riesigen Bunkers waren noch jahrelang für spätere Generationen ein Mahnzeichen des unglücklichen Krieges unter der Naziherrschaft.

In dem nächsten Jahr wurde am Finksweg ein Lager für deutsche Kriegsgefangene errichtet. Später wurden diese Kriegsgefangenen, nachdem sie aus der Gefangenschaft entlassen worden waren, zum freiwilligen Arbeitseinsatz für die Besatzungsmacht herangezogen.

Die frühere Flugzeugwerft von Blohm & Voss wurde in eine Reparaturwerkstatt für schwere Fahrzeuge, wie Panzer, Trecker, Lastkraftwagen usw. unter dem Namen 22. Heavy Workshop R.E.M.E. umgewandelt.

Der frühere U-Boot-Stützpunkt Fink I, auf welchem sich noch mehrere große kasernenähnliche Gebäude befanden, wurde von der R.E.M.E. zur Unterbringung ihrer eigenen Bewachungsmannschaften verwendet.

De U-Boots-Bunker no de Sprengung

Als nach der Währungsreform, am 20.06.1948, sich die wirtschaftlichen Verhältnisse in Finkenwerder täglich sichtbar verbesserten, ließen auch die täglichen kleinen Diebstähle und Vergehen, die der Not entsprangen, nach. Die Polizei konnte sich jetzt mehr dem Straßenverkehr und der öffentlichen Ordnung und Ruhe widmen.

Im Sommer 1948 wurde zur Versorgung Berlins auf dem Luftwege auf dem Geländer R.E.M.E. ein Wasserflughafen für britische Wasserflugzeuge eingerichtet. Die Revierwache 115 mußte für Absperrung des umliegenden Geländes sorgen. Es war sehr interessant, das An- und Abfliegen der Wasserflugzeuge zu beobachten, die mehrere Monate lang mit die Versorgung Berlins sichern halfen.

Am 8. September 1949 um 17.30 Uhr wurden auf Anordnung der englischen Militärregierung auf dem früheren U-Boot-Stützpunkt Fink II in Finkenwerder, die Hochbunker «J» und «K», die zwischen dem Gelände der Deutschen Werft und dem bereits gesprengten U-Boot-Bunker lagen, gesprengt.

Nach Beendigung des Krieges waren in Finkenwerder so nach und nach bis zum Jahre 1950 46 Blindgänger von abgeworfenen Bomben festgestellt worden. 38 Blindgänger wurden entschärft und weggeräumt, während acht Blindgänger noch entschärft werden mußten. Bei allen Entschärfungen mußten Polizeikräfte der Revierwache 115 Evakuierungen und Absperrungen vornehmen, um Unglücksfälle zu verhüten.

Ferner wurden so nach und nach aus den Wassergräben und kleinen Wasserläufen in Finkenwerder von deutschen Soldaten hineingeworfene Gewehre, Panzerfäuste und Munition geborgen. Auch hierbei wurden Polizisten zur Bewachung der geborgenen Waffen und Munition eingesetzt.

Mit diesen Aktivitäten wurde versucht, die letzten Spuren des grausamen Krieges zu beseitigen, der unter der Finkenwerder Bevölkerung tiefe, zum Teil unheilbare Wunden hinterlassen hatte. Mit den Erinnerungen an die Vergangenheit wurden neue Ziele gesetzt, mit der berechtigten Hoffnung «Es kann nur noch aufwärts gehen».

Finkenwerder bot akustisch ein vollkommen neues Bild. Neben den niederdeutschen Mundarten hörte man plötzlich die Dialekte der vertriebenen Deutschen aus den osteuropäischen Staaten und aller Flüchtlinge aus den ostdeutschen und mitteldeutschen Provinzen. Für sie sollte Finkenwerder für immer oder auf Zeit eine neue Heimat werden. Die Bedingungen waren außerordentlich schlecht. Im Krieg hatte auch die Wohnraumkapazität gelitten. Die Zahl der Einwohner stieg von 1939 bis 1946 auf das Doppelte.

1939 hatte Finkenwerder	6318 Einw.
1946 hatte Finkenwerder	13076 Einw.

Durch den Ausbau aller Reserven wie Keller, Scheunen, Lauben und Böden sowie den Bau von Behelfsheimen konnte zwar neuer Wohnraum geschaffen werden, aber der Hauptanteil wurde in den vorhandenen zum Teil sehr alten Wohnungen als Untermieter untergebracht. Für viele ein sehr schlechter Start in neuer unbekannter Umgebung. Es war ein Wunder, wie gut man sich in dieser Zeit vertrug. Am 14.08.1949 konnte die erste freie Wahl nach dem Krieg, die Bundestagswahl durchgeführt werden. Ergebnisse Seite 40.

Von den Unternehmen Finkenwerders hatte die Deutsche Werft zunächst eine traurige Rolle zu spielen. Die Handelsschiffe, die an fremde Nationen nach dem Kriegsende abgegeben werden mußten, bekamen am Kai der Deutschen Werft den letzten Anstrich und wurden anschließend an die neuen Besitzer übergeben. Im Jahr 1948 hörte man endlich wieder das gehaßte, doch symbolische Hämmern der Nieter und Stemmer. Ein echtes Zeichen der Hoffnung. Ab 1948 liefen vom Helgen der Deutschen Werft sechs Fischdampfer vom Stapel, bis 1950 mit der «Keitum» (Nordfr. Reederei) das erste Handelsschiff die Deutsche Werft nach einer gelungenen Probefahrt verließ. Es gab von nun an einen wirtschaftlichen Aufwärtstrend.

Die Seefischerei der Kutter und Fischdampfer entwickelte sich gut, auch das Baugewerbe befand sich im Aufwind.

Einige Daten der Entwicklung:

1949 Wiederaufbau der Norderschule, die als einzige Schule dem Bombenhagel des 2. Weltkrieges zum Opfer fiel.

1951 Einweihung des Sportplatzes am Finksweg durch Frau Senator Karpinski.

1952 Ein Schulneubau auf dem Gelände der Aueschule wird seiner Bestimmung übergeben.

1952 Inbetriebnahme der ersten festen Busverbindung zwischen Harburg und Finkenwerder. Der Linienverkehr wurde von der Travers Omnibus Gesellschaft betrieben.

02.06. 1954 Die Gebäude des U-Boot-Stützpunktes am Neßdeich wurden von den Besatzungstruppen freigegeben und der Sozialbehörde unterstellt. Hier fanden Flüchtlinge aus dem Osten und Umsiedler eine Notunterkunft. Das Lager führte die Bezeichnung «Flüchtlingsdurchgangslager Finkenwerder».

Wahlergebnis der 1. Deutschen Bundestagswahl am 14. 08. 1949
Finkenwerder einschließlich Waltershof

Stimmbezirk	Wahllokal und Anzahl der wahlberechtigten Pers.	Zahlen der für die einzelnen Parteien abgegebenen gültigen Stimmen						Gesamtz. der gültigen Stimmen	Ungültige Stimmen	Stimmen Gesamtz.	%
		SPD	FDP/CDU	KPD	RSF	DKP	DP				
369	W-hof, Willers 1095 wahlberechtigt	449	118	184	11	7	87	856	33	889	80
370	W-hof, Bartels 1042 wahlberechtigt	403	138	132	21	4	97	795	25	820	79
371	Fkw., Hitschke 1155 wahlberechtigt	351	261	45	10	17	234	918	21	939	81,2
372	Fkw., Elbhalle 1444 wahlberechtigt	622	141	221	13	14	183	1194	40	1234	85
373	Fkw., G. F. Halle 1219 wahlberechtigt	368	222	77	9	10	261	947	21	968	80
374	Fkw., Probst 1324 wahlberechtigt	395	273	73	12	14	210	977	20	997	80,7
375	Fkw., Oehms 1160 wahlberechtigt	324	236	92	12	16	210	890	30	920	77
376	Fkw., Camper 654 wahlberechtigt	177	174	30	3	5	127	516	7	523	80,5
377	Fkw., Winter 1116 wahlberechtigt	380	208	42	10	15	226	881	23	904	80,3
378	Fkw., Hinrichs 862 wahlberechtigt	322	109	138	7	3	89	668	18	686	79,5
379	Fkw., Lanker 935 wahlberechtigt	407	88	153	4	6	89	747	18	765	82
	Gesamtstimmenzahl	4198	1968	1187	112	111	1813	9389	256	9645	
	Stärke der Parteien in %	48,4	20,9	12,7			19,7				80,5

Bundespräsident Heuß in Finkwarder

12.10. 1954 Der Bundespräsident Theodor Heuss besuchte Finkenwerder, um die Deutsche Werft zu besichtigen. Er war das erste Staatsoberhaupt, das die Elbinsel betrat.

Mai 1955 Die ersten Familien bezogen die neuen Wohnblocks auf der Aueinsel.

Dez. 1955 Die Dradenaustraße zwischen Finkenwerder und Altenwerder wurde dem Verkehr übergeben. Diese Straße war die erste hochwasserfreie Straße zwischen den beiden Elbinseln. Die gute alte Betonstraße wurde bei jedem Hochwasser überspült.

1956 Das Abgeben von Böllerschüssen als Sturmflutwarnung wurde aufgegeben. Seit etwa 1920 warnt die Polizei auf Finkenwerder die Bevölkerung bei Sturmfluten vor eintretendem Hochwasser. Die Warnung durch Böllerschüsse war notwendig, da sehr viele bewohnte Häuser an der Deich-Außenseite standen. Die Hochwasserwarnungen erfolgen nur noch über den Rundfunk.

Juni 1957 Das «Detlev Wulf»-Haus in der Benittstraße konnte bezogen werden.

21.08. 1957 Das Freibad am Finksweg wurde in Anwesenheit des Bürgermeisters Engelhard feierlich eröffnet.

01.03. 1958 Eine nach modernsten Gesichtspunkten eingerichtete Turnhalle konnte auf dem Gelände der Westerschule seiner Bestimmung übergeben werden.

16.03. 1958 Die röm. kath. Kirchengemeinde «Katholische Pfarramt St. Peter» konnte ihre Kirche einweihen.

02.10. 1958 Es wurde vom Feuerwehramt ein Krankenboot in Dienst gestellt. Bisher wurden für die Krankentransporte nach Hamburg Feuerlöschboote eingesetzt. Das modern eingerichtete Krankenboot mit Arztraum und Krankenraum war das erste dieser Art in Hamburg.

Februar 1962 Die große Flut. Dieses Ereignis möchten wir mit Auszügen aus den Akten der Finkenwerder Polizei wiedergeben.

Der 17. Februar 1962 war die «Jahrhundert-Flut». Die Elbinsel Finkenwerder wurde von dieser Sturmflut hart getroffen.

Schon am Freitag, dem 16. Februar, morgens, war der Wind stark aufgefrischt und hatte in den Mittagsstunden Sturmstärke erreicht. Zum Feierabend war der Westwind fast zur Orkanstärke herangewachsen, das Nachmittagshochwasser stand bei Teufelsbrück fast bis zur Elbchaussee. Mehr erwartete man nicht – bis dahin war es so etwas wie ein imposantes Naturspiel –.

Um 23.00 Uhr waren die Vorstände aller Deichverbände vorsorglich darauf hingewiesen worden, daß bei dem zu erwartenden Hochwasser die Deiche sehr gefährdet seien und mit Deichbrüchen gerechnet werden müsse.

Am frühen Abend verstärkte und steigerte sich der Sturm zum vollen Orkan. Böen mit Regen und Hagelschlag vermischt erreichten in Hamburg eine Geschwindigkeit bis zu 141 km/Std. Daß die Flutwelle der Nacht noch um 2 m höher stieg, damit rechnete trotz Sturmflutwarnung wohl niemand – nicht einmal der Warndienst selbst. Als der Nordwestorkan in der Nacht zum 17.02.1962 gegen 1.00 Uhr mit Böen von ungemessener Stärke die ersten Brecher des Elbhochwassers über die Deiche trieb, war es zu spät, gefährdete Menschen ausreichend zu warnen bzw. zu evakuieren. Minuten später fielen die Telefone aus, brach die Stromversorgung zusammen, versagten die Sirenen, rauschten schäumende Bäche durch die Straßen, und die Peterwagen der Polizei blieben mit ihren ohnehin dem brüllenden Orkan nicht gewachsenen Lautsprechern im Schlamm stecken oder konnten infolge des ansteigenden Wassers die Straßen nicht befahren.

Der Zeitpunkt, zu dem die Flut die Deiche durchbrach, das Land überschwemmte, die Keller vollaufen ließ, in den unteren Stockwerken eindrang, kleine Häuser fortriß, Menschen und Vieh mit fortnahm, konnte nicht ungünstiger sein. Zu spät, um die Menschen noch vor dem Schlaf aktiv und bereit zu finden, zu früh, um schnelle Hilfe zu ermöglichen. Mitten in der Nacht.

Hamburg-Finkenwerder war auf solchen Tiefschlag nicht gefaßt. Seit über hundert Jahren war es von extrem hohen Wasserständen verschont geblieben. Die beiden letzten schweren Sturmfluten von 1825 und 1855 wurden von der Fluthöhe dieser Katastrophennacht um mehr als einen halben Meter übertroffen. Mit 4,18 Meter über dem mittleren Hochwasser erreichte die Flut einen örtlichen Rekord. Das überstieg alle wasserbautechnischen Vorausberechnungen. Die Flut durchbrach Deiche, walzte massive Gebäude nieder und trieb schwere Lastzüge wie Spielzeug vor sich her.

Am Sonnabend trat die Sturmflutspitze mit einer bisher noch niemals erreichten Höhe von 4,03 Meter über mittleres Hochwasser (5,73 Meter über Normalnull) am Pegel Hamburg St. Pauli ein. In Finkenwerder, Waltershof und Altenwerder wurden an fast allen Stellen die Deichkronen in einer Höhe von 80 Zentimetern überströmt. Dadurch wurden weite Strecken der Deichkronen von der Binnendeichseite ausgehend abgetragen und die Innendeichflächen und die Deichfüße ausgespült, wodurch auch zahlreiche Deichbrüche verursacht wurden. In Finkenwerder entstanden fünf, in Altenwerder drei Deichbrüche und in Waltershof ein Deichbruch.

Der größte Deichbruch in Finkenwerder war am Westerdeich. Das Wasser ergoß sich mit einer gewaltigen Strömung in die Landscheide und überflutete die Nordmeerstraße und Wikingstraße in einer Höhe von vier Meter. Die Gewalt des Flutwassers war so stark, daß der Teil der ansteigenden Nordmeerstraße, der zum Neßdeich führt, weggerissen

Diekbruch 1962

wurde. Somit waren die Bewohner der Nordmeerstraße und Umgebung vollkommen eingeschlossen.

Nachdem die Deiche an zwei Stellen des Auedeiches und an zwei Stellen des Süderdeiches gebrochen waren, kam das Flutwasser von allen Seiten und überflutete fast das gesamte Gebiet von Finkenwerder.

Bei der Bruchstelle am Auedeich (beim Storchennest) wurde ein vor kurzem gebautes Haus mit den Fluten fortgerissen.

Noch schwerer betroffen wurden die Bewohner am Westerdeich, die in unmittelbarer Nähe des großen Deichbruches wohnten. Hier ging es nur darum, das nackte Leben zu retten. Die Betroffenen standen festgekrallt auf den Dächern, naß, frierend und bebend vor Angst im eiskalten Sturm und warteten auf Hilfe, nicht die Möglichkeit einer Selbsthilfe sehend.

Somit blieben in Finkenwerder wenig Straßen, die nicht überflutet waren. Das gesamte Flüchtlingslager Neßdeich stand unter Wasser. Ca. 2000 Personen wurden von hier evakuiert. Durch das Hochwasser waren sämtliche Verbindungswege nach Finkenwerder unterbrochen.

In Finkenwerder betrugen die Verluste drei Tote, davon ein tödlich verunglückter Soldat der Bundeswehr bei der Kadaverbeseitigung.

Nach Aufforderung durch den Revierführer der Finkenwerder Polizei, Polizeioberkommissar Keller, wurden von der Seemannsschule Finkenwerder vier Boote (Dingis) um 9.00 Uhr für Maßnahmen zur Bergung, Evakuierung bzw. Versorgung der vom Wasser eingeschlossenen Bevölkerung zur Verfügung gestellt. Erst durch den Einsatz der Boote konnte erstmals planvoll der Bevölkerung Hilfe geleistet werden. Der Einsatz der Boote gestaltete sich sehr schwierig. Aufgrund der leichten Bauweise der Boote (Dingis) wurden sie infolge des herrschenden Sturmes und starker Strömung leicht abgetrieben. Außerdem boten die Straßen ein Bild schlimmster Verwüstung. Gegenstände aller Art trieben zwischen versunkenen Kraftfahrzeugen umher.

Erst gegen 6.00 Uhr waren die Verbindungswege nach Altenwerder und Waltershof wieder frei. Nach Hamburg war nur der Verkehr mit HADAG-Schiffen möglich. Mit Schiffen wurden im Laufe des Sonnabends und des Sonntags vom Durchgangslager Neßpriel (Flüchtlingslager) ca. 2000 Personen in die Auffanglager bzw. zu Verwandten nach Hamburg evakuiert.

Die Schulen in der Ostfrieslandstraße und in Waltershof, die Gorch-Fock-Halle und das Ortsamt Finkenwerder wurden sofort für die Aufnahme Obdachloser geöffnet.

Viele Freiwillige hatten sich dann spontan zur Verfügung gestellt und unterstützten die Rettungsarbeiten wie Versorgungsmaßnahmen der Polizei erheblich.

Besonders sind hierbei die Jungen der Seemannsschule zu erwähnen, die von Anbeginn tatkräftig im Einsatz wirkten. Ebenso haben die so oft geschmähten Jugendlichen bewiesen, daß sie auch zupacken können.

Um 15.20 Uhr trafen acht Sturmboote des 4. Pionier-Bat., 6. Komp. zur Hilfeleistung ein. Vier Boote wurden in Altenwerder und vier Boote in Finkenwerder eingesetzt. Somit war die Versorgung der Bevölkerung mit Heizmaterial und Verpflegung nicht mehr in Frage gestellt.

Gebiete, die auch mit Wasserfahrzeugen nicht erreicht werden konnten, wurden aus der Luft durch Hubschrauber versorgt. Als Hubschrauberlandeplätze waren der Sportplatz beim Sommerbad, der Platz vor der Tankstelle Meisterknecht und die Rasenfläche vor der Feuerwache 15 in Finkenwerder vorgesehen.

Da sämtliche Frischwasserleitungen im Katastrophengebiet gebrochen waren und das Trinkwasser ungenießbar war, bildete die Wasserversorgung große Schwierigkeiten und konnte zum größten Teil nur durch Hubschrauber durchgeführt werden. Um 19.35 Uhr legte ein Wasserboot mit 100 Tonnen Frischwasser bei der Anlegestelle Finkenwerder an.

Trotz aller durchgeführten Vorsichtsmaßnahmen mußte mit Ausbruch von Typhuserkrankungen gerechnet werden. Aus diesen Gründen wurde über Lautsprecherwagen bekanntgegeben, daß sich die Bevölkerung gegen Typhus im Ortsamt Finkenwerder schutzimpfen lassen könne. Aufgrund der vorzeitigen Schutzmaßnahmen ist es nicht zu Typhuserkrankungen gekommen.

Am 20.02.1962 war das Wasser soweit gefallen, daß Sturmbooteinheiten nicht mehr eingesetzt werden konnten. Die weitere Versorgung der Bevölkerung wurde nun mit Lkw durchgeführt. Ferner wurde in der Nordmeerstraße eine Teeküche der Bundeswehr eingerichtet.

Der Abtransport der Kadaver wurde von Herrn Dr. vet. Nemann geleitet.

Die Gas- und Stromleitungen waren trotz großer Schwierigkeiten in kürzester Zeit zum Teil wieder hergestellt.

Im verschont gebliebenen Teil Finkenwerders begann das Leben seinen gewohnten Gang zu nehmen. Hilfsorganisationen standen Tag und Nacht im Einsatz, um die gröbsten Schäden an den Straßen zu beheben. Trotzdem sah es an einigen Stellen wie nach einem Bombenangriff aus.

Die Auffahrt der Nordmeerstraße auf dem Neßdeich war eingestürzt. Fast das ganze Binnenland, in das die Flut bis auf fünf Meter Höhe hineingeschossen war, stand noch unter Wasser. Am Norderkirchenweg, am Norderschulweg und nach den Gebieten zwischen Landscheide und Köterdamm war der Verkehr nur mit Booten möglich. Die Feuerwehr pumpte Wasser aus der Kolonie an der Dradenaustraße und aus den Kellern der höher gelegenen Gebiete. Die Schulen standen noch im Wasser. Auf den aufgehöhten Flächen wurden die Häuser bereits mit Strom und Leitungswasser versorgt, die Zufuhr von

Gas war zum Teil gesperrt. Noch etwa 300 Menschen lebten in den höher gelegenen Baracken des Flüchtlingslagers.

Die Geschäfte wurden mit neuer Ware ausgestattet. Überall regte sich der Aufbauwille. Ein Bäcker, dessen gesamte Einrichtung zerstört worden war, rührte den Brotteig bereits mit neuen Maschinen.

Nach dieser Flutkatastrophe wurden zunächst einmal die Deiche repariert. Es folgte der Bau einer Hochwasserschutzanlage mit einer Scheitelhöhe von 5,4 m NN. Die Anlage besteht aus einem Gürtel von Deich- und Flutmauer-Stücken, die von der Estemündung beginnend um die Insel Finkenwerder und Waltershof gelegt wurden. Mit dem Bau des Deiches wurde die Süderelbe von der Norderelbe getrennt und erhielt den Charakter eines Stillen Wassers. Die Werften von Jochen Behrens und Karl Feltz mußten zum Rüschkanal umziehen. Den Wassersportlern wurde ein Stück Idylle genommen. Auf der Innenseite des Deiches wurde eine Straße gebaut, die nach Cranz und Neuenfelde führte. Zunächst ging ein Wunsch vieler Finkenwerder in Erfüllung. Es wurden auf der Elbinsel weitere Siedlungen gebaut, wie am Pamirweg und Bansenhof.

Ab 1965 siedelten sich in den Altenwerder Weiden neue Großbetriebe an. Eine Rußfabrik, ein Stahlwerk und ein Aluminiumwerk.

Im Jahr 1973 wurde der Betrieb der Deutschen Werft geschlossen. Eine für viele Kenner unfaßbare Entscheidung. Als von der Abbruchfirma die Hellinganlage demontiert wurde, schauten viele ehemalige Werftarbeiter mit Tränen in den Augen über das Gelände, auf dem sie über Jahrzehnte ihr Geld verdienten.

Das gesamte Gelände wurde bis auf das Hochhaus, das ehemalige Verwaltungsgebäude, und einiger Hallen am Werftkanal auf eine Höhe gebracht. Die Gebäude wurden abgerissen, Krananlagen und Hellinganlagen demontiert, die Ablaufflächen unter der Hellinganlage mit Erde wieder aufgefüllt. Die Erde wurde von einer Hamburger Baufirma mit Lastwagen zum Werftgelände

De Norderkirchenweg dree Doog no de Floot

transportiert. Mit ihrer Transportlast hatten diese Lastwagen das Gewicht eines Panzers. Für die Finkenwerder Straßen eine unzumutbare Belastung. Einige Hausbesitzer am Neßdeich und Norderdeich konnten täglich verfolgen, wie die Risse in ihren Hauswänden immer länger wurden.

Im September 1974 wurde die Köhlbrandbrücke eingeweiht, und 1975 konnte nach siebenjähriger Bauzeit der neue Elbtunnel seiner Bestimmung übergeben werden. Finkenwerder hatte nun zwei Möglichkeiten für den Weg in die Innenstadt; einen direkten Anschluß an die Autobahn A7 und damit auch einen kürzeren Weg zum Flughafen Fuhlsbüttel. Verkehrstechnisch scheinbar nur Vorteile.

Es zeigte sich bald, daß nicht nur die Finkenwerder von den «Neuen Wegen» profitierten, sondern auch die Verkehrsteilnehmer aus dem «Alten Land».

Die Belastung für die Finkenwerder Straßen stieg an und ist inzwischen unerträglich hoch.

Im Januar 1976 gab es wieder eine schwere Sturmflut mit einer noch nie erreichten Sturmflut-Scheitelhöhe von 645 cm über NN. Das Wasser stieg sehr schnell. Das Ansteigen kam zum Stillstand, nachdem in der Haseldorfer Marsch Deiche gebrochen waren. Im Bereich des Rüschkanals stand das Wasser an der Flutmauer. Die Schnellbausiedlung am Rüschweg stand bis ca. 1 m unter Wasser. Die Rüschsiedlung wurde nach dieser Sturmflut auf Entscheidung des Hamburger Senats aufgelöst. Den Bewohnern der Häuser wurden Wohnungen vermittelt.

Im Bereich des Finkenwerder Flugplatzes am Westerdeich wurde eine neue Siedlung gebaut. Auch diesmal kamen die Umsiedler aus dem Osten, aber aus unserer unmittelbaren Nachbarschaft. Der Hamburger Senat hatte entschieden, daß die Altenwerder Wohnhäuser den Anlagen der Erweiterung des Hafens Platz machen mußten. Eine für die Altenwerder harte Entscheidung. Es ist nur zu hoffen, daß auch sie, wie viele Umsiedler vor ihnen, in Finkenwerder eine echte Heimat finden.

Es wird noch immer auf unserer Elbinsel gebaut.

Zum Vergleich noch ein paar Zahlen:

Jahr	Anzahl der Fischereifahrzeuge	Anzahl Einwohner
1830	25	1353
1890	175	3788
1960	60	17990
1986	39	10600

In den letzten 156 Jahren war einiges in Bewegung. Im August soll groß auf unserer Elbinsel gefeiert werden. «750 Jahre Schicksal Finkenwerder». Ob es wirklich einen Grund zu feiern gibt?

Wir meinen «den gibt es».

De Neßkuhl mi Blick up Blanknes

4 Der Finkenwärder Dampfer

Verfasser:
Kurt Wagner, Finkenwerder

Der Stellenwert, den ein Fährmann, ein organisierter Fährbetrieb für eine Insel hat, liegt unbestritten hoch. Für Finkenwerder ergab sich eine Sonderstellung, da diese Aufgabe von den vielen revierkundigen Schiffern und Fischerbooten bei Bedarf mit wahrgenommen werden konnte. Es gab aber von jeher Bemühungen, einen brauchbaren Fährbetrieb aufzubauen.

Die Entwicklung dieses vollzog sich in kleinen Schritten. Die Kontakte der Finkenwerder zu den Nachbargemeinden Neuenfelde, Francop, Hasselwerder und Altenwerder für die Lüneburger Seite und Nienstedten, Dokkenhuden und Blankenese für die Hamburger Seite waren über viele Jahre die einzigen Wege für den Informationsfluß und den Handel. Die Verkehrsmittel waren Ruderboot und Segelboot.

Als dann die Verbindungen zu Hamburg und Altona für das Leben auf der Insel an Wichtigkeit zunahm, nutzte man die Möglichkeit, mit den Fischern zu fahren, die am Hamburger Fischmarkt ihre Ware verkauften.

Ein anschauliches Bild über die Schwierigkeiten, die mit solcher Fahrt verbunden waren, ist dem alten Müller Lorenz Harms in einer Aufzeichnung zu danken:

«Um 1830 war es eine ziemlich schwere Aufgabe – besonders für die im Inneren unserer Insel wohnenden Finkenwerder – wenn sie Einkäufe in Hamburg machen wollten.

Zunächst mußten sie sich erkundigen, ob vielleicht ein Elbfischer zum Markt wollte und sie mitkommen konnten.

War alles in Ordnung, mußten die Mitfahrenden je nach der Tide um 2.00, 3.00 und 4.00 Uhr morgens schon am Abfahrtsplatz sein. Und das bei der Dunkelheit! Während der Zeit, wo der Fischer am Fischmarkt seinen Fang verkaufte, mußten die Einkäufe erledigt sein, denn es ging alsbald wieder zurück nach Finkenwerder.»

Später wurde es etwas besser mit den Fahrten nach Hamburg, denn die früheren Elbfischer Hans Mewes und Hans Schacht hatten ihre Fischerjollen so eingerichtet, daß sie jeden Tag die sogenannten Hökerfrauen nach Altona fahren konnten. War die Tide günstig, fuhr man bereits zwei oder drei Uhr morgens bei gutem Wetter hinüber. Bei schlechtem Wetter jedoch wurden die Fahrgäste in dem offenen Boot so naß, daß ihnen das Wasser aus den Schuhen lief.

Hatte nun das Boot zuviel Wasser übernommen, wurde das Boot am Ufer aufgesetzt. Die Segel wurden herunter gelassen, und das Wasser mit dem «Euschfatt» (Schöpfgefäß) ausgeschöpft. Dann ging es, mochten die Hökerfrauen noch so schreien, wieder weiter.

Wenn es mit der Tide nicht paßte, wurden die Frauen bei Ritscher auf der anderen Elbseite abgesetzt und dort auch nachmittags wieder abgeholt. Von dort gingen die Frauen nach dem Hopfenmarkt, um Fische aufzukaufen und sie dann wieder an der Straße zu verkaufen. Welch ein Weg für die Frauen! Das Leiden dabei war, daß sie auch nicht das Geringste mitbringen konnten, weil sie durch die Altonaer Zollgrenze mußten. Bei schlechtem Wetter waren die Frauen völlig durchnäßt. Da in Finkenwerder nur Seife, Sirup und Essig beim Höker zu haben waren, einigten sich oft Nachbarn und Verwandte, um bei gutem Wetter und günstiger Tide im Boot nach Hamburg zu fahren.

Sie kamen aber meistens über die Große Elbstraße von Altona nicht hinaus, da ihnen die Wege in Altona und zur Stadt unbekannt waren. In der Gr. Elbstraße war schließlich auch alles zu bekommen.

In späteren Jahren fingen die Schiffer Peter Fock, Hans Hinrich Mewes, Martin Mewes, Carsten Fink, Hans Lanker und Johan Bott an, für zwei Schillinge je Person an den Strand des rechten Elbufers nach Altona zu fahren. Wer in Hamburg zu tun hatte, ließ sich in der Regel bei Dirks Schiffswerft am Strand von Neumühlen absetzen, ging dann auf Schusters Rappen nach Hamburg und auch wieder zurück. Wußte der Fahrgast, zu welcher Zeit er wieder zurück sein würde, bestellte er den Schiffer. Sonst mußte man so lange warten, bis jemand mit einem Boot vorbei kam, um ihn mitzunehmen.

Die Einrichtung einer Dampferlinie nach Hamburg durch Jacob Holst war 1860 für Finkenwerder ein bedeutsames Ereignis. Er charterte den Freiburger Raddampfer «Freiburg» und versuchte mit ihm die erste regelmäßige Schiffsverbindung nach Hamburg herzustellen. Doch nach zwei Jahren mußte Holst den R.D. «Freiburg» wieder zurückgeben. Ihm folgte die «Finkenwärder», die vorher als «Lauenburg» auf der Oberelbe fuhr. 1864 erwarb Holst – unterstützt von Finkenwerder Geldgebern – van Gebr. Burmester in Lauenburg deren «Lauenburg II», einen 30 m langen Seitenraddampfer, der wiederum den Namen «Finkenwärder» erhielt. Das Schiff besaß eine Einzylinder-Dampfmaschine, die, kam sie auf den toten Punkt, zuweilen mitten auf der Elbe stehenblieb. Dann mußte jemand auf die Radschaufel außenbords treten, um den toten Punkt der Einzylindermaschine überwinden zu helfen. Auf der Fahrt nach Hamburg wurde oft noch eine Nebeneinnahme erzielt, indem man einen kleinen Schoner oder Ewer ins Schlepptau nahm. So mußten die Fahrgäste und der Kapitän zwangsläufig eine Fahrt in den Hafen mitmachen.

Bis 1871 legten die Dampfer am Steinhöft an. Danach waren die St. Pauli-Landungsbrücken das Ziel der Finkenwärder Fährschiffer.

1866 verstarb Jacob Holst – 35jährig – an einer Leberinfektion.

Wie schwierig damals eine Fahrt sein konnte, ist aus dem Jahre 1874 überliefert. Der Dampfer brauchte bei Gegenwind und Sturmflut von Neumühlen nach Finkenwerder vier Stunden. Wie eigenwillig sich so ein Dampferbetrieb andererseits wieder anließ, zeigt die nachfolgende Überlieferung:

Kapitän: «Meister, smiet de Moschin mol an. Dat geiht los!» Antwort aus dem Maschinenraum: «Geiht nich! De Moschin will nich anspringen!» Es war Sonntag, schlechtes Wetter und gar zu wenig Fahrgäste saßen an Bord. Da lohnte die Fahrt sich nicht ... und die Maschine lief dann einfach nicht an!

Der Dampfer «Finkenwerder», offiziell als Dampfboot bezeichnet, fuhr nur zwischen Pfingsten und Michaelis regelmäßig. In den ersten Jahren auch noch ohne festen Fahrplan. Morgens ab Finkenwerder und mittags ab Hamburg. Den Fahrgästen wurde beim Aussteigen in Hamburg die Rückfahrzeit genannt. Bei dieser Regelung soll es vorgekommen sein, daß den Fahrgästen eine Rückfahrzeit 14.00 Uhr genannt wurde, aber um 13.00 Uhr legte das Dampfboot «Finkenwerder» in Richtung Heimat ab. Die zurückgelassenen Passagiere konnten sehen, wie sie in Hamburg klar kamen. Dieses Ereignis führte 1875 zu großen Protesten und Verhandlungen, deren Ergebnis der erste offizielle Fahrplan war:

Wochentags	8.00 Uhr	von Finkenwerder
	14.00 Uhr	von Hamburg
Sonn- und Feiertagen		
	8.00 Uhr 12.00 Uhr 20.30 Uhr	von Finkenwerder
	10.00 Uhr 19.00 Uhr 22.00 Uhr	von Hamburg

Mit dieser Regelung mußten die Insulaner einige Jahre leben. Erst die feierliche Indienststellung des Raddampfers «Harmonie» brachte 1892 den Finkenwärdern eine zeitgemäße, anspruchsvolle Fährverbindung zur Hansestadt. Im gleichen Jahr kaufte man die «Union», die bis dahin in der Altenwerder Linie eingesetzt war. Beide Fährschiffe gehörten einer Finkenwärder Parten-Reederei.

Mit diesem Ereignis wurde den Hamburgern die Elbinsel ein Stück näher gebracht. Schon bald war Finkenwerder für die Hamburger in den Monaten zwischen Mai und August das beliebteste Ausflugsziel. Die Finkenwerder erkannten ihre Chance und stellten sich auf den für die Elbinsel segensreichen Fremdenverkehr ein. 1900 wurde ein neuer Landungssteg gebaut, die Gaststätten modernisiert, die Gärten gesellschaftsfähig ausgebaut und das Personal zielstrebig auf die Saison vorbereitet.

Der Heimatdichter «Gorch Fock» unterstützte die Bemühungen der Finkenwerder bei der Werbung für ihre Insel in Hamburg mit folgendem Text:

«Wat willst in Cuxhoben?»
«Wat willst in Lüh –
Finkwarder ist scheuner
un viel dichter dorbi!»

Um 1892 befand sich die Seefischerei zahlenmäßig mit über 180 Fischereifahrzeugen auf ihrem Höhepunkt. Wie weit die Finkenwerder in dieser Zeit mit ihren Berufen zufrieden waren, läßt sich heute nicht mehr ermitteln. Es ist aber wahrscheinlich, daß es viele intelligente und ehrgeizige junge Leute gab, die sich ihre Zukunft anders vorstellten, als im Zusammenhang mit Landwirtschaft und Fischerei ihr Geld zu verdienen. Sie hatten bis dahin keine großen Alternativen, denn sie wohnten auf einer Insel. In der Nachbarschaft dieser Insel war einiges in Bewegung.

Die Fischdampfer waren auf dem Vormarsch, der Hafen mit seinen Umschlagplätzen, Werften, Schleppern und Schuten brauchte gestandene Männer, die an der Küste groß geworden sind.

Die großen Reedereien hatten Expansionspläne und benötigten Fachkräfte, die sich mit Schiff und Segel auskannten.

Den Finkenwerdern wurde auch bewußt, welchen Wert eine gute Ausbildung hatte. Ausbildungsplätze, Höhere Schule, Handelsschule, Berufsschule und Seefahrtsschule waren in Hamburg oder Altona vorhanden.

Für die Existenz und Zukunft der Bewohner der Elbinsel war eine regelmäßige Fährverbindung zwischen Hamburg, Altona und Finkenwerder lebenswichtig.

In dieser Sonderstellung hat der Finkenwerder Dampfer ca. 100 Jahre lang das Inselleben mitbestimmt. Leider ist diese von vielen gehaßte oder geliebte Einrichtung Vergangenheit.

Im August 1900 wurden die beiden Fährschiffe «Harmonie» und «Union» von der HADAG übernommen. Es kam zu einem Vertrag zwischen der HADAG und der Gemeinde Finkenwerder, in dem der Fährbetrieb mit seinen Randbedingungen zwischen Finkenwerder und Hamburg zu jeder Jahreszeit und Tageszeit geregelt wurde. Von nun an konnten die Insulaner ohne Risiko Arbeitsplätze im Hafen und in der Stadt übernehmen. Die Anzahl der Passagiere, die in Richtung Hamburg zur Arbeit fuhren, nahm ständig zu. Viele Finkenwerder haben mit dem Dampfer auf der Elbe eine Strecke zurückgelegt, die der gesamten Länge des Äquators entspricht.

Für viele war die Fahrt mit dem Dampfer in Richtung Hamburg ein Abschied von ihrer Elbinsel.

So die Schwerkranken auf dem Weg ins Krankenhaus, Soldaten auf dem Weg an die Front, Auswanderer, die ihr Glück in der Ferne suchten.

Die Dampferfahrten wurden in allen Stimmungslagen angetreten, in Panik, Angst oder Trauer, aber auch in freudiger Erwartung, Hoffnung, verliebt, glücklich, jauchzend und berauscht.

Ein Motiv gab es, das die Finkenwerder und die Hamburger gemeinsam hatten: Dampferfahrten zu Verwandten- und Be-

De olen St. Pauli Landungsbrücken mit de «Gorck Fock» in Richtung Finkwarder

kanntenbesuchen, Ausflugs- und Vergnügungsfahrten, Fahrten zu den Arbeitsplätzen, Sport und Spiel.

Für die Finkenwerder: Dampferfahrten zu den Schulen, Spezialärzten und Krankenhäusern, Gerichten und Ämtern , Entbindungskliniken, Märkten, Kaufhäusern, Kaffees und Restaurants, Veranstaltungen wie Oper, Theater und Tanz, Sportveranstaltungen und Fahrten zu sündigen Vergnügungsvierteln.

Durch die Berufstätigen hatte jede Dampfertour ihre Stammgäste. In den Dampferschänken gab es eine angenehme, gemütliche Atmosphäre. Es wurden gepflegte Getränke ausgeschenkt. Die Biertresen mit ihren Bierhähnen waren Opfer putzwütiger mit Sidol arbeitender putzender Dienstmädchen.

Die Kellner hatten für ihre Stammgäste stets Zeit, ein kleines Gespräch zu führen. Sie waren fast immer genauestens im Bilde, was auf der Elbinsel «Trumpf war».

Es gab auf jeder Tour von morgens früh bis abends spät Gruppen, die sich fanden, um miteinander über Mode, Beruf, Kultur, Politik, Sport und Hobbys zu sprechen. Es wurde Skat gespielt und geknobelt. Einige Geschäfte wurden während der Fahrt abgeschlossen, man lernte sich kennen und lieben. Das Schöne an diesen Dampferfahrten war eigentlich die Tatsache, daß es selten zu Streit kam. Dafür war die Zeit einfach nicht ausreichend. In 45 Minuten konnte sich auch keiner betrinken, das war an Bord nur möglich, wenn in fröhlicher Runde vergessen wurde, auszusteigen, und es noch einmal mit dem Dampfer rauf und runter ging. Es gab auch Fälle, in denen so eine Runde sich nach Abschluß der Dampferfahrt in einer Finkenwerder Gastwirtschaft zum Weiterzechen wieder traf.

Der Fahrplan war so aufgebaut, daß es neben den Touren, die an allen Stationen anlegten, zur Zeit des Berufsverkehrs auch Dampfer gab, die direkt zwischen Finkenwerder und Hamburg verkehrten. Morgens war es der Zehn-vor-sieben-Dampfer, abends der Viertel-nach-fünf-Dampfer. Beide Touren hatten den Vorteil, daß sie nur 30 bis 35 Minuten brauchten, während für die normale Tour 40 bis 45 Minuten benötigt wurden. Interessant waren morgens die Touren, mit denen die Schüler oder Studenten in die Stadt zur Schule und Uni fuhren. Je nach Schulklasse oder Semester hockten sie zusammen, waren lebhaft, laut und ausgelassen. Totenstille war an den Tagen, wenn Arbeiten oder Klausuren geschrieben wurden. Vielfach wurde versucht, die Dampferfahrt als letzte Vorbereitung zu nutzen.

Eine Sondertour gab es in der Nacht vom Samstag auf Sonntag. Dann fuhr der letzte Dampfer von Hamburg 2.00 Uhr morgens, um den Nachtschwärmern Gelegenheit zu geben, sich in den dunklen Gassen St. Paulis etwas mehr Zeit zu lassen. Dieser Dampfer hieß im Volksmund «Lumpensammler».

Noch heute läßt sich die Identität eines Finkenwerders schneller bestimmen, wenn angegeben wird, zu welcher Zeit in welchem Jahr er auf dem Dampfer mit wem gesessen hat, z. B. auf dem 8.00 Uhr-Dampfer zwischen 1960 bis 1965 in der Schänke bei den Skatspielern.

Trotz aller in Jahren durchgeführten technischen Verbesserungen nahm die Natur ihren Einfluß auf die Beförderungsbedingungen. Bei Eisgang erkannte man sofort die ängstlichen Gesichter neuer Fahrgäste, denen das laute Schlagen der Eisschollen an der Bordwand noch unbekannt war. Für die Stammgäste waren diese Geräusche eine Aufforderung, noch einen Grog zu bestellen. Es gab auch Winter, in denen der Eisgang so stark war, daß der Fährbetrieb eingestellt werden mußte.

Der unangenehme Nebel brachte für die Fahrgäste zwei Standardsituationen. Entweder warteten sie geduldig frierend auf den Pontons, bis man die Geräusche der sich nähernden Fährschiffe wahrnehmen konnte, oder die Fahrgäste saßen auf dem Schiff und warteten sehnsüchtig auf den Klang der Nebelglocken der Pontonanlagen. Zur Zeit schwerer Sturmfluten wurde noch an Pontons angelegt, während das Festland schon überflutet war.

In der Sommerzeit drängte sich bei schönem Wetter alles auf den Frischluftflächen der Fährschiffe auf dem Achterdeck. Die Passagiere freuten sich riesig, wenn ihnen während der Fahrt ein kühles Bier serviert wurde. Der Finkenwerder Dampfer für viele empfunden als Zwangsweg, auf dem sich viele Helfer befanden, um ihren Mitfahrern den Aufenthalt an Bord so angenehm wie möglich zu machen. Die Verantwortung für den Fährbetrieb lag bei der HADAG und ihren Kapitänen, die nicht zu Unrecht zu den Zuverlässigsten des Hamburger Hafens gezählt wurden.

Mancher Dampferschipper fühlte sich seinem Schiff ebenso treu verbunden wie seiner Ehefrau. Die Kapitäne auf den Brücken der Finkenwerder Fährschiffe suchten und fanden ihre Ziele bei Eisgang, Sturm, Nebel und sogar bei Fliegeralarm.

Die Maschinen wurden vom Maschinenpersonal vorbildlich gewartet und gepflegt.

Die HADAG setzte in der Finkenwerder Linie nur Fährschiffe ein, die alle an sie gestellten Anforderungen erfüllten.

Es wurden in der Finkenwerder Linie folgende Beförderungszahlen erreicht:

Mai 1933 158 000 Ausflügler

1939 Linienverkehr gesamt
2 361 432 Personen

1945 Linienverkehr gesamt
5 065 984 Personen

1947 Linienverkehr gesamt
5 305 967 Personen

1962 Linienverkehr gesamt
7 032 814 Personen

1968 Linienverkehr
9 223 Personen pro Werktag

1974 Linienverkehr
3 992 Personen pro Werktag

Die Alternativen, die den Finkenwerdern durch die verkehrstechnische Entwicklung geboten wurden, wirkten sich negativ auf die Fährverbindung aus. Mit steigendem Lebensstandart konnten sich immer mehr Stammfahrer ein Auto leisten und mit diesem zum Arbeitsplatz fahren. Es gab weitere Veränderungen. Durch den Bau der Kölbrandbrücke und des Elbtunnels wurden die Wege zwischen Finkenwerder und der Innenstadt kürzer. Es wurden zwischen Altona und Finkenwerder Buslinien installiert. Die Deutsche Werft wurde in Finkenwerder geschlossen. Für die alten Finkenwerder war es ein Wunder, wenn sie auf einer Dampferfahrt mal einen Bekannten trafen. Der Finkenwerder Dampfer war nun nicht mehr das Informationszentrum, er war nur noch eine ganz normale Verkehrsverbindung. Plötzlich wurde in Finkenwerder bei verschiedenen Anlässen von der «guten alten Dampferzeit» gesprochen und erst jetzt wurde allen bewußt, wie sehr wir mit ihr verbunden waren.

Ein symbolisches Zeichen für die gesamte Situation war der Verkauf des Flaggschiffes «Jan Molsen». In der Pressenotiz vom 30.10.1967 wird diesem historischen Finale noch einmal gedacht.

Pressenotiz der «HADAG»: MS «Jan Molsen» verläßt Hamburg, Kurs Mittelmeer

Die HADAG hat ihr populäres Hafen- und Niederelbeschiff MS «Jan Molsen» an eine Reederei in Neapel verkauft. MS «Jan Molsen» wurde im Jahre 1925 bei H. C. Stülcken Sohn erbaut und war das erste Motorschiff, das die HADAG in Dienst stellte. Der Baupreis betrug RM 800000,–. Das Schiff wurde in erster Linie für die Beförderung von Werftarbeitern eingesetzt; es wurde aber im Laufe der Jahre auch für Cuxhaven-Fahrten, Vereinsfeste, Tanzereien und dergl. verwendet. In den Jahren als nur wenige Menschen ein Auto besaßen, waren Elbefahrten mit MS «Jan Molsen» beliebt. In den Sommermonaten brachte das Schiff jedes Wochenende 2000 und mehr Menschen nach Cuxhaven.

Nach dem Zweiten Weltkrieg war MS «Jan Molsen» mit über 1000 BRT das größte Schiff der deutschen Handelsflotte. Es ist bis heute das größte Hafen-Fährschiff Deutschlands geblieben.

In den letzten Jahren ist der Berufsverkehr nach den Werften geringer geworden; die Eigenmotorisierung und der Bau von Wohnungen links der Elbe sind hierfür zwei wichtige Gründe. Heute wird das Schiff für den Schichtverkehr nicht mehr benötigt – es ist zu groß geworden. Zum Leidwesen der HADAG sind aber auch die Elbefahrten weniger gefragt. Es fehlt Geduld und Ruhe, um Freude an einer fünfstündigen Fahrt nach Cuxhaven zu haben. Die HADAG hat das Schiff in den letzten Jahren unter Inkaufnahme erheblicher Verluste nach Cuxhaven eingesetzt, weil die Hoffnung bestand, daß die Überfüllung der Straßen und andere Gründe die Wirtschaftlichkeit vielleicht zurückbringen könnten. Das Ergebnis des letzten Sommers hat jede Hoffnung auf Besserung zerstört. Die Beförderungszahlen waren schlechter denn je.

Der Abschied von MS «Jan Molsen» wird nicht nur der HADAG, sondern auch manchem Freund der Elbe oder des Hafens schwerfallen. Das Schiff hat unzähligen Menschen frohe Stunden bereitet, und es hätte noch manches Jahr seinen Dienst versehen können. Die Reederei muß aber in die Zukunft sehen und ihre Mittel für neue kleinere und schnellere Fahrzeuge einsetzen, die dem heutigen Verkehrsbedürfnis entsprechen. Die von der HADAG in Hamburg und Cuxhaven bestellten vier neuen Fährschiffe sind der heutigen Verkehrssituation angepaßt. Sie werden dank ihrer komfortablen Ausstattung und Geschwindigkeit sowohl im Berufsverkehr als auch für Ausflügler attraktiver sein als das heute alte MS «Jan Molsen».

Hamburg, den 30. Oktober 1967

Ein Steckbrief der in der Finkenwerder Linie regelmäßig eingesetzten Fährdampfer

R. D. «Harmonie» wurde 1892 von der Werft Gebr. Sachsenberg, in Roßlau an der Elbe, für den Finkenwärder Reeder Peter Meier gebaut.

Die «Harmonie» war eine Sensation. Finkenwärder hatte nun das schönste und modernste Fährschiff im Raum der gesamten Unterelbe. Eine gemütliche Schänke und ein geräumiger Salon waren die besonderen Merkmale. Der Dampfer eignete sich besonders für Ausflugsfahrten. 1927 wurde die Harmonie im Alter von 35 Jahren nach einer Haverie aus dem Verkehr gezogen.

R. D. «Union» wurde erbaut 1865 von der Werft Janssen & Schmilinski in Hamburg.

Das Schiff hatte eine Länge von 28,95 m. Eine Breite zwischen den Rädern von 4,57 m. Die Maschine hatte eine Leistung von 26 PS.

Die «Union» fuhr zunächst für die «Altenwerder-Dampfschiffahrts-Gesellschaft» auch «Gesellschaft des Dampfschiffes Union» genannt. Ab 1892 war sie Eigentum der Finkenwerder Reederei und wurde 1900 zusammen mit der «Harmonie» von der HADAG übernommen.

D. «Senator Brunnemann», 1904 von der Werft Janssen & Schmilinski in Hamburg gebaut.

Im Vorschiff führte eine steile Treppe in die Schänke. Diese wurde von einigen Gästen als Rutsche benutzt, um schneller an ein Bier zu kommen.

D. «Bürgermeister Burchard», gebaut 1914 von der Werft Jannsen & Schmilinski in Hamburg. Wurde 1958 aus dem Verkehr gezogen.

D. «Senator Petersen» wurde 1911 von der Frerichs-Werft in Einswarden an der Weser gebaut, um 1919 von der HADAG übernommen und um 1922 umgebaut. Der Dampfer wurde verlängert und auf ein größeres Fassungsvermögen gebracht. Von 1933 bis 1945 wurde er auf den Namen «Dietrich Eckardt» umgetauft. 1967 nach Schweden verkauft.

D. «Gorch Fock», wurde 1907 von der Werft «Johann Wilhelm Klawitter» in Danzig als «John Gibson» gebaut.

1921 von der HADAG gekauft.

1926 zur Verschrottung freigegeben.

D. «Stavenhagen», wurde 1909 von der Werft «Johann Wilhelm Klawitter» in Danzig als «Vistula» gebaut (Die Danziger nannten sie Fischstulla)

1921 von der HADAG gekauft.

1926 zur Verschrottung freigegeben.

Beide Schiffe wurden für die «Weichsel» Danziger Dampfschiff- u. Seebad A.G. gebaut. Ab 1919 gab es im Bereich der Weichselschiffahrt einen Überschuß an Dampfern.

MS «Jan Molsen», wurde 1925 von der Werft H. C. Stülcken Sohn in Hamburg gebaut.

1967 verkaufte man das «Flagschiff» der HADAG nach Italien.

D. «Courier», gebaut 1926 von den Vulcan-Werken in Hamburg. Wurde 1972 abgewrackt.

MS «Bürgermeister Diestel», gebaut 1927 von der Reiherstieg – Deutsche Werft AG in Hamburg. Wurde 1967 verkauft.

MS «Gorch Fock», gebaut 1929 von den Kieler Howaldtswerken. Wurde 1963 nach Holland verkauft.

MS «Cuxhaven», gebaut 1936 von der Werft H. C. Stülcken Sohn Hamburg. Wurde 1967 nach Portugal verkauft.

MS «Finkenwärder», gebaut 1936. Wurde im Krieg von Bomben schwer getroffen. Konnte nicht repariert werden. Totalverlust, das Wrack wurde verkauft.

MS «Elbe», gebaut als «Wilhelm Boltz» 1941 von der Werft August Pahl in Hamburg-Finkenwerder. Wurde 1971 nach Finnland verkauft.

MS «Hamburg», gebaut 1942 von der Werft August Pahl in Hamburg-Finkenwerder. Wurde 1974 aus dem Verkehr gezogen.

DES «Finkenwerder», gebaut 1952 bei der Werft H. C. Stülcken Sohn in Hamburg.

In der Tageszeitung «Finkenwärder Nachrichten» erschienen in den Jahren 1902 und 1903 folgende Berichte über den Fährverkehr.

26.11.1902

Während der Zeit der Reparatur der «Harmonie» wird der Schraubendampfer «Brahms» ausschließlich zwischen Hamburg und Finkenwerder verkehren. Der «Brahms» hat zwei Kajüten, eine über Deck, eine unter Deck. Es wird bemängelt, daß er sich weniger für den gleichzeitigen Frachtverkehr eignet und daß sein Tiefgang bei Niedrigwasser die Einfahrt ins Fleth erschweren wird.

27.11.1902

Durch Niedrigwasser (Ostwind) konnte am Mittwoch-Morgen der Dampfer um 8.00 Uhr von hier nicht abfahren, sondern mußte bis gegen 10.00 Uhr hier liegen bleiben. Die Mehrzahl der Passagiere ging zu den in der Nähe wohnenden Bekannten, bis das Signal zur Abfahrt ertönte und sie zu einem schnellen Laufen zum Dampfer nötigte. Die Dampferkapitäne würden vielen Fahrgästen einen Dienst erweisen, wenn sie auch etwa fünf Minuten vor Abfahrt ein Signal geben würden.

06.01.1903

Die «Harmonie» hat ihre Fahrt wieder aufgenommen, der Schraubendampfer «Brahms» hat eine neue Tour. Obgleich der Brahms viel schneller war, sieht man ihn gar nicht ungern scheiden. Es fehlte ihm die Gemütlichkeit.

22.01.1903

Infolge der starken Vereisung kann unser Raddampfer Harmonie nicht mehr fahren. Für ihn wird der Schraubendampfer Brahms eingesetzt. Dadurch ist die Postverbindung eine schlechtere geworden, weil der Dampfer keinen Briefkasten hat und keinen Raum für die Aufbewahrung der Postsäcke.

10.07.1903

Der Dampfer Union wurde in den Fährbetrieb wieder eingestellt. Im Interesse unserer Einwohner ist das zu bedauern, denn der Dampfer entspricht nicht den Anforderungen. Vor allen Dingen fehlt es an der nötigen Fahrgeschwindigkeit. Der Dampfer ist selten über 15 Minuten vor der Wiederabfahrt hier. Die Zeit zum Ausladen der Frachtstücke ist entschieden zu kurz, abgesehen von den Übelständen, die das durch die Kürze der Zeit gleichzeitige Einsteigen und Beladen der Frachten mit sich bringen. Wenn mal die Union gegen den Westwind an muß und dann bei gleichzeitiger Flutströmung, kann die gute alte Union trotz Pusten und Schnaufen nur mit einer den Fahrplan weit übertreffenden Verzögerung in Finkenwerder eintreffen.

Die Raumverhältnisse können bei starkem Passagier- und Frachtverkehr auch nicht als günstige und entsprechende bezeichnet werden. Die Union ist ja auch nicht im entferntesten das schlechteste Schiff, aber der Verkehr ist in den letzten Jahren derart gestiegen, daß auf der Linie Hamburg – Finkenwerder ein besseres Schiff nötig ist.

Die Harmonie entspricht allen Anforderungen bestens, doch es wäre dringend erforderlich, daß dieser Dampfer ausschließlich nur für die Finkenwerder-Fahrt wäre. Wir Finkenwerder sind allmählich auch Kulturmenschen geworden, und auch für uns gilt das Wort Zeit ist Geld.

Wir wollen mit unserem Platz an der Sonne oder auch im Schatten einen genauso guten oder besseren Platz wie uns die «Harmonie» zu bieten hat.

27.10.1903

Es soll ein neuer Schrauben-Dampfer für den Fährverkehr zwischen Hamburg und Finkenwerder gebaut werden.

24.11.1903

Auch die Harmonie hat jetzt keinen Briefkasten mehr. Die HADAG mußte die Kästen aufgeben, weil die Kapitäne die Möglichkeit hatten, den Briefkasten zu öffnen.

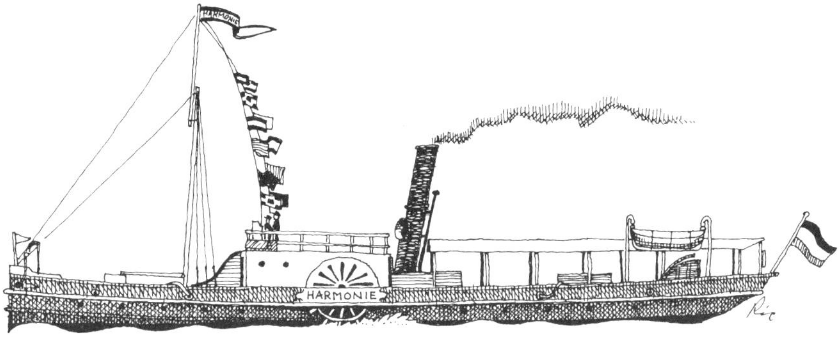

R. D. HARMONIE

Baujahr 1892, Länge 31 m, Breite 8 m, 310 PS

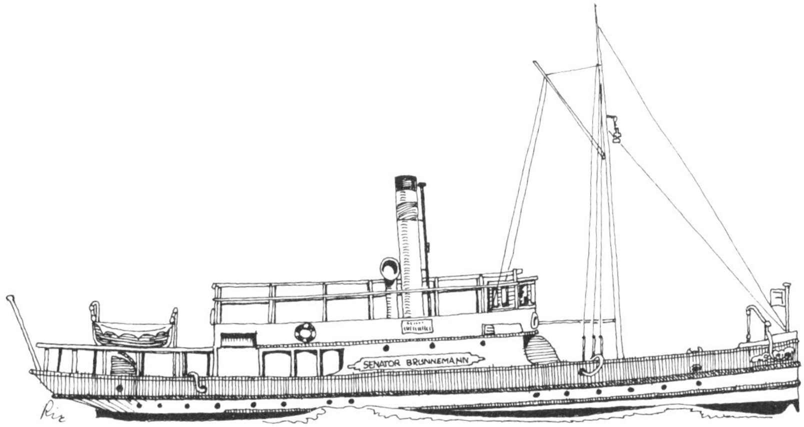

D. SENATOR BRUNNEMANN

Baujahr 1904, Länge 33 m, Breite 6 m, 320 PS

D. BÜRGERMEISTER BURCHARD

Baujahr 1914, Länge 34 m, Breite 7 m, 350 PS

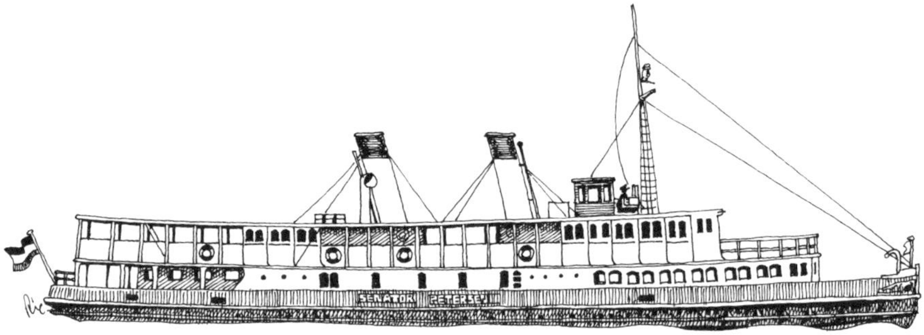

D. SENATOR PETERSEN

Baujahr 1911, Länge 59 m, Breite 11 m, 650 PS

MS JAN MOLSEN

Baujahr 1925, Länge 53 m, Breite 11 m, 600 PS

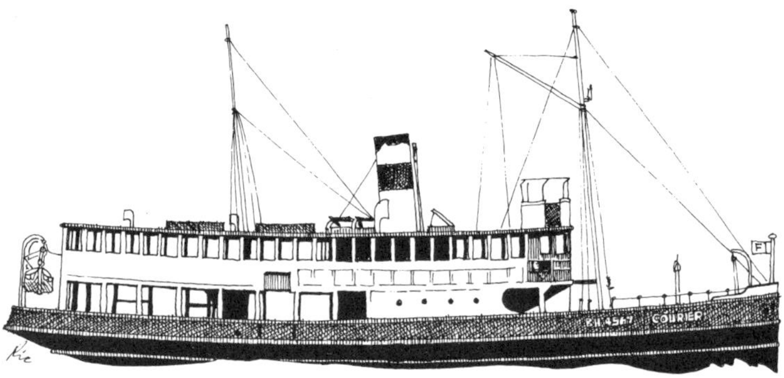

D. COURIER

Baujahr 1926, Länge 37 m, Breite 8,4 m, 460 PS

MS BÜRGERMEISTER DIESTEL

Baujahr 1927, Länge 38 m, Breite 8 m, 470 PS

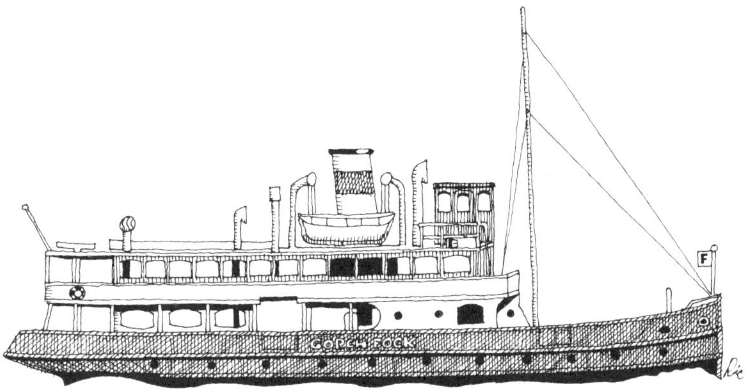

D. GORCH FOCK

Baujahr 1929, Länge 30 m, Breite 8 m, 700 PS

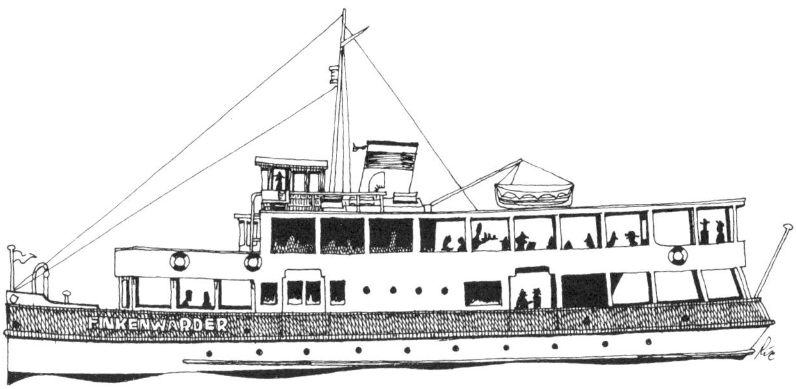

MS FINKENWÄRDER

Baujahr 1936, Länge 33 m, Breite 7,2 m, 500 PS

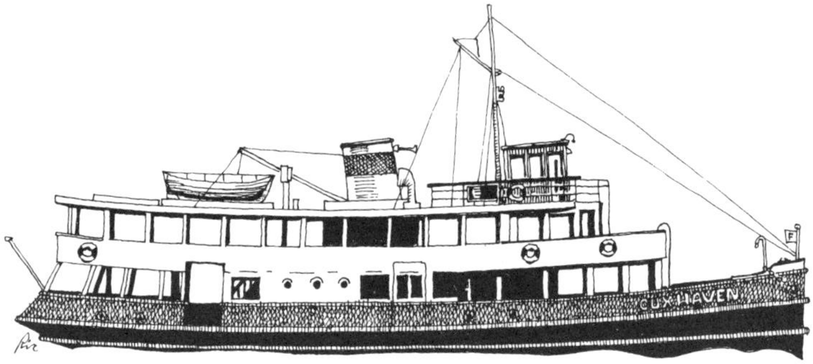

MS CUXHAVEN

Baujahr 1936, Länge 32 m, Breite 8 m, 500 PS

GMS HAMBURG

Baujahr 1942, Länge 39,5 m, Breite 8 m, 760 PS

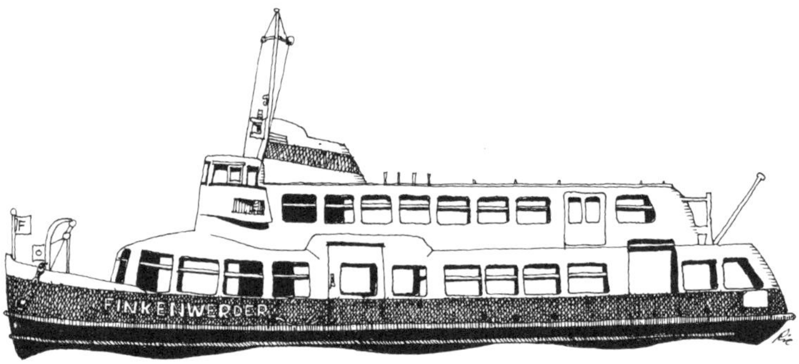

DES FINKENWERDER

Baujahr 1952, Länge 30 m, Breite 7,9 m, 280 KW

5 Das Leben auf der Elbinsel

Verfasser: Kurt Wagner, Finkenwerder

Das Gesellschaftsleben einer Gemeinde, eines Stadtteils, einer Stadt ist fast immer geprägt von der Mentalität der Einwohner, der Umwelt und der Zeitgeschichte. Diese ließ sich nicht planen, aber nur sie nahm Einfluß auf die Umwelt und mit der Umwelt zusammen auf die Mentalität der Einwohner.

Bis etwa 1900 wurde Finkenwerder von strebsamen Einwanderern aus dem Raum der Niederelbe besiedelt. Sie hofften sich auf Finkenwerder eine Existenz aufbauen zu können. So findet man hier heute Spuren aller Niederelbischen Traditionen, Sitten und Gebräuche. Mit dieser vorgenannten Anhäufung kann die Elbinsel Finkenwerder auch als ein kulturelles Zentrum der Niederelbe bezeichnet werden.
Die Familie Kinau hat mit ihrer Kreativität zu dieser Stellung einen wesentlichen Beitrag geleistet. Rudolf Kinau hat mit einem nicht sehr bekannten plattdeutschen Gedicht der Niederelbe gedacht:

Mien Nerden Elv

Wenn Du ok jüst keen Bargen hest,
kannst uns keen Wihn, kenn Leeder geben,
von all uns Flüss büst Du de best,
dann Du büst Leben, nix als Leben!

Hest Wind und Wolken, Vogel, Fisch,
hest nachts Dien Lampen und Dien Füern
büst jeden Morgen grall und frisch
kannst Di för Kraft man kum gedüern.

Hest Strom un Seegang, Ebb und Floot
hest jümmer allns vull Seils und Flaggen
und dusend Dampers, lütt und groot,
de drügst Du op dien 'n blanken Nacken.

Fierst Dag für Dag dien eegen Fest
mit Roopen, Winken und mit Tuten
mien Nerder-Elv, Du büst de best,
denn Du büst Leben, binn und buten.

Die Elbe hat auch in der ersten Strophe der Hamburger Nationalhymne ihren Platz. Wenn die Hanseaten zu feierlichen Anlässen singen:
«Stadt Hamburg an der Elbe Auen» kann eigentlich nur Finkenwerder gemeint sein, denn Finkenwerder hat die Elbe sogar zweimal und zwar als Süder- und als Norderelbe.

Für die Auen trifft das genauso zu. Ein Nebenarm des Köhlfleths trug diesen Namen und hat auch zur Namensgebung des Auedeichs bzw. des Auebezirks beigetragen. Also Aue je einmal als Wasser- und als Siedlungsgebiet. Heute bietet die Elbe den Finkenwerdern und ihren Freunden immer noch viele angenehme Perspektiven. Sie ist zur Zeit krank, leidet an Fischarmut, aber an schönen klaren Tagen ist ein Blick zum Süllberg oder Nienstedten, über den Strom mit seinem Seeschiffsverkehr vom Fischkutter bis zum Ozeanriesen und ein an farbigen Segeln reiches Regattafeld, etwas unvergleichlich Schönes.

Das Naherholungsgebiet mit den kleinen Elbinseln Schweinesand und Hans-Kalb-Sand ist für die Wassersportler ein Paradies.

Der als Blüte- und Entwicklungszeit der Seefischerei gepriesene Zeitabschnitt zwischen 1840 und 1900, brachte für die Fischer selbst kaum wirtschaftliche Vorteile. Es war für sie stets ein hartes gefahrvolles Leben mit kargem Erlös. Einige wenige konnten durch Können, Einsatz und Glück Gewinne einfahren.

Zu diesem Zeitabschnitt wurden jedoch viele neue Arbeitsplätze geschaffen. Der Jahresablauf wurde von den Gefahren und Ereignissen beeinflußt, die der Insel durch Sturmfluten und den Seefischern bei der Ausübung ihres Berufes drohten. Zwischen September und April machte sich Sorge und Angst breit. In Zeiten der Not wurden in Fin-

kenwerder die Leidenden immer unterstützt. Das Zusammengehörigkeitsgefühl war stets sehr ausgeprägt. Auf Zusammenkünften und auf Feiern war trotz aller Gegensätze immer ein guter Teamgeist zu spüren.

Es war durch die vorgenannten Randbedingungen für Gäste immer ein besonders interessantes Ziel.

Eine sehr nette und treffende Schilderung über unsere Elbinsel aus dem Jahr 1922 erschien in «Mein Hamburg» von Bertram. Nachstehend ein Auszug:

Die Finkenwerder Landungsbrücke liegt an dem äußersten Ende eines langen Stacks an der Mündung der Aue in das Köhlflet. Die Aue oder Dradenau, d. h. Schnelle Au, die Finkenwerder von einer Insel jenes Namens trennt, war in früheren Zeiten ein breiter Elbarm, der hart am Deiche vorüberfloß und die Insel oftmals durch Überschwemmung heimsuchte. Als die Einwohner Finkenwerders sich gar nicht mehr schützen konnten, beflasterten sie die Außenseite des Deiches mit Granitblöcken. Daher heißt dieser Teil «Steendiek». Hier steht ein Granitblock mit der eingemeißelten Inschrift «W. Amsinck. 1806». Dieser Stein wurde bei einem Sielbau ausgegraben mit vielen anderen Steinen und Pfählen, die von einer früheren Deichbestückung herrührten. Amsinck hat auch das «Stack», die heutige Landungsbrücke, angelegt. Er ließ weit in die Dradenau einen Damm aus Buschwerk und Pfählen bauen. Daran setzte sich mit der Zeit viel Schlamm ab, auf dem dann später die gepflasterte Straße gebaut werden konnte, wie sie noch heute besteht. Sie führt bei dem schönen blanken Wasserturm vorüber – 32 m hoch; Bohrung 370 m tief –, eine der tiefsten Wasserbohrungen in Norddeutschland. Der Wasserturm ist außer Betrieb, seitdem man die Insel dem hamburgischen Wasserwerk angeschlossen hat. – Die eingedeichte Insel ist von Osten nach Westen etwa eine Stunde lang und von Norden nach Süden etwa 20 Minuten breit; ein Rundgang auf dem Deiche

Cuxhaven, der zweite Heimathafen unserer Seefischer (um 1920)

Gruppenbild an den Wartesälen der Auswanderer-Halle, von links: Willy Meyer, Jochen Meyer, Jacob Stroh, Ernst Kehde, August Klüsendorf, Hinrich Külper, Jan Külper, Rudolf Holst, Johann Bott, Amandus Strohsal, Hans Wriede, Hinrich Wülfken

Gruppenbild am Hafen, die Fischerleute von links: Rudolf Reimers, Jan Wulf, August Funk, Hans Wriede, Martin Eitzen, Jakob Mewes, Klaus Mewes, Karl Mewes

nimmt ungefähr drei Stunden in Anspruch. Mitten durch die Insel verlaufen zwei Wege, ostwestlich der Landscheideweg, der den nördlichen hamburgischen von dem südlichen preußischen Teile trennt, und nordsüdlich der Kirchenweg, der beide wieder je in eine östliche und westliche Hälfte teilt. Der Norderdeich hat seinen Deichcharakter verloren, seitdem er im Jahre 1901 durch die Aufhöhung des breiten Vorlandes weit von dem Elbstrom entfernt liegt.

Von den vier Hafeneinschnitten, die ursprünglich im Vorlande angelegt wurden, ist einer für Zwecke der Deutschen Werft wieder zugeschüttet worden. Die übrigen drei, in denen vorläufig Fischerewer und kleinere Fahrzeuge liegen, sollen vielleicht einmal zu tiefen Häfen für Seeschiffe umgewandelt werden. Dann werden die kleinen Häuser am Deiche Kais, Schuppen, Kränen und anderen Hafeneinrichtungen Platz machen müssen. Man hat daher schon vor Jahren den Finkenwärder Schiffern und Fischern angeboten, ihnen ihre Häuser abzukaufen und ihnen neuen Grund und Boden bei Cuxhaven zu geben. Von hier aus würden sie ihrem Fanggebiet in der Nordsee viel näher, ihrem Absatzgebiet am Hamburger Hafen freilich bedeutend ferner sein. Aber die Bewohner Finkenwärders hängen an ihrer Heimatinsel, und nur wenige haben sich dazu verstanden auszuwandern. Während und nach der Kriegszeit haben sich mehrere Finkenwärder Fischerfamilien in Schulau angesiedelt, dessen ziemlich geräumiger Hafen bereits etwa ein Drittel der Finkenwärder Fischerflotte birgt. Infolge des Krieges und der schlechten Finanzlage des Staates ist die Aussicht, daß Finkenwärder für Hafenanlagen benutzt wird, in weite Ferne gerückt. So mag es wohl noch manches Jahr dauern, ehe die übrigen Bewohner gezwungen werden, ihre Wohnstätten zu räumen.

De Lanscheen üm 1900, dat an Tuun links de «Hamborger Siet, rechts «Lünborger Siet»

Finkwarder Süderdiek, Fachwarkhus von Arendt Hustet Lüttfischer und Bur afreten int Johr 1904

Wo der Norderdeich in den Westerdeich übergeht, dehnt sich ein weites Vorland aus, das bezeichnenderweise der «Neß», d. h. die Nase, heißt. Einst reichte ein tiefes Vorland weiter hinaus, fast bis zur Estemündung. Dieser «hohe Neß» ist zum Teil Sturmfluten zum Opfer gefallen, zum Teil abgegraben worden zur Erhöhung des Westerdeiches. Dieser mußte naturgemäß am stärksten sein, da es zumeist Weststürme sind, die Finkenwärder heimsuchen, und da hier der Wogenanprall des vereinigten breiten Elbstromes am gewaltigsten ist. Man nahm daher zur Deichverstärkung auch Land von der Innenseite. So ist dort ein interessantes Sumpfgelände entstanden mit entsprechender Flora und Fauna. Hier blühen im Frühjahr die ersten dicken gelben Weidenkätzchen, und Ostern hört man hier schon Bienen summen. Im Schilfe nisten Wasserhuhn und Rohrdommel, und im seichten Wasser tummeln sich Wasserkäfer und Libellenlarven.

Der Neßhof, ein großes einsames Gehöft, liegt außerhalb der Bedeichung und ist nur von niedrigeren, sogenannten Sommerdeichen umgeben. Es kommt vor, daß der Neßhof völlig vom Wasser eingeschlossen und von der Insel Finkenwärder getrennt ist. Das Wasser dringt in die Gärten bis an das Haus oder gar noch ins Haus hinein. Die Bewohner schützen sich durch das Einsetzen von Schotten, bergen aber vorsichtshalber ihr Hab und Gut, indem sie es auf den Boden tragen. – Am Neßdeich weiden Pferde und Rinder. Um sie am Fortlaufen zu hindern, sind stellenweise Zäune über den Deich geführt, die man überklettern oder mittels selbsttätig zuschlagender Gatter durchschreiten muß. Der Süderdeich ist einsam und romantisch. Die Gehöfte liegen vereinzelt. Im Frühling schweift der Blick landeinwärts über das Blütenmeer der Obsthaine. Dann laden in Hamburg Zeitungsanzeigen und Plakate ein: «Auf zur Blütenpracht nach

Finkenwärder!», und die Finkenwärder Dampfer sind voll von Ausflüglern. Immer schöner wird unser Spaziergang auf dem hohen Deich unter den schattigen Bäumen: Eschen, Walnußbäumen u. a., und an den großen strohgedeckten Bauernhöfen vorüber. Bald kommen wir an die stille Süderelbe. Wir legen uns an den Deich oder setzen uns in einen der Wirtschaftsgärten, die bis an das Ufer des Flusses reichen. Wie so ganz anders ist es hier als an der von Schiffen belebten Norderelbe!

Enten spielen im Wasser; ein Fischer liegt mit seinem Kahne mitten im Strome und fischt. Es ist Ebbe, und allmählich tauchen Sandbänke auf, ein Zeichen, wie seicht es hier ist. Vögel sammeln sich auf den Sandbänken, um Nahrung zu suchen. Stolz schreitet zwischen ihnen ein Storch dahin. Hüpfend hebt er sich jetzt mit einigen Flügelschlägen, und dann schwebt er davon. Er hat sein Nest wohl auf einem der Bauernhäuser, die dort jenseits des Deiches aus dem Grün hoher Bäume hervorlugen. Da drüben liegen langgestreckte niedrige Schuppen und dahinter hohe Schornsteine. Es sind Ziegeleien, «Lehmkonditoreien», wie sie scherzweise genannt werden, die von hier an längs der ganzen Niederelbe in den fetten Elbmarschen überaus häufig anzutreffen sind. Fähren führen über den Strom nach Francop und über ein Seitengewässer nach der Elbinsel Altenwärder und von hier aus über die Süderelbe nach dem hamburgischen Moorburg. – Der Osterfeld-Deich, ein preußisches Gebiet, ist geklinkert – «Klinker» sind bis zum Sintern (d. h. nahe dem Schmelzpunkt) durchgebrannte Ziegel, die meist aus Oldenburg kommen –, seine Fortsetzung, auf hamburgischem Gebiet, der Auedeich, ist gepflastert. Der Deich ist hier so eng auf beiden Seiten bebaut, daß die Straße fast städtischen Charakter erhält; dieses Gebiet trägt daher den Namen «Finkenwärder-Altstadt». – Seit alten Zeiten hat Finkenwärder eine Kirche,

Süderelv bie Siet-Woter in de Heuchte bi Jochen Rust

die wohl immer an derselben Stelle gelegen hat, im Innern der Insel auf der Kreuzung der beiden Wege. Die jetzige Kirche, ein recht nüchterner Bau, ist 1881 gebaut worden. Bei der Kirche sieht man das neue, weiße Pfarrhaus und das alte, aus Ziegelsteinen mit grünbemoostem Dache. Im Stile des alten Pfarrhauses war auch die ehemalige Kirche gebaut. Zwei Friedhöfe, ein preußischer und ein hamburgischer, umgeben die Kirche; auf dem letzteren fallen die Gedenksteine Ertrunkener auf. – Die beiden Teile der Inseln sind nicht nur durch ihre politische Zugehörigkeit, sondern auch durch die Beschäftigung ihrer Bewohner verschieden. An der Süderelbe wohnen die Obstbauern; am Norderdeich liegt das Fischerdorf. Fast Haus an Haus liest man unter den Namen die Bezeichnung «Seefischer». Seltsame Vornamen kommen noch vor in Finkenwärder: Gorch, Ilsabe, Gesche u. a.; sie erinnern an ähnliche Namen, die einst auch in den Vierlanden häufig waren. Und ebenso wie dort herrscht auch hier noch das trauliche «Du» zwischen Männern und Frauen, zwischen Herren und Dienstboten. Aber es ist hier nicht mehr so gemütlich, wie es vor 30, 40 Jahren war. Damals lebten die Finkenwärder mehr unter sich. Wann kam einmal ein Fremder nach der Insel? Jetzt aber ist Finkenwärder von Fremden überlaufen, die hier Obst, Gemüse, Fische u. a. kaufen wollen oder die sich an der schönen Natur, der Blütenpracht und der herrlichen Aussicht auf das Blankeneser Ufer erfreuen wollen. So sind hier viele Läden und besonders viele Wirtshäuser entstanden. Die Aussicht, daß sie vielleicht bald fortziehen müssen und daß ihr schöner Ort Fabrik- und Hafengebiet werden wird, macht die Leute unlustig. Vor allem ist die Fischerei zurückgegangen. Seitdem die Fischdampfer aufgekommen sind, lohnt es sich nicht mehr so wie früher, mit Ewern zum Fischen hinauszusegeln. Die Fischdampfer können viel schneller hin- und zurückkommen und eine weit größere Menge Fische fangen. Um die Schnelligkeit ihrer Ewer zu vergrößern, haben daher manche Fischer

Bursfroo biet Haukiehren an Osterfelddiek
bie Leno (Storchennest) vör de Döör

einen Motor einbauen lassen. Dadurch stellt sich aber ein Ewer bedeutend teurer, und der Fischer muß erheblich mehr fangen, wenn er auf seine Kosten kommen will. So ziehen sich viele, besonders jüngere Männer, von der Fischerei zurück. Sie gehen lieber nach Hamburg als Führer von Schleppern, Barkassen, als Matrosen oder auch als Handwerker. «Fohrenslüd könt wi jo noch ümmer war'n», sagen sie. Fast gilt jetzt die Umkehrung des alten Finkenwärder Sprichwortes: «Lever en lütten Herr als en groten Knecht!» Wie stolz waren sie darauf, Seefischer zu sein! Mit einer gewissen Verachtung sahen sie auf den Elbfischer herab; «Lüttfischer» nannten sie ihn. Dem Finkenwärder Fischer ging sein schöner Ewer über alles. Er liebte es, wenn man seinem Namen die Nummer seines Ewers hinzufügte: also «Mewes 36» oder «Fock 70». Und wie stolz waren die Finkenwärder, als es ihnen in den achtziger Jahren gelungen war, die Blankeneser «unterzukriegen», als ihre Fischerflotte die der Blankeneser an Zahl der Fahrzeuge übertraf. Damals ging Blankenese als Fischerort zurück und entwickelte sich zu einem Luftkurort und zu einer Ortschaft, die besonders vom Fremdenverkehr lebt. – Die Höhepunkte im Leben des Fischers waren die Ausfahrt und die Heimkehr. Wie bei allen Leuten, deren Beruf mit großen Gefahren verbunden ist, spielte auch bei den Fischersleuten der Aberglaube eine große Rolle. Wenn der Fischer fortging, sprach er nicht viel davon. Er nahm nicht etwa gerührt Abschied von Frau und Kindern. Er hätte es sehr übel aufgenommen, wenn ihm jemand gar glückliche Reise gewünscht hätte. Stillschweigend ging er fort. Auch die Frau sagte nicht «Adjüs!». Sie tat so, als ob sie gar nicht merkte, daß sich ihr Mann auf die Reise begab. Sie ging auch wohl wortlos mit und warf im Augenblicke der Abfahrt ein Stück Erde oder ein paar ausgerupfte Kräuter in das Schiff. Nun hatte er Heimaterde mit an Bord und war eigentlich gar nicht fortgegangen. Auch auf der Fahrt gab es allerlei Aberglauben. Unter dem Mast eines jeden Schiffes lag ein Geldstück; das brachte Glück. Am Vordersteven war wohl ein Schädel aufgestellt; der grinsende Totenkopf sollte die bösen Geister der Meerestiefe abschrecken. Auch meinte man, der Tote sähe schärfer die gefährlichen Sandbänke. So betrachtete man es als ein besonderes Glück, wenn man Totengebeine mit dem Netze heraufbrachte.

«Wochenlang bleibt der Fischer auf der See und teilt das enge Logis mit seinem Bestmann und einem Jungen. Von Februar bis Juni werden besonders Schollen gefangen, im Sommer Zungen, im Winter Heringe und Sprotten. Der Schellfischfang geht immer nebenher. Am gefährlichsten ist der Austernfang. Da kentert so manches Fahrzeug in den schweren Herbst-, Winter- und Frühlingsstürmen. Inzwischen schaltet die Frau allein im Hause. Sie hat nicht viel zu tun in ihren engen Räumen, und doch ist sie den ganzen Tag beschäftigt. Sie ölte die Fußböden, malt die Wände und putzt und scheuert, daß alles nur so blinkt und blitzt. Wenn die Stürme das Haus umtoben und die Elbe hochgeht, liegt sie schlaflos und denkt an ihren Mann da draußen in Sturm- und Wogengebraus. Ob er wohl noch lebt? Ob er wohl glücklich zu ihr zurückkehrt? Wenn nach Wochen die Fischer allmählich heimkehren, bleibt so manches Fahrzeug aus. Da gibt es wieder eine ganze Zahl schwarzgekleideter Witwen und Waisen, und der Pastor verkündet von der Kanzel, daß der und der Fischer nicht heimgekommen ist, und empfiehlt seine Seele der Gnade Gottes. Wenn aber ein Bote verkündet: «Gorch kummt up!», da gibt die Frau ihm einen Botenlohn und legt ihr Festkleid an und fährt nach Altona. Sein Schiff liegt schon am Fischmarkt. Da trifft sie ihn, und sie gehen nach St. Pauli und trinken und essen fein und sind lustig. Tanz und Musik liebt der Finkenwärder Fischer über alles, und das schönste Fest ist «de grote Karkmeß» im Sommer. Da geht es hoch her mit Trinken und Essen. Auf die Reise nimmt er, wohl als der einzige unter seinen Berufsgenossen, keine geistigen Getränke mit. Von den nüchternen und arbeitsamen Finkenwärder Schiffern hießt es darum auch: «Die Finkenwärder sind das Salz der Niederelbe» und «Ein Finkenwärder an Bord zwingt zehn schlechte Leute zur Pflichterfüllung». Am Lande liebt er aber auch wohl einen kräftigen Trunk. Zur Zeit der Kirmes sind die Fischer gern alle «bihus»; da ist jeder Ewer und Kutter bewimpelt. – So ist das Leben in den Finkenwärder Fischerfamilien wohl noch hier und da; aber allmählich schwinden die alten Sitten, und bald kommt vielleicht eine Zeit, da lebt das alte Finkenwärder nur noch in der Erinnerung der Alten. – Bis vor kurzem gab es noch «De Museumssillschub» (Die Museumsgesellschaft). Sie bewahrte Altertümer von Finkenwärder; besonders sehenswert war eine vollständige alte Finkenwärder Döns oder Stube. Auch die alten schönen Trachten waren zu sehen und der Stock des «Siem», des «Köstervadders» oder «Kößbidder». Der alte «Siem» (Simon) lud einstmals die Teilnehmer zur «Köst» (Hochzeit) und ging umher mit einem bunten Stock voller flatternder Bänder. Jetzt ist fast der ganze Inhalt der Sammlung in das Museum für hamburgische Geschichte gewandert bis auf die Kostüme. Die gehören der «Finkenwarder Speeldeel», die es sich zur Aufgabe gemacht hat, durch Aufführung plattdeutscher Stücke die alten schönen Trachten und die vernachlässigte plattdeutsche Sprache wieder zu Ehren kommen zu lassen.

Diese Schilderung stammt von einem Hamburger, der gut beobachten konnte und die Aufgabe hatte, die Umgebung Hamburgs mit ihren Vorteilen herauszustreichen. Ein kleines Gedicht von Ewald Schmarje, der kein Finkenwerder war, aber das Umfeld der Unterelbe und der Hansestadt gut kannte.

Die Insel Finkenwärder

Von Ewald Schmarje

Ich kenne eine Insel,
Sie ist ein Paradies,
Und wirst Du dorthin reisen,
Du mußt mit mir sie preisen,
Schon manchem ich sie wies.

Sie liegt wie eine Perle
Am schönen Elbestrand,
Vom Strome ganz umflossen,
Von Deichen eingeschlossen.
Gesegnet ist ihr Land.

Vor vielen tausend Jahren
Hat sie ein Sturm gebracht,
Nun ist sie auserkoren
Vor Hamburg's Hafentoren
Zu halten treue Wacht.

ihren grünen Deichen
Thront eine Fischerstadt,
Aus der die kühnsten Mannen
Zum Fang ziehn oft dannen,
Gegrüßt vom Heimatswatt.

Viel Dampfer, Segler ziehen
Vorbei zum nahen Meer
Und fahren reich beladen
Mit aller Welten Gaben
Zu Hamburg Hafen her

Die Insel Finkenwärder
Ist Hamburgs schönster Ort,
Man möcht sie immer schauen,
Das Herz auf's neu erbauen
Und nimmer wieder fort.

Es bleibt auch noch die Möglichkeit, die Entwicklung der Kunst im Hamburger Raum allgemein zu betrachten.

Die Motive für Hamburger Kunstmaler lagen schon immer im maritimen Bereich. Es wurden Schiffe, Hafenmotive, Ratsherren, Kapitäne, Seeräuber und Speicher- und Fleet-Motive gemalt. Der enge Kontakt über die Hanse nach Holland und Belgien weckte unter Künstlern und Kunstmalern eine Bewunderung der Flamen und Holländer des 17. Jahrhunderts. Die kreativen Kunstmaler entdeckten in ihrer unmittelbaren Umgebung im Bereich der Unterelbe viele brauchbare Motive, und es ist mit Sicherheit kein Zufall, daß sich Finkenwerder als Quelle für Motive geradezu anbot.

Eine ganze Reihe von Kunstmalern wurden von der Elbinsel angezogen:

Friedrich Wulff	1834
Otto Speckter	1853
Friedrich Vollmer	1850
Julius August Friedrich Theodor v. Ehren	1890
Friedrich Schaper	1895

waren die ersten Maler, die mit Finkenwerder Motiven Erfolg hatten.

Im Jahr 1895 wird Finkenwerder als Studienaufenthalt für Maler des «Hamburger Künstlerklubs» genannt.

Zu ihnen gehörten:

Thomas Herbst, Julius v. Ehren, Arthur Siebelist, Friedrich Schaper, Karl Krummacher aus Worpswede, Heinrich von Zügel aus München.

Die «Malers» waren in Finkenwerder sehr beliebt. Sie hatten ihre Adresse auf der Aue im Gasthof «Harmonie», Gastwirt Külper.

Aus dieser Zeit stammen so berühmte Gemälde wie Schapers «Sommertag in Finkenwerder», v. Ehrens «Diele auf Finkenwerder», Siebelist «Interieur aus Finkenwerder».

Über Thomas Herbst weiß man, daß er gute Kontakte zu Max Liebermann hatte, der sich in jener Zeit in Nienstedten aufhielt; Arthur Siebelist war Ehrenmitglied des Finkenwerder Turnvereins.

Im Oktober 1903 weilte der bekannte Marinemaler Prof. Salzmann, ständiger Begleiter des Kaisers auf dessen Seereisen, zu Studienzwecken auf Finkenwerder. Die Tradition anerkannter und begabter Kunstmaler wurde bis heute gepflegt.

Paul Lüdders, Johannes Holst, Eduard Bargheer, Jan Horstmann, Hinrich Stroh sen., Hinrich Stroh jun., Peter Hagenah, August Pahl, Werner Schultz, Alwin Gröhn haben mit Motiven der Niederelbe und aus dem Maritimen Bereich einiges geleistet.

Der heute in Hamburg in den Kramer-Amtsstuben ansässige Galerist Bernd Mensch, «Galerie Mensch», ist in Finkenwerder groß geworden. Sein Vater Walter Mensch hat bei Jan Horstmann als Anstreicher gearbeitet, bevor er sich am Fischmarkt selbständig gemacht hatte.

Weit bekannter als die Kunstmaler sind einige Vertreter der Literatur:

Johann Kinau «Gorch Fock», Rudolf Kinau, Jakob Kinau, Hinrich Wriede, Dietrich Stehr, Harry Reuß-Löwenstein, Adolf Wittmaack, Norbert Jaques, Fritz Stavenhagen und in jüngster Zeit auch Addi Albershardt, Ewald Goltz, Reinhard Goltz, Anna Schuldt Oestmann.

Einen hohen Bekanntheitsgrad besitzt die durch Funk und Fernsehen bekannte «Finkwarder Speeldeel».

Im Bereich der Fachliteratur im Fachgebiet Biologie – Walfang hat Dr. Nicolaus Peters in den Jahren zwischen 1936 bis 1941 mit seinen Büchern große Erfolge gehabt.

Ein doch recht breites Feld an Kreativität.

Ein Teil des Finkenwerder Gesellschaftslebens spielte sich vor 1700 in den Gasthöfen ab. Von der Lüneburger Seite hat man verbindliche Angaben.

Schwaddaus Gasthus an Süderdiek, de üllste Gasthoff in Finkwarder

Im Harburger Amtslagerbuch* von 1667 findet man für die Lüneburger Seite folgende Eintragung:

Beim Dorfe seynd fünf Krüge, den Krügern eigen:

1. Sebastian König ietziger Vogt daselbst. Hat wegen Verwaltung seines Dienstes einen freyen Krug.
2. Hans Külper gibt jährlich anß Ampt davon vier Rthlr. accise (accise ist die Biersteuer).
3. Hein Wüpper gibt auch vier Rthlr.
4. Henrich Schulte gibt auch vier Rthlr.
5. Hein Loop gibt auch vier Rthlr. alle anß Ampt.

Der Krug Sebastian König ist heute noch vorhanden als «Schwartau's Gasthof».

* Quellennachweis Celler Briefarchiv

Von der Hamburger Seite gibt es vor 1800 keine eindeutigen Angaben. Es wird jedoch angenommen, daß sich um die gleiche Zeit in der Nähe der Westerschule ein Gasthof und auf der Aue zwei Gasthöfe befanden.

Im Jahr 1829 werden 3 Gasthöfe offiziell genannt, wobei dieses Gewerbe immer mit einem zweiten z. B. Landwirt, Fährmann, Schipper etc. gemeinsam betrieben wurde.

Die ersten Tanzveranstaltungen sollen auf dem Boden eines Gasthauses stattgefunden haben. Das Haus befand sich auf einer Wurt an der Landscheide und wurde so um 1900 abgerissen.

Auf der Hamburger Seite ist das «Schifferhaus» eines der ältesten Gasthöfe und war über 150 Jahre im Familienbesitz. Er wird 1804 das erste Mal in Urkunden erwähnt. Auch hier hatte der Gastwirt noch einen Beruf nebenbei; so waren die Wirte vom Schifferhaus Seemänner, Elbfischer, Fuhrmänner und Schnapsbrenner. Es galt in diesem Hause die Spielregel, daß es bei der Erbschaft für die männlichen Nachkommen ein Ewer oder Fährboot gab, bei den weiblichen Nachkommen bekam die Älteste die Gastwirtschaft. Was für die anderen blieb, richtete sich nach den zur Zeit herrschenden wirtschaftlichen Verhältnissen. Durch diese Regelung durften sich vier Familiennamen als Besitzer des Schifferhauses eintragen, und zwar Fock, Loop, Lütje und Buck. Einer dieser Besitzer war der Fährmann Fock, der auch die wichtige Aufgabe hatte, bei den Besuchen der Hamburger Landherren (Senatoren) diese in Hamburg oder Neumühlen abzuholen und trocken an Land zu bringen.

Hierüber hat Dietrich Stehr eine kleine plattdeutsche Geschichte geschrieben.

«Up wat för'n Oart Finkwarder de irste Landungsbrück kregen hett

Wat mien Großmudder wür, Greetjen Fokken, is 1826 geboren un 87 Joahr oolt word'n, hett ehr ganz Lebenlang in een un datsülbe Hus wohnt, nämlich Auediek 6, dat jetzige Schipperhus, dat üllste Gast- un Fährhus van Finkwarer. Mitte de vieriger Joahrn hett dat Hus för dat oole Stroodack, een nee Panndack kreegen. Een Tripp hooch boben de Gaststuuf, wür de Sool; den heeten de Lüüd den Füerfasten, van wegen de harte Bedachung. Bit in de negentiger Joahr'n wör hier alle Neejoahr Danzmusik affhooln. Den sneuf dat dor bannig langs. Up so'n lüttes Orchester seeten vier Muskanten. De kregen denn all de oll'n Dänz vörtüg: «Ool, greune Ool, – Wittewittewitt den dänschen Keunig, – Wenn hier'n Putt mit Boohnen steiht» usw.

De irste Eegendeumer van den «Füerfasten» wür mien Urgroosvadder Peter Fock; de Volksmund heet em «Lustig Peeder». Uter de Gastwirtschaft harr he ok den Fährbedrief twüschen Finkwarer un Neemöhln utturichten. Morgens ganz freuh schipper he hauptsächlich Fischfroons not'n Strand rober, un middogs hool he jüm wedder aff. Dampers geef dat demoliger Tied noch nee in Finkwarer, ok keen vernünftige «Landungsbrück», un drüben an't Strand wür dat ebenso. Dorüm müß de Fährmann sien Passaschiers up'n Puckel in'n Kohn dregen, ok wedder trück an Land, dorüm har he ok jümmer Kneestebeln an.

Nu harr sick eenes gooden Dogs de Landherr, de Senoter anmilt, Peeder schull em morgen Klock tein van't Strand mit'n Kohn affhooln. De wür denn ok pünktlich doar. «Morgen, Herr Fock» – «Morgen Herr Senoter» – «Se sünd jo recht pünktlich» – «Bün ich jümmer, Pflichtgefeuhl, Herr Senoter, stoh Dag un Nacht prot!» Lustig Peeder neuhm em up'n Puckel un sett em sachte an Burd, scheuf den Kohn aff un schipper gemütlich los. Se klöön van dütt und datt un keum'n ohne Unfall an de Aumündung an. Dat wör nu grood Siedwoter, un as ick al seg hebb; Finkwarer haar noch keen richtige Landungsbrück. Se müssen an so'n slickeres Stack anleggen. Peeder, de den Senoter wedder up'n Puckel nehm'n müß, dach: «Nu is dat Tied, nu kanns em dat seggen.» As he nu dat Stack so half rup is, sä Peeder: «Herr Senoter, wenn Se mi nu ne vurspräkt, dat wi endlich mol'n vernünftigen Landungsplatz kriegt, denn sett ick Se in'n Slick dool!» «Jo, jo, Herr Fock, ick will de Sook furts in de Hand nehm'n. Ick vuspräk, dat jü in'n korte Tied 'n goode Landungsbrück kriegt.» – «Een Mann, een Wurt.» De Senoter hett sien Verspräken holn, Finkwarer kreeg de irste Landungsbrück. As de nee' Landungsbrück trech wür, müß de Senoter se doch ok mol ankieken. Peeder kreeg Odder, den Senoter un den Diekvogt annern Morgen so gegen tein van't Strand afftuhooln. As he mit sien Schipp, «sien Spitzen» up de anner Siet ankeum, duer dat ne lang'n, do würn de beiden al in Sicht un keum'n sachten antrottelt. Se begreut'n Peeder fründlich, und de dreug jüm beid, een no'n annern, up'n Puckel in'n Kohn. De Segelfohrt güng los. Dat wür so'n lütte nurdwestliche Bries; sodat Peeder mit sien «Spitzen» krüzen müß. Dat wür'n ollige Freid, as se so fein langs flitzen dehn. Un as se denn so'n poarmol hin un her krüzt würn, sä de Senoter: «Veelen Dank, Herr Fock, nun ist's irs mol der Ehre genug; nu segeln Se man grood ut.» Peeder lach un sä: «Jo, jo Herr Senoter, denn mütt uns leef Herrgott den Wind irs van de anner Siet schicken.»

Wat ick hier doolschreben hebb, hett mien Großmudder Greetjen Focken uns as Kinner vertillt, un dorüm nehm ick an, dat düsse lütte Geschichte ok würklich woahr ist.»

*

Man erinnert sich, daß auf den Silvester-Feiern im «Füerfasten» Frambambuli ausgeschenkt wurde, eine Mischung aus Wein und Schnaps, und man konnte es kalt und heiß bekommen. Von Frambambuli heiß wurde man schneller dun!

Der Höhepunkt der Feier war eine Zeremonie, bei der ein Kahn aus der Aue geholt wurde und vom Deich in die Höhe des Saalfensters gehievt und danach in den Saal gezogen wurde. Den Transport vom Saal an den Deich hat mancher Kahn nicht überlebt.

Mit dem Aufschwung in der Seefischerei um 1850 kam auch ein Aufschwung für Finkenwerders Gastwirte. Im Jahr 1885 gab es auf der Lüneburger Seite und der Hamburger Seite insgesamt 26 Gasthöfe, davon hatten 10 Gasthöfe einen Tanzsaal. 11 Gasthöfe befanden sich im Siedlungskern zwischen Steendiek, Garnstück, Stack und Aue.

Jeden Sonntag war Tanz. Zunächst in einer festgelegten Folge, wie in dem Plan aus dem Jahr 1880 angegeben.

Später auf zwei Sälen, und zwar wechselweise bei Külper (Gasthof Harmonie) und bei Mewes (Gasthof Elbhof) oder bei Harms (Gasthof Elbhalle) und bei Rahmstorf (Finkenwerder Hof). Auch gab es im Sommer im Süderelbegebiet am Sonntag um 16.00 Uhr zusätzliche Tanzveranstaltungen bei Schwartau, Camper und Rust – die sogenannte Blütenmusik. Die Musiker, die zum Tanz aufspielten, waren Handwerker, Schneider, Schuster, Zigarrenmacher, Maler und Friseure. Ihre Gage war bescheiden, meistens sammelten sie selbst den Preis: 1 Tanz pro Person 1 Groschen. Die Finkenwerder Musiker hatten einen guten Ruf und waren sehr gefragt, auch in den Nachbarorten wie Francop, Cranz und Neuenfelde. Hochzeiten wurden meistens im Winter gefeiert, auch an Wochentagen. Die Fischerleute und Bauern hatten im Sommer keine Zeit zum Heiraten.

Am 18.10.1865 wurde in Finkenwerder die Liedertafel «Harmonie» gegründet. Die Gründer waren Geschäftsleute und Handwerker, die innerhalb ihrer Familie und in Freundeskreisen das «Deutsche Lied» schon einige Jahre gepflegt hatten. 1886 folgte die Gründung des Gesangvereines «Germania».

Beide Vereine haben mit ihren Sängerbällen und Stiftungsfesten die kulturelle Entwicklung unserer Insel stark beeinflußt und haben auch über einige Wohltätigkeitsfeste dem Leidenden Unterstützung zukommen lassen.

Ab 1892 wurde ein neuer anspruchsvoller Raddampfer, die «Harmonie», für den Fährbetrieb zwischen Hamburg und Finkenwerder eingesetzt. Durch diese Möglichkeit wurde Finkenwerder im Sommer zum Ausflugsziel Nr. 1 für die Hamburger Bevölkerung.

Bei gutem Wetter gab es in Finkenwerder für alle Gastwirte genug zu tun. Einige Gastwirte organisierten Ausflüge von Hamburg nach Finkenwerder im Stile der heute gut organisierten Reisebüros. So warb William Rahmstorf in Hamburg für seinen «Finkenwärder Hof». Die Gäste wurden am Stack vom Dampfer mit Blasmusik (im Volksmund 3-Meter-Musik) abgeholt, der Zug wurde vom Gastwirt mit Zigarre im Mund angeführt. Im «Finkenwärder Hof» gab es dann Kaffee und Kuchen satt. Bei Tanzmusik wurde der Rest des Abends verbracht. Mancher Hamburger hatte am Ende Mühe, nach Genuß der edlen Getränke den Weg zum Dampfer zu finden. Der «Finkenwärder Hof» hatte damals eine geschmackvoll angelegte Gartenanlage. Die Veranstaltungen hießen im Volksmund «der Club kommt», den in Finkenwerder gern einheimische Kinder begleiteten.

Abschrift.

Reglement

für öffentliche Tanzmusik zu Finkenwärder an Sonn- und Festtagen pr. 1880.

Die einzelnen Wirthe würden in folgender Reihe mit einander abwechseln:

Harms Wwe., Külper, Mewes,
Harms, Külper,
Harms, Külper, Mewes,
Harms, Mewes, u. s. w.

Sonntag,	4 Januar	Harms Wwe.	Sonntag,	4 Juli	Mewes
"	11 "	Külper	"	11 "	Harms
"	18 "	Mewes	"	18 "	Mewes
"	25 "	Harms	"	25 "	Harms
"	1 Februar	Külper	"	1 August	Külper
"	8 "	Harms	"	8 "	Mewes
"	15 "	Külper	"	15 "	Harms
"	22 "	Mewes	"	22 "	Külper
"	29 "	Harms	"	29 "	Harms
"	7 März	Mewes	Sedan-Tag,	2 Septbr.	Külper
"	14 "	Harms	Sonntag,	5 "	Mewes
Ostersonntag,	28 "	Külper	"	12 "	Harms
" montag,	29 "	Mewes	"	19 "	Mewes
Sonntag,	4 April	Harms	"	26 "	Harms
"	11 "	Külper	"	3 October	Külper
"	18 "	Harms	"	10 "	Mewes
"	25 "	Külper	"	17 "	Harms
"	2 Mai	Mewes	"	24 "	Külper
Himmelfahrtstag	6 "	Harms	"	31 "	Harms
Sonntag	9 "	Mewes	"	7 Novbr.	Külper
Pfingstsonntag	16 "	Harms	"	14 "	Mewes
" montag	17 "	Külper	"	21 "	Harms
Sonntag,	23 "	Mewes	"	28 "	Mewes
"	30 "	Harms	"	5 Decbr.	Harms
"	6 Juni	Külper	"	12 "	Külper
"	13 "	Harms	"	19 "	Mewes
"	20 "	Külper	1 Weihnachtstag	25 "	Harms
			2 "	26 "	Külper

An den beiden Marktagen, Sonntag 27 und Montag 28 Juni steht jedem der 3 Wirthe das Recht zu, Tanzmusik zu halten.

Harms 22 Tage	Külper 17	Mewes 16

De Club stellt sick an Stack op

1893 wurde der Finkenwärder Männer-Turnverein gegründet. Obwohl in Hamburg und in den Elbvororten schon jahrelang fleißig geturnt wurde, dauerte es doch noch ein paar Jahre, ehe die Jahnschen Gedanken auch in Finkenwerder Fuß faßten. Die abgeschlossene Lage unserer Insel und die Beschäftigung vieler Bewohner in der Fischerei machten diese Verspätung erklärlich.

Als aber Handwerksbetriebe auswärtige Gesellen einstellten, die anderenorts das Turnen bereits kennengelernt hatten, konnte es nicht ausbleiben, daß auch die Inselbevölkerung Interesse am Turnen finden mußte.

So kamen am 11. März 1893 im Gasthof Külper «Harmonie» 16 turnfreudige Männer zusammen und gründeten den Finkenwerder Männer-Turnverein.

Es waren dies: H. Bumann, H. Dettmer, H. Dircks, H. Fock, R. Himstedt, J. Rust, H. Janetzki, A. Krohn, I. Leu, J. Meier, T. Müller, H. Oehms, C. Riechert, H. Schülemann, D. Schütt, H. Sietas.

Mit den für den Anfang notwendigen Geräten ausgerüstet, setzte im Saal der «Harmonie» ein reger Turnbetrieb ein. Weitere Männer und dann auch Jugendliche, damals Zöglinge genannt, traten dem Verein bei. Im Juli 1894 zählte man bereits 35 Mitglieder. Im August 1895 wurde beschlossen, eine Vereinsfahne anzuschaffen. Der Kunstmaler Arthur Siebelist, der Mitglied war, bot sich an, eine Fahne herzustellen. Diese Fahne mit dem Bildnis von Turnvater Jahn wurde bei Festlichkeiten gezeigt. Sie ist bei allen turnerischen Veranstaltungen in Finkenwerder voran getragen worden und hat manchem Mitglied das letzte Geleit gegeben. Sie hat auf vielen Kreis-, Gau- und Verbandsturnfesten den Verein würdig vertreten und ist selbst auf den Deutschen Turnfesten in München, Köln und Breslau dabei gewesen. A. Siebelist wurde für seine Verdienste am

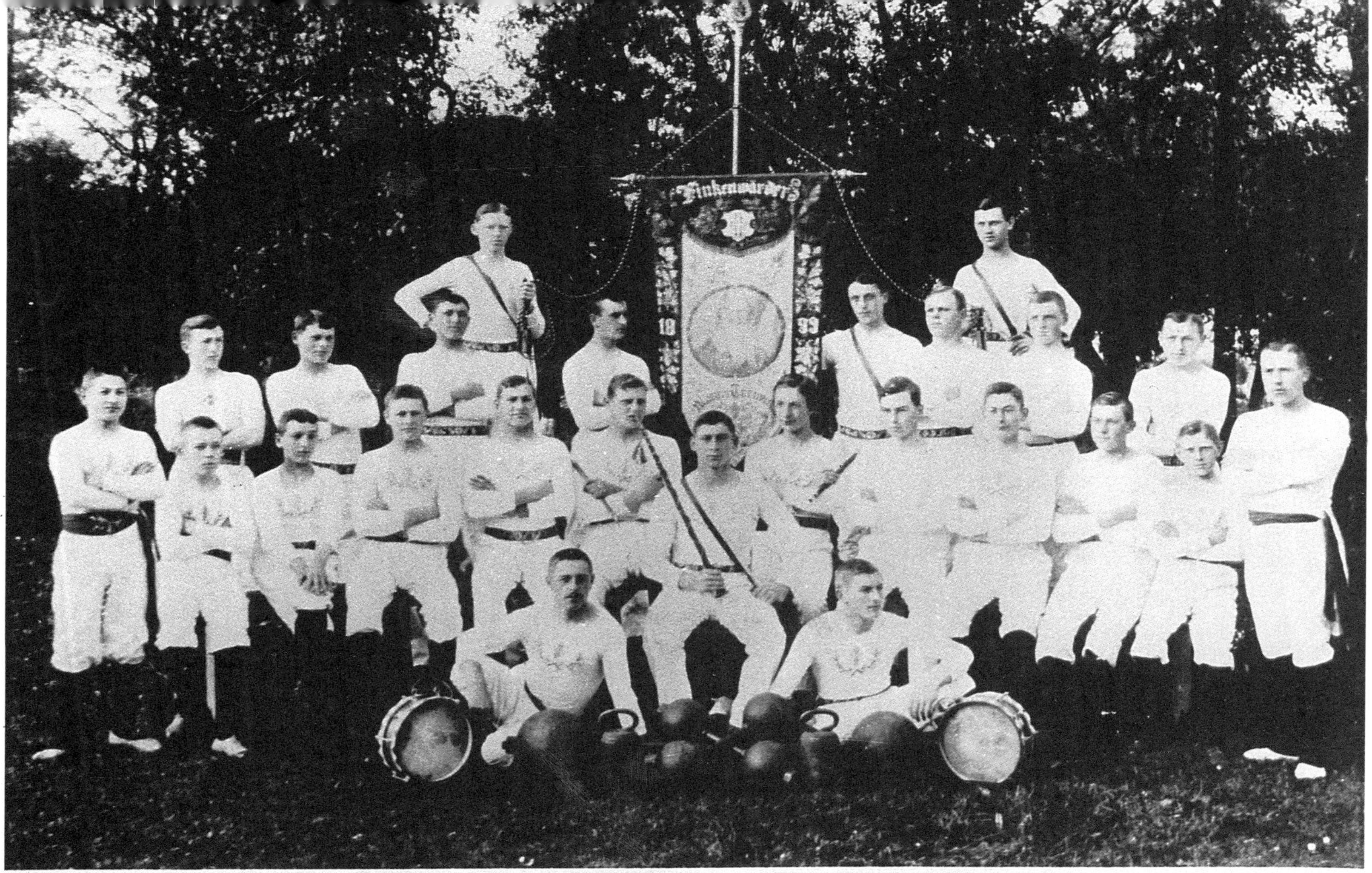

Hinrich Külper
Wilhelm Kröger
Lorenz Harms, Adolf Oehms, August Rabeler, John Fock, 1908 Paul Fock, Willi Fick, D. Böttcher, Wilhelm Gräpel
Alfred Bade, Johann Hoolmann, Joachim Wulf, Willi Oben, Adolf Suhr, Heinrich Lührs, Arnold Schwartau, Ernst Bargheer, John Oehms, Rud. Fock, Peter Woldmann, Ernst Öhlschläger,
Barthold Fock, Jochen Claußen, Hinrich Lüdders

15.10.1898 zum Ehrenmitglied ernannt. Auf sein Drängen hin wurde 1898 eine Altersriege gegründet.

Es wurden im Laufe der Zeit in Finkenwerder die verschiedensten Vereine gegründet.

Der Bürgerverein Vorwärts, der Kreditverein, die Finkenwerder Museumsgesellschaft, der Arbeiterverein von 1900, der Finkenwärder Kriegerverein, der Lehrerverein.

Der Bürgerverein arbeitete konstruktiv in der Kommunalpolitik mit. Aus heutiger Sicht wurden mehrere Projekte in Zusammenarbeit mit dem Gemeinde-Vorstand und der Gemeindeversammlung abgewickelt.

Es wurde von diesen auch immer mehr der Wert des Fremdenverkehrs für unsere Insel erkannt und in den Planungen berücksichtigt. Der Besuch der Hamburger an den Wochenenden brachte auch ein wenig die Gewohnheiten der Finkenwerder in Bewegung. Ob in Mode, Essen und Trinken oder der Tanzmusik, wenn die Clubs aus Hamburg kamen, waren die Finkenwärder gute Beobachter und aufmerksame Zuhörer.

Die Finkenwerder Gasthöfe führten inzwischen ein umfangreiches Angebot an Getränken. Man konnte Rum, Kümmel, Klaren, Bittern, Likör, Petum (ein heißes Getränk aus Braunbier, Rum und Ingwer) und Bier sowie alkoholfreie Getränke, Selter, klare Brause, Champagner Weiße (ein sprudelndes Fruchtgetränk) und Bilz (ein süßer angedickter Fruchtsaft). Es war damals die Standardbestellung: für Vater einen Schoppen, für die Kinder ein Bilz.

Einen wichtigen Unterschied gab es beim Ausschank von Bier.

Gasthöfe, die einen Saal hatten, bei denen auch Veranstaltungen durchgeführt werden konnten, hatten Bier vom Faß. Gasthöfe mit kleineren Gaststuben, wo sich der Wirt sein Geld zusätzlich mit Vermieten von Maskeradekostümen, als Uhrmacher, Friseur und Zahnarzt verdiente, hatte nur Flaschenbier.

Man kannte schon damals Unterschiede in den Getränkepreisen zwischen den großen Gasthöfen und kleinen Gaststuben. Die kleinen Gaststuben verdienten auch mit an den Veranstaltungen der Großen, besonders bei Veranstaltungen wie Maskeraden und Bällen.

Gasthus Prigge um 1920, in Volksmund «Zum blutigen Knochen» up de Au

So war es neben der «Elbhalle» die Gaststube Karl Heinrich und bei Rahmstorf der «Blutige Knochen». Man ging zum Beispiel bei Maskeraden erst zum «Blutigen Knochen», zog sich um, trank sich Mut an und ging danach zu Rahmstorf zum Tanzen. Wenn man nach dem Tanz für seine Tänzerin einen ausgeben wollte, ging es zum «Blutigen Knochen», denn dort war der Kümmel 2 Pfennige billiger.

Auf Bällen und Tanzveranstaltungen zeigte es sich immer wieder, daß die Finkenwerder ein besonderes Talent hatten, Feiern mit Niveau abzuwickeln. Es war an der Küste überall bekannt: «In Finkenwerder kann man besonders gut feiern.»

Besonders auffallend war, daß die Finkenwerder Mädchen und Jungen, sowie die Frauen und Männer, besonders gute Tänzer waren. So etwa ab 1900 gab es für den Nachwuchs die Möglichkeit, eine Tanzschule zu besuchen. Ein Tanzlehrer aus dem «Alten Land» mit dem Namen Peter Behr leistete in Finkenwerder Entwicklungshilfe und brachte manchem urwüchsigen Finkenwerder Jungen gute Manieren bei. Man erinnert sich, daß im Saal absolute Ruhe herrschte, wenn er mit ruhiger Stimme Tanzschritte erklärte. Es kam erst Bewegung, wenn er die Geige strich und die Jugend nach seinen Klängen mit Begeisterung die erste Polka tanzte.

Der Abschluß eines Tanzkurses war auch damals der Abtanzball. Ein in Finkenwerder sehr beliebtes Fest. Im Juli 1914 fand in der «Elbhalle» der letzte Abtanzball vor dem 1. Weltkrieg statt. Als ab 1919 wieder getanzt werden durfte, war Peter Behr in jedem Jahr mit der Unterbrechung zwischen 1939–1946 der geschätzte Tanzlehrer auf unserer Insel.

Es muß erwähnt werden, daß es für jeden Geschmack in Finkenwerder einen Gasthof gab. Hektische Leute gingen in einen hektischen Gasthof, gemütliche Leute gingen in einen gemütlichen Gasthof, wobei diese Gasthöfe eindeutig in der Überzahl waren. Wichtig waren vor allem die Gespräche, die von den alten Fahrensleuten am Sonntagmorgen beim Grog erzählt wurden.

Wichtig war auch die Ruhe, die durch die Einrichtung ausgestrahlt wurde; vom Tresen, von den lackierten Tischen und vom Kachelofen.

Viele der Gasthöfe hatten eine Ausstrahlung, die die Kreativität der Gäste stark anregte. Es kam nicht selten zu bewegten Gesprächen über Tagesgeschehen, Seefahrt, Landwirtschaft, Fischerei und über die Originale der verschiedenen Generationen. Man kannte viele Stammgäste aus der Stadt, die bei einer Beurteilung Finkenwerders der Gemütlichkeit der Gasthöfe einen hohen Stellenwert gaben.

Peter Beer sien Danzschool

De Goorden vun «Finkwarder Hof»

Der Höhepunkt der sommerlichen Jahreszeit war für die Bauern und Fischer die am letzten Wochenende im Juni abgehaltene Finkwarder Markt – «Karkmeß». Ein Jahrmarkt, der im Mittelalter entstanden ist, als sich an die ursprünglich zu Ehren von Kirchenheiligen gehaltenen Messen ein oftmals lebhaftes Jahrmarktstreiben mit seinen weltlichen Lustbarkeiten anschloß.

Um 1860 wird das erste Mal von einem Jahrmarkt berichtet, der auf der Elbinsel abgehalten wurde. Dieser Jahrmarkt hat schon bald eine Anziehungskraft für Jung und Alt, und es wurde selbst für die Fischerleute und Seeleute ein Fest, an dem sie um jeden Preis teilnahmen.

Für die Seefischer gab es im gesamten Jahresablauf nur zwei Termine, an denen ihre Kutter und Ewer fast vollständig im Heimathafen lagen; das sind das Weihnachtsfest und «Karkmeß». Zu Ostern war man auch gern zu Hause, um am Ostersonntag den traditionellen Spaziergang einmal auf den Deichen um die Elbinsel zu machen. Während das Weihnachtsfest und Osterfest in einem durchaus feierlichen Rahmen innerhalb der Familie gefeiert wurde, war der Finkenwarder Markt das Volksfest, an dem alle, die schon und noch laufen konnten, sich auf dem Karkmeß-Platz trafen, um das bunte Treiben zu genießen. Es war ein echtes Sonnenwendfest. Die Natur zeigte sich von der allerbesten Seite, die Häuser und Gasthöfe wurden rausgeputzt. Die Mütter hatten für ihre Töchter neue Kleider genäht oder nähen lassen. Man kann sagen, an den Jahrmarktstagen zeigte sich jeder in der für den Finkenwarder Markt bestimmten Garderobe. Für die Generation, die im heiratsfähigen Alter war, hatte der Markt besondere Bedeutung. Hier wurden erste Freundschaften geschlossen, die später zu Ehen wurden. Die ersten Annäherungsversuche wurden von Eltern und Freunden mit großer Aufmerksamkeit verfolgt.

Karkmeß war auch für den Jahresablauf der gesamten Gemeinde ein wichtiger Termin. Für die Fischer war es das Ende eines Geschäftsjahres und allgemeiner Zahltag.

War das Schiff in gutem Zustand, dann besah der Fischermann seine Geldbörse und beglich die großen Rechnungen, die er beim Zimmerbaas, beim Schmied, beim Segelmacher, beim Reepschläger und beim Motorenschlosser stehen hatte.

Zur Karkmeßzeit tagte auch in der Aueschule oder Norderschule der Vorstand der 1835 gegründeten Seefischerkasse: es waren sechs Fischeralte mit dem Obervorsteher. Sie ließen sich die Prozente, «das Jahrgeld» bringen, das nach den Verlusten auf See berechnet wurde. Schiffsverkäufe wurden abgeschlossen, Neubauten abgeliefert und in Auftrag gegeben, Miete und Pacht bezahlt. Mit der Zunahme der Bevölkerung auf der hamburgischen Seite wurde der Markt mit seinen Karussells, Hippodromen, Schießbuden, russischen Schaukeln, Aalbuden usw. 1880 vom Landscheideweg nach dem Norderkirchenweg verlegt.

Viele Jahre war der Jahrmarkt zweigeteilt. Der eine Teil des Jahrmarktes blieb am Norderkirchenweg, während die andere Hälfte der Karussells und sonstiger Jahrmarktsbuden sich auf dem Gelände des Tanzlokals von «Rahmstorf» befand. Beide Teile wiesen einen ziemlich gleichmäßigen Besuch auf. Heute gibt es nur noch den Markt am Norderkirchenweg. Die Bedeutung des Finkenwerder Markts für die Bevölkerung ist nur noch Bruchteil von einst.

Um die Jahrhundertwende wurde die gesamte Einstellung der Finkenwerder von der Erwartung an die vor ihnen liegende technische Entwicklung getragen. Es gab auch Planungen, die durch Ereignisse oder Unglücksfälle plötzlich dringend wurden. So zum Beispiel das Thema Badeplatz, weil sechs 14jährige Mädchen beim Baden an der großen Dradenau fast ums Leben gekommen wären.

Nachstehend der Original-Polizeibericht, mit einem Auszug aus dem «Hamburger Fremdenblatt» vom 22. Juni 1910.

«zz ... Von Finkenwärder. Ein jugendlicher Lebensretter ist der 13jährige Claus Mewes, der Sohn des Seeschiffers Johs. Mewes; er hat sechs 14jährige Mädchen vor dem Tode des Ertrinkens gerettet. Diese badeten an der großen Dradenau im Köhlfleet, hatten sich zu weit ins Wasser gewagt und waren von der Strömung erfaßt und abgetrieben worden. Der Knabe, der ein sehr guter Schwimmer ist, bemerkte die Gefahr, in der sich die um Hilfe rufenden Mädchen befanden, und eilte ihnen sofort zur Hilfe. Die Rettung des sechsten Mädchens gelang nur noch mit Not, da es schon dreimal untergesunken war, als sich der Knabe ihm zuwenden konnte.»

Der in vorstehender Zeitungsnotiz genannte Claus Mewes ist der am 9. April 1896 zu Finkenwärder geborene Claus Hinrich Mewes, Sohn des Seefischers Johannes Mewes und dessen Ehefrau Alwine, geb. Helmcke, wohnhaft Finkenwärder, Auedeich No. 85c.

Die Darstellung in der Notiz soll richtig und nicht übertrieben sein. Der Vorfall soll sich am Donnerstag, den 16. Juni d. Js. nachmittags zwischen 4 und 5 Uhr ereignet haben. Der Junge, ein großer für sein Alter sehr kräftiger und breitschultriger Mensch, soll bei dem Rettungswerk sehr viel Energie und Todesverachtung an den Tag gelegt haben. Er selbst allerdings zuckt auf Befragen die Achseln, grinst in sich hinein und meint so recht nach Seefischer-Art, das wäre wohl nicht so schlimm gewesen. Im Köhlfleet, vom Ufer der großen Dradenau aus lagerte an der betreffenden Stelle, an welcher der Unfall geschah, in ca. 16 Meter Entfernung vom Ufer eine Sandbank, die bei Niedrigwasser ca. ½ Meter frei liegt. Zwischen Ufer und Sandbank erstreckt sich eine Rinne, die zur Zeit des Unfalles ca. 2½ Meter Wasser hielt. In dieser Rinne, in der sich auch viel Strömung befand, kamen nacheinander fünf Schulmädchen im Alter von 13 bis 14 Jahren beim Baden, um das Ufer zu erreichen. Die Mädchen schlugen fürchterlichen Lärm, als sie bemerkten, daß unter ihnen der Boden verschwand. Claus Mewes, der in der Nähe ebenfalls badete, holte mit To-

desverachtung zunächst die Gesa Tiedemann heraus und machte sich dann daran, drei Mädchen (Gesa Buck, Gesa Mohr und Helene Buck), die von der Strömung erfaßt waren und sich umklammert hatten, auf die Sandbank zu ziehen. Als Mewes die Helene Buck am Arme gefaßt hatte, klammerte sich diese am Bein des Mewes, wodurch das Rettungswerk noch bedeutend erschwert wurde, weil dem Mewes das Schwimmen beinahe unmöglich wurde. Als er so ca. 3½ Meter die drei Mädchen durch tiefes Wasser gezogen und geborgen hatte, war Käte Külper weiter abgetrieben, und der Junge mußte noch einmal seine ganze Energie daransetzen, um auch diese, die bereits ihre Besinnung verloren hatte, zu retten. Er will das Mädchen beim Zopf gefaßt haben und es ca. 7 Meter schwimmend an Land gezogen haben. Meines Erachtens verdient Claus Mewes für diese Tat eine Auszeichnung. Seine Eltern leben in guten Verhältnissen, so daß eine Belohnung in klingender Münze nicht angebracht erscheint.»

9. Juli 1910 *gez. Bernhardt*
Polizeikommissar

Das Projekt «Badeplatz» wurde nicht realisiert; der 1. Weltkrieg blockierte jede weitere Entwicklung. An den Ausbruch dieses Krieges erinnert sich eine heute 88jährige Frau. «As 1914 de Mobilmachung wör, hebbt wie ob de Eck von de Drono seten un de ganze Nacht mit de Jungs sungen, mit denn iersten Damper müssen se all weg, warn se introgn.»

«Dor wör en Hauptmann de hett mi ut den Krieg en Leed schickt, un gliek dor no is he fallen.»

«Dat een is ganz bekannt.»

«Der Holderstrauch der blüht so schön im Mai.»

«Da sang ein kleines Vögelein ein Lied von Lieb und Treu.»

Es sind viele Finkenwärder im Krieg gefallen oder auf See geblieben; unter ihnen der Heimatdichter Johann Kinau «Gorch Fock». Den größten Optimisten wurde bald klar, wie sinnlos Kriege sind.

Auf das Gesellschaftsleben hatte der Krieg auch seinen Einfluß, Tanzmusik war verboten. Die jungen Leute trafen sich trotzdem, mal in dem einen, mal in dem anderen Lokal, um miteinander gesellig zu sein. Wenn zufällig ein Klavierspieler anwesend war, wurde Tanzmusik gemacht. Aus dieser Zeit eine Schilderung: «In Olanner Hof an Steendiek bi den olen Külper». Wi dössen jo nich danzen un den heppt wie doch danzt achter bi Külper in düstern.» «Dor wör en Klovier und dor wär ok eener de speelen kunn», «denn keem Vogt (en Schutzmann) mit Hund» «He gröl» «Alle stehen bleiben» Alle stehen bleiben»!!! Ober alle lepen dorch de achtere Sooldör ober de Trepp in den Gorten» «He stünn den alleen dor» «De Hund hett wat to freeten socht» «De ole Külper is in den Keller lopen» «Von dat Spektokel opwookt keem denn sien Froo» «Vogt opgeregt» «Frau Külper, hier ist getanzt worden!» «Wet ik nix von, Herr Vogt, ik hepp nix hört, ick hör ok slecht, nee» «Aber hier ist getanzt worden» «Ich weet dor nix von, mien Mann ist hier wen, un de liggt all in Bett.»

In der Finkenwerder Bevölkerung waren alle froh, als der unheilvolle Krieg endlich zu Ende war. Durch den Aufbau der Deutschen Werft gab es für viele Hoffnung, auf unserer Insel einen Arbeitsplatz zu finden.

Es gab noch einen Punkt, der sich auf das Gesellschaftsleben auswirkte. Einige unausgebildete Tanzmusiker hatten während des Krieges Gelegenheit, in Militärkapellen unterzukommen. Sie kamen nach dem Kriegsende als fertige Musiker in ihre Heimat zurück. Die Musikszene unserer Insel bekam dadurch qualitativ bessere Impulse. Es gab auch Talente, die in der Musik ihre Zukunft sahen, auf das Konservatorium gingen, um zu studieren und es zu einem ordnungsgemäßen Abschluß zu bringen.

1927 wurde von Julius Meier ein Walzerlied komponiert mit dem Titel «Der Finkenwärder-Wasserturm»; der Text stammt aus der Feder von C. Winterstein, Hamburg 33.

Der Finkenwärder Wasserturm.
Walzer von Jul. Meier.

Der Finkenwärder Wasserturm. Walzer v. J. Meier.

Der Wasserturm so schön... nun bleibt er ewig schön...
Als ein Scheusal wurde er benannt... Uns're Zierde an der Waserkant!
Stolz steht er da...
In Wind und Sturm... Der Finkenwärder

Wasserturm Stolz steht er da... In
Wind und Sturm Der Finkenwärder
Wasserturm!
C. Winterstein
Hamburg 33.
d. 19.2.1927.

Dieses Walzerlied wurde ein Insel-Schlager und wurde viele Jahre auf Tanzveranstaltungen gespielt und gesungen, wenn die Stimmung am höchsten war.

Ein großes musikalisches Talent war John Simonsen. Er baute sich in Finkenwerder als Musiklehrer einen Wirkungskreis auf und gab am 10. 11. 1928 sein erstes Schülerkonzert. Von nun an war dieses Ereignis alljährlich ein kultureller Höhepunkt auf unserer Elbinsel.

«Die Leute aus den neuen Häusern», wie die Finkenwerder zu sagen pflegten. Sie meinten damit die Mitarbeiter der Deutschen Werft, die sich am Norderdeich, Focksweg und Finksweg angesiedelt hatten, paßten sich den Insulanern sehr gut an, aber sie nahmen Einfluß auf das Gesellschaftsleben.

Es kam auch zu den ersten festen Bindungen zwischen den Neu-Finkenwerdern und den Eingesessenen.

1934 gab es folgende Pressenotiz:

Der Finkenwerder Aussichtsturm mit dem ehemaligen Maschinenhaus des Wasserwerks soll neu an einen Interessenten vergeben werden, da der bisherige Pächter, Herr W. Rahmstorf, zum 30. 9. von seinem Pachtvertrag zurücktritt. Die Wirtschafts- und Verkehrsvereinigung Finkenwerder richtet auf Veranlassung der Finanzdeputation an solche Finkenwerder Einwohner, die eventuell gewillt sind, den Aussichtsturm und das Maschinenhaus zu übernehmen, die Aufforderung, sich baldmöglichst mit schriftlichen Anträgen an den kommissarischen Stellv. Vorsitzenden Albershardt zu wenden. Im Einvernehmen mit der Finanzdeputation wird dann eine Regelung erfolgen. Es hat sich keiner gemeldet. Der Wasserturm wurde abgerissen. Die Quelle, die Finkenwerder das erste Trinkwasser lieferte, sprudelte munter weiter. Im Krieg, als durch Einwirkung der Bombenangriffe die gesamte Wasserversorgung lahmgelegt war, konnte die Quelle die Notversorgung mit Trinkwasser übernehmen.

De Woterturn

Es wurde noch einmal eine Zapfstelle wie im Jahr 1903 eingerichtet.

Im Bereich der Einfahrt in das Köhlfleth gegenüber dem Lotsenhöft wurde endlich ein Badeplatz eingerichtet. Es wurde offiziell vom «Finkenwerder Strand» gesprochen. In der Saison war der Strand alltags zwischen 15.00 Uhr und 16.30 Uhr gut besucht. Es wurde dann auf die großen Hadag-Dampfer gewartet, die in beiden Richtungen mit voller Fahrt vorbeifuhren und für die Badenden einen starken Wellengang lieferten.

Ein weiterer Vorteil war die Wasserstandsanzeige und Uhr am Lotsenturm. Je nach Wunsch der Badegäste konnte nach Pegelstand und Zeit gewählt werden, wann man ins Wasser ging. Es wurde im Gelände bis zur Anzeige «Flut 10» mit dem Ball gespielt, danach wurde sich ein wenig erholt, und bei Anzeige «Flut 12» tummelten sich alle Gäste im Wasser. Der Service des Finkenwerder Strandes wurde einem bisher in keinem Badeort Europas geboten.

Im Juni 1936 gab es die «Finkwarder 700-Joar-Fier», ein großes Ereignis. Diese Feier wurde wie alle Feiern dieser Zeit mit großem Aufwand betrieben. Die NSDAP trat als offizieller Schirmherr der Feier auf. Jedoch konnte sie sich hier nicht, wie in anderen Orten Deutschlands, hundertprozentig durchsetzen. Finkenwerder feierte keine Parteifeier, sondern ein ihrer altehrwürdigen Tradition entsprechendes Fest.

Auf dem Transparent, das an den Landungsbrücken aufgestellt war, stand «Finkenwarder freit sik, wat Jü kommt». Es fand ein großer Festumzug statt, in dem alle Erwerbszweige Finkenwerders vertreten waren. Da marschierten einmütig nebeneinander die Seefischer, die Bauern, die Handwerker, die Kaufleute und die Industrie. Die eingeborenen Finkenwerder nahmen in ihren alten Trachten an dem Festumzug teil.

Für alle fand auf allen Sälen ein großer Ball statt.

Diese Feier hatte bei der Bevölkerung einen großen Eindruck hinterlassen. Noch heute wird gern von dieser Feier gesprochen.

1938 wurde die beliebte Gaststätte der Wirtin «Aurora», der Elbhof, abgerissen. Es wurde auf dem Grundstück ein neues Gebäude errichtet, in dem ein Kino und eine kleine Gaststube untergebracht wurden.

Am 26.05.1939 eröffneten Walter Mehrens und Phillip Kassenberger die «Finkenwerder Lichtspiele» und Aurora ihre gemütliche Kneipe. Sie konnte ihren geliebten Beruf weiter ausüben. Die Kinogäste hatten nach einem spannenden Film mit Harry Piehl, Willi Birgel, Zarah Leander und Marika Röck Durst auf ein gut gezapftes Bier. Die ersten Kinovorführungen mit Klavierbegleitung fanden in den zwanziger Jahren im Saal des Gasthofes «Harmonie» am Auedeich statt. Später wechselte man in den Saal des Elbhofs zu Aurora.

Die Eröffnung der «Finkenwärder Lichtspiele» wurde groß gefeiert. Danach war es auch erst mal mit dem Feiern vorbei. Soweit es noch Feiern gab, ging es nicht ohne propagandistische Parolen, und nach Ausbruch des Krieges gab es nur noch wenige Motive, fröhlich zu sein.

Nach dem Kriegsende kam zunächst einmal eine Zeit der Besinnung. Langsam stellten sich die Finkenwerder auf die neue Situation ein. Am Deich wurde nun auch englisch gesprochen. Die Soldaten der Besatzungstruppen hatten viele Dinge, auf die ein Deutscher jahrelang verzichten mußte. Tabak, Schokolade, Zigaretten, Kaugummi etc. Eine Anstellung als Hilfsarbeiter in einer englischen Kantine war plötzlich mehr wert als die eines Werkmeisters. Die Soldaten hatten großes Interesse an Erinnerungsstücken aus der NS-Zeit. Besonders hoch im Kurs stand Hitlers «Mein Kampf». Die Tauschgeschäfte entwickelten sich zu einem richtigen Markt, dem «Schwarzen Markt».

Es war grundsätzlich alles zu bekommen. Aus Finkenwerder konnten Fische und Fischtran dazugesteuert werden.

Der Wert der einzelnen Tauschobjekte lag fest. So wurde auch getauscht 1 Fisch gegen 1 Ei.

In Finkenwerder wurde am Norderdeich eine Tauschzentrale eingerichtet. Die Tauschobjekte lagen im Schaufenster aus. Statt Preise hatten die Auslagen eine Liste möglicher Tauschbedingungen.

Es tauchten auch Restposten aus Wehrmachtsbeständen auf, die von den Besitzern mit größter Vorsicht auf den Markt gebracht wurden.

Innerhalb eines Monats war eine Knabenklasse der Westerschule mit ledernen Pilotenmützen ausgerüstet. Die Mädchen trugen phantasievoll geschneiderte Kleider aus blauweiß-karierten Bettlaken der Marine. Es wurde offen ausgesprochen: «Blau Weiß kariert, Stützpunkt marschiert.»

Es wurden weitere verbotene Aktivitäten ausgeführt. Der Schnaps wurde selbst gebrannt aus Zuckerrüben. Nun wurde die Verarbeitung der Zuckerrüben optimiert. Die Handwerker entwickelten Pressen zum Auspressen der Rübenstücke und Destillationsgeräte zum Brennen des Schnapses. Danach wurden auf manchem Acker statt Kartoffeln Zuckerrüben angepflanzt.

Der Acker der Schrebers war seine Visitenkarte.

Eine weitere Lücke in dem Sortiment der Genußmittel wurde durch den Anbau von Tabak geschlossen. Auch hier eine Parallele. Es wurden Tabakschneidegeräte entwickelt und Zubereitungsmethoden, um aus dem «Schreberschreck» einen mit Zwetschgensaft getränkten aromatischen Pfeifentabak zu erhalten.

Der Zoll setzte Beamte zur Zählung der Tabakpflanzen in den Gärten der Schreber ein. Danach sollten diese eine Tabaksteuer entrichten.

In den Schulen wurde für die Schüler die Schulspeise eingeführt. Die Angebote waren nicht sehr umfangreich. Es wird sogar behauptet, daß die Schokoladensuppe nach Schokolade schmeckte. Die Ansprüche der Schüler lagen aber auch so niedrig, daß sich die Schulspeise trotzdem großer Beliebtheit erfreute.

Das Finkenwerder Gesellschaftsleben bekam wichtige Impulse aus dem Soldaten-Lager am Finksweg. Hier waren viele deutsche Soldaten, die keine Möglichkeit hatten, sich von den Besatzungstruppen in ihre Heimat abzusetzen, untergebracht. Junge intelligente und sportliche Männer. Sie konnten bei ihrer Lagerleitung durchsetzen, daß eine Baracke zur Tanzdiele umgebaut werden durfte, und organisierten regelmäßig Tanzveranstaltungen mit moderner Jazzmusik. Die Veranstaltungen waren sehr beliebt. Mehrere hübsche Finkenwerder Frauen haben ihre Männer hier kennengelernt, die auf diesem Wege eine neue Heimat fanden.

Aber auch in den Finkenwerder Gasthöfen organisierten sich Sparklubs, Kegelklubs, Gesangvereine, Sportvereine, um ihre ersten Feiern auszurichten. Essen und Trinken wurde von den Vereinen selbst ausgerichtet, der Wirt stellte die Räume und das Geschirr zur Verfügung. Im Winter brachte jeder Gast einen Brikett mit. Es konnte in gesamter Breite festgestellt werden, es ging langsam aufwärts. Mit dem Tag der Währungsreform war von einem Tag zum anderen alles zu bekommen. Das hieß, Schwarzmarkt ade!

Die Haushalte konnten endlich in Ordnung gebracht werden.

Auf dem Markt gab es alle Waren in Friedensqualität. Farben, Lacke, Linoleum, Gardinen etc. Es konnte wieder investiert werden. Gasherde, Elektroherde, Kühlschränke, Waschmaschinen, Wäscheschleuder, Heißwassergeräte.

Die Rundfunkgeräte wurden immer besser. Der Volksempfänger konnte ausgemustert werden. Es gab ein breites Angebot von Musiktruhen mit modernen Tonabnehmer-Systemen. Die gute alte Plattennadel und die Schellackplatte gehörten der Vergangenheit an. Ab 1949 wurden die ersten Musikprogramme über UKW ausgestrahlt.

Die Gastwirte konnten die Veranstaltungen voll in eigener Regie durchführen. Beim Festessen gab es Fleisch satt. Es wurden Mengen gegessen, die aus heutiger Sicht unvorstellbar sind.

Es gab wieder regelmäßig die Maskeraden der Vereine. Die Treue-Maskerade, Jäger-Maskerade, TUS-Maskerade, die Maskeraden der Gesangsvereine Männer-Quartett und Germania.

Alle Maskeraden waren ausverkauft. Weitere Bälle wie Harmonie-Ball, Turner-Ball und Gurken-Ball gehörten auch zu den Höhepunkten der Saison. Am 6.11.1948 gab Jonni Simonsen sein erstes Schülerkonzert nach dem Kriegsende.

Am 1. Februar 1950 wurde der beliebte Frauenchor «Frohsinn» gegründet. Ein heute noch guter und sehr aktiver Chor mit überdurchschnittlich hoher Beteiligung.

Der «Finkenwärder Hof» hatte wieder die Clubs aus Hamburg, die sich zum Teil in beiden Sälen beim Tanz amüsierten.

Die Fußballspiele waren sehr gut besucht; 3000 Zuschauer bei einem Spiel waren keine Seltenheit. Zu den Auswärtsspielen wurde die Mannschaft im Bus von ihren Schlachtenbummlern begleitet.

Een hoogen Diek is he, uns' Gott

(To singen bi de Plattdütsche
Andacht un bi den Festakt)

Een hoogen Diek is he, uns' Gott,
bi em doar sünd wi borgen,
he mokt uns free van all uns' Noot
un nimmt uns ook de Sorgen.
De Feend van de Wilt,
wat is he vergrillt,
sien Macht is vel List,
he lüstert un steiht wiß,
so licht kann em keen smieten.

Un wenn de Wilt vull Dübels wür
un wull uns oberslukеn,
wü sünd ne bang' vör Störm un Für,
wü paßt op Loot un Luken.
De Feend van de Wilt,
wat he ook anstillt,
he deit uns doch nix,
wü sünd em vel to fix.
Mit Gott kriegt wi em ünner.

Gotts Wurt schall jümmer mit uns gohn
up all uns' Foahrt un Wegen,
denn hebbt wi feine free'e Bohn
un könt uns' Last woll drägen.
Nehm se uns dat Broot,
Hus, Hoff, Gild un Good, —
mokt nix, — lot jüm man!
Se hebbt doar doch nix van:
Dat Riek mütt uns doch blieben!

Rudl Kinau

700=Joahrfier Finkwarder

21.—28. Juni 1936

★

Wat dat gifft:

Sünndag, den 21. Juni:

6: Wecken.

7.15: Fier an't Ehrenmol up'n Karkhof.

7—9.30: Sportkämpfe för Finkwarders üm de Senotsplakette.

8—9: De „Nedderdütsch Singschar" (Otto Tenne) singt an'n Diek.

10: Plattdütsche Andacht vör de Gorch=Fock=Halle (Predigt: Paster E. Speckmann ut Hamborg).

11—12: Platzmusik bi de Gorch=Fock=Halle.

13.30: De Heimatutstillung in de Gorch=Fock=Halle ward openmokt.

13—14: Platzmusik bi de Gorch=Fock=Halle.

14.30: De Festtog geiht los (Benittstrot, Steendiek, Müggenborg, Audiek, Landscheen, Karkenweg, Nurddiek, Sloostrot).

18: **Festakt**

un gliek noher kummt een lütt Heimatspill van Rudl Kinau.

19.30: Swümmfest up'n Bodplatz.

Un obends ward in jeden Sool danzt!!!

In de Week:

Mondag, den 22. Juni:
18.45: Een grooden Tanker löppt up de Dütsche Warft van'n Stopel. Ingang: Finksweg-Brunnenstieg. Mit de Plakett könnt Jü free rinkommen.

Dingsdag, den 23. Juni:
8: Sportfest för Jungs un Dierns.

Mittweeken, den 24. Juni:
19.30: Handball St. Georg (Gauliga)—Polizei Sportverein (Meister in de Bezirksliga). In de Pause turnt de Finkwarder Männerturnvereen.

Dünnerdag, den 25. Juni:
20.15: Doar gifft dat Heimatspill van Rudl Kinau noch eenmol.

Freedag, den 26. Juni:
17: Radfoahren van de Jungs (Sportafteeken), 20½ **km** Radfoahren van de Grooden (Sportafteeken).
19.30: Handball Blauschwarz—Volksfürsorge (Froons).

Sünnobend, den 27. Juni:
19: Football. Wokeen ist de Beste van de ganze Hamborger Bezirksliga? De Meister van de Hammoniastaffel speelt gegen den Meister van de Alsterstaffel. (Dat geiht üm de Senotsplakette.) De Hamborger Turners (Städteriege) wiest wat se könt: An'n Barren un an't Reck.

Sünndag, d. 28. Juni: Finkwarder Karkmeß
Van 9.30 an: Sport un Turnen up den Gorch-Fock-Platz. Finkwarder Turners un Sportlers speelt gegen den T. u. S. „Alstertal".

De Heimatutstillung is in de Week to bekieken van Klock 14—18 un an Karkmeßsünndag van Klock 10—19. De Dütsche Seemannsschool is an jeden Nomeddag to beseehn. In de Festweek kann man ook an Deck van Kutters un Ebers kommen un sick de Fischerfoahrtügen bekieken.

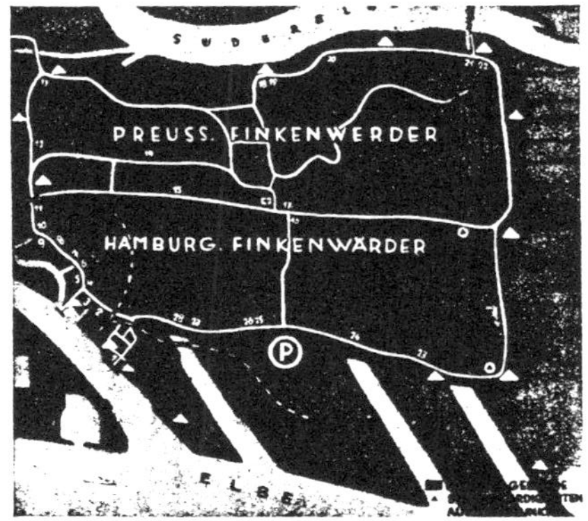

1 Zur Landungsbrücke
2 Altländer Hof
3 Café Walter Fock
4 Fährhaus J. S. Loop
5 Sächsischer Hof
6 Stadt Hamburg
7 Schifferhaus 8 Prigge
9 Finkenwärder Hof
10 Café Popp
11 Harmonie
12 Johs. Lohse
13 Altenw. Fähre
14 Zur Linde
15 Landscheide
16 Zur Erholung
17 Landeshaus
18 Süderelbe
19 Bäckerei H. Fock
20 Schwartau
21 Fährhaus
22 Johs. Müller
23 Von Eitzen
24 Marwitz
25 Elbhalle
26 Goldner Anker
27 Elbhof
28 Winter

10 Penn

John Simonsen – Musiklehrer
Hamburg=Finkenwerder

Unverkäuflich

Schüler-Konzert

Freikarte

am Sonnabend, dem 15. November 1952, 19,30 Uhr
in der „Elbhalle“ Finkenwerder, Norderdeich 14 (G. Stahl)

020 *

Vortragsfolge:

K. Kluge	Reußische Dorfwalzer		Akkordeon=Orchester
R. Schumann	Marsch	Klavier	Peter Becker
A. Diabelli	Rondo	„	Anke Wriede
B. Schumann	In der Gondel	„	Karin Schulze
W. A. Mozart	Walzer	„	Agnes Plate
Fr. Seitz	Gavotte	Violine	Marlies Simonsen
R. Schumann	Fröhlicher Landmann . . .	Klavier	Karin Benidt
P. Zilcher	Lustig Wandern	„	Hella Wittorf
L. v. Beethoven	Sonatine G=Dur I. u. II. Satz .	„	Gerlinde Goehlich
G. Bizet	Marsch aus der Oper „Carmen“	„	Renate Hinrichs
A. Jensen	Die Mühle	„	Renate Gerlach
J. Haydn	Scherzo	„	Dörte Hupe
R. Wagner	Einzug der Gäste auf der Wartburg	„	Bern z. Felde
Fr. Schubert	3 Deutsche Tänze und Sehnsuchts=Walzer	„	Grete Stahl
F. Paderewski	Menuett	„	Ingrid Krug
R. Schumann	Grillen	„	Elke z. Felde

P A U S E

M. Moszkowsky	Spanischer Tanz Nr. 2 . . .	Klavier	Kurt Wagner
Fr. Schubert	Impromptu As=Dur	„	Gudrun z. Felde
Fr. Seitz	Konzert Nr. 1. I. Satz }	Violine	Holger Rink
M. Perl	Flitzbogen . . . }		
G. Mathei	Le Tourbillon	Klavier	Günter Hitschke
C. M. v. Weber	Aufforderung zum Tanz . .	„	Helga Saß
W. A. Mozart	Konzert Rondo . . .	für 2 Klaviere	Heidrun Holst, John Simonsen
J. Offenbach	Barkarole aus „Hoffmanns Erzählungen" }		Verstärktes Schüler=Orchester
G. Verdi	Triumph=Marsch aus „Aida" . . . . }		
H. Erdlen	Tänzerische Suite . . . . }		Akkordeon=Orchester
J. Strauß	Kaiser=Walzer . . . . }		

— Diese Vortragsfolge gilt als Eintrittsausweis – Eintrittspreis 1,20 DM —

Druck Ruteni Finkenwerder Focksweg 8. — 39 62 87

Im Köhlfleeth lagen Segelyachten. Die Niederelbe wurde wieder das beliebte Revier unserer Wassersportler. Das Wasser der Elbe war inzwischen durch unkontrollierte Abwasser so verschmutzt, daß ein Badevergnügen am Elbestrand nicht mehr möglich war.

Auf dem Helgen der Deutschen Werft liefen die Schiffe serienweise vom Stapel. Ein Stapellauf war für die Finkenwerder Bevölkerung und den außerhalb der Elbinsel wohnenden Betriebsangehörigen ein großes Ereignis. Für diese wurden Busfahrten organisiert, um ihnen eine Teilnahme am Stapellauf zu ermöglichen.

Für die Betriebsangehörigen war eine Teilnahme an einer Probefahrt mit Übergabe des Neubaus an die Reederei sehr gefragt. Die Probefahrten führten in die Nordsee und dauerten bis zu 3 Tagen.

Die Verpflegung an Bord war ausgezeichnet. Die gute wirtschaftliche Lage der Deutschen Werft brachte für viele Mitarbeiter Vorteile. Für verdiente Mitarbeiter bestand die Möglichkeit, mit ihren Ehefrauen an den vom Unternehmen finanzierten Urlaubsreisen teilzunehmen. Die Reiseziele waren Ferienorte in der Heide, im Harz und Schliersee in Bayern.

Viele kleine Betriebe hatten als Zulieferer der Deutschen Werft volle Auftragsbücher.

Den Finkenwerdern ging es gut.

Es wurden immer mehr PKWs angemeldet. Touropa, Scharnow und Hummel begannen für ihre Reisen zu werben. Zimmer mit fließendem Wasser in guter Lage waren sehr gefragt.

Jeden Sonntag war Tanzmusik in Winters Gasthaus, Gasthaus «Zur Erholung», «Landeshaus», «Elbhalle». An den ersten Feiertagen zusätzlich im «Finkenwärder Hof» und bei Schwartau.

Fast alle waren glücklich und zufrieden.

Am 5.12.1953 eröffnete Walter Mehrens am Steendieck das «Gorch Fock Theater». Ein Kino mit allem Komfort wie Polstersitze und Doppeldecker für Verliebte. Im gleichen Gebäude war ein Eiscafé untergebracht. «Finkenwerder machte sich.» Der Lebensstandard stieg weiter.

Ab 1954 standen die ersten Fernsehgeräte in den Wohnzimmern. Von nun an mußte dieser Fortschritt genutzt werden. Die Gastwirte und Kinobesitzer waren die Leidtragenden.

In der Woche vom 4.8.1956 bis 10.8.1956 fand aus Anlaß des 50jährigen Bestehens der «Finkenwarder Speeldeel» das «Fest der Nationen» statt. Der 21.8.1957 war der Eröffnungstag des Freibades. Endlich konnte in Finkenwerder wieder geschwommen werden.

Am 4.6.1963 wurden die «Finkenwärder Lichtspiele» und am 31.3.1966 das «Gorch Fock Theater» geschlossen.

Damit war Finkenwerder kinokulturell gesehen wieder auf dem Stand von 1919. Dafür hatte man einige tausend Fernsehgeräte. Es gab eine Zeit, in der die «Elbhalle» durch die Verpflichtung erstklassiger Tanzkapellen und Künstler ein Treffpunkt für die Jugend war.

Mit der gesamten wirtschaftlichen Entwicklung zeichneten sich neue Wertvorstellungen ab. Die Maskenbälle, die Tanzmusik etc. wurde immer weniger besucht. Der «Finkenwerder Hof» hatte 1960 seinen letzten Club. Der stolze anspruchsvolle Finkenwerder legte in der Vergangenheit immer Wert darauf, als Kunde persönlich beraten zu werden. Wenn dieser in der Gegenwart als Kunde im «Aldi Markt» gesehen wird, zeigt sich auch hier ein Wandel, den keiner für möglich gehalten hätte.

Reisen, Segeln, Tennis, Squash, Surfen, Skilaufen sind wichtige Elemente der heutigen Freizeitgestaltung. Sie haben zur Veränderung des Gesellschaftslebens in Finkenwerder ihren Beitrag geleistet.

Der am 22.9.1976 gegründete «Finkenwerder Danzkring Lünborger Siet» verfügt inzwischen über eine anerkannt gute Volkstanzgruppe. Gute Musiker, ein Sortiment guter Trachten und ein ausgewogenes Programm sind die besonderen Merkmale dieser Gruppe, die sich mit ihren Auftritten viele Freunde geschaffen hat.

Für den Fremdenverkehr ist unsere Elbinsel nur noch eine antiquierte Alternative für alte Leute, die auf den «Spuren der Vergangenheit» in Finkenwerder eine qualitativ einwandfreie Kutterscholle essen möchten.

Trotz aller Veränderungen können die Finkenwerder immer noch stolz sein auf ihre Heimatinsel, die in den letzten 100 Jahren auch im Bereich der Kultur eine Sonderstellung einnahm.

Es wird oft über den «Finkenwerder» gesprochen. So wird versucht, ihn mit einer vorhandenen Gruppe von Menschenschlag zu vergleichen. So ein Vergleich läßt sich nicht durchführen.

Vielleicht läßt sich der Finkenwerder wie folgt beschreiben:

«Eine edle Form von Unterelbe-Mischling, der an der Grenze zwischen Hamburg und Preußen aufgewachsen ist. Sehr eigenwillig mit preußischer Gründlichkeit und hanseatischer Gelassenheit.»

An' Süderdiek

6 Von boben ankeken ...

Verfasser: Dirk Römmer, Finkenwerder

Grood koomt se wedder alltohoop ut de groot Döör. De Öllern un de Paten, all de Frünnen un Noberslüüd, de Gäst, de nu glieks mitfiern schöllt. Un ok se, de Hauptpersonen: de Konfermanten.

Knüppelvull weur de Kark – dat is se lang nich jümmer. Un froogt, wat se vun nu op an in'n Globen leben wöllt – dat hett de Paster de jungen Lüüd ok. Man, ik bün neeschierig, wat dor in tokomen Tieden vun ward! ...

Ik heff, mööt jü weten, al mehr as disse Jubelfier belustert. Mien Kark, de steiht al mehr as hunnert Johren. Ober dat weur nich de eerst. Wo nu de ool Lünborger Karkhoff liggt, dor hett se freuher stohn.

Keen ik bün? Je, Mann, de Toornhohn! Dat heet: bi de Nikolai-Kark sitt ik gor nich op'n Toorn. Dor is 'n Krüüz opsett. Ne, ik sitt ganz op de anner Sied över dat Flach, wo ünner mi de Altar steiht. Un dat Krüüz. Ik kluck över de hilligste Steeg, weet jü?!

Mienwegen segg nich Toornhahn to mi, mienwegen Karkenhohn or anners wat. Is mi heel puttegol! Blots weten schallst du: ik sitt mannigeen Nacht doch boben op'n Toorn. Winn de Lüüd op Finkwarder slopen doot. Weenxen will ik dat höpen, wat sik noch nüms verschreckt hett wegen mi. Ik fleeg üm de Insel, kiek vun boben op Stroten un Hüüs un krieg mannigeen Deel vun den Arger un vun de Freid mit, de sik bi uns breedmoken doot.

Is je al langen nich mehr dat, wat dat mol weur, meen ik. Un liekers mag ik hier wesen.

Konfermation is anners, heff ik al seggt. Nich mehr Palmarum, as in dat Gedicht vun Rudl Kinau. Ut dat Book vun Thees Bott. De leevt noch bi uns. Jo, mit Slips un Krogen sünd de Jungens nich lopen – allens, wat ik sehn heff. Ok keen stieben Hoot. Un de Deerns, de sehn mi mehr ut as grote Domen. As wullen se in't Theoter gohn. Man, dat mutt sik woll bi de Minschen in alle Tied jümmer wedder ännern. Blots ik behool egolweg mien greun Kleed.

Loot mi noch 'n Ogenblick över den Lünborger Karkhoff wegkieken. Dat smucke Bodemann-Heim dorachter, wo de olen Minschen sik – schient dat – wollfeuhlen doot. Se kiekt op'n Karkhoff rop. Na, ik weet nich, ik much dat nich jümmer vör Ogen hebben. Ober dat geev woll dat Grundstück wat billiger. Vun den Paster Bodemann hebbt de Finkwarders je woll in all de 600 Johren Kark an'n meersten holen. Sogor 'n Stroot is no em nöömt. Is mienwegen noch nich groot wat, winn't ok 'n Damm för de Köter gifft. Ober doch 'n goot Teken.

Heurt jü dat eegens, wat ik mi jümmer gegen den Hohn vun de Konkurrenz to Wehr setten mutt? He sabbelt mi un kreiht mi ok nu jümmer twüschen, wo ik mit jo snacken doo. Kunn ik meist kathoolsch warrn, winn he dat nich al weur! Jümmer disse luden Klocken! Un jümmer över'n Dag 'n poormol! Wat kunnen wi fein uns' Roh hebben. Ober ne, dinkt de gor nich an.

Ok de Neeapostoolschen hebbt an'n Karkenweg noch sowat as ehr Kark. Ober dor heff ik keen Verwandtschop dropen. Un dennso is mi dat ok to langwielig!

Ik bün je sowat as'n Grenzwächter, nich? Sitt op de Kark op de Lünborger Sied. Un dinn kummt de Landscheen. Un dinn ... na, ik wull grood seggen: dinn kummt langen gor nix. Ik meen, dat harr ik je nu as ole Lünborger sogor seggen müßt. Wo wi doch op disse Sied vun't Woter un sünnerlich an'n Süderdiek uns' egen Platt harrn ...!

Man ik will nich ole Geschichten utbuddeln, wo twors in de 750 Johren vun Finkwarder 'n Barg öber to vertellen güng, ober doch Gras öber wossen is. Ik will disse olen Geschichten in de Kist loten. Ne, dinn kummt de ole Hambörger Karkhoff un dinn eerst de Petrus-Kark mit den annern Hohn. De sünd mien Nobers. Un Rudl Kinau un Ewald Goltz un vele anner Chronisten vun uns' Insel, sloopt dor jüm ehren Sloop bet to'n jüngsten Dag. Op den Lünborger Karkhoff op de anner Sied.

So, nu heff ik hier ober lang noog vun mienen Pohl ut vertellt. Ik fleeg nu los un goh so'n beten mit jo op Tour. Ik heff je scharpe Ogen. Fleeg ganz wied in de Hööchd, wat mi nüms footkriegen deit.

Köönt jü mi vertellen, worüm hier an'n Süderkarkenweg so vele Lüüd jüm ehr Schietwoter vun Waschen un ut de Köök eenfach no de Grobens rinlopen loot? Dor mutt ik mi de Nääs toholen, winn ik dat hier boben rüken kann. Wat'n Swienkroom doch. Wo wi – ok wi Deerten – nu doch al alltohoop op uns' lütt Welt achten doot un sogor al för Poggen de ganze Stroot afsparrt ward. Wat de gesund un kregel öber'n Damm koomt un dor Hochtied moken un Eier leggen köönt, wat wi dinn in'n Mai un ok noch loter dat Poggenkonzert bet wied in de Nacht heuren köönt. Dat paßt doch gor nich tohoop: hier de Schutz un dor de Swienkroom. Müß mol een bi . . .

Je, un so trurig bün ik dinn ok gor nich, wat dat keen Adebars mehr op Finkwarder geben deit. De harrn de Poggen je al fix to Lief gohn. Nu gifft dat blots noch den Kroog, de no een Nest heet. Bi Wried.

Un Schiller un 'n lütten Tuun an'n Oosterfelddiek, wat de Autos noch jümmer fein oppassen schöllt op de Poggen. Kunn je doch een Prinz biwesen!!. Hier, wo ik nu rümseilen doo, dor schient de Welt noch heel: An'n Oosterfelddiek un an'n Süderdiek. De Hüüs so smuck. De Lüüd sitt, as freuher al, vör de Döör. Winn mien Paster mit sien Familie üm't Land feuhrt, gifft dat an mannigeen Eck fründliche Wöörd. Du dörft blots nich no'n Blomensand röberkieken, wo dat groot Speuhlfeld anleggt is. Dor huult sogor an't Wekenenn de Moschinen un sprütt de Schiet ut de gifdige Elv op't Land. Jümmer heuger ward dat un jümmer dooder. Dörfst nich ropgohn, vertellt de Schiller, de di wohrschaut. Anners versackst du in de Grund. Je, un wieder langs is noch een Eck, wo du nich henkieken dörfst. Weenxen winn du dat mit de Notur hest. Dat is dat Alu-Wark. Wat dor mol hensett weur vun wegen de Arbeidsplätz. Jo, jo. Ober nu heff ik an't eegen Lief mannigeen Morgen den Stoff op mien Feddern, de in de Nacht ut'n Schosteen komen is. Nich gesund för Lüüd mit Asthma op uns' Insel, seggt de Dokters. Meist sowat as Eegenmord.

Dat dankt wi je doch woll allens den leben Gott un sien Floot vun 1962. To keen anner Tied hett sik in all de Johren vörher uns' Insel so verännert.

Man, wat schall ik hier klogen. Ik as lütt Hohn mit mien lütt Kokelee gegen de Wirtschaft, de al uns' Nobers vun Oolwarder doodmookt hett. Gegen ‹Verkehrskonzept› un anners wat, wat uns Dag för Dag den Verkehr dör't Dörp jogen lett. Ok de groten Brummis, de de Fundamenten vun de Hüüs an'n Neßdiek to'n Wackeln bringen doot. Dor kann ik woll langen kreihen, bet mi een heurt! . . .

Un – dat mutt ik je nu seggen – un hier bi Swattau vörbi, de noch in een ool Book anschreben hett, wat de ool Paster Bodemann bi em an Spriet inköfft hett – hier ward dat je warafdig nochmol richdig scheun. De oole Süderelv, wo du 'n beten op schippern kannst. De Hüüs scheun in Farv. Dat Veeh op de Wischen. Op de Westerweiden, wo du free bet Neefelden kieken kannst. Freuher op de anner Sied. Nu man 'n Klacks mit't Auto.

Un du kicks no Blanknees röber, wo mannigeen vun Finkwarder hentrocken is un doch sien Lengen in't Hart behööl. Wo freuher de Konkurrenz vun de Fischeree sitten dää.

Du steihst nu, wo ik öbcr di flegen doo, mien Fründ – du steihst op'n Westerdiek un kicks ok no mien Kark, wo mien Platz nu lerrig is. Sühst ok, wo wied wi al weg sünd. Hest ober doch noch keen loome Feut?!

Ik wull mit di dör de Wiet. De letzde Stroot, wo du nix vun de wiede Welt wies warrst. Villicht mol 'n Fleger vun Fuhlsbüttel. Ober dat is al allens. Vörbi an Appel- un Beerbäum geiht uns' Weg, vörbi an Woterrotten un wille Oonten, de sik jüm ehr Plätzen för't Nest al utsocht hebbt. Dat duert nich mehr langen, dinn bleuht disse Bäum. Dinn koomt de Billigtouristen, de mit de Verbundskoort ut de Stadt röberschippert sünd, un loopt eenmol üm't Land. Dinn ward bald de Netzen wedder öber de Kasbeern trocken un ballert, wat de Spreen nich toveel afgnabbelt.

Schood, wat hier Autos dörfeuhren dörft. Sunsten harr dat een so feine Stroot för Lüüd mit lütte Kinner wesen kunnt. To'n Spelen un Lopen. To'n Seuken un Juchen.

Wedder an de Landscheen, is eegens mien ‹Hoheitsgebiet› afflogen. Ober winn jü Lust hebbt, köönt wi je ok noch mol de Landscheen hoch. Boben wedder no'n Westerdiek un dinn röber no all de neen Hüüs, de dor in de verleden Johren boot sünd. Stroot bi Stroot. De ‹Schottenhügel› or ‹Scottsh Hill› – as uns' Volksmund seggt. Hier hebbt se de Oolwarder to'n Deel henplannt. Hier sünd de ünnerkomen, de vun Huus un Hoff wegmüssen wegen den Hoben. De blots noch jüm ehr Kark merrn in de Sandwööst trüchloten hebbt. Allens sunsten is platt un weg.

Se hebbt de olen Strotennomen wedderkregen. Jümmer mit ‹nee› vör. Man wat dat al Heimotgefeuhl in jüm opkomen lett, wöllt wi antwiefeln. Wat een öberhaupt sien Wöddeln wedder in de Grund kriegen deit, winn de annerwogens utreten is – dat gleuvt wi nich!

Freuher hebbt sik de Mannslüüd vun Oolwarder un Finkwarder mannigeen Mol op'n Sool de Gesichten poliert. Hebbt sik gegensiedig nich gellen loten. Ok dor is de Geschichte eenfach öber hengohn. Un wokeen harr dor to'n Bispeel vundoog noch Angst vör, winn he hier op Finkwarder mit'n Fro vun Neefellen ankeum . . .!

Twüschen Rudolf-Kinau-Allee (de noch jümmer keen Bäum hett) un de Noordmeerstroot ward nee Stroten trocken un Hüüs boot. Wat eenen Dag een ganz nee Finkwarder Eck to bekieken geiht. Ober dor süht dat dinn ut as annerwogens in anner Hambörger Stadtdele ok. Keen Stadtbild, wat wossen is. Un dor passt ok de MBB bi – as se hier seggt. Se arbeid op'n MBB. De groot Fobrik för de Flegers un de Soken, de geheem sünd – wo so'n lütten Vogel nix vun to weten kriegen deit.

Is je al mol maleurt, wat sik een Fleger verflogen hett un hett so'n ganz grote Moschien to'n Lannen brocht. Ober sunsten fleegt hier de Super-Gubbies un de lütten mit den eenen Motor. Is nich för jeedeneen. Un fein intüünt, wat du nich to dicht rankomen kannst. Man dor scheer ik mi nich an. Hier an'n Neß bi den Boomarkt – dor steiht ok dat Öllernhuus vun den Mann, de woll an'n meersten in de Welt bekannt worrn is: Gorch Fock. So'n beten ut een anner Welt lett dat, wegen jeeden Dag de Autos vörbijoogt. Un wokeen acht woll op dat Schild?! Gorch Fock hett vele Minschen funnen, de em för sik utnohmen hebbt as een Wiehnachtsgoos. He weur as Held un as grote Dichter fiert, as Strotennomen-Geber un Schipps-Nomen. Se hebbt em in de Kaiser-Tied al bruken kunnt. Un jüst so in de Weimarer Tied un bi de Nazis. Jeedeen Tied hett wat to em seggt. Man good, wat he sik nich wehren kunn, anners harr he wiß veel gegenstüert. So ober blifft noch veel to seggen. Op anner Oort, in anner Tönen. In tokomen Tieden.

Fleeg ik wieder an de groot Elv rünner, so sünd 'n poor Bowarken nich mehr to finnen, de freuher hier stünnen. Dat Loger is nich mehr dor. Wo no'n Krieg un loterhen de Flüchtlinge opnohmen wörrn. Ober ok anner wecke, de ehr Mieten nich betohlen kunnen. De Sozial-Lüüd. Paßt je eegens gor nich no Finkwarder, hebbt de Lüüd seggt. Wat wöllt de hier? Snackt keen Platt un seht ganz anners ut! ... Liekers sünd se bleben. Un leevt dor, wo vundoog noch de lütten Lüüd op Finkwarder wohnen doot. In lütte Wohnungen un allens man 'n beten minn. Man verlang nich vun mi, wat ik di de Ecken nöhmen doo. De kinnst du sülbens.

Ok an't Woter an't Köhlfleet un an de Woterkant vun de Au hett sik vun de Floot veel verännert. Hier feuhrt noch jümmer de Damper vun de Damperbrügg – noch jümmer no St. Pauli un no Dübelsbrüch. Blots de Priesen sünd stegen. Un de Oortsbörgermeister un de Polizei, de sitt nich wied af vun'n Anlegger. Eegens vun hier no'n Noorderdiek, no de Müggenborg un'n Steendiek to: dor is de Midd vun't Leben op uns' Finkwarder. Op'n Wekenmarkt kannst an'n Sünnobend noch jeedeneen dropen un kummst ut't ‹Goden-Dag-Seggen› gor nich wedder rut. Hier sünd de Lodens, wo du fein inkäupen kannst. De Finkwarder Börgers hebbt sogor mit Lesen anfungen.

Dat gifft nu eenen Beukerloden!

Ok de ole Wach steiht dor, de mit den plattdütschen Sinnspruch mit dat plattdütsche Beerdrinken. Hier leevt un weevt de Speeldeel. De ober de meerste Tied nich dor is. Sogor in anner Kontinenten hebbt se al vulle Hüüs hatt. Se sünd al sowat as Profis. Un dat köst allens Geld köst dat! Loot uns nu nochmol an't Woter no den Kutterhoben kieken. Groten Fang mookt se nich mehr. Gifft ok nich mehr vele. Lüttfischer sünd heel un deel utstorben. De freuher mehr in Oolwarder seten.

Dorbi hett de Fischeree Finkwarder bekannt mookt. Hier hebbt sik in verleden Tieden op de Hambörger Sied de Geschichten afspeelt, de in de Literatur ingohn sünd. Un freuher weurn – dat weet ik noch genau to besinnen – veel Konfermanten mit bi, de glieks achteran mit Vadder or Unkel op Fohrt güngen. Un vundoog?! Keeneen. Dat is sowat as vörbi, ok winn ik dat as Vogel op'n Dreugen seggen doo un vun Fischeree nich veel verstoh. Je, kiek, hier, hier weur mol de Au-Insel. Hebbt se nu toschütt, den Kanol. Ok veel nee Hüüs opsett. Un Flootschutz mit Muern un Dieken. As de Wotertoorn noch stohn dää – jo, du hest recht: do weur dat hier komodiger. Ober winn dat Woter kummt un ritt allens in: wat schallst du dinn moken?

Ok bi mi an de Kark is noch de Mark vun de Floot to sehn. Mehr as twee Meter hooch. Weur allens afsopen domols. De Footborden opspeuhlt un kaputt. De Kark hebbt se ümboot. Blots bet to mi ganz boben is dat Woter nich komen. Un dat kann nu nie mehr passeeren.

Op'n Audiek hebbt se den Verkehr ruhig leggt. De Hüüs stoht noch jümmer een op'n annern. As müssen se een den annern wiederhelpen. Nu kannst du blots noch vun de een Sied no de anner ober nich mehr no beide Sieden. Nu fleeg ik vörbi an de Auschool, wo nu al vele Törkenkinner no School gohn doot un ik heff heurt, de Öllern vun Finkwarder schickt jüm ehr Kinner leber no de Westerschool. Wat dat stimmt, weet ik nich. Eegens mag ik dat gor nich gleuben. Ward je veel vertellt öber'n Dag. Ok op uns' Insel.

Un nu kumm ik wedder an de Kant vun de Landscheen, an de ole Grenz. Fleeg wedder röber no mien Lünborger Sied un sett mi op mien Dack.

Bün meist so'n beten ut de Pust. De Hohns sünd je doch nich so grote Flegers as anner Vogels.

Achter mi dat Huus, wo een vun de Pasters wohnt, een Pastorin. Hett dat ok bet herto noch nich geben.

Un vör mi weiht dat nu, wat ik achtern mit'n Steert wackeln kann. Ik wünsch di, wat du mol wedder no uns' Insel komen deist. Un dinn al ganz alleen üm't Land geihst. Un an mi dinkst. An den olen Toornhohn.

Jokob

7 Postgeschichtliche Aufzeichnungen Finkenwerders

Verfasser: Gustav Wülfken, Altenwerder

Gemessen an den 750 Jahren des Bestehens der Elbinsel Finkenwerder ist seine Postgeschichte noch nicht sehr alt. Durch seine Insellage wurde Finkenwerder nie von einer Postkutschenlinie berührt. Für die Postkutschen, die der Personenbeförderung dienten, war die Beförderung von geschriebener Post eine willkommene Nebeneinnahme. Durch die Vielzahl der Länder und Fürstentümer war an eine einheitliche Postordnung nicht zu denken. Die Wege, die von Hamburg nach Süden und Westen oder «ins Reich», wie man früher gern sagte, führten sämtlich durch die Lüneburger Heide.

Die Elbüberquerung erfolgte entweder mit der Fähre zwischen Blankenese und Cranz in Richtung nach Bremen oder bei Zollenspieker Richtung Lüneburg und Soltau. Hierdurch waren die Postverhältnisse für Finkenwerder sehr mangelhaft. Die für Finkenwerder bestimmten Postsendungen wurden deshalb in Hamburg oder Altona bei den Postexpeditionen hinterlegt, dort lagen sie dann so lange, bis sich eine Gelegenheit bot, sie nach Finkenwerder zu befördern. Meist waren es die Fischer, die in Altona oder Hamburg ihre Fische zum Verkauf gebracht hatten, die die Post dann mit nach Finkenwerder nahmen. Dann waren es auch die sogenannten Postewer, eine Art Postkutsche zu Wasser, die neben der Personenbeförderung auch die Elbinseln zwischen Hamburg und Harburg mit der Post versorgten. Die Hafendampfschiffe könnte man als deren Nachfolger betrachten, die die Post bis zur Herstellung einer Landverbindung von Finkenwerder nach Harburg und Verwendung von Kraftfahrzeugen die Post befördert haben. Eine Verbesserung der Postversorgung erfolgte aber erst nach der Reichsgründung am 18. Jan. 1871, sowie auf Grund der neugeschaffenen Reichsverfassung vom 16. April 1871, die die Voraussetzung für ein einheitliches Postgebiet waren. Mit Wirkung vom 1. Jan. 1872 übernahm die neue Reichspostverwaltung sämtliche im Deutschen Reich bestehenden Postverwaltungen.

Es wurde eine einheitliche Gebührenordnung für den Postverkehr geschaffen. Da es aber noch kein einheitliches Münzsystem gab, wurde ein Gesetz über das Posttaxenwesen erlassen, die die Gebühren nach Talerwährung festlegte. Die Verbesserungen im Postwesen, die man sich auch in Finkenwerder daraus erhoffte, ließen aber noch einige Zeit auf sich warten. Eine erste Verbesserung trat ein am 16.4. 1880, denn wie die Harburger Anzeigen und Nachrichten berichtet, wurde an diesem Tag die hiesige, die Harburger Postanstalt, mit einer Telegraphenbetriebsstelle in Finkenwerder verbunden. Von dieser Telegraphenzentrale konnten mittels Morsebetrieb Nachrichten an die Postanstalt in Harburg und von dort weiter zu den Empfängern übertragen werden. Die Leitung hierfür führte von Harburg über Moorburg, Altenwerder am Deich entlang, durch die Weiden neben dem Weg, den man später die Betonstraße nannte, nach Finkenwerder. Diese Leitung war an Telegraphenstangen als blanker Kupferdraht an Isolatoren ausgeführt. Auf alten Bildern vom Fährhaus Butendiek (Storchennest) ist diese Leitung noch zu erkennen. Diese Telegraphenbetriebsstelle wurde am 1.8.1887 in eine Postagentur umgewandelt, die nacheinander von dem Krämer Rübcke, Müggenburg 4, Sicks, Sandhöhe 12 und Apotheker Beckmann, Müggenburg 35 verwaltet wurde. Am 1.8.1901 wird in Finkenwerder der Morse-

Verzeichniss

der

Theilnehmer an den Fernsprechnetzen

im

Ober-Postdirectionsbezirk HAMBURG.

Aufgestellt bei der Kaiserlichen Ober-Postdirection in **Hamburg**

im März 1902.

Stadt-Fernsprecheinrichtung **Finkenwärder.**

Dienststunden: Werktäglich von 8—12 Uhr Vormittags und von 3—6 Uhr Nachmittags, sonntäglich von 8—9 Uhr Vormittags, von 12—1 und von 5—6 Uhr Nachmittags.

Oeffentliche Sprechstellen bestehen *im Ortsbereich:* in *Finkenwärder* und *Altenwerder.*

1. **Fährhaus Steffens,** Gastwirthschaft, Sandhöhe 1.

4. **Finkenwärder Credit-Verein** e. G. m. u. H., (Geschäftsstunden werktäglich von 5—7½ N.), Auedeich.

5. **Harms, Hinrich,** Mühlenbesitzer, Auedeich 73a

2. **Harms, William,** Gastwirth, Oestlicher Norderelbdeich 15

3. **Tiedemann, C. H.,** Gastwirth, Auedeich 2.

betrieb aufgehoben. Dieses wird auch der Tag gewesen sein, wo das erste Telephon in Finkenwerder eingerichtet wurde. Im «Verzeichnis der Theilnehmer an den Fernsprechnetzen im Ober-Postdirektionsbezirk Hamburg», so die damalige amtliche Bezeichnung für ein Telefonbuch, aufgestellt bei der Kaiserlichen Ober-Postdirection in Hamburg im März 1902, sind die ersten 5 Teilnehmer von Finkenwerder verzeichnet. Die Benutzung des Telefons war nur während der Dienststunden der Postagentur möglich. Wie die «Finkenwerder Nachrichten» in den Jahren 1902 und 1903 zu berichten wissen, wurde sehr oft im Gemeinderat über Standort der Postagentur und über Aufstellung von Briefkästen diskutiert.

Am 1.4.1902 wird die Postagentur vom Apothekerhaus in das Rütersche Haus neben der Gastwirtschaft Külper verlegt. Auch in früheren Zeiten ist der Telefonverkehr nicht ohne Störungen gewesen. So berichten die Finkenwerder Nachrichten am 22.4.1902 von einer mehrstündigen Störung, die durch einen Sandkarren, der gegen einen Telegraphenpfahl gefahren ist und dadurch die Drähte gerissen waren. Der Verwalter der Postagentur konnte mit Hilfe des Briefträgers den Schaden vorläufig so weit ausbessern, daß der Betrieb wieder aufgenommen werden konnte. Über Postverbindungen wurde immer wieder Klage geführt, so auch wie die Finkenwerder Nachrichten am 22.1.1903 berichten, daß sich auf dem Dampfer kein Briefkasten mehr befindet, die Aufstellung eines neuen Briefkastens am Spritzenhaus wertlos sei, weil er nicht kurz vor Abfahrt des Dampfers noch geleert wird. Über die Fernsprechverbindungen wird sich beklagt, weil die Herstellung einer Verbindung zu lange dauert. Da alle Verbindungen per Hand über Harburg nach Hamburg vermittelt werden müssen, konnte nur eine Vermehrung der Leitungen Abhilfe schaffen. Am 1.10.1903 wird die Postagentur, aus welchem Grund ist nicht bekannt, nach Köpkes Haus am Steendiek (alte Polizeiwache) verlegt. 1906 besteht die Postagentur bereits aus drei Kräften. Im Telefonbuch von 1907 findet man unter Finkenwerder bereits 10 Teilnehmer. Die Zusatzbezeichnung «Bez. Hamburg» erhielt Finkenwerder postalisch 1909. Am 1.10.1910 übernimmt der Postagent Fasel die Postagentur. Durch die Einstellung einer weiteren Kraft hat sich die Zahl der Postbediensteten in Finkenwerder auf 4 Mann erhöht. Auf Grund des stark zunehmenden Postverkehrs muß deshalb 1911 noch eine weitere, eine 5. Kraft eingestellt werden. Nach und nach wurde der Betrieb so groß, daß die Agentur in ein Postamt III (Klasse) umgewandelt wurde. Zu diesem Zeitpunkt siedelte das Postamt in ein Privathaus nach Norderdeich Nr. 78 um. Die Einstellung einer Gehilfin, die den Schalterdienst und die Telefonvermittlung versah, wurde am 15.2.1913 erforderlich. Die Zahl der Telefonteilnehmer war 1912 bereits auf 30 Teilnehmer angestiegen. Am 3.12.1913 wurde der Postmeister Tietzel mit der Amtsleitung betraut. Dieses Amt übte er bis zum 1.4.1946 aus.

Während des 1. Weltkrieges 1914–18 mußten alle männlichen Kräfte durch weibliche ersetzt werden. Nach Beendigung des 1. Weltkrieges, als sich der Postverkehr wieder normalisiert hatte, wurde die Einstellung einer 2. Gehilfin erforderlich, denn auch die Zahl der Fernsprechteilnehmer war fast auf 50 angestiegen. Der Postverkehr nahm weiter zu, so daß 1919 eine 3. Gehilfin eingestellt wurde.

Am 10.1.1919 wird Finkenwerder Bez. Hamburg postalisch eingemeindet und erhält die Ortsbezeichnung Hamburg-Finkenwärder.

Da der Bedarf an Fernsprechanschlüssen weiter zunimmt, die Aufnahmefähigkeit der alten Anlage aber erschöpft ist, wird im Postamt am Norderdeich Nr. 78 am 1.10.1922 eine neue Fernsprechvermittlung errichtet. Für die Teilnehmer bringt diese neue Anlage auch einige Vorteile. Leider aber müssen sich die Teilnehmer von ihren aus Edelholz

1917

Finkenwärder (Bz. Hmbg.)

D.: W. 7/8 V. — 1, 3—7 N.; S. 7/8—9 V., 12—1, 5—6 N. — Db.: S. 7—8 V. — Öf. d. O. F. N. Finkenwärder: in Finkenwärder u. Altenwerder b. d. Postanstalten — Um. — Txqu. 569.

Allwardt, Heinrich, Kaufhaus, Müggenburg 20. 17

Camper, Johann, Gastwirt, Süderdeich 11

Deutsche Felsen-Verwertung Finkenwärder, Steinlieferung Köhlfleth. 22

Deutsche Seemannsschule Finkenwärder. 9

von Eitzen, Gerd, Gastw., Westl. Norder Elbdeich 40. 19

Elektrizitätswerk, Steendiek. 35

Fährhaus, Steffens, Gastwirtschaft, Sandhöhe 1. F.-Gespräche Sonn- u. Feiertags v. 9—12 V. u. v. 1—5 N. 1

Fährhaus Steffens, Sandhöhe 1 (für Gespräche n. Dienstschluß d. Amtes). (35)

Finkenwärder Credit-Verein e. G. m. b. H., (Geschäftsstunden werktäglich von 2—6 N.), Auedeich. 4

Fock, C., Gemeindevorsteher, Lüneburger Seite 20. 27

Handelsgesellschaft „Produktion" m. b. H., Canalstack. (1)

Harms, Emil, Geschäftsführer d. Westholsteinischen Bank, Westl. Norderelbdeich 48. (19)

Harms, Hinrich, Mühlenbesitzer, Auedeich 73 a. 5

Harms, William, Gastwirt, Oestlicher Norderelbdeich 15 2

Homann, Dr. med. **F.,** Distriktsarzt, (8—9½ V., 6—7 N., Sonntags nur Vorm.), Norderschulweg 12. 12

Kröger, Johannes, Pensionat zur Erholung, Kirchenweg. 29

Kuntze, Carl, Schlosserei, Klempnerei, Dachdeckerei, Mechaniker, Elektriker, Östl. Norderelbdeich 48. 25

Landherrenschaft der Marschlande, Polizeistation. 13

Loop, J. S., Fährhaus Müggenburg 42 (für Gespräche n. Dienstschluß des Amtes). (35)

Loop, J. S., Fährhaus, Gastwirt, (Nachtverbindung mit Hamburg Fernamt). 10

Mewes, Hinrich Adolf, Gastwirt Östl. Norderelbdeich 62 8

Müller, T., Schlachtermstr., Auendeich 18. 21

Nitzsche, F. A., Gasthof Sächsischer Hof, Gastwirt, Sandhöhe 11. 16

Öllerich, Bierverleger u. Fuhrunternehmer, Müggenburgstr. 34. 14

Pahl, August, Motoren- und Motorboote Spezial-Geschäft, (Lager und Werftplatz), Auedeich 25. 6

Pahl, August, Schiffswerft u. Maschinenbau, Vorland am Köhlfleth, Wohnung: Auedeich 23a. (6)

Pahl, August, Motorbootswerft u. Maschinenbau, Am Köhlfleth. (6)

Polizeistation in Finkenwärder. (13)

Rahmstorf, W., Gartenlokal, Finkenwärder Hof, Gastwirt, Auedeich 61. 7

Rust, J., Gastwirtschaft zum Landeshaus u. Gartenlokal, Landscheideweg 77. 26

Schottländer, Apotheker, Müggenburgstr. 35. (14)

Schwartau's Gasthof, Sommerlokal a. d. Süderelbe, Gastw., Süderdeich 31. 30

Stackmeisterei Finkenwärder. †)31

Stehr, Diedrich, Mühlenbetr., Futtermittel u. Kohlenhandlung (Vertr. d. „Jlse" Bergbau A.-G.), Auedeich 3. 15

Tiedemann Ww., C. H., Stadt Hamburg, Gasthof u. Kaffeehaus, Auedeich 2. 3

Unterelbe - Versicherungskasse, Vorsitzender Aug. Böttcher, Kirchenweg 12. 23

Westholsteinische Bank, Geschäftsstelle Finkenwärder (Vertreter Emil Harms), Müggenburg 2. 20

Wriede, Jakob, Bäckerei u. Konditorei, Westlicher Norder-Elbdeich 127. 32

1918

Finkenwärder (Bz. Hmb.)

D.: W. 7/8 V. — 1, 3—7 N.; S. 7/8—9 V., 12—1, 5—6 N. — Db.: S. 7—8 V. — Öf. d. O. F. N. Finkenwärder: i. Finkenwärder u. Altenwerder b. d. Postanst. — Um. — Txqu. 569.

Achner, Hinrich, Schlachterei u. Wurstfbr., Müggenburg 4. 38

Allwardt, Heinrich, Kaufhs., Müggenburg 20. 17

Camper, Johann, Gastw., Süderdeich. 11

Deutsche Felsen-Verwertung Finkenwärder, Steinlieferung Köhlfleth. 22

Deutsche Seemannsschule Finkenwärder. 9

von Eitzen, Gerd, Gastw., Westl. Norder Elbdeich 40. 19

Elektrizitätswerk, Steendiek. 35

Fährhs., Steffens, Gastw., Sandhöhe 1. F.-Gespräche S. v. 9—12 u. v. 1—5. 1

Sandhöhe 1 (f. Gespräche n. Dienstschluß d. Amtes). (35)

Finkenwärder Credit-Verein e. G. m. b. H., (9—11½ V., 2—6 N.), Auedeich. 4

Fock, C., Gemeindevorsteher, Lüneburger Seite 20. 27

Handelsges. „Produktion" m. b. H., Canalstack. (1)

Harms, Emil, Vertr. d. Geschäftsstelle d. Westholsteinische Bank, Westl. Norderelbdeich 48. 37

Harms, Hinrich, Mühlenbes., Auedeich 73 a. 5

Harms, William, Gastw., Oestlicher Norderelbdeich 15. 2

Homann, Dr. med. **F.,** Distriktsarzt, (8—9½ V., 6—7 N., S. n. V.), Norderschulweg 12. 12

Korff, C., Schlachtermstr., Östl. Norderelbdeich 94. 39

Kröger, Johannes, Pensionat zur Erholung, Kirchenweg. 29

Kuntze, Carl, Schlosserei, Klempnerei, Dachdeckerei, Mechaniker, Elektriker, Östl. Norderelbdeich 48. 25

Landherrenschaft d. Marschlande, Polizeistation. 13

Loop, J. S., Fährhs. Müggenburg 42 (f. Gespräche n. Dienstschluß d. Amtes). (35)

Loop, J. S., Fährhs., Gastw, (Nachtverbindung m. Hmb.-Fernamt). 10

Mewes, Hinrich Adolf, Gastw., Östl. Norderelbdeich 62. 8

Müller, T., Schlachtermstr., Auendeich 18. 21

Nitzsche, F. A., Gasth. Sächsischer Hof, Gastw., Sandhöhe 11. 16

Öllerich, Bierverleger u. Fuhrunternehmer, Müggenburgstr. 34. 14

Pahl, August, Motoren- u. Motorboote Spez.-Gesch., (Lager u. Werftpl.), Auedeich 25. 6

Pahl, August, Schiffswerft u. Maschinenbau, Vorland am Köhlfleth, Wohn.: Auedeich 23a. (6)

Pahl, August, Motorbootswerft u. Maschinenbau, Am Köhlfleth. (6)

Peters, Nicolaus, Kohlen, Mineralwasser u. Bierverlag, Auedeich 23. 41

Polizeistation i. Finkenwärder. (13)

Rabeler, August, Gastw. u. Kohlenhdlg. u. Bierverlag, Müggenburg 25. 40

Rahmstorf, W., Gartenlokal. Finkenwärder Hof, Gastw., Auedeich 61. 7

Rübcke, Hinrich, Kaffee, Tee, Kolonial- u. Fettw., Samenniederlage, Müggenburg 40. 36

Rübcke, Jul., Schlachtermstr., Westl. Norderelbdeich 122. 18

Rust, J., Gastw. zum Landeshs. u. Gartenlokal, Landscheideweg 77. 26

Schottländer, Apotheker, Müggenburgstr. 35. (14)

Schwartau's Gasth., Sommerlokal a. d. Süderelbe, Gastw., Süderdeich 31. 30

Stackmeisterei Finkenwärder. †)31

Stehr, Diedrich, Mühlenbetr., Futtermittel u. Kohlenhdlg. (Vertr. d. „Jlse" Bergbau A.-G.), Auedeich 3. 15

Tiedemann Ww., C. H., Stadt Hmb., Gasth. u. Kaffeehs., Auedeich 2. 3

Unterelbe - Versicherungskasse, Vorsitzender Aug. Böttcher, Kirchenweg 12. 23

Westholsteinische Bank, Geschäftsstelle Finkenwärder, (4—6), Müggenburg 2. 20

Wriede, Jakob, Bäckerei u. Konditorei, Westlicher Norder-Elbdeich 127. 32

Postamt am Norderdeich Nr. 78

hergestellten Telefonapparaten trennen. Für die Herstellung einer Verbindung bedarf es nur noch den Handapparat abzunehmen und nach Meldung «Hier Amt, welchen Teilnehmer wünschen Sie», die gewünschte Nummer zu nennen, und die Verbindung wurde hergestellt. Ob es in Finkenwerder immer so förmlich gewesen ist, wage ich zu bezweifeln. Daß man sich auch beim Telefonieren der plattdeutschen Sprache bedient hat, ist sicher. Daß eine Bitte: «Gev mi mol Cassen Fock» ebenso zum Erfolg geführt hat, als wenn er die gewünschte Nummer genannt hätte, ist sicher.

Mit dem Aufbau der neuen Vermittlungsanlage wird der Mitarbeiter des ausführenden Telegraphenbautrupps Richard Martens vom Postamt als Fernsprechentstörer übernommen. Martens der dann später zum Telegraphenleitungsaufseher ernannt wurde, hat seine Tätigkeit als Entstörer bis zu seiner Versetzung in den Ruhestand 1967, also 35 Jahre, in Finkenwerder ausgeübt. Weil Martens damals noch nicht immer mit der Fernsprechentstörung voll beschäftigt war, mußte er auch Zustellgänge übernehmen. Die Zahl der Fernsprechteilnehmer hatte sich auf etwa 80 erhöht. Für die Teilnehmer in Altenwerder, die an die Vermittlung in Harburg angeschlossen waren, war er für die Entstörung zuständig. Die Verbindungsleitungen, die nun direkt nach Hamburg führten, führten als Freileitungen bis Altenwerder Schleusenplatz, von dort in Kabel über Waltershof durch den Freihafen zur Schlüterstraße. Größere Störungen traten meist nur auf, wenn vom Sturm die Leitungsdrähte zusammengeschlagen oder gerissen waren.

Am 16.2.1924 wird die Elbinsel Waltershof, die bis dahin von Altenwerder mit Post versorgt wurde, dem hiesigen Zustellbezirk zugeschlagen. Als einen Fortschritt für die Bewältigung der Arbeit im Postamt wird die Anschaffung einer Schreibmaschine vermerkt.

Nur gültig unter den untenstehenden Bedingungen und solange die Gebühr an die Postkasse entrichtet ist.

Heft: 32 Blatt: Nr. 11

Stammkarte Nr.: 1080
(Bei allen Eingaben und Zahlungen anzugeben)

Rundfunkgenehmigung

Herrn (Beruf) ~~Frau (Beruf)~~ ~~Fräulein (Beruf)~~ Hans Wülfken, Gemüsebauer

in **Altenwerder**, ~~Straße~~ ~~Platz~~ Nr. 76

wird hiermit unter den nachstehenden Bedingungen die Genehmigung zur Errichtung sowie zum Betrieb einer Rundfunkempfangsanlage oder zum Anschluß an eine Rundfunkempfangsanlage erteilt.

Die Rundfunkgebühr ist für März 1934 mit 2 RM erstmalig entrichtet; die weiteren Gebühren zieht die Zustellpostanstalt **Hamburg-Finkenwärder** ~~für je 1 volles Kalendervierteljahr~~ monatlich*) im voraus ein.

Sorgfältig aufzubewahren!
Verzicht auf die Genehmigung nur schriftlich und zum Ablauf eines Kalendermonats zulässig.
Urkunde nach Ablauf der Genehmigung an die Zustellpostanstalt zurückzugeben.
(Vgl. § 4, 12, 18 und 19 der nachstehenden Bedingungen)

*) Nichtzutreffendes ist zu streichen.

Deutsche Reichspost

Finkenwärder, die Heimat Gorch Focks! Besucht
Hamburg Finkenwärder
27. 3. Tagesstempel

Postamt
Im Auftrage
Niemann.

Bedingungen für die Errichtung sowie den Betrieb von Rundfunkempfangsanlagen

§ 1. Die Genehmigung berechtigt den Inhaber (Rundfunkteilnehmer) zur Errichtung sowie zum Betrieb einer einzigen Empfangsanlage. Er darf für seine Empfangsanlage mehrere Antennen und Erdleitungen errichten; auch ist ihm gestattet, mehrere Empfangsapparate sich selbst herzustellen oder anzuschaffen; jedoch dürfen auf Grund einer Genehmigung niemals mehrere Empfangsapparate gleichzeitig betrieben werden.

§ 2. Als Empfangsanlagen gelten

a) alle Einrichtungen, mit denen die von einem Rundfunksender ausgestrahlten Wellen unmittelbar aufgenommen werden können;

b) der Anschluß an die Empfangsanlage einer anderen Wohnungsgemeinschaft;

c) der Anschluß an eine Rundfunkvermittlungsanlage (§ 3 Abs. 3).

§ 3. Der Rundfunkteilnehmer darf an seine Empfangsanlage Hörvorrichtungen für Personen, die mit ihm in Wohnungsgemeinschaft leben, anschließen, auch wenn diese selbst eine Genehmigung nicht besitzen. Das Anschließen von Hörvorrichtungen für Personen einer anderen Wohnungsgemeinschaft ist ihm nur gestattet, wenn mindestens eine Person der anderen Wohnungsgemeinschaft eine Rundfunkgenehmigung für den Anschluß hat. Mit ge-

(7. 32) △ C 278a Din 476 A 4

Postamt am Norderdeich Nr. 2

Durch die ständige Zunahme im Postverkehr wird am 1.5.1925 eine zweite Zustellung am Tag erforderlich.

Der Postverkehr hatte bis 1927 derart zugenommen, daß das alte Postamt nicht mehr ausreichte. Ein Neubau wurde geplant. Das neue Postamt sollte 200000,– RM kosten und in der Nähe der Dampferanlegestelle gebaut werden. Das Reichspostministerium lehnte jedoch den Bau wegen der zu hohen Kosten ab. Gleichzeitig wurde das Kaufhaus des Kaufmanns Robert Peris, Norderdeich 2 (ca. 15 Minuten von der Dampferanlegestelle) wegen Überschuldung zum Verkauf angeboten, und die Oberpostdirektion Hamburg wollte das Gebäude für 60000,– RM kaufen. Nun entbrannte ein heftiger Streit unter der Bevölkerung Finkenwärders wegen der Lage des neuen Postamtes. Da es mit Hilfe der Gemeindevertretung nicht gelang, ein anderes zweckmäßiges Gebäude ausfindig zu machen, wurde auf einer öffentlichen Versammlung, in der Postmeister Tietzel in einem Referat der Finkenwärder Bevölkerung die Postverhältnisse eingehend darlegte, über den Ankauf des Gebäudes abgestimmt. Die Finkenwärder stimmten nach vorheriger lebhafter Aussprache dann schließlich dem Ankauf zu. Nachdem das Postamt vorher entsprechend umgebaut worden ist, wurde am 1.6.1929 die neueingerichtete Fernsprechvermittlungsstelle mit Wählbetrieb für die Teilnehmer freigegeben. Der Fernsprechverkehr war nun ohne Mitwirkung einer Vermittlungsperson im gesamten Ortsnetz Hamburg möglich.

Die Teilnehmer erhielten die Rufnummern von 391000 bis 391199. An diese Vermittlungsstelle konnten bis zu 200 Teilnehmer angeschlossen werden. Bis zum Beginn des 2. Weltkrieges hat sich in der Postzustellung und im Fernsprechverkehr wenig geändert. Am 1.5.1938 erhielt das Postamt ein Diplom für hervorragende Leistungen.

Am 1.4.1939 wird Postmeister Tietzel zum Oberpostmeister befördert. Durch die Kriegsverhältnisse waren die Männer durchweg eingezogen und durch weibliche Kräfte ersetzt worden. Bis zum Schluß des Krieges war es nur unter schwierigen Umständen möglich, die erforderlichen Kräfte einzustellen. Es waren etwa 1200 Einwohner Finkenwärders zur Wehrmacht einberufen worden, wodurch ein solch umfangreicher Postverkehr entstand, daß die gesamte Gefolgschaft auf über 40 Voll- und Teilbeschäftigte anwuchs. Während des Krieges wurden rund 80 Frauen im Postdienst nach und nach neu eingestellt, ausgebildet und wieder entlassen.

Bei dem Großangriff im Juli 1943 verbrannten beim Postamt Hamburg 7 viele Pakete und Päckchen für Finkenwärder. Durch Vernichtung vieler Postkraftwagen bei den Großangriffen auf Hamburg konnte der Postverkehr nur durch Privatwagen aufrechterhalten werden. Das Postamt hat bei den vielen Luftangriffen während des Krieges keine schweren Schäden erlitten. Nach den Großangriffen auf Hamburg und auf Hafen- und Industrieanlagen wurde der Fernsprechverkehr durch Kabel regelmäßig vollständig lahmgelegt, während der Ortsverkehr notdürftig in Betrieb gesetzt werden konnte. Hierfür wurde ein besonderes Aggregat zur Stromversorgung eingesetzt.

Nach der Besetzung durch die Engländer 1945 wurde der Postverkehr nach und nach wieder in Gang gesetzt. Jetzt erhielt das Postamt seine Post durch die Kraftpost von Hamburg-Harburg. Am 1.8.1947 erhält das Postamt einen Fernschreiber für die Übermittlung von und nach dem Telegraphenamt.

Der Postsekretär Sprandel übernimmt am 1.5.1948 die Leitung des Postamtes, nach dem Ausscheiden des Oberpostmeisters Tietzel. Im Juni 1948, kurz vor der Währungsreform, stiegen die Einzahlungen auf eine nie dagewesene Höhe von 1065889,03 RM. Nach der Währungsreform war dann ein ziemlicher Rückgang im Postverkehr zu verzeichnen. Im Oktober 1950 wird wieder eine zweite Zustellung eingeführt. Die Zahl der Bediensteten wird aus diesem Grunde von 20 auf 22 erhöht. Am 1.3.1951, nachdem bisher der Paketwagen auf dem Grundstück des Postfacharbeiters Peters notdürftig untergestellt war, ist jetzt eine moderne heizbare Kraftwagenhalle mit Raum für vier Tempowagen erbaut worden. Im April 1951 erhielt das Postamt schon einen zweiten Tempowagen. Im Sept. 51 nimmt die Paketbeförderung nach Harburg größere Formen an. Es wird daher notwendig, ein Tempo-Kfz gegen einen 1½ t-LdKw umzutauschen.

Dem Zugang von Fernsprechteilnehmern konnte man durch mehrfache Erweiterungen der Fernsprechvermittlungsstelle auf etwa 600 Anschlußeinheiten gerecht werden. Da die Bevölkerungszahl in Hamburg-Finkenwerder ständig ansteigt, ist es erforderlich, eine weitere Kraft für die Zustellung einzustellen. Für Brief- und Paketzustellung sind zu diesem Zeitpunkt 10 Zusteller tätig. Im Januar 1953 tritt die Heimatvereinigung an das Postamt mit der Bitte heran, im Zentrum des Ortes ein Zweigpostamt einzurichten. Die Einrichtung des Zweigpostamtes wird von der Oberpostdirektion grundsätzlich genehmigt. Eine sofortige Einrichtung konnte aber nicht erfolgen, da die geeigneten Räumlichkeiten fehlten. Das weitere Ansteigen der Bevölkerung bringt es mit sich, daß im Okt. 1953 erneut ein öffentlicher Münzfernsprecher aufgestellt werden muß. Im gesamten Bereich des Postamtes Finkenwerder stehen somit 9 Fernsprechhäuschen zur Verfügung. 1954 wird die Fernsprechvermittlungsstelle nochmals umgebaut, die Teilnehmer erhalten deshalb alle neue Rufnummern. Der Endausbau mit 900 Anschlußmöglichkeiten ist erreicht. Es beginnen erste Planungen für ein neues Fernmeldeamt in Finkenwerder. Auch das Postamt wird durch das weitere Ansteigen der Bevölkerung zu klein.

Die Räumung der Dienstwohnung im ersten Stock des Postgebäudes konnte nur für kurze Zeit eine Lösung sein. Erst am

Fernsprechvermittlungsstelle Kneienblick

19. 1. 1962 kann in den Räumen des angemieteten, günstig gelegenen Privathauses am Steendiek 43 das neue Postamt eröffnet werden. Das neue Postamt bietet für die Abwicklung des Dienstbetriebes fast 4mal so viel Raum wie das alte Postamt am Norderdeich 2. Die Fernsprechvermittlungseinrichtungen im Keller bleiben hier weiter in Betrieb, bis die Flutkatastrophe in der Nacht vom 16. zum 17. Febr. 1962 diese Einrichtung durch Wassereinbruch völlig zerstörte. Um wenigstens einen behelfsmäßigen Nachrichtenverkehr zu ermöglichen, wurde innerhalb von zwei Tagen in den nun leerstehenden Räumen eine Handvermittlung aufgebaut, und bereits am 19. 2. konnten die ersten 60 lebenswichtigen Anschlüsse in Betrieb genommen werden. Das «Fräulein vom Amt» feierte Auferstehung und mußte die ausgefallenen automatischen Wählereinrichtungen, die sonst von der Nummernscheibe des Fernsprechapparates gesteuert die Verbindungen aufbauen, ersetzen. Schülerinnen der Aue-Schule in Finkenwerder und freiwillige Vermittlungskräfte des Fernmeldeamtes 1 verrichteten Seite an Seite unter schwierigsten Bedingungen ihren verantwortungsvollen Dienst und stellten die ersten Nachrichtenverbindungen zwischen Finkenwerder und der Außenwelt her. Gleichzeitig begann in Tag- und Nachtschichten der Aufbau einer neuen automatischen Vermittlungsstelle, an die nach nur vier Wochen Bauzeit am 13. März 62 die ersten 600 Fernsprechteilnehmer wieder angeschlossen werden konnten. Im Jahre 1965 wurden die Einrichtungen noch einmal erweitert, um die Zeit bis zur Einschaltung des Neubaus am Kneienblick zu überbrücken. Am 5. Sept. 1968 wird die neue Fernsprechvermittlungsstelle am Kneienblick in Betrieb genommen.

Modernste technische Einrichtungen in einem neu errichteten Fernmeldedienstgebäude ermöglichen die fernsprechmäßige Versorgung des Ortsteils Finkenwerder für einen Zeitraum von mehreren Jahrzehnten. Gleichzeitig mit der Inbetriebnahme der neuen Vermittlungsstelle werden die bisher 6stelligen Rufnummern auf 7stellig umgeschaltet. Für den Neubau und den damit zusammenhängenden Arbeiten am Kabelnetz wurden insgesamt 6,85 Mill. DM aufgewendet. Die neue Ortsvermittlungsstelle kann im Erstausbau 3830 Fernsprechteilnehmer aufnehmen und bis auf 15 000 Anschlußmöglichkeiten erweitert werden, wenn ein solcher Bedarf entstehen sollte.

8 Die geschichtliche Entwicklung der Polizei auf Finkenwerder vom 18. Jahrhundert bis 1928

Verfasser: Kurt Wagner, Finkenwerder

Das Polizeiwesen und die Verkehrseinrichtungen auf Finkenwerder unterstanden vor etwa 200 Jahren der Fürsorge der vom Senat eingesetzten Landherren. Der Landherr ließ die erforderliche Aufsicht durch den Landvogt ausüben und sich von ihm über seine Wahrnehmungen berichten. Landherrliche Drohungen, sogenannte «Wahrschauungen», Verfügungen und Mandate blieben oft ohne Erfolg oder fanden nur kurze Zeit Beachtung. «Unabbittliche» Geldstrafen wurden häufig nach Gutbefinden des Landherren auf inständiges Bitten ganz oder teilweise erlassen, schwerere Straftaten wurden allenfalls mit ein paar Tagen «Roggenkiste» geahndet. Mit der Roggenkiste ist ein Turm am Messberg in Hamburg gemeint, der als Gefängnis für leichtere Vergehen diente. Der Name zeigt an, daß hier zeitweilig Getreide für die Stadt eingeliefert wurde.

Es fehlte vor allem der behördliche Nachdruck. Pastor Evers urteilt 1762:

«Der Mangel der Polizei ist auf diesem Eiland so groß als an keinem Orte der Christenheit. Die Ungezogenheit und das Wilde der Einwohner fiel in älteren Zeiten noch mehr in die Augen, und ich finde in den Kirchenbüchern öfters Nachrichten von Mordtaten, wie denn allein in den Jahren 1648–1650 drei Exempel vorkommen, daß einer den anderen, ja sogar ein Bruder den anderen, mit dem Messer erstochen hat. Sie kamen ehemals mit Beilen und Messern zur Kirche, und ich bemerke noch bisweilen große Messer im Beichtstuhle.»

Es ist vor allem fremder Zuzug, der im Gegensatz zu der seßhaften Bevölkerung auf der Südhälfte der Insel zu Ausschreitungen neigt. Pastor Evers fährt fort:

«Es finden sich jetzt aus allerlei Ländern, besonders auf der Hamburger Seite, Einwohner hierselbst, die hier ihr Asylum suchen und antreffen und leider öfters neue böse Gewohnheiten mitbringen. Die Klagen über Ungesetzlichkeiten wiederholen sich ständig in der Folgezeit.»

Die beiden mit Polizeibefugnissen ausgestatteten Nachtwächter, einer auf der Südseite, der andere auf der Nordseite der Insel, im Berufsleben nicht mehr brauchbar und von der Gemeinde kläglich entlohnt, konnten wohl noch als Stundenrufer sich nützlich machen, gegen eine aufsässige Volksmenge waren sie hilf- und machtlos. Die Ruhestörer waren fast ohne Ausnahme landfremde Fischerknechte, die ihnen das Leben schwermachten. In einigen wenigen Fällen mußten aus Hamburg einige Polizisten angefordert werden, um die Ruhe und Ordnung wiederherzustellen. Es gab viele Fahrensleute, die nicht aus Finkenwerder stammten. Sie wurden als rohe Gesellen geschildert. Ihr schwerverdientes Geld brachten sie in die Gastwirtschaften, überschritten die Polizeistunden (die von den Landherrenschaften im Sommer auf 22.00 Uhr und im Winter auf 21.00 Uhr festgesetzt war) und zogen tobend, lärmend den Deich entlang.

Die 1918 erfolgte Angliederung Finkenwerders als Vorort der Hansestadt Hamburg, die dem nördlichen Inselteil den Segen städtischer Einrichtungen auch auf dem Gebiete der Polizei verschaffte, hat allen Unordnungen solcher Art ein Ende gemacht. Aus dem Gemeindeprotokoll ist zu entnehmen, daß im hamburgischen Finkenwärder Ende 1912 zwei Nachtwächter mit einem Gehalt von je 700 Mark jährlich angestellt wurden. Ihre dienstliche Wirkung, ihre Autorität muß gleich Null gewesen sein. Folgende Lesart aus der Finkenwärder Chronika von Ernst Finder gibt hierüber Kenntnis:

«Der Mangel an Polizei – die beiden Nachtwächter im Lande waren der Unbotmäßigkeit gegenüber machtlos – besonders der hamburgischen, die es zumeist bei «Wahrschauungen» (Mahnungen) und höchstens bei einer kleinen Geldstrafe, die nicht abschreckend wirkte, bewenden ließ, hat es lange Zeit zu keiner rechten Abhilfe kommen lassen.»

Wie schon erwähnt, setzte nach 1918 ein grundlegender Wandel ein. Das Polizeiwesen wurde vollkommen nach anderen Grundsätzen neu aufgebaut. Mehr und mehr setzte eine Verbesserung ein, bis der Zustand erreicht wurde, der ordnungsliebende Einwohner zufriedenstellte.

Bis zum Jahre 1919 war der Hamburger Teil Finkenwärders (nördlich des Landscheideweges) noch Landgebiet und unterstand polizeilich den Landherrenschaften. Die Beamten verrichteten ihren Aufsichtsdienst in Zivil. Zur Kenntlichmachung ihrer Polizeieigenschaft trugen sie blaue Mützen mit einem Goldrand und als Waffe einen derben Spazierstock. Alte Finkenwerder Einwohner erinnern sich noch mit einem Schmunzeln an die alte Polizei, wie des Polizeioffizianten Kuntze, der von 1869–1880 Dienst in Finkenwärder verrichtete, und weiterer Polizeibeamten, wie Walter, Hartmann, Vogt, Maddaus, Glaevicke und von Seth. Besonders über Vogt werden heute im Volksmund die tollsten Geschichten erzählt. Vogt wurde von der damaligen Jugend oft aufgezogen, und man hatte seinen Spaß daran, wenn er mit seinem Stock hinter den Unfüglern herlief, die ihn immer wieder mit den Worten: «Wer hett scheeten? Vogt hett scheeten!» zu weiteren Verfolgungen anstachelten.

Im Jahre 1919 übernahm nun die Polizeibehörde Hamburg die Polizeiaufsicht in dem hamburgischen Teil Finkenwärders, während der preußische Teil noch weiterhin durch einen in Altenwerder stationierten Gendarmen beaufsichtigt wurde. Die Landesgrenze zwischen Hamburg und Preußen war der bereits erwähnte Landscheideweg, der von Osten nach Westen mitten durch Finkenwärder lief und selbst noch zu Hamburg gehörte. In dem hamburgischen Teil Finkenwärders war von der Polizeibehörde Hamburg der Verwaltungsoberwachtmeister Wegner als Postenführer eingesetzt.

Wegner starb im November 1928 plötzlich an einem Schlaganfall in seinem Dienstzimmer. Er ist, wie man so sagt, «in den Sielen» gestorben, da ihn der Tod gerade während der Vernehmung eines sistierten Ruhestörers ereilte. Er ist noch heute bei der älteren Generation gut bekannt und wird über das Grab hinaus als Mensch und Polizist geachtet.

Der damalige Dienst eines Polizisten auf Finkenwärder war durch den Inselcharakter Finkenwärders ein ganz anderer als in der Stadt. Die Finkenwärder Bevölkerung sah in ihren uniformierten Beamten die Staatsautorität und kam mit allen ihren Wünschen und Sorgen zu ihnen. Bevölkerung und Polizei bildeten eine große Inselfamilie, und es gab keine größere Veranstaltung, zu der nicht die Polizei hinzugezogen wurde. Sogar zu größeren Familienfestlichkeiten und Trauerfeierlichkeiten durfte die Polizei nicht fehlen, da sie stolz auf ihre Polizei war und sie achtete.

Die vorstehenden Daten wurden der Akte der Finkenwerder Polizei entnommen.

Den Mitarbeitern bei dieser Chronik gebührt unser Dank.

9 «Paul Schiet», ein Finkenwerder Original

Eine Biographie von Rudolf Meier, Finkenwerder

Paul Jacob Oehms wurde am 5. November 1855 in Francop geboren. Sein Vater war der Reetdachdecker Johann Jacob Oehms aus Francop*, seine Mutter Metta Rübcke, ebenfalls dort geboren**.

Paul hatte viele Geschwister, darunter waren alleine dreimal Zwillinge. Sein Zwillingsbruder «Hein» wurde später Seefischer und fuhr schließlich bei der HADAG auf der Finkenwerder Linie als Decksmann.

Paul erlernte das Maurerhandwerk, machte seine Meisterprüfung und arbeitete des öfteren in Finkenwerder. Er war klein, zierlich, wog keine hundert Pfund und hatte einen langen rotblonden Vollbart. Als er in Finkenwerder Gesina von Eitzen, genannt Gesine, kennenlernte, ein Mädchen, das noch etwas kleiner war als er, etwas pummelig, aber lieb, lustig und mit gutem Herzen, beschloß er, sie zu heiraten***. Ihr Vater war strikt dagegen. Als gutsituierter Fischersmann kannte Johann von Eitzen die wirtschaftlichen Nöte der Maurer; denn sein Vater Jacob von Eitzen war ebenfalls Maurer aus dem Alten Land. Gesines Mutter Gesche Külper, geb. 1. 4. 1825, machte auch ihre Einwände geltend. Sie kam aus wohlhabendem Haus, wo man schon morgens frisches Brot und Eier aß und frische Milch dazu trank, was für Finkenwerder zu der Zeit etwas ganz Besonderes war. Sie verkündete nachdrücklich, indem sie mit geschwungenem Besen hinter Paul herrannte: «Se schall kenen Kligger (Maurer) hebben.» Die anderen jungen Mädchen hatten ihren Spaß daran, Gesche zu ärgern. Sie fragten dann: «Geesch, neem is Gesine, wie wüllt no Musik, wüllt ehr afholen!» – «Nee, Gesine geiht nich mit vonobend, de is uppen Ness bi Greten Holers, se schall kenen Kligger hebben.»

Jetzt wollte Paul den Finkenwerdern zeigen, daß er trotz seiner geringen Körpergröße ein ganzer Mann war. Am 18. Okt. 1883 verhandelte er mit dem Seefischer Johann Gröhn wegen des Kaufes eines 241 qm großen Baugrundstückes am Kirchenweg. Im folgenden Jahr wurden sie sich über einen Kaufpreis von 3000 Reichs-Mark in Gold einig, abzahlbar zu 4 % Zinsen. 1885 baute Paul für sich daraufhin, zusammen mit seinem zukünftigen Schwager, ein Doppelhaus (Kirchenweg Nr. 3), worauf die Brauteltern gegen die Ehe keinen Einwand mehr hatten. Am zweiten Weihnachtstag des Jahres 1885 heiratete Paul seine Anna Catarina Gesine von Eitzen. Zur Hochzeit erhielt sie von ihren Eltern u. a. – wie üblich – einen gedrechselten Finkenwerder Stuhl mit den erhaben eingeschnitzten Worten

J (Jungfer) Gesine v. Eitzen 1885

Paul baute im Auftrag sein erstes Haus am Norderdeich (heute Nr. 25). Er war sehr fleißig. Um vier Uhr stand er schon auf und fing an zu arbeiten. Seine Gesellen kamen immer etwas später. Viele Maurermeister in Finkenwerder hatten schon Konkurs gemacht, bloß Paul nicht. Ihm kam es auf eine Überstunde nie an. Er mauerte auch manchmal, wenn Vollmond war.

---

* Johann Jacob Oehms geb. 3. 4. 1815 (Kirchenbuch Neuenfelde, Taufen 1815, Nr. 29).

** Metta Rübcke verheiratet am 19. Juli 1838 in Neuenfelde. Sie starb mit etwa 50 Jahren an Krebs.

*** Gesine von Eitzen geb. 21. 3. 1863.

Da Paul immer «Schiet-Schiet» sagte, hatte er bald den Namen «Paul Schiet» weg. Jeder ärgerte ihn damit. Eines der Kinder sagte mal, als Paul mit seiner quietschenden Karre vorbeifuhr: «Unkel Paul, dien Koar seggt jo ok all jümmer: Paul-Schiet-Paul-Schiet, hüür doch mol!» Dann war er furchtbar wütend und rannte hinterher; und die Kinder hatten ihren Spaß.

Morgens schmierte er sein Brot selber. Eines Tages hatte er eine Arbeit auf der Lüneburger Seite bei Kröger. Mit seinem Fahrrad fuhr er los. Als er nun auf seiner Arbeitsstelle ankam, stellte er fest, daß er seinen Brotbeutel vergessen hatte. «Dat Schiet», sagte er, «un hebb ik mien Brootbüdel ok noch vergeten.» Daraufhin stellte er sein Fahrrad ab und begab sich zu Fuß nach Hause, um den vergessenen Brotbeutel zu holen.

Am 13. Juni 1886 bekamen Paul und Gesine ihr erstes Kind, einen Sohn. Er wurde zur Ehre beider Großväter auf den Namen Johannes getauft. Im darauffolgenden Jahr

Das Doppelhaus der Schwäger: Vorne das «von Eitzen-Haus» mit der «Schankwirtschaft zur Börse», rechts davon das Haus von Paul mit dem Schaufenster von Gesines Laden.
In der Mitte Paul (mit Hut) und seine Frau Gesine (die dickere), dazwischen ihr jüngster Sohn Wilhelm («Onkel»).
Ihre Kinder: Ganz rechts Adolf (mit Hosenträgern), daneben Hannes (mit weißer Mütze), ganz links Tochter Gesine neben einem Unbekannten.
Rechts von Paul eine Lühs (Lene?) und Margarete von Eitzen, Frau von Gesines Bruder Johannes («Jannes Schnee»).
Neben dem Unbekannten: Albert Hölke und seine Frau Gesine von Eitzen, Tochter von Margarethe von Eitzen.

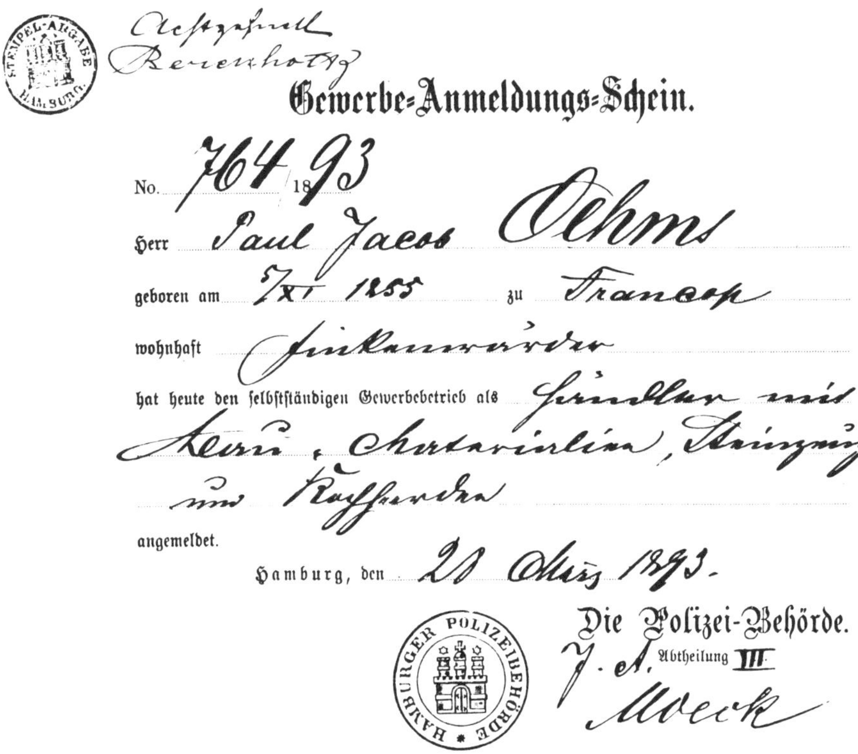
Stempel-Abgabe Hamburg

Gewerbe-Anmeldungs-Schein.

No. 764 18 93

Herr Paul Jacob Oehms

geboren am 7 XI 1855 zu Francop

wohnhaft Finkenwärder

hat heute den selbstständigen Gewerbebetrieb als Händler mit

angemeldet.

Hamburg, den 28 März 1893.

Hamburger Polizeibehörde

Die Polizei-Behörde.
I. A. Abtheilung III
Moeck

war sie wieder schwanger, und so ging es weiter. «Gesine wüür so'n Kluggersch, se kreeg jümmerto Kinner», wurde erzählt. Inzwischen war sie so dick, daß keiner merkte, wenn sie schwanger war. Eines Abends war Paul bei seinem Nachbarn, dem Schiffszimmermann Böttcher. Gerade war wieder ein Mädchen geboren. «Wedder een Diern», sagte Paul. Da fragte sein Nachbar: «Minsch, Paul, wo wullt du egentlich hin mit all dien Kinner?» «Ooch», see Paul, «dor blievt ok männichmool welk von doot.» Inzwischen hatten sie das halbe Dutzend voll.

Auch die Nachbarskinder waren mit Vorliebe bei Gesine anzutreffen. Greta Böttcher war ebenfalls eines Abends dort. Sie sah, wie eine Maus die Gardinen herunterlief. Da schrie sie: «Iii, dor is eben een Muus ween!!» «Meenst, datt ji keen Müüs heppt?» sagte Paul und aß weiter. Die kleinen Kinder saßen mit nacktem Hintern auf dem Tisch. Abends gingen alle zusammen ins Bett, alle schliefen in einem Schlafzimmer. Morgens gab es oft eine laute Schlägerei um Socken und Schuhe.

Da alle Mäuler schließlich gestopft werden sollten, versuchte Paul auch sonntags nebenher etwas zu verdienen. Zu dieser Zeit gab es wenig Kellner, und als Paul gefragt wurde, nahm er den ihm angebotenen Posten für sonntags an. Einige Stunden ging das auch gut. Die Gäste hatten schon allerhand auf Kreide, der Umsatz war auch nicht besonders, da wurde es ihm zu bunt: «Dat Schiet», sagte er. «Lever drink ik dat sülben ut.» Er nahm sein Tablett auf, trank die letzten 3 Gläser selber leer, kassierte seine Außenstände und schmiß dem Wirt das Tablett mit den Worten auf den Tresen: «Mook dien Schiet sölbst, dat mook ik nich mihr mit.»

Da das Dienstleistungsgewerbe wohl doch nicht das geeignete Betätigungsfeld für ihn war, lag es nahe, es mit dem Handel zu versuchen. Am 20. März 1895 eröffnete er in seinem Haus einen Laden, den Gesine, trotz aller Kinder, so nebenher führen sollte. Hier gab es Baumaterialien, Teer, Kochherde, «Puttschölers» (Putt und Pann und Kaffeekann), aber auch Eisenwaren wie Taschenmesser und sogar abgepackte Lebensmittel wie Nährmittel, Puddinge usw. Noch heute erinnert man sich an folgende Puddingsorte:

«Du hältst den Mann am Bändelchen,
mit A. J. Polaks Mändelchen.»

In jeder Packung war immer nur eine Mandel, auf die jeder beim Nachtisch hoffte. Den Teer verkaufte Gesine aus einem Faß. Nach Herausziehen des Pflockes lief der Teer in ein Litermaß, meistens aber auch noch über ihre Hände und auf den Fußboden. Es war immer fürchterlich. Sie schüttete mehr vorbei, als an dem Teer verdient wurde. Zwischendurch versorgte sie wieder ihren Haushalt und die Kinder. Es war ein rechtes Durcheinander.

Paul war am liebsten bei seiner Arbeit. Wann immer er zum Essen gerufen wurde, schimpfte er: «All wedder wat eten, so'n Schiet, jü weet woll wieder nix as eten.» Danach, wieder auf der Arbeitsstelle, knurrte er den ganzen Tag herum: «De verdammte Oos, de verdammte Kerl ... und woor is dat doch ... he lücht jo ... de verrdammte Kerl ... Wittenborch.» Nun wußten seine Gesellen erst, auf wen Paul eigentlich ärgerlich war, denn bis jetzt fühlten sie sich angesprochen. Wittenborch hatte ihm eine Rechnung über eine Fuhre Sand aufgeschrieben, die er schon längst bezahlt hatte. Der Streit ging hin und her. Schließlich trafen sich Paul und Wittenborch vor dem Richter wieder. Paul sagte gleich, er wäre im Recht und hätte bezahlt. Da fragte ihn der Richter: «Herr Oehms, wo steht denn das?» Da zog er sein Taschenbuch heraus, suchte darin herum und antwortete: «Hier mütt't doch stohn, hier mütt't stohn.» Als es dem Richter zu lange dauerte und er das Durcheinander sah, sagte er: «Das ist ja auch keine Buchführung.» Zum Schluß bekam Wittenborch Recht. Paul konnte sich jedoch nicht verkneifen, noch einmal richtig laut zu schimpfen, schlug dabei auf den Richtertisch mit den Worten: «So'n Schiet, so'n Schiet und kregen hett he't doch!»

In Finkenwerder wollte «Möhlen upp'n Ness» ein Haus bauen; Bankkredite brauchte er nicht, da er genug Geld hatte. Ein schönes Stück Land besaß er ebenfalls. Paul machte den Riß und baute das Haus. Als nun Jahrzehnte später sich endlich die Erben einigen wollten, gingen sie zum Grundbuchamt. Da allerdings stellte es sich heraus, daß auf diesem Grundstück gar kein Haus eingetragen war. Paul hatte also ohne Erlaubnis dort einfach ein Haus hingestellt.

Etwa 1893–95 holte Paul seinen seit vielen Jahren verwitweten Vater Johann, den alle nur Jan nannten, zu sich ins Haus. Er hatte bisher bei seiner Tochter Greten in Francop am Brack gewohnt.

Jetzt wohnte Jan im Schuppen, neben Haus Nr. 3; später, als dieser wegen des Baues des mittleren Hauses Kirchenweg Nr. 5 abgerissen wurde, dort. Er war klein und schmächtig, ähnlich wie sein Sohn. Von Beruf war er Reetdachdecker gewesen. Er trug meistens eine blaue Schiffermütze. Einen Bart hatte er auch, allerdings nicht so lang wie sein Sohn Paul. Jan verkaufte im Schuppen Öfen und Herde sowie Zement und Baustoffe, die in Gesines Laden zu sperrig waren.

Am 19. März 1897 unterzeichneten Paul und sein Vater einen Altenteilvertrag, denn Jan war inzwischen fast 82 Jahre alt, und die Erbangelegenheiten waren immer noch nicht geklärt.

Im Winter sah Jan nur kurz aus seiner Haustür und goß den Inhalt seines Nachttopfes einfach in den Schnee auf die Straße. Das war was für die Kinder. Die liefen weg und schrien: «Paßt up, he gütt uns al wedder natt.» Vor seiner Tür, auf der Stegel des Kirchwe-

No: 7908
Eine à 50 ₰ nach Werthangabe der 2 Cts
den 23. März 1897
Frickendahl

Altentheils-Kontrakt

abgeschlossen zwischen

Johann Oehms zu Finkenwärder, Kirchenweg
als Ueberlasser einerseits

und

dem Mauerermeister Paul Oehms zu Finkenwärder
Kirchenweg
als Uebernehmer andrerseits

ist nachstehender Altentheilskontrakt verabredet und am untersetzten dato schriftlich vollzogen worden.

§ 1.

Der Altentheiler Johann Oehms übergibt seinem Sohne, dem Mauerermeister Paul Oehms seinen ganzen Haushaltungsvorrath sowie das unter No 1220 bei dem Credit-Verein zu Finkenwärder belegte Geld und die von seinem Sohne, dem Seefischer Louis Heinrich Oehms zu fordernden 350 geschrieben dreihundert und fünfzig Mark unter nachstehenden Verpflichtungen.

§ 2.

§. 2.

Der Uebernehmer verpflichtet sich, seinen Vater für die in §. 1 genannten Sachen und Gelder bei sich zu nehmen, für die Verpflegung in Krankheitsfällen für Arzt und Arznei für reine, heile und neue Kleider, für Licht und Feuerung, für landesübliches Essen und Trinken zu sorgen.

§. 3.

Das Zeug was der Vater nach seinem Tode hinterlässt, soll der Uebernehmer Paul Oehms ebenfalls haben, dahingegen erhält die Wittwe des verstorbenen Maurermeisters Johann Oehms geborene Falk 50 geschrieben fünfzig Mark und der Tischler Louis Heinrich Oehms ebenfalls 50 geschrieben fünfzig Mark welche 6 geschrieben sechs Monate nach dem Tode des Vaters auszuzahlen sind.

Meine Tochter Margarethe Schlicker geborene Oehms, Ehefrau des in Trarbach wohnenden Jacob Schlicker soll keinen Anspruch irgend welcher Art an dem Nachlasse haben, da dieselbe von mir schon bei meinem Dortsein viel Gutes gehabt hat, in Geld sowohl wie in anderen Sachen.

§. 4

§. 4.

Für das Geld aus der Todtenlade muss die landesübliche Beerdigung besorgt werden.

Urkundlich und rechtsverbindlich Alles dessen haben die Partheien unter Entsagung aller Einreden, als des Irrthums der Ueberredung, oder wie sie sonst Namen haben, oder erdacht oder erfunden werden mögen, diese in duplo angefertigte Urkunde eigenhändig unterschrieben.

So geschehen zu Finkenwärder
den 19 März 1897.

Johann Oehms   Paul Oehms

Ueberlasser.   Uebernehmer.

Vorstehender Kontrakt ist in unserer Gegenwart verabredet und eigenhändig unterschrieben, welches wir durch unsere Namensunterschrift der Wahrheit gemäß bezeugen
Finkenwärder, den 19 März 1897.

P. H. Wriede.
J. Gröhn

Daß vorstehende Unterschriften von Johann Oehms, Paul Oehms, P. H. Wriede und J. Gröhn in meiner Gegenwart vollzogen, wird hiermit bestätigt.

Finkenwärder d. 20 März 1897
J. M. Kruse
Gemeindevorsteher.

«Hannes» Johannes Oehms in jungen Jahren. Aus dem Foto-Atelier A. KRÖGER Garnstück.

ges, wurde wintertags gerodelt. Die Kinder machten diese abschüssige Straße besonders glatt, indem sie abends Wasser darübergossen. Als sie nun mit ihren «hülten Kreken» (Holzschlitten) heruntersausten, kam Jan aus der Tür. Einer seiner Enkel fuhr ihn um, und der Alte rutschte die Bahn herunter. Zwei Kinder packten den Mann und trugen ihn ins Haus.

Im Alter von 84 Jahren und 2½ Monaten ist Jan am 31.1.1898 um 1.00 Uhr am Kirchenweg gestorben.

Dank seines sprichwörtlichen Fleißes ging es Paul inzwischen finanziell recht gut. Der älteste Sohn «Hannes» war nun aus der Schule und konnte tüchtig mit anpacken. Schließlich galt es, eine große Familie zu ernähren.

Dazu wurde alle Augenblicke ein Schwein geschlachtet. Sie hatten viele Ställe und züchteten die Schweine selbst. An einem kalten Tage fuhr Paul ein Schwein zum Schlachter. Als es auf dem Rückweg schneite, deckte er das Tier mit Dachpappe zu. Ein Nachbar, der das Schwein mit hineintrug, sagte zu Paul: «Minsch Paul, wat hest du di dorbi dacht, up dat warme Swien de swatte Papp?» «Ooch, kann'n beten afkratzt warrn», sagte Paul und legte die Schweineteile auf seinen Schreibtisch mit grünem Filzbespann. «Minsch, wat du Knecht all moken deist, dor wullt du doch wedder up schrieben!» entrüstete sich der Nachbar. «Ooch», sagte Paul, «warrt'n beten afwischt, warrt'n beten afwischt!»

Eines Abends, als er mit seiner Familie am Tisch saß und aß, ging es sehr laut zu. Die Kinder machten Krach, der eine und der andere sollte «welk int Gnick» haben. Eines der Kinder sprang auf und wollte wegrennen, Paul hinterher. Die «Klütenpann» stand vor dem Herd und Paul trat genau hinein. In seiner Wut stellte er die Pfanne auf den Tisch und sagte: «Jungs, freet!»

Gesine ließ die Garderobe für ihre Mädchen von «Jordan, Berlin, königlicher Hoflieferant» schicken. Da Paul gut verdiente, brauchte sie nicht auf den Pfennig zu achten. Käse wurde nur in ganzen Köpfen gekauft. Der Schinken kam ebenfalls ganz auf den Tisch. Jeder aß nur das Beste und soviel er wollte.

Gesine war klein, schwer und pummelig. Eines Tages fuhr sie mit ihren Kindern nach Altona, um in der Elbstraße bei Bargheer einzukaufen. Das war ein großes Lebensmittelgeschäft. Sie wollte u. a. kleine Bonbons (Nonpareille) kaufen. Der Besitzer wurde allgemein «Gerne-Gerne» genannt, da dies ein Lieblingsauspruch von ihm war. Als Gesine nun bedient wurde, fragte Gerne-Gerne: «Bitte schön, was möchten Sie?» Sie antwortete mit ihrer hellen, schon fast quietschenden Stimme: «För fiev Pennen Muusközel.» «Ist das Ihr Ernst?» fragte der Kaufmann entrüstet. «Nee», antwortete sie, «dat is mien Willy, mien Hinnik de steiht buten.»

Am 22. Januar 1901 kaufte Paul von seinen Schwägern Jacob von Eitzen (Fischgeschäft) und «Jannes Schnee» ein angrenzendes Grundstück von 46 qm. Am 8. Oktober 1902 nahm er einen Kredit in Höhe von 3500

Paul Oehms; deutlich ist die Ähnlichkeit mit seinem Sohn «Onkel» zu erkennen.

Gesine von Eitzen, Pauls Frau. Eine gesunde Frau mit faltenlosem Gesicht, trotz ihrer vielen Kinder.

Reichs-Mark in Gold zu 4% von Peter Hinrich Wriede auf. Paul beabsichtigte, bei sich nebenan ein weiteres Haus zu bauen. Doch wegen seiner vielen Arbeit verzögerte sich der Termin von Monat zu Monat. Schließlich, es war an einem Wintertag, da sagte er: «Schiet, ik will hüüt nich arbeiden, ik will 'n Huus boon!» und begann mit dem mittleren Haus Kirchenweg Nr. 5. Es war strenger Frost. Man erzählte sich, daß er vier Teile auf dem Kopf hatte: Ohrwärmer, Schal, Mütze und Hut. Ein Nachbar meinte: «Minsch, Paul, wat mookst du dor, du kanns doch bi düsse Küll keen Huus boon, du Knecht, dat hullt doch nich tohoop.» «Ooch», sagte Paul, «früst all tohoop, noher liet't up, denn hullt't ok!» Das Haus steht heute noch.

Inzwischen hatten Paul und Gesine 10 Kinder: Hannes, Paula, Gesine, Paul, Adolf, Meta, Hinnik, Anna, Grete und Wilhelm («Onkel»). Er hatte zwei Häuser und wollte als angesehener Mauermann das Hamburger Bürgerrecht erwerben; am 27. Januar 1905 wurde er vereidigt.

Einige Jahre später, es war eben nach dem ersten Weltkrieg, da hatten die Bauhandwerker in Finkenwerder Versammlung. Gesellen und Meister wurden eingeladen. Es kam der Innungsmeister von Hamburg, um die niedrigeren Finkenwerder Löhne den höheren Hamburger Löhnen anzugleichen. Einige der Herren waren dafür, einige dagegen. Paul war dagegen. Er konnte durch seine vielen Kinder sowieso preiswerter arbeiten. Zuletzt wurde der Innungsmeister «ut de Tüüt» und sagte: «Herr Oehms, wir kennen Ihre Arbeiten ganz genau, arbeiten Sie ruhig so weiter; eines Tages machen Ihre Kinder das nicht mehr mit.» Alle hatten schön einen getrunken, der Innungsmeister bezahlte, und die Versammlung war aus.

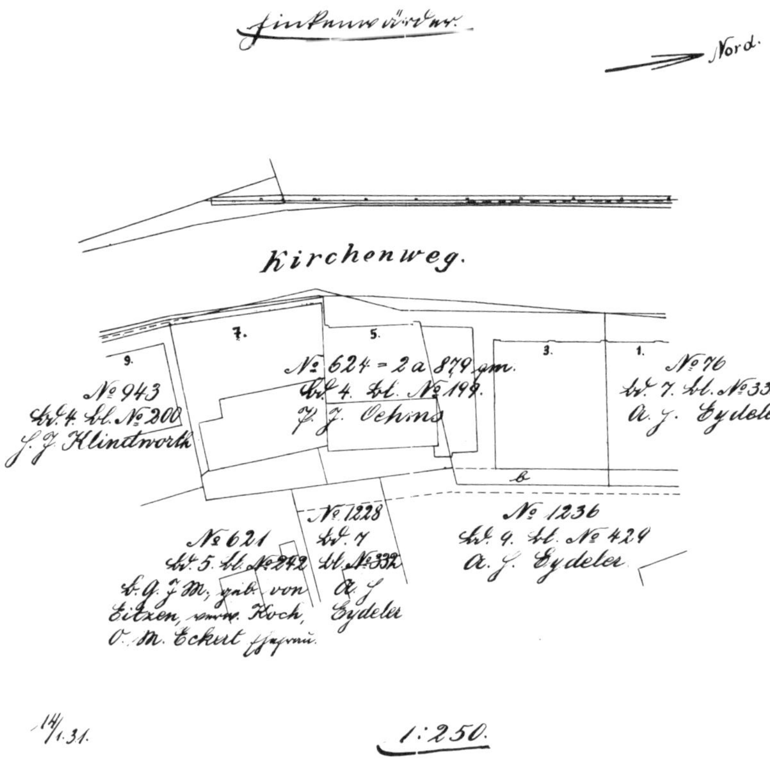

Kirchenweg Nr. 3, 5 und 7.

Hamburg, den 28. Dezember 1911.

Dem Herrn Paul Jacob Oehms, Finkenwärder, Kirchenweg 7
geboren am 4. November 1855 zu Francop,
wird auf den Antrag vom 28. Dezember 1911 gemäß Artikel II des Gesetzes vom 30. Mai 1908, betreffend Abänderung der Gewerbeordnung, die weitere Befugnis zur Anleitung von Lehrlingen im Maurer-Handwerk hierdurch verliehen.

Die Aufsichtsbehörde für die Innungen.

Ludwig

Präses.

Am 1. Juni 1928 beantragte Paul, der inzwischen 73 Jahre alt war, den von ihm erbauten Schweinestall für eine weitere Wohnung aufzustocken. Bei einer Kreditaufnahme von 10000 Reichsmark mußte er sich verpflichten, für den Bau und die anderen Arbeiten 50% Erwerbslose einzustellen. 1931 war es endlich soweit. Er wollte genügend Platz für seine inzwischen erwachsen gewordenen Kinder und teilweise schon deren Ehepartner und Kinder haben.

Wieder war es Winter, als er mit dem Bau begann, da seine Auftragsarbeit wegen der Kälte ruhte. Er hatte Mühe, den Zement mit Salz und heißem Wasser ungefroren zu verarbeiten. Dabei mauerte er seinen schönen langen rotblonden Vollbart im Eifer des Gefechts zwischen den Steinen ein. Da der Frost besonders streng war und er sogar mit Handschuhen mauerte, war alles gleich festgefroren. Als er sich nun mit Mühe befreit hatte, ließ er sich ein Stück seines zementverkleb-

Nachbarschaftlicher Einsatz beim Abtransport der gesammelten Kohlen von dem Spülfeld des Neß-Vorlandes.
Das Foto entstand an der Landscheide. Im Vordergrund mit Kopftuch: Meta Oehms, sie blieb ledig, links dahinter ebenfalls mit Kopftuch: ihre Schwester Paula Oehms, verheiratete Wortmann, beides Töchter von Paul.
Ganz links mit Körben: Trino Tierpopsch (Katharine Tielpape), sie war mit einem Klingwort verheiratet. Daneben mit Hut: ihre Tochter Emma Klingwort, sie blieb unverheiratet und wurde Ordensschwester; die junge Frau ganz rechts mit der hellen Bluse könnte deren Schwester Alice Klingwort sein. Der Name des kleinen Jungen ist unbekannt. Vor dem Pfahl: Trino Kock, ganz rechts mit der Mütze: ihr Bruder Jacob Kock (Fischgeschäft, Ecke Kirchenweg/Norderdeich).
Mit der Schaufel über der Schulter: Hinnik Schloo vom Neßdeich.

ten Bartes abnehmen. Es wurde das dritte Haus in der Reihe mit der Haus-Nr. 7.

Gesine wurde immer dicker, da sie einen gesegneten Appetit hatte. Wenn es z. B. zu Mittag gebratene Schollen gab – mit gebratenen «Speckstippels» nach Finkenwerder Art – versteckte sie sich gleich ein paar Fische in den Wandschrank zum Nachmittagskaffee.

Eines Tages ging Paul zu seinem Nachbarn, dem Schiffszimmermann Böttcher, und bestellte einen neuen Toilettendeckel. Dieser fragte ihn: «Wo groot schall dat Lok denn ween, schööt wi dor Ringen up moken oder schööt wi eerst Moot nehmen?» *«Moot nehmen?»* schrie Paul erregt. «Jä, Paul, Gesine hett jo'n Oors, de is jo mol so groot as joon!» Daraufhin schimpfte Paul wieder fürchterlich. Alle hatten eben ihren Spaß daran, ihn zu ärgern.

Eines Tages war er auf seiner Eimertoilette gewesen und hatte sich im Treppengang gerade die Hose hochgezogen, da es im Toilettengang zu eng war. Die vorbeigehenden Kinder sahen ihn und riefen: «Paul Schiet, Paul Schiet!» Er hielt mit den Händen seine Hose fest, rannte hinterher und schimpfte fürchterlich.

Paul ging jeden Sonntagnachmittag mit seiner Frau «no Harms no Musik» oder «no Modam» (Elbhalle), wie auch gesagt wurde. Obgleich er schon über 70 Jahre alt war, hat er keinen Tanz ausgelassen. Manchesmal forderte er auch seine Frau auf. Dann klatschte der ganze Saal, weil sie so dick und er so klein und «spiddelich» war. Gesine sah die meiste Zeit nur zu, wie die anderen alten Leute auch. Sonntags Musik zu hören war das einzige Vergnügen, das sie nach einer arbeitsreichen Woche hatten. Auf den Maskeraden war Paul ebenfalls regelmäßig anzutreffen.

Als Gesine eines Tages die Bodentreppe hochstieg, rutschte sie aus, fiel die Treppe herunter und mit ihrem Knie, wegen ihres Körpergewichtes, gleich durch die Dielen des hölzernen Fußbodens. Danach konnte sie nie mehr richtig laufen, so daß Paul sie des Sonntags mit dem Blockwagen zur «Elbhalle» mitnehmen mußte.

Paul ging gerne aus. Er war in dem Gesangsverein «Harmonia», Mitbegründer des Gesangsvereins «Germania» und in noch anderen Vereinen aktives Mitglied. Die Bälle machte er alle mit. Manchmal fuhr er nach Hamburg, ging dort ins «Alkazar» und kam erst am nächsten Morgen wieder zurück. Außerdem ging er auch gerne ins Gasthaus «Rust» Landscheide (heute abgerissen) zum Tanzen. Die Mädchen aber wollten nicht mit ihm tanzen, wegen seines langen Vollbartes, und liefen alle weg. «Dat Diernskroom, dat Ööstüüch wüllt nich mol mit enen danzen.» Da sagte Trina Strohsol (Katharina Strohsal): «Dat will'k di mol vertillen, Paul, meenst, datt de mit di danzen wüllt, du mit dienen groten Boort?» Am anderen Morgen ließ er sich den Bart abnehmen. Paul stand zufällig vor der Tür, als sein Sohn Willy ihn ohne Bart zum ersten Mal sah. «Goden Dag, Hein Unkel.» sagte er. «Goden Dag, Willy.» Sie klönten längere Zeit. Willy sagte immer: «Jo, Hein Unkel.» «Minsch, ik bün doch dien Vadder», sagte Paul. «Jo, Hein Unkel.» Erst jetzt konnte man die Ähnlichkeit der Zwillingsbrüder erkennen.

Paul erreichte ein Alter von 79 Jahren und starb am 5. November 1934. Er wurde, begleitet von einem Großteil der Finkenwerder, mit allen Ehren auf dem alten Kirchhof zu Finkenwerder beigesetzt. Seine Frau Gesine überlebte ihn nur um einige Monate und verstarb am 30. Januar 1935 im Alter von 71 Jahren.

Diese Lebensgeschichte ist nach Urkunden und Zeugenaussagen aus der Familie, namentlich von Johannes Oehms (gest.), Margaretha Bahde (gest.) und Paula Oehms verfaßt worden. Weiterhin halfen: Greta Böttcher, Jacob Mewes, Amandus Mewes und Greta von Eitzen (alle gest.), die Mitte der sechziger Jahre diese Anekdoten auf Tonband sprachen.

10 Ein Ahne wird «entdeckt» Biographie des Elbfischers Johann Bahde und seiner Nachkommen

Verfasser: Rudolf Meier, Finkenwerder

Sein Vater – ebenfalls Johann Bahde geb. 1792 in Blankenese, gest. 18.10.1856 – ist in seiner Jugend bei Niedrigwasser oft von Nienstedten in Höhe «Plahte/Kuhort» mit Hilfe eines langen Brettes über die Norderelbe nach Finkenwerder gekommen (Bodemann, Finkenwerder S. 63 und Faltkarte) und hatte so seine spätere Frau Anna Külper kennengelernt. Sie war eine gebürtige Finkenwerderin, (Anna Külper, geb. 21.12.1791, geh. 4.1.1821, gest. 19.2.1870), deren Stammbaum sich bis 1630 zurückverfolgen läßt. (Der Urgroßvater ihres Urgroßvaters Simon Külper starb am 30.11.1630. Kirchenbuch Finkenwerder Nr. 5415).

Ihr Sohn Johann Bahde – «Jan» – wurde am 26. Dezember 1826 in Finkenwerder geboren. Er entschied sich später, ebenso wie sein Vater, Fischermann zu werden.

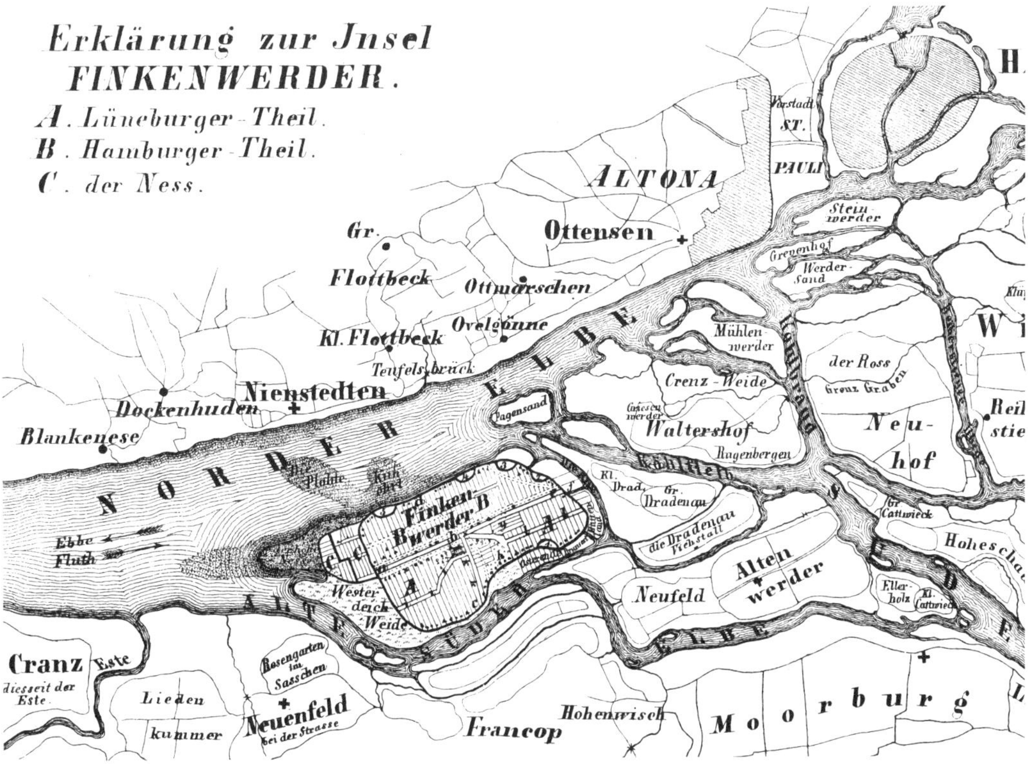

Deutlich ist zu erkennen, daß die «Plahte» bis weit ans nördliche Ufer reicht. Nach «Plahte» und «Kuhort» waren die Straßen «Ploot» und «Kohort» genannt. (Karte: Bodemann, Finkenwerder)

Jan Bahde, «bi't Netten knütten»

Jan hatte, als er sich nach einer passenden Frau umsah, ein Auge auf Margaretha von Eitzen – «Greten» – geworfen, eine am 15. Mai 1825 geborene Finkenwerderin. Greten arbeitete bei dem Finkenwerder Pastoren J. F. J. Müller. Nach Aussagen ihrer Zeugnisse war sie von lobenswertem Fleiß und ihr sittliches Betragen zur vollen Zufriedenheit.

Als sie zu heiraten beschlossen, holte sich Jan das Jawort von ihrer Mutter, da Gretens Vater Jacob von Eitzen wegen seiner Nervenkrankheit schon früh verstorben war. Die Mutter war Margaretha von Eitzen, geborene Gaetchens. Sie wurde «Gret Geutens» genannt, da die Frauen in Finkenwerder nach der Hochzeit ihren Familiennamen beibehalten. Gret war noch eine der ursprünglichen Finkenwerderinnen, trug die alte Finkenwerder Tracht und rauchte eine lange holländische Kalkpfeife. Auf ihrem altdeutschen offenen Kamin standen Grapen (Töpfe mit drei Beinen) und eine Bratpfanne mit Füßen, wie es schon vor zweihundert Jahren in Finkenwerder üblich war. Gret mußte durch den frühen Tod ihres Mannes die Kinder alleine ernähren, indem sie als Fischfrau in Hamburg durch die Straßen zog.

Gret gab ihre Zustimmung zur Hochzeit gerne und freute sich für ihre Tochter, daß sie bald versorgt sein würde und geregelte Verhältnisse vor ihr lagen. Ihre Tochter ließ sich daraufhin von Pastor Müller am 14. Dezember 1853 eine Zweitausfertigung ihrer Geburtsurkunde ausstellen, da das Original nicht mehr vorhanden war. Jan leistete am 20. Dezember seinen Bürgereid und zahlte in den nächsten Jahren – wie es bis 1864 auf der Rückseite des Schutzbriefes fein säuberlich vermerkt ist – jährlich gleich nach Ostern auf der «Land-Prätur» drei Mark in Grob Hamburgisch Courant. Am 19. Januar 1854 fand die Hochzeit statt.

Vier Jahre später, am 28. Februar 1858, überließ Gret Geutens ihren Söhnen Johann und Jacob von Eitzen sowie ihren Schwiegersöhnen Johann Bahde und Joachim Külper in einem «Contrait» (Vertrag) ihren Haus- und Gartenplatz für je 300 Mark Hamburgisch Courant zu 3 % Zinsen. Noch im selben Monat unterzeichneten Johann von Eitzen und Johann Bahde als «Bauherren» einen Vertrag mit den «Bauübernehmern Conradi und Reese» wegen der Erstellung eines Wohnhauses für 3500 Mark Hamburgisch Courant. Der Bau sollte spätestens am 1. März beginnen und am 1. August fertiggestellt sein. Er bekam die Hausnummer Norderelbdeich 116a (später: Steendiek 24a). Sie nahmen ihre Mutter Gret Geutens mit ins Haus auf, und alle zusammen kochten an einem Herd. (Siehe Bodemann, Finkenwerder, Anhang S. 11)

«Gret Geutens» an ihrem deutschen Kamin, mit «Grapen» und der Bratpfanne mit Füßen

Ein Jahr später wurde Greten v. Eitzen schwanger. Am 13. Februar 1860 gebar sie einen Sohn, der den Namen – Johann Jacob – «Jokob» erhielt. Im Oktober 1867 bekamen sie das zweite Mal Zuwachs, eine Tochter mit dem Namen Rosa Margaretha. Leider wurde sie nur 5 Jahre und 10 Monate alt und starb am 9. August 1873.

Jan Bahde war sehr fleißig. Er hatte sich eine «Buddjell» (Jolle) gekauft und fischte «mit kleinen Netzen» (Stellnetze aus Garn) auf der Elbe. Er soll nebenbei auch ein guter Stör- und Lachsfänger gewesen sein. Seine Frau Greten fuhr mehrmals in der Woche nach Hamburg, um den Fang zu verkaufen. Ihre Stammkunden hatte sie auf dem Venusberg, ansonsten handelte sie auf dem Hopfenmarkt. Im Winter, wenn Jan wegen des Eises nicht fischen konnte, «fühlte er sich krank».

1880 ließ ein Johann Bahde bei der Schiffswerft C. Sietas in Cranz einen Besanewer bauen. Das Schiff erhielt den Namen Maria und die Nr. HF 31. Es ist 19,85 m lang, 5,75 m breit und hat eine Tiefe von 2 m. (Unser Johann Bahde war um diese Zeit der einzige bei «Bodemann, Finkenwerder Anhang S. 11», bekannte Finkenwerder Einwohner dieses Namens und von Beruf Fischer).

Der Ewer ist seit 1957 – zur besseren Innenansicht aufgesägt – im Deutschen Museum in München zu besichtigen.

Besanewer HF 31, Johann Bahde ließ ihn 1880 bei der Schiffswerft C. Sietas in Cranz bauen. Heute ist er im Deutschen Museum in München zu besichtigen. Foto: Deutsches Museum München.

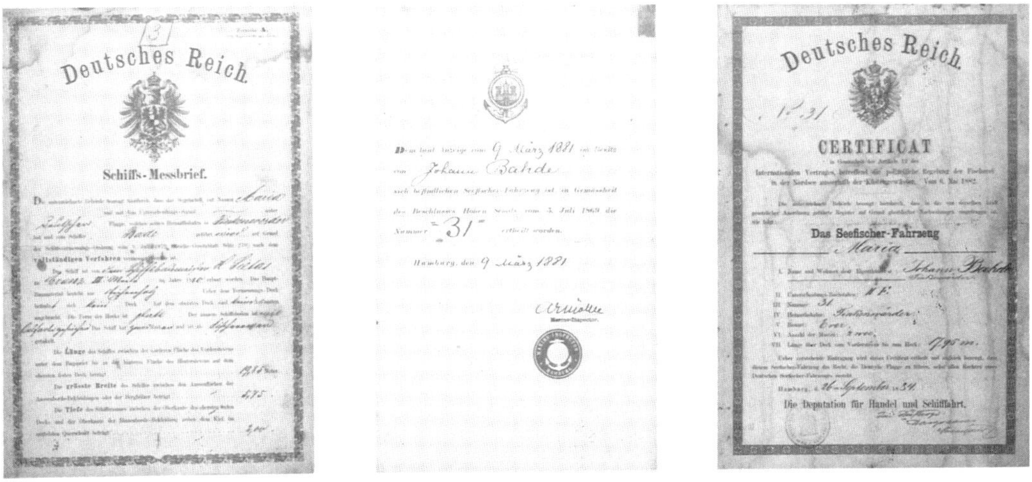

Schiffsdokumente der HF 31 «Maria». Foto: Deutsches Museum München.

Die Besatzung der HF 31 «Maria». Links: Willy Meyer, letzter Miteigner des Ewers, verheiratet mit der Tochter des Maurers Holthusen. Er hatte die «Maria» zusammen mit Hermann Winter von Johann Lübben gekauft, der sie von Jan Bahde erworben hatte. Rechts: Kuddel Leihütü, er zog nach dem 2. Weltkrieg nach Sachsen/Thüringen und gründete dort ein Fischgeschäft
Die beiden Männer in der Mitte sind unbekannt.
(Nach freundlicher Aussage von Hannes Wülfken, 1985)

Einen Tag vor Heiligabend des Jahres 1890 heiratete ihr einziges Kind Jokob das schmucke Mädchen Caecilia Mewes, geb. 23. Mai 1864 – «Cili» – aus alteingesessener Familie. Cili war sehr neuzeitlich eingestellt und kleidete sich modisch. Von ihrem letzten Arbeitgeber, dem Bauern Paul Benitt, hatte sie zum Weihnachtsfest einen Iltiskragen bekommen als Dank für den jahrelangen Milchhandel an den Straßen Finkenwerders. Aber die Leute sagten, der Pelz sei gar nicht in ihrem Stand.

Da wurde ihr Vater sehr «vergrillt» und sagte: «Du bindst dien Pilz um, du hest dorför arbeidt, du hest em schinkt kregen – nich in' Stand, nich in' Stand – anner Lüüd sünd nich beter as wü.»

Cili erzählte damals: Ik harr al mit 18 Joahrn enen Beamten kriegen kunnt, dat wüür bi Kröger in'n Lannen. Dor freug de Beamte mi: «Cili, wüllt wi mol Knackwurst eten? – » Sie nahm die Einladung freudig an, doch der Beamte konnte die Rechnung nicht bezahlen und verschwand. Da sie, wie früher üblich, als Mädchen kein Geld bei sich trug, mußte sie Schulden machen und zahlte die Zeche in der folgenden Woche. Seitdem sagte sie: «Goh mi af mit'n Beamten.»

Trino Jäger vor ihrem Haus.

Trino Jäger hatte drei Kinder: Martin Mewes (Abb. S. 125), er heiratete Anna Meier. Cili, die Frau von Jokob, und Maria, die Peter Pülsch heiratete.

Zwei Jahre später, am 10. März 1892, verlor Jan seine Frau. Das Unglück passierte auf dem Venusberg, als sie wieder mal den Fang verkaufen wollte. Sie verschluckte beim Einatmen eine Mücke (wohl eine Wespe?), die sie in die Luftröhre stach. Ihr Hals schwoll stark an, und Gräiten erstickte daran.

Nun nahm Cili das Zepter in die Hand. Als erstes ließ sie in Jans Haus die kleinen alten Fenster rausreißen und durch neue ersetzen. Die Nachbarn konnten das damals überhaupt nicht verstehen und regten sich sehr darüber auf. Nur der alte Doktor Homann sagte: «Da kommt endlich einmal richtig Luft und Sonne hinein.»

Jan war auf seine Schwiegertochter nicht gut zu sprechen. Doch noch weniger hielt er von ihrer Mutter, Katharina Mewes, geb. Jäger, «Trina Jäger». Obwohl er früher mit den anderen Fischersleuten nach dem Kirchgang hin und wieder bei ihr eingekehrt war, um ihre beliebten «Kaßbeeren-Pannkoken» zu essen, fiel sie ihm bei ihren Besuchen bei Cili fürchterlich auf die Nerven. Besonders jetzt nach dem Tode seiner Frau.

Trino war intelligent und half ihren Enkeln des öfteren bei ihren Hausaufgaben. Sie war schlank, sah gut aus: man nannte sie die «Modepuppe». Als gelernte Schneiderin nähte sie für jeden ihrer Enkel für die kalte Jahreszeit eine warme Kapuze. Dabei rauchte sie ihre lange holländische Kalkpfeife. Berührten die Enkel auch nur eine ih-

Links: Das «Eydeler Haus» Steendiek (Nr. 24) um 1910 mit den Anwohnern, v.l.n.r.: Jacob Bahde (Sohn von Jokob), Hannes Wülfken, Maria Eydeler und Johann Butendeich.

Rechts: Das «Butendeich Haus» (Nr. 25/26 um 1910 mit den Anwohnern v.l.n.r.: Gesine Barghusen, geb. Butendeich mit ihrer Schwägerin Margarethe Butendeich geb. von Eitzen. Zwischen den Häusern führt eine Treppe zum «Bahde Haus» Steendiek Nr. 24a.

rer Nadeln, dann schimpfte sie: «To'n Druß noch mol.»

In der Schule fragte der Lehrer die Enkel, woher sie denn die schönen, warmen Kapuzen hätten. Ja, die wären von ihrer Großmutter. Darauf mußten alle Kinder in der Klasse singen: «Ist das nicht nett von meiner Großmama?»

Zur Schlachtzeit kam Trino und half ihrer Tochter beim Wurstmachen. Sie brachte «Ammel und Dracht» (Eimer und Schulterholz) sowie das Schlachtgeschirr mit. Nach dem Schlachtfest bekam sie für ihre Hilfe Fleisch und Würste. Dann schimpfte Jan: «Mit leddige Ammels kumm's an, mit vulle geiht se wedder weg!»

Als Jan später nicht mehr fischte, war er oft im Keller, um Netze zu knoten. An seinem Lebensabend saß er gerne zusammen mit seinem Schwager Jacob von Eitzen am Fenster im «Butendeich Haus» zur Straße, um die vorbeigehenden Menschen zu beobachten. Gelegentlich ärgerten die Kinder sie, dann konnte Jan ganz schön «vergrillt» werden, obwohl er die Kleinen sehr gern hatte, besonders seine Enkel.

Jan hatte sich selten mal «enen Lütten köfft», aber wenn, dann auch ordentlich, meistens zusammen mit seinem Freund Hinnik Cohrs. In dem Zustand konnte er allerdings «fix schimpen», wenn er sonst auch ein verträglicher Mensch war.

Im Alter von 81 Jahren ist Jan am 23. Oktober 1908 gestorben.

Sein Sohn Jokob war mit 21 Jahren – noch bevor er ans Heiraten dachte – «auf großer Fahrt». Der Anlaß war sicherlich seine Militärdienstpflicht, die er auf einem Kriegsschiff der Kaiserlichen Marine absolvierte.

Die Kreuzerfregatte «Moltke» war am 1. April 1881 unter dem Kapitän zur See «Pirner» zur aktiven Verwendung in Dienst gestellt. Sie war 82 m lang und 13,7 m breit. Am 18. Oktober 1877 war sie auf der Kaiserlichen Werft in Danzig vom Stapel gelaufen und wurde mit 16 Kanonen Kaliber 15 cm bestückt.

Unter der über 400 Mann zählenden Besatzung waren «15 Finkwarder Jungs». Ein Gemälde von C. Salzmann würdigt 1895 die Finkenwerder namentlich: Johannes Winter, Martin Struhs, Hinrich Detels, Jakob Mewes, Hinrich Wüpper, Hinrich Ropers, Heinrich Loop, Jakob Holst, Johannes Kröger, Jakob Bahde.

Sie (die Kreuzerfregatte) verließ am 17. 4. (1881) Kiel und traf nach Anlaufen mehrerer Zwischenhäfen am 14. 7. in Valparaiso mit «Ariadne» zusammen, die am 16. die Heimreise antrat, während «Moltke» zunächst vom 19. 7.–3. 9. vor Coquimbo ankerte. Der Salpeter-Krieg war zwar zugunsten Chiles beendet, doch gab es in den vom Gegner besetzten peruanischen Küstenstädten noch immer Unruhen, die die Anwesenheit eines Kriegsschiffes zum Schutze der ansässigen Deutschen erforderte. Die Friedensverträge wurden erst am 23. 10. 1883 bzw. 4. 4. 1884 abgeschlossen.

«Moltke» besuchte Mitte September bis Ende November 1881 peruanische Häfen. Callao verließ sie am 26. 11., um Häfen an der mittelamerikanischen Westküste bis San José de Costa Rica aufzusuchen. Am 16. 2. 1882 traf sie wieder in Valparaiso ein, ging am 14. 3. nach Coquimbo, von dort am 17. 5. nach Montevideo, wo sie nach Überwindung eines schweren Weststurmes vor der Magallanes-Straße erst Ende Juni ankern konnte.

Auf Grund eines Beschlusses der «Deutschen Polar-Kommission» schaltete sich das Reich in das System des Internationalen Polar-Jahres 1882/83 ein. Im Südpolargebiet wurde die Royal-Bucht auf der Insel Süd-Georgien als Beobachtungspunkt ausersehen, wohin «Moltke» die Expedition überführen sollte. Die Aufgaben der Wissenschaftler waren die Erfassung und Beobachtung von Erscheinungen, die mit erdmagnetischen Störungen zusammenhängen. Damit verbunden werden sollten Ermittlungen für die «Deutsche Kommission zur Beobachtung des Vorüberganges der Venus vor der Sonnenscheibe». Am 23. 7. 1882 verließ die Korvette Montevideo, nachdem sie vom HSDG-Dampfer «Rio» die Expeditionsteilnehmer unter Leitung von Dr. Karl Schrader und deren Ausrüstung an Bord genommen hatte. Nach Überwindung orkanartiger Schneeböen sowie Passieren von Eisbergen traf sie am 12. 8. vor der Insel ein. Nach mehreren vergeblichen Versuchen wurde an der Ostküste erst am 21. 8. ein geeigneter Landeplatz in der Royal-Bucht gefunden und für diesen der Name «Moltke-Hafen» festgelegt. Nach dem Ausladen der Ausrüstung begann am 24. mit Hilfe der Besatzung die Aufstellung der Unterkünfte. Am 3. 9. verließ die Moltke wieder die Bucht. Nach Beendigung der wissenschaftlichen Arbeiten holte die Korvette «Marie» die Expedition wieder ab.

Von Port Stanley (Falkland-Inseln) lief «Moltke» wieder an die südamerikanische Westküste. Vom 20. 10. 1882 besuchte sie chilenische Häfen, auch die Juan Fernandes-Inseln. Am 28. 2. begann «Moltke» mit dem Besuch von Häfen längs den Küsten von Peru und Ecuador. In Valparaiso fand sie am 8. 7. den Heimreisebefehl vor, untersuchte nach einer Sonderanweisung die Küstengewässer nördlich des Eingangs der Magallanes-Straße, traf am 4. 8. mit ihrem Ablösungsschiff «Marie» zusammen, lief auf der Fahrt den Atlantik nordwärts Porto Grande (Kap Verde-Inseln) an, ankerte am 2. 10. vor Kiel und stellte dort am 23. 10. 1883 außer Dienst. *

* Hildebrand, Kriegsschiffe, S. 132–133. Der Text wurde vom Verfasser wörtlich übernommen. Es ist beachtlich, welche abenteuerlichen «Reisen» unsere Vorfahren vor 100 Jahren bereits unternahmen.

15 Finkwarder Jungs up „Moltke" in Süd-Georgien. 1882.
Johannes Winter, Martin Struhs, Hinrich Detels, Jakob Infelmann, Joachim Fock, Julius Rabe, Johann Heins, Peter Friedrichs
Hans Mewes, Hinrich Wüpper, Hinrich Ropers, Heinrich Loop, Jakob Holst, Johannes Krüger, Jakob Bahde

Später fuhr Jokob auf der Silvia und der Tusnelda, Großseglern, nach denen später seine zwei Töchter benannt wurden.

Nach einigen Jahren entschied er sich für die Seefischerei. Er besuchte die Seemannsschule, um sein Patent zu machen. Am 18. Januar 1889 bekam er sein «Zeugnis über die Befähigung zum Schiffer auf kleiner Fahrt mit Hochseefischereifahrzeugen». Er kaufte zusammen mit Joachim Lühs – «Jouchen» – von der Expeditionsgesellschaft den Kutter «Matador». Es war die ehemalige «Jogine Marie», die in der Krämer-Werft in Elmshorn gebaut worden war und später für die Expedition nach Spitzbergen umgebaut wurde. Das Schiff hatte sich nicht bewährt; darum konnten sie es günstig kaufen. Die «Bünn», die vorher mit Zement ausgebaut worden war, mußte wieder ausgemeißelt werden. Sie tauften es auf den Namen «Nordsee», und es bekam die Nummer HF 175.

Jokob und Jouchen hatten viele «gute Reisen». Eines Tages kamen sie in einen großen Sturm und ließen lange nichts von sich hören. Viele Fischer dachten schon, sie kämen gar nicht wieder zurück. Auf den Austernbänken bei der Doggerbank hatten sie gefischt. Sie trieben tagelang auf offener See und hatten sich selbst schon aufgegeben. Jokob lag nur noch in der Koje. Jouchen raffte sich noch einmal auf und sagte zu Jokob: «So, Jokob, wenn wi nu noch wedder no Huus wüllt, denn stoh up, anners is dat all mit uns.» Jokob ging an Deck, und in dem Moment schoß das Feuerschiff Elbe I. Da sagte Jokob: «Nu weet wo 'k bün!» Er löste Jouchen am Ruder ab, und sie kamen glücklich nach Hause.

Bei einem anderen Sturm war die See so groß (hoch), daß beide unter Deck bleiben mußten. Die gesamte Takelage war schon abgerissen und verschwunden. Ein sehr schwerer Brecher warf das Schiff kieloben, so daß der Ballast auf der Kojendecke lag. Das sagte Jokob: «Herrgott, wenn du helpen kannst, dann warrt dat Tiet.» Da brach der Mast, und das Schiff richtete sich wieder auf.

Die Reparaturkosten waren so hoch, daß zumindest Jokob seinen Anteil nicht bezahlen konnte. Er ging daraufhin zu seinem Schwiegervater Hans Mewes, der von seinem Vater, über den man tuschelte, daß er der reichste Mann von Finkenwerder gewesen sein soll, ein kleines Vermögen geerbt hatte. Dessen Kinder hätten «winterdaags» mit dem Geld auf dem Fußboden gespielt. Jedenfalls hatte er vielen Bauern damals Geld geliehen zum Auszahlen bei Erbauseinandersetzungen. Hans half sofort, er gab seinen drei Kindern 2000 Mark in Gold, so daß jeder 666,65 Mark erhielt. Nach damaligem Geld waren das hundert Goldstücke zu 20 Mark mit einem Gesamtgewicht von 716 g Feingold! Die beiden Schwiegersöhne mußten die Summen auf einer Quittung unterschreiben.

Jokob Bahde
Ölgemälde von einem unbekannten Künstler.

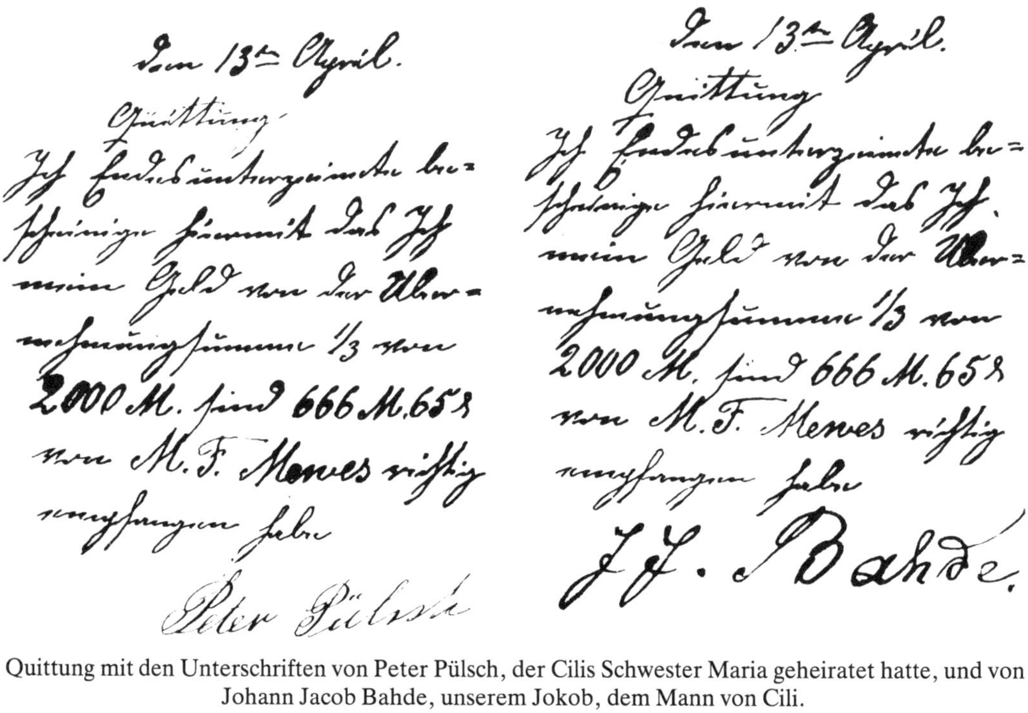

Den 13ten April.
Quittung.
Ich Endesunterzeichnete bescheinige hiermit daß Ich mein Geld von der Übernehmungsumme 1/3 von 2000 M. sind 666 M. 65 ₰ von M. F. Mewes richtig empfangen habe
Peter Pülsch

Den 13ten April.
Quittung
Ich Endesunterzeichnete bescheinige hiermit daß Ich mein Geld von der Übernehmungsumme 1/3 von 2000 M. sind 666 M. 65 ₰ von M. F. Mewes richtig empfangen habe
J. J. Bahde.

Quittung mit den Unterschriften von Peter Pülsch, der Cilis Schwester Maria geheiratet hatte, und von Johann Jacob Bahde, unserem Jokob, dem Mann von Cili.

Am 29. Dezember 1909 schwor Jokob den Bürgereid und erwarb das hamburgische Bürgerrecht. Mit 50 Jahren, 1910, machte er Schluß mit der Seefahrt und arbeitete im Hafen auf einem Bagger. Viele Finkenwerder Fischer waren bis zu ihrer Pensionierung im Hafen beim Staat angestellt.

Nach seiner Pensionierung übernahm Jokob zusammen mit seinem Schwager Martin Mewes sowie Hannes Holländer und Hinnik Külper – «Groot Kürber» – die Bootsfähre von Finkenwerder nach Waltershof. Er besserte damit seine kleine Rente auf.

Jokob am Ruder, vorne in der Fähre sein Schwager Martin Mewes

Die Fähre wurde später von Hannes Meier übernommen, der die Arbeit zuletzt seinem Schwiegersohn Jan Niemann überließ.

Jokob und Cili hatten sechs Kinder, dafür bekam Cili später das «Mutterkreuz». Hans starb als Kind im Alter von sechs Jahren durch einen Sturz von der Treppe am Steendiek. Jacob, der Tischler gelernt hatte, fiel im Ersten Weltkrieg. Die vier Töchter verheirateten sich: Margaretha mit dem Maurermeister Johannes Oehms, Catharina mit dem Elektriker August Graepel aus Metz, Silvia mit dem Schiffer Alfred Wulf, und als dieser im Zweiten Weltkrieg fiel, mit dem Schiffer Johannes Simonsen. Tusnelda heiratete den Fischräucherer John Wulf.

Jokob neben seinem Haus am Steendiek 24 a

Eine der letzten Aufnahmen von Cili. V. l. n. r.: Urahne Cili, Großmutter Margaretha Oehms, geb. Bahde, Mutter Paula Meier, geb. Oehms, mit Kind Rudolf Meier, dem Verfasser

Jokob mit seinen Enkelinnen Paula Meier, geb. Oehms, und Grete Rinne, geb. Graepel, in einem Gartenlokal

Jokob fuhr auf seine alten Tage regelmäßig mit seinen Enkeln zum Hamburger Dom, führte sie auch mal in eines der Gartenlokale an der Elbchaussee. Auch auf dem Süllberg und in Hagenbecks Tierpark war er mit ihnen anzutreffen. Im Alter von 76 Jahren starb er am 30. Mai 1936.

Cili wohnte nach Jokobs Tod im vierwöchentlichen Wechsel bei einer ihrer vier Töchter. Am 30. März 1945 kam sie bei einem Bombenangriff ums Leben, als sie bei ihrer Tochter Katharina «upp'n Ness» war und den dortigen Pilzbunker aufgesucht hatte, der unglücklicherweise getroffen wurde.

Diese Biographie beruht auf Urkunden der Familie und Zeugenaussagen, besonders von Margaretha Oehms, geb. Bahde, Grete Fischer, geb. Mewes, und Gesine Barghusen, geb. Butendiek. Die Redewendungen der berichtenden Personen wurden möglichst wörtlich so belassen. Auch nicht so interessant klingende Passagen wurden von dem Verfasser mit übernommen, um die spärlichen Lebensskizzen der vor weit über hundert Jahren geborenen Personen abzurunden und parallellaufenden Sippenforschungen die Möglichkeit zum «Einhaken» zu geben.

Als gedruckte Quellen wurden benutzt:

Denkwürdigkeiten der Elbinsel Finkenwerder sowie der benachbarten Eilande und Ortschaften. Herausgegeben von Friedrich Wilh. Bodemann, Pastor zu Finkenwerder, Hamburg-Harburg 1860.

Vom Pfahlewer zum Motorkutter, von G. Timmermann, in Schriften der Bundesforschungsanstalt für Fischerei/Hamburg, 3. Band, Berlin 1957.

ACHT SCHILLING

Prot. 3. Pag. 291.

Formular,

zu welchem E. E. Raths und der Stadt Hamburg Schutz-Verwandte in den Vorstädten und im Landgebiete, mittelst Eides, sich zu verpflichten haben:

Ich lobe und schwöre zu GOTT, dem Allmächtigen, daß ich E. Hochw. Rath und dieser Stadt will getreu, hold, gewärtig und gehorsam seyn, keine Unruhe, Tumult oder Aufstand wider Hochgedachten Rath und die Stadt, mit Worten oder Werken, anrichten, oder daß solches mit meinem Wissen durch andere geschehe, gestatten, sondern solches so fort dem mir vorgesetzten Land-Herrn anzeigen, mein Schutz-Geld alljährlich, und die übrigen mir angemutheten Pflichten zu rechter Zeit gebührend abtragen, so lange ich in dieser Stadt Schutz und dessen nicht entlassen bin, in keine fremde Dienste und anderweitige Pflichten mich begeben, vielmehr dem hiesigen Gerichts-Zwang jederzeit mich stellen und unterwerfen, und diesem allen getreulich nachkommen wolle:

So wahr mir GOTT helfe!

Johann [illegible],

[illegible],

ist zum Schutz-Verwandten angenommen, und hat den Eid geleistet. Das, jährlich gleich nach Ostern auf der Land-Prätur **in grob Courant** zu zahlende Schutz-Geld ist auf drei Mark festgesetzt.

Hamburg, den 20. December 1853.

Arning Dr.

[illegible]

11 Altenwerder und Finkenwerder Notgeldscheine

Verfasser: Rudolf Meier, Finkenwerder

1914, mit dem Ausbruch des Ersten Weltkrieges, begann der Mangel an Kleingeld. Aus Angst vor einem russischen Einmarsch schaffte der Staat im Osten des Reiches das Hartgeld nach Berlin zurück, um es nicht in Feindeshand fallen zu lassen. Die Gold- und Silbermünzen wanderten in die Sparstrümpfe. Was die Hamsterer übrigließen, kam in die Tresore der Reichsbank. Schließlich wurden auch Nickel- und Kupfermünzen als kriegswichtiges Material eingeschmolzen. Ein Mangel an Kleingeld war die Folge.

Noch im ersten Kriegsjahr 1914 begann der Druck von Papierkleingeld für Privatleute, Firmen und Gemeinden. Ermächtigt durch einen Erlaß aus Berlin, wurden die «Ersatzwertzeichen» in den Ortschaften geduldet. Was anfangs Kleingeldersatz war, wurde später zum bunten Sammelobjekt. Das Geschäft begann, kein Ort mochte zurückstehen. Über 100 Druckereien fertigten in den folgenden zehn Jahren rund 8500 Serienscheine und weit über 100000 verschiedene Notgeldscheine. Ein Großteil der Banknoten wurde bis zum Einlösungstag nicht zurückgegeben. Tausende wurden so verdient, die in die Gemeindekassen flossen. Bald gingen die Druckereien daran, auf eigene Rechnung zu drucken. Sie kauften Namen von kleinen Ortschaften oder erfanden einfach welche, die auf keiner Landkarte zu finden sind. Solche «Notgeldposten» wurden dann von gewissenlosen Zwischenhändlern gleich wagenweise zu einem Bruchteil des aufgedruckten Wertes an den Einzelhandel verkauft.

Am 1.11.1921 begann auch Altenwerder zusammen mit Finkenwärder sechs verschiedene Notgeldscheine zu je 50 Pfennig herauszugeben, die bereits am 31.3.1922 wieder eingelöst werden mußten. Der Druck wurde von der Firma Dr. Linnemann & Co. GmbH in Köln ausgeführt. Durch die Unterschriften von Flügge, Gemeindevorsteher und Molkerist, Prien, Beigeordnetem für Altenwerder, sowie von Fock, Gemeindevorsteher, und Paul Detels, Beigeordnetem und Landwirt, für Finkenwerder galten die Banknoten als «abgesichert».

Die Diskussion der Groß-Hamburg-Frage wurde das Thema der Rückseite der Notgeldscheine. Die Bewohner von Altenwerder und des Lüneburger oder preußischen Teils von Finkenwerder befürchteten bereits damals, mit in den Sog der Hansestadt zu geraten. (Erst am 1.4.1937 kamen beide zu Hamburg.) Die Bevölkerung fühlte sich gerade in dieser Hungerzeit zwischen Kriegsende und Beginn der Inflation ausgebeutet und ausgesogen von der verschuldeten Hansestadt.

Der Künstler Lütckens führt dieses Thema mit Hilfe einer Milch-Schlauch-Leitung direkt vom Kuheuter in die Stadt, einer «Apfel-Luftpost» und mit der Fischversorgung für die Hamburger Bevölkerung vor.

Die Hansestadt wurde als großmäulige Kröte mit quallenartigen Klauen, als besitzergreifende, gierige, teuflische Kralle oder als eine Gestalt aus Teufel und Wassermann dargestellt.

Eine Banknote würdigt Gorch Fock mit seinem Portrait in Marineuniform. Ein Vers von ihm zu dem damals wie heute aktuellen Thema der Aufspülung zugunsten der Hamburger Hafenerweiterung lautet:

«Sien'n Diek könnt se verschütten, sien'n Mot verschütt se ne:
Finkwarder blift Finkwarder un geiht ne van de See!»

30
Gutschein der Gemeinden
Altenwerder u Finkenwärder
Dieser Schein verliert seine Gültigkeit am 31 März 1922
Altenwerder, den 1.11.21
Finkenwärder, den 1.11.21

22 Aug. 1880
S.M.S. WIESBADEN
1. Juni 1916
Gorch Fock
„Sien'n Diek könnt se verschütten, sien'n Mot verschütt se ne:
Finkwarder blift Finkwarder un geiht ne van de See!"

50 Pfg.
50 Pfg.
MILCH
Obst
ALTENWERDER
FINKENWÄRDER
Groot Hamborg will gern översnappen,
" Uns Inseln as nen fetten Happen!"

50 Pfg.
50 Pfg.
Altenwerder
Finkenwärder
Hamborg Du uns Nachborstadt
De mookt wi mit Melk, Fisch un Appeln satt!

50 Pfg.
50 Pfg.
MILCH
ALTENWERDER
FINKENWÄRDER Obst
„Ach wenn Du wärst mein Eigen!"

50 PFENNIG
50 PFENNIG
Milch
Altenwerder
Finkenwärder
Groot Hamborg, Groot Hamborg,
so schreest Du ganz fix, över Dien Schulden
De kringt uns man nix!

50 Pfg.
50 Pfg.
MILCH
„Nur kein Neid & Wer hat der hat!"

12 Die Finkenwerder Künstler

Verfasser: Kurt Wagner, Finkenwerder

Zu diesem Thema möchten wir einmal als echte Elbinsulaner die Szene betrachten.

Wir sprechen gern von unseren Künstlern. Es gibt eine Reihe, die über Finkenwerder Grenzen hinaus bekannt wurden, wie Gorch Fock, Rudolf Kinau, Arthur Siebelist, Eduard Bargheer, Paul Lüders und Jan Horstmann.

Sie alle haben uns viel gegeben. Wir verehren auch eine Reihe von kreativen Mitmenschen, die es immer wieder verstanden, die Talente unserer Elbinsel anzusprechen und sie der Kunst ein wenig näherzubringen. Im Bereich der Musik war es Jonni Simonsen, der es immer wieder verstand, die klassische Musik zum Inhalt seines Musikunterrichts zu machen. Im Bereich der Kunstmaler waren es mehrere Männer. Da war der Altenwerder Kunstmaler Johannes Holst, der eine große Zahl schöner Schiffsmotive machte. Es gibt in Finkenwerder so etwas wie einen Holst-Bazillus. Er ist fast für alle Marinemaler ein großes Vorbild. Als leidenschaftlicher Segler hat er sich seine Segel von dem Segelmacher August Meier anfertigen lassen. Nicht selten hat er seine Segel in Kunst bezahlt. Bei der Familie Meier hängen im Wohnzimmer viele schöne Holst-Bilder. Da hatte Finkenwerder den, in Hamburg ausgebombten Maler und Graphiker Walter Mensch, der durch sein Fachwissen und seine nette sympathische Art den Nachwuchs begeistern konnte. Da war der alte Hinrich Stroh, dem man beim Malen und beim Erzählen stundenlang zusehen bzw. zuhören konnte.

Schon kurz nach der Währungsreform gab es eine Gruppe, die mit ihren Bildern an die Öffentlichkeit traten. Es waren Anna und Martin Andersch, Walter Drews, Jan Horstmann, Walter Mensch und Hannes Schäfer.

1986 hat Finkenwerder so etwas wie eine kleine Kolonie von Künstlern. Mit Kunstwerken aus Keramik begeistert Birgit Sokollek ihre Kunden. Die Töpferarbeiten von Susanne Kinau sind sehr gefragt. Mit Peter Baron hat die Insel einen sehr begabten Drechsler.

Die Kunstmaler haben sogar ein Atelier im Herzen der Finkenwerder Altstadt am Garnstück. Das Atelier Schultz hat einiges zu bieten. In einigen Ausstellungen hat der 1947 in Altona geborene Werner Schultz mit Motiven unserer Norddeutschen Landschaft beweisen können, daß er zu den Talenten dieses Fachgebietes gehört. Man findet bei ihm Graphiken, Radierungen, Aquarelle und Ölbilder.

Der Steuerberater Peter Hagenah, geb. 01.03.1928 in Altenwerder ist ein Bewunderer der Kunstmaler Johannes Holst und Hugo Schnars-Ahlquist. Er hat sich als Marinemaler einen guten Ruf geschaffen. Seine Ausstellungen waren immer gut besucht. Er hat einen Vetter, den Malermeister Hinrich Stroh. Dieser begann seine berufliche Laufbahn bei dem Malermeister Jan Horstmann. Schon vor Stroh's Lehrzeit hatte sich Jan Horstmann als Kunstmaler voll entwickelt. Der Lehrling war von der künstlerischen Fähigkeit seines Meisters voll begeistert. Er nutzte jede Gelegenheit, um seinem Meister über die Schulter zu schauen. So schreibt er 1986:

Öber mien Lehrmeister Jan Horstmann

An de Elf bi Hamborg, stromaffwärts licht de Elfinsel Finkwarder, de hauptsächlich up de Hamborger Siet von Fischerlüd bewohnt is.

Deren Freuden un Leiden uns Heimatdichter «Gorch Fock» uns indringlich vör Ogen führt hett. De Ewers un Kutters von düsse

Finkwarder Lüd gehürt mit to de charakterlichsten Fohrtüge up de Ünnerelf. An jümmer steten Boo, de swore Tokolosch un an de brunen Seils, kinnt man jüm all von wieden.

Un in ditt Milieu is an 12. 9. 1894 Jan Horstmann an Fischereehoben geboren.

Ans Schooljung har he all een besonderes Verhältnis to Scheep un Woter. He seet oft stünlang ant Fleet un skzzier Ewers un Kutters.

No sien Schoolabschluß het he, wie kannt anners kommen, een Molerlihr in Blanknees antreen. De het he mit Glanz bestohn het.

Sien Gesellentied, deelwies in Süddütschland, wör unnerbroken dörch den 1. Weltkrieg. See end mit een swore Kriegsverletzung för em. Doch den Moot het he nich verlorn, he bild sick wieder mit Erfolg up de Kunstgewerbeschool in Hamborg. To kunn man seggen, begünn sien grode Tied ans Marine- und Landschaftsmoler.

Trotz sien Selbständigkeit ans Molermeister, hett he jümmers des Tied funnen sick to verwirklichen. Grod Deel von sien hervorragenden Biller sünd nicht bloß in Finkwarder, sondern ook int Utland to bewunnern. Sien Hobenbiller ziehrt so manches Reedereekontor.

Dörch sien Können un Beherrschung veeler Moltechniken sünd ünner siene Hann nich bloß Ölbiller, ook Fedderteknungen un Aquarelle entstohn. Doch sien grode Leef gill de Morinemoleree.

Paul Horstmann, sien Söhn, geb. am 14. 8. 1922, stünn sien Vadder nix no. He har een besondere Begabung in de Portrait-Moleree.

Doch sien junges Leben wür nich von Duer. Als junger Soldot is he an 28. 3. 1945 falln. Düsse schlimme Wohrheit hett Jan Horstmann wull nie ganz öberwunnen.

Hinrich Stroh ist inzwischen ein bekannter Marinemaler. 1976 gewann er mit seinem in Öl gemalten Bild von der Gorch Fock einen von der Bild-Zeitung ausgeschriebenen Wettbewerb. Der Lohn für ihn und seine Frau war

eine Reise nach und durch Südamerika. Sein Bild ziehrt eine Briefmarke von Paraguay. Sein Talent könnte er von seinem Vater Hinrich geerbt und an seinen Sohn weitervererbt haben. Sohn Hinrich hat durch gelungene Federzeichnungen seine künstlerischen Qualitäten angedeutet.

Mit seinem Vetter Peter Hagenah verbindet Hinrich Stroh eine herzliche Freundschaft. Der eine steht J. Holst näher; der andere J. Horstmann. Es zeigt sich aber auch, daß beide inzwischen ihren eigenen Stil gefunden haben. Die Mütter dieser begabten Marinemaler heißen mit dem Mädchennamen Oestmann. Aus dieser Familie stammt die 1926 auf der Aue geborene Anna Oestmann. Als Schauspielerin einer Heimatbühne und Autorin kleiner plattdeutscher Geschichten hat sie sich in Finkenwerder verdient gemacht. Mit sehr viel Herz beschreibt sie gekonnt das Leben auf unserer Insel.

Gorch Fock sien Neßkuhl, Gemälde von Arthur Siebelist

Schippswarft Behrens an de Süderelv, een Gemälde vun Paul Lüdders

Original-Briefmarke nach dem preisgekrönten Entwurf aus dem BILD-Wettbewerb: „Wer malt die schönste Gorch Fock?“

SSS GORCH FOCK
zu Besuch im Hamburger Hafen

Imprimé

NORDPOSTA INTERNATIONAL
» Ein Windjammer für Hamburg «
Postfach 1150
2073 Lütjensee

Ein echtes Kind der Aue ist August Pahl. Als leidenschaftlicher Segler hat er alles beobachtet, was mit der Niederelbe, Küste, Schiff und Hafen zu tun hat. Entsprechend sind auch seine Motive. Strohdachhäuser, Deich, Hafen, Schiffe und Wasser findet man in seinen Bildern.

Für ihn ist Malerei nach dem Segeln sein liebstes Hobby. Bei seinem Talent könnte die Malerei für ihn auch einen höheren Stellenwert erhalten. Es gibt zwei Männer, die zur Zeit nicht auf unserer Elbinsel wohnen, sich aber mit ihr durch Graphiken und Bildern immer noch verbunden zeigen.

Aus einer alten Finkenwerder Familie stammt Alwin Groehn. Sein Vater war Uhrmacher. Er wohnte bis zu seinem elften Lebensjahr am Norderdeich. Danach zog er nach Hamburg. Nach seiner Schulzeit studierte er Musik. Seine Liebe für die Malerei entdeckte er recht spät. Die Motive lagen, seinem Beruf entsprechend, bei den Musikdampfern. Von ihm gibt es einige schöne Dampferbilder.

Ein ewiger Gast in Finkenwerder ist der bekannte Graphiker Richard Eriksen. Ein Kanadier aus Paris der regelmäßig nach Finkenwerder kommt. Die Aufenthaltszeit auf unserer Insel bewegt sich zwischen mehreren Tagen und mehreren Monaten. In seinen Arbeiten findet man alle Motive unserer Umwelt wieder.

Wir haben auf unserer Insel noch weitere Talente. Es ist nur zu wünschen, daß sie auch in den nächsten Generationen nicht aussterben.

Eine Zeit auf der Elbinsel Finkenwerder ohne Kunst möchten wir keinem wünschen.

HF 192 ünner vulle Seils, een Gemälde vun Johannes Holst

Finkwarder Landungsbrück an't Stack, een Gemälde vun Jan Horstmann

Altnoer Fischmarkt, een Gemälde vun Jan Horstmann

Twee Generationen vor de Elv, een Gemälde vun Hinrich Stroh

De Rickmer Rickmers, een Gemälde vun Peter Hagenah

Up de Werft von Jochen Behrens, een Aquarell vun Werner Schultz

13 Ein Mensch, ein Künstler – der Galerist Walter Mensch

Verfasser: Kurt Wagner, Finkenwerder

Wenn wir, als Finkenwerder, auswärtigen Gästen die Hansestadt Hamburg zeigen möchten, gibt es Standardziele: den Hafen, die Altstadt, die Alster, Pöseldorf, Oevelgönne, Blankenese, das Rathaus, den Michel und die Kramer-Amtswohnungen mit der Galerie Mensch. Der heutige Besitzer der Galerie, Bernd Mensch, hat in Finkenwerder seine Jugendjahre verbracht und freut sich immer, Gäste von der Elbinsel begrüßen zu können. Er war stets ein guter Gastgeber und hat, wenn es seine Zeit erlaubte, den Gästen die bei ihm ausgestellten Bilder vorgeführt.

In seiner ruhigen Art erinnert er an seinen Vater Walter Mensch, der diese Galerie aufgebaut hat. Für die Finkenwerder war er der nette Künstler, der seinen Arbeitstag mit einer Dampferfahrt von Altona nach Finkenwerder abends um 21.00 Uhr abschloß. «De Künstler von neegen Damper». Er hatte in Finkenwerder viele Freunde. Sein Lebenslauf gleicht einem Roman.

Er wurde am 12.06.1912 in Künzelsau geboren und lebte seit seiner frühesten Jugend in Hamburg. 1939 heiratete er seine Frau Irmgard.

Er hatte immer den Wunsch, Kunstmaler zu werden. Die wirtschaftlichen Verhältnisse erlaubten es ihm nicht, eine Kunstakademie zu besuchen. Er malte ohne Ausbildung in jeder freien Minute mit Farben.

Im Jahr 1943 wurde er in Hamburg ausgebombt und fand danach in Finkenwerder eine neue Heimat. 1946 begann er sich als Schilderhersteller selbständig zu machen.

In der schweren Zeit nach dem Krieg unterstützte ihn seine Frau nach besten Kräften; sie übernahm die Herstellung der Schilder und ermunterte ihn immer wieder zum Malen. Er hatte in seiner Werkstatt viele Freunde zu Besuch, die ein «gewisses Etwas», ein Boheme vermittelten.

Nach dem Umzug in eine größere Werkstatt am St. Pauli Fischmarkt, die vorher eine Maschinenfabrik beherbergte, gab es dort eine herrliche Atmosphäre, gemischt mit dem Geruch von Fischen und Hafen.

Zum Geburtstag seiner Frau am 16.8.61 baute er einen Raum zu einem Ausstellungsraum aus. Der Charakter einer Maschinenbau-Werkstatt blieb erhalten.

Eine gesamte Kollektion seiner Bilder befand sich in dem Ausstellungsraum und fand die Beachtung seiner Besucher. Im Februar 1962 wollte er mit seinen Bildern zu einer Ausstellung nach München. Durch ein Versehen des Spediteurs, der den Transport eine Woche zu früh durchführte, wurden die Bilder vor der Flutkatastrophe am 17.2.62 gerettet.

Von München aus ging die Ausstellung nach Frankfurt. Statt einer Bezahlung für die Ausstellung vereinbarte er mit den Leitern der Galerien eine Gegenausstellung ihrer Arbeiten. Es kam zur ersten Ausstellung am Fischmarkt, in dem bereits ausgebauten Raum, der während der Ausstellungseröffnung «Atelier Mensch» getauft wurde. Die Eröffnung wurde mit ca. 60 Personen bei Bier, Korn, Rollmöpsen und hartgekochten

Hoher Besuch am Hamburger Fischmarkt

Eiern gefeiert. Die Veranstaltung hatte ein positives Echo, und der Gedanke an eine «richtige Galerie» ließ ihn nicht mehr los. Er hatte auch den Eindruck, ein Publikum, das bis dahin desinteressiert an bildender Kunst war, angesprochen zu haben.

Die Besucher fühlten sich geradezu wohl und diskutierten stundenlang mit einer Flasche Bier in der Hand, eine Zigarette in der anderen.

Den Hunger stillten sie mit Rollmöpsen, und aus den Lautsprechern wurden sie von Schallplattenmusik berieselt. In dieser Galerie konnten sich künstlerisch einfache Menschen mit der Kunst auseinandersetzen. Sie brauchten nicht zu befürchten, daß man ihre Unkenntnis entdecken würde.

Die Gäste wurden beim Betrachten der Bilder und Plastiken auch in der Plattdeutschen Sprache angesprochen. Er entschloß sich, das «Atelier Mensch» zu einer ständigen Galerie zu machen. Das Echo bei den völlig neuen Schichten des Kunstpublikums, bei der Presse, nahm von Ausstellung zu Ausstellung zu, sogar das Fernsehen und der Rundfunk begann sich für die Galerie zu interessieren. Während der Eröffnungsfeiern gab es immer Bier, Korn, Rollmops und hartgekochte Eier.

Das «Atelier Mensch» wurde zu einer Einrichtung, die die Kunstszene Hamburgs beeinflußt hat. 1974 siedelte das «Atelier Mensch» vom Fischmarkt in die Kramer-Amtswohnungen um.

«Neue Kunst unter alten Giebeln» und andere treffende Überschriften der Hamburger Presse könnten eine Anerkennung sein. Die Besuche namhafter Künstler oder Politiker, wie der Bundespräsident Walter Scheel und Bürgermeister Prof. Weichmann, könnten eine Bestätigung sein, daß der arbeitsreiche Weg des Kunstfreundes Walter Mensch der richtige war. Im Jahr 1980 verstarb Walter Mensch.

14 Johannes Holst – der Maler der Segelschiffe

Eine Lebensskizze von Rudolf Meier, Finkenwerder

Johannes Holst – in Altenwerder nur «Hans-Unkel» genannt, da er als Nachkömmling bereits im Kindesalter Onkel geworden war – wurde am 22. Oktober 1880 in Altenwerder geboren. Sein Vater war der Schiffer Peter Holst, «Grooßvadder Kühl», geb. 15. 2. 1839, gest. 7. 12. 1925, seine Mutter Marlene Margarethen geb. Flügge, geb. 1. 12. 1838, die aus dem Hause am Bahndamm stammte. Sie starb 1897.

Schon als Kind malte Hans Holst gerne die Fischerfahrzeuge mit Buntstiften, weswegen ihn sein Vater bei dem Malermeister Julius Lüdders in Finkenwerder in die Lehre gab. Hier lernte er Dekorationsmaler und erhielt weitere Anstöße für seine Malerei. Sein Meister Julius Lüdders und besonders dessen Bruder Hinrich Lüdders hatten es in der Portrait- und Kapitänsbild-Malerei zu beachtlichen Ergebnissen gebracht. Noch bevor Holst seine Lehre beendet hatte, er war gerade 17 Jahre alt, starb seine Mutter an Schwindsucht.

Holsts frühe Portraitsmalerei aus dieser Zeit bis um 1900 sowie seine vielfältigen Motive aus der Natur haben ihren besonderen Reiz. Er liebte sie sehr und versuchte sie später gegen seine großen Seestücke zurückzutauschen.

Seine Seebilder zeigte Hans Holst 1903 dem Professor Schnars-Alquist, der damals als Marinemaler Kaiser Wilhelms II. auf dem Höhepunkt seines Erfolges stand. Von dessen zunächst niederschmetternden Urteil ließ er sich allerdings nicht beeinflussen. Noch im selben Jahr wurde der Professor jedoch zugänglicher und schlug ihm vor, seine Bilder dem Hamburger Kunsthändler Ehrenreich anzubieten. Der Erfolg kam überraschend; der Händler zahlte dem Dreiundzwanzigjährigen 100 Mark für ein Bild und ermutigte ihn, für seine Galerie weitere Seestücke zu malen.

Mit der Vorstellung seiner Bilder an die Öffentlichkeit war der Grundstock für seine Lebensarbeit gelegt. Er gab die Dekorationsarbeit auf und machte sich in Altenwerder selbständig. Nun widmete er sich ganz seiner Malerei, der Vervollkommnung, Wasser und Himmel in fotografischem Realismus auf die Leinwand zu bringen.

Hans Holst.
Ein Foto aus der Zeit seiner ersten Erfolge

Sein großes Vorbild war der dänische Maler Melby (1818–1875). Eins von dessen übergroßen Gemälden hat er bis ins kleinste kopiert. Es hing jahrzehntelang im Atelier seines Hauses.

Damit erschöpfte sich aber die Verbundenheit des großen Malers mit der See nicht. Er befaßte sich zum Ausgleich ebenso intensiv mit der Schiffahrt. Bereits als Kind fuhr er mit seinem Schwager während seiner Schulferien auf dessen Ewer LL 52 zum Fischfang auf die Nordsee.

Später wurde er Sportsegler, fertigte Buddelschiffe an und baute Schiffsmodelle. Im Treppenhaus zum Obergeschoß seines Hauses hing ein auf Spanten gebautes Segelschiffmodell mit voller Takelung von über einem Meter Länge. Holst entwarf nebenher Baupläne von Jachten mit dem Ziel, die ideale Stromlinie zu finden. Von den vielversprechendsten Formen stellte er Schiffsrumpfmodelle her. Sie wurden im Gezeitenstrom des Köhlbrands von ihm auf ihre Zugwirkung mit Hilfe einer Briefwaage gemessen. Nach dem Rumpf mit dem geringsten Widerstand baute er für sich in seiner Kellerwerkstatt in elfwöchiger Arbeit seine Jacht. Nach Fertigstellung stellte es sich allerdings heraus, daß sie zu breit war und nicht aus der Tür ging. Ihm blieb nichts anderes übrig, als ein Stück der Kellerwand rauszuschlagen. Die Jacht galt noch nach Jahren als der schnellste Segler auf der Niederelbe.

Seine zweite, noch verbesserte Jacht mit dem Namen «MIA LISA» errang so manchen Sieg in den vielen von ihm bestrittenen Regatten. Auf die silbernen Siegesplaketten legte er keinen besonderen Wert. Er zersägte sie in Teile für seine Bastelarbeiten.

Holst war vielseitig begabt. Eine weitere Leidenschaft war die Musik. Seitdem er in jungen Jahren auf dem Boden eines Nachbarhauses ein altes Klavier entdeckte und sich das Spielen auf diesem Instrument selbst beigebracht hatte, ließ ihn die Musik nicht wieder los. Durch die Reparatur einer Geige kam er zum Geigenbau. Er besorgte sich alte Möbel von entsprechendem Klangholz und baute einige Geigen in der Art des 17. Jahrhunderts, die täuschend den Klang berühmter italienischer Instrumente hervorbrachten. An die 200 Musikinstrumente hat er in seinem langen Leben gebaut, darunter Bratschen, Gamben, Celli und ein Harmonium. Sie wurden bis nach den USA verkauft.

Später kaufte er einen Flügel und spielte als Ausgleich zu seiner Malerei Werke von Bach und Beethoven, die er besonders liebte.

«Hans-Unkel» vor der Staffelei in seinem Atelier

Jahrzehnte hat Holst an sich gearbeitet, bis er die naturgetreue Wirklichkeit von Wasser und Himmel erreicht hatte. Das Wissen, das er sich durch Schiffbau und Sportsegeln angeeignet hatte, machte es ihm möglich, die Segler in maßstäblicher Naturtreue, seemännisch korrekter Takelung und mit richtiger Segelstellung zu Windstärke und -richtung und mit natürlicher Wiedergabe von Wolken, Dünung und fliegendem Gischt auf den Wellenkämmen auf die Leinwand zu bringen. Inzwischen konnte er sogar Schnars-Alquist zumindest in diesem Punkt einige Ungenauigkeiten nachweisen.

Genau das war der Grund, warum Kapitäne sich ihr Schiff von Holst malen ließen. Bald gehörte es bei den Reedereien in Hamburg zum guten Ton, einen Holst in den Kontoren hängen zu haben.

Holst malte weit über tausend Bilder, die in die ganze Welt, bis nach Kapstadt und den USA, verkauft wurden. Wie kein zweiter hat er die Romantik der Segelschiffe aus einer vergangenen Zeit in die Gegenwart hinübergerettet.

Von einem so ruhigen Volksschlag wie den Altenwerder Schiffern und Bauern, aus dem seine Vorfahren kamen, ist ein so vielseitig begabter Künstler eigentlich kaum zu vermuten; aber Talente schlummern eben oft nur, bis sie eines Tages geweckt werden.

Er sagte von sich: «Es war ein glückliches Leben, ich habe immer nur das gemacht, was mir Spaß machte.» Selbst im hohen Alter von über 80 Jahren hat er mit seiner jungen Freundin noch den Dorfklatsch belebt. Am 3. Juli 1965 ist er im Alter von 84 Jahren gestorben.

Ölgemälde in Farbe s. S. 134

15 Gorch Fock – Sein Leben und Werk

Verfasser:
Buchhändler und Verleger Erich Könnecke, Hamburg

Heute noch befindet sich an der Haustür am «Nessdeich» das längliche Porzellanschild «HEINRICH KINAU. SEEFISCHER». Gorch Fock schenkte es einst seinem Vater. – Eines der letzten Häuser auf dem Deich! Gorch Focks Elternhaus. Am schönsten Fleck, damals weitab vom Lärm des kleinen Eilands, angesichts der breiten Elbe. Endlos gleiten die Schiffe stromauf, stromab.

Gorch Fock glich seinem Vater Zug um Zug! Nur das Dichten gab ihm seine Mutter. Gorch war der älteste Sohn des Seefischers Heinrich Kinau und seiner Frau Metta Holst. Er wurde am 22. August 1880 auf Finkenwerder geboren. Die Jugend des kleinen Klaus Störtebeker in der «Seefahrt» ist von ihm erlebt; sie hat seinem späteren Leben Halt und Richtung gegeben. – Eine ganz starke Liebe zog ihn zu seinem Vater. Fuhr der mit seinem Ewer in See, dann stand der kleine Jan auf dem Deich und weinte und stand noch, verträumt und trostlos, wenn er das Schiff längst aus den Augen verloren hatte. Und wachte er eines Nachts auf und hörte seinen Vater sprechen, wußte er, daß er wiedergekommen war, dann rannte er zu ihm. Und am Morgen ging's dann auf den stolzen, großen Ewer hinaus, der 1876 auf der Werft von Behrens als erster gebaut war.

Für den Vater war es selbstverständlich, daß dieser Jan, sein Ältester, einmal Fischer wurde. In des Jungen Kindheit lag bei Schulau ein Feuerschiff. Das war bei ganz klarer Luft zu sehen – und da, wo es lag, fing für ihn die See an, und seine Sehnsucht. Oder er nahm das Ruderboot seines Vaters und fuhr auf die Elbe oder ging auf den Ewer und spielte Schipper.

Der liebste Gefährte seiner Kindheit und Jugend war Hinnik Wriede. Ein ungleiches Paar: der lange Hinnik und der kleine Jan. «Du kanns vör Klokheit ne wachsen», riefen sie ihm auf dem Deiche nach.

In der Klasse saß er immer als erster. Eine glückliche Mischung von Finkenwerder Ernst und Altländer Fröhlichkeit steckte in den Kinaus, auch in Gorch Focks Geschwistern, zwei Brüdern, Rudolf und Jakob, und zwei Schwestern, die nach ihm geboren waren. Die Finkenwerder selbst fanden, daß die Kinaus alle «einen bannigen Kupp» hätten.

Der Vater hatte mancherlei Unglück in seinem Beruf. Er konnte nur wenig Lohn zahlen und hatte daher oft zu wenige Leute an Bord.

Die Mutter half unermüdlich, sparte und schaffte, und auch der Vater arbeitete, wenn er nicht auf Fischfang aus war, auf seinem kleinen Feld.

Die Eltern erhofften von dem begabten Ältesten Besonderes, und um ihm Gelegenheit zu geben, im Leben weiterzukommen, schickten sie ihn in seinem 15. Lebensjahre, nach Verlassen der Westerschule in Finkenwerder, zu seinem Onkel nach Geestemünde in die Lehre. Der Junge litt unter diesem neuen kümmerlichen Leben, und heftiges Heimweh überkam ihn nach dem «Neß» und nach der Elbe.

Nach 2½ Jahren wurde es ihm endlich durch einen Verwandten ermöglicht, die Handelsschule zu besuchen. Durch eiserne Energie gelang es ihm, in sechs Monaten nachzuholen, was er in 1½ Jahren versäumt hatte! In der Schule fiel er bald auf; er wurde aus der dritten in die erste Klasse versetzt.

Dann glückte es ihm, eine Stelle als Schreiber eines Speditionsgeschäfts in Bremerhaven zu bekommen und nach kurzer Zeit in einer Warengroßhandlung in Meiningen zweiter Buchhalter zu werden.

Die geldliche Not seiner Eltern erweckte eine starke Sehnsucht nach ihnen, weckte gleichzeitig das drängende Gefühl, ihnen ihr schweres Leben zu erleichtern. Er tröstete in Briefen, als der Vater wieder mit Geschirr und Leuten Unglück hatte. Er schickte einen Teil seines spärlichen Einkommens nach Finkenwerder.

Es gelang ihm auch nach einiger Zeit, in der Handelsschule im Briefeschreiben zu unterrichten, so daß sein Verdienst doch etwas vergrößert wurde, und nun konnte er auch gelegentlich ins Hoftheater gehen. Diese Theaterbesuche wurden seine neue Welt! Schließlich stand er fast jeden Donnerstag und Sonntag auf der Galerie. Er sah Dramen von Shakespeare, Grillparzer, Ludwig, Freytag, Heyse, Goethe, Hebbel und Ibsen.

Diese Erlebnisse, dann auch das zeitweise heftige Heimweh nach dem Norden und seinem gesunden Plattdeutsch weckten in ihm den Drang zu schaffen, und er fing an, schöpferisch, literarisch tätig zu werden.

Nach einjährigem Aufenthalt in der Fremde ging er nach Bremen, das ihm wieder viel Arbeit brachte. Dann aber führte ihn sein Weg nach Halle und vollendete hier drei Jahre, was Meiningen geweckt hatte. Im Geschäft war er schweigsam und gewissenhaft. Aber seine literarischen Pläne nahmen festere Formen an.

1904 kam er nach Hamburg. Am Weihnachtstage reiste er an.

In Hamburg hoffte er Freiheit und Schaffensmöglichkeit zu finden. Er war in der Heimat, aus der er schöpfen konnte. In Hamburg, wo Gorch Fock nach Ablauf eines Jahres bei der «Hamburg-Amerika-Linie» der «HAPAG» angestellt wurde, hat er an Arbeitsbetätigung fast Übermenschliches geleistet. Von 9–17 Uhr im Geschäft tätig, blieben ihm für seine literarischen Arbeiten nur die Abend- und frühen Morgenstunden. Oft stand er morgens um ½ 4 Uhr schon auf, um zu schreiben, im Winter in Decken gehüllt, weil das Zimmer nicht geheizt war – oft schon um 3 Uhr, wenn er nicht mehr schlafen konnte. Er lernte Sprachen: englisch, französisch, dänisch, holländisch.

Im Jahre 1908 heiratete er Rosa-Elisabeth Reich. Eine kleine Wohnung war es nur. Zwei Zimmer! Nach der Arbeit des Tages wurden es ruhige, glückliche Abende. Während seine Frau nähte, las er ihr vor: Storm, Lenau, Hebbel, G. Falke – Tasso, Werther, Faust.

Andere Abende brachten stark erlebte Spaziergänge an Elbe, Alster, Bille – brachten Besuch der Geschwister und seiner heute 92 Jahre alten Schwester Katrin, der Finkenwerder Freunde oder auch der Mutter. «Wat'n Upstand, wenn wi mol no Hamborg komt», sagten diese immer, «meist as wenn de Kaiser kummt.»

Den Sonntag verlebten sie auf Finkenwerder im Elternhaus. Ganz allmählich kam sein Schiff in den Wind! Geladen mit Ideen für literarische Arbeiten. 1910 vereinigte Gorch Fock eine Reihe seiner Erzählungen, die bis dahin nur in Zeitungen erschienen waren, anfangs unter den Pseudonymen Jakob Holst und Harm von Riegen, in einem Buch, «Schullengrieper und Tungenknieper». Auf dessen erster Seite stand «Meinem Vater!». Durch dieses 1910 erschienene Buch wurde der Autor bald bekannt. Der Glogau Verlag Hamburg hat das dichterische Werk des Verfassers von diesem Zeitpunkt an betreut.

1911 schrieb er die «Doggerbank», ein einaktiges Drama, mit dessen Vorlesung er in der «Stavenhagen-Gesellschaft» großen Erfolg hatte, und im Dezember 1911 lag zu Weihnachten der «Hein Godenwind», de Admirol von Moskitonien, eine deftige Hamburger Geschichte, in den Buchhandlungen aus. Gorch Focks Name wurde bekannt!

Er wurde in den Vorstand der «Literarischen Gesellschaft» gewählt, man bat ihn häufig um Vorlesungen und Vorträge. Anfangs kämpfte er mit großem Lampenfieber, aber je mehr er sich die Menschen gewann, um so mehr streifte er die Furcht vor dem öffentlichen Sprechen ab.

In dieser Zeit, die ihm in Hamburg seine ersten Erfolge brachte, kamen in Finkenwerder schwere Zeiten für die Familie. Der Vater mußte seinen Ewer verkaufen. Er selbst konnte nicht mehr fahren, weil er nicht mehr die körperlichen Kräfte hatte. Da lag nun eines Tages der Ewer entmastet in Moorburg, mußte sich verstümmeln lassen und wurde als Schute gebraucht. Gorch Fock sah das Schiff eines Tages zufällig am Hafen liegen und mußte sich weinend abwenden, als er es sah, den Traum seiner Kindheit, das schöne, große, stolze Schiff, mit der Register-Nummer «H. F. 125» und dem Namen «Cäcilie». Zu diesem Schmerz kam der fast noch größere, daß der Hamburger Senat beschloß, Finkenwerder dem Staat als Hafen einzuverleiben.

So wuchs ihm jetzt die Widerstandskraft aus dem Erleben des Untergangs seiner geliebten Welt! Sollte «Seefahrt ist not» wirklich nichts als der Schwanengesang Finkenwerders gewesen sein? Was Gorch Fock vorher in frühen Morgenstunden an Erzählungen geschrieben hatte, verblaßte neben diesem starken, großen Buch, in dem er alles gegeben hatte, was an Liebe zu Meer und Wind in ihm steckte. Sein «Klaus Mewes» war die Zusammenfassung aller Finkenwerder, die «Seefahrt» selbst das Hohelied seiner alten Heimat. Innerhalb von zwei Monaten schrieb er dieses Lebenswerk, und 1912 erschien es im Verlag M. Glogau, Hamburg. Gorch Fock hatte einen Riesenschritt vorwärts getan: Dies war Dichterwerk! – Aber fast fürchtete der Autor einen zu großen Erfolg des Buches. Er schrieb damals: «Vielleicht wäre es gar nicht mal das beste, wenn man mich jetzt schon fände! Ich hoffe vielmehr, noch ein Jahr unentdeckt zu bleiben, damit ich mein echtes Lebensbuch schreiben kann! Das Buch soll einfach und groß heißen: ‹Die See›. Der Untergang von Finkenwerder, der gewaltige Lärm des Hamburger Hafens, die Stille der See und alles sollen darin enthalten sein, tiefstes Leid und höchste Lust!»

Gorch Fock und sein Bruder
Rudl Kinau Mai 1916 in Wilhelmshaven

Alles, was Gorch Fock schrieb, war schon in seinem Kopf fertig vor Beginn der Niederschrift. Er hätte auch sonst nicht die «Seefahrt» in einem Monat im Rohbau fertig und in einem weiteren vollendet haben und nicht die beiden Einakter «Doggerbank» (1911) und später die «Cili Cohrs» (1914) in je zwei Tagen schreiben können. Eine erstaunliche Arbeitsleistung! Diese beiden Schauspiele und auch seine «Königin von Honolulu» wurden im Hamburger Thalia-Theater aufgeführt. Dr. Richard Ohnsorg war der Spielleiter. Gorch Focks Freundin Aline Bussmann spielte zumeist eine Hauptrolle. Sie war es auch, die nach dem Tode des Dichters die Werke «Sterne überm Meer» (1917), «Nordsee» (1917) und «Schiff vor Anker» (1920) aus dem Nachlaß veröffentlichte. – 1925 gab der Verlag Glogau dann die große von Jakob Kinau editierte Gesamt-Ausgabe der gesammelten Werke in fünf Bänden heraus.

Sein Stil wurde von Jahr zu Jahr klarer und geformter, jeder kleinste Satz war druckreif!

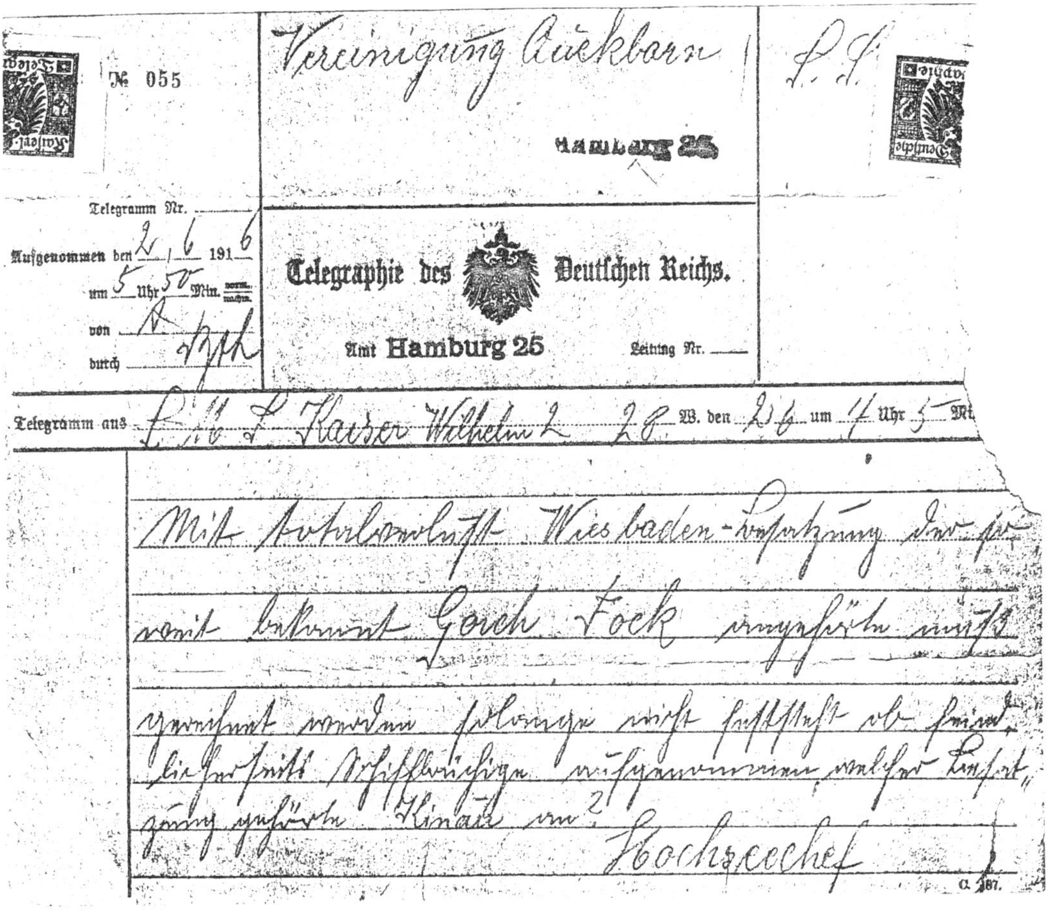

№ 055

Vereinigung Quickborn

Hamburg 25

Telegramm Nr.

Aufgenommen den 2/6 1916

um 5 Uhr 50 Min.

von

durch

Telegraphie des Deutschen Reichs.

Amt Hamburg 25

Leitung Nr.

Telegramm aus S.M.S. Kaiser Wilhelm 2 28 W. den 26 um 4 Uhr 5 M.

Mit ... Wiesbaden- ... Gorch Fock ...

Hochseechef

Verlustmeldung an die Vereinigung «Quickborn», in der über den Tod Gorch Focks in der Seeschlacht im Skagerrak am 31. 5. 1916 vom Hochsee-Flottenchef (Admiral Scheer) berichtet wurde.

Er mußte neue Anregungen haben, neue Welten schauen!

Norwegen brachte ihm große Pläne, reifte in ihm das neue Buch, das er schreiben wollte und von dem er erfüllt gewesen ist bis zum letzten Augenblick. Gelebt hat er dieses Werk unaufhörlich – geschrieben nicht mehr.

Wie ist Gorch Fock gewachsen, Norwegen ist die Krone seines Natur-Erlebens geworden. Wohl schrieb er 1914 noch den prachtvollen Einakter «Cili Cohrs», und er konnte mit seinen vielen neuen Erzählungen zwei Bände füllen, die «Hamborger Janmooten», die 1914 erschienen, und «Fahrensleute» 1915 – aber den großen Lebensroman, «Die See», den Norwegen in ihm erweckte, ist er uns schuldig geblieben.

Vom 21.–28. Mai hatte er nochmals Urlaub. Er spielte mit seinem Jungen Adolf, geb. 1910, seinem kleinen «Störtebeker», schenkte seine liebevolle Zuneigung auch seiner kleinen Metta, geb. 1914, die ihn noch gar nicht bewußt gekannt hatte. Er umfaßte seine Frau mit großer Herzlichkeit – bis zum letzten Sonntag des Abschieds von seinem geliebten Finkenwerder und seiner Familie.

Vom 31. Mai bis zum 1. Juni tags und nachts dauerte diese damals größte Seeschlacht der Weltgeschichte. Drei Tage später, am Mittwoch nach diesem Sonntag, nahm ihn die See. Im Skagerrak, wo auch sein Großvater und Onkel geblieben waren, ist er den Seemannstod gestorben. Ein großer, glücklicher Mensch: der aus sich selbst heraus sich zu dem machte, was er war – streng und unablässig, und sich darum zu der höchsten Stufe edlen Menschentums durchrang, der seinen Träumen und Idealen lebte und zu jung in den Tod ging.

Die See hat Gorch Fock nicht behalten. Im August 1916 gab sie ihn der Erde wieder. Auf der kleinen schwedischen Insel Stensholmen, unweit von Göteborg, hat er neben Kameraden und Gegnern ein schlichtes, stilles Grab gefunden, fern der Heimat, aber umspült von Wind und Wogen seines nimmer ruhenden Meeres, das ihm den ewigen Grabgesang singt.

Sein hinterlassenes dichterisches Werk aber und der Name des deutschen Schulschiffes werden uns immer an Gorch Fock, den großen Klassiker der niederdeutschen Literatur, erinnern.

Veröffentlichungen des Autoren nach den Erscheinungsjahren geordnet:

Schullengrieper und Tungenknieper
1. Aufl. 1910 (Erstlingswerk)
Doggerbank
1. Aufl. 1911
Hein Godenwind
1. Aufl. 1912
Seefahrt ist not!
1. Aufl. 1912
Königin von Honolulu
1. Aufl. 1913
Hamburger Janmooten
1. Aufl. 1914
Woterkant (zus. mit Hinrich Wriede)
1. Aufl. 1911
Fahrensleute
1. Aufl. 1915
Cili Cohrs
1. Aufl. (1914) Ein Schauspiel Quickborn-Bücher 5
John Bull, John Bull!
1. Aufl. 1914 Plattd. Kriegsged. 1. Folge
Uns Mariners
1. Aufl. 1914 Plattd. Kriegsged. 2. Folge
Op em' Jungs!
1. Aufl. 1915 Plattd. Kriegsged. 3. Folge
Zeppelin kummt!
1. Aufl. 1915 Plattd. Kriegsged. 4. Folge
Nordsee
1. Aufl. 1917
Sterne über'm Meer
1. Aufl. 1917
Schiff ahoi
1. Aufl. 1918
Schiff vor Anker
1. Aufl. 1920
Auf hoher See
1. Aufl. (o. J.) Dt. Jugendbücherei 460
Sämtliche Werke in 5 Bänden
1. Aufl. 1925 (Herausg. Jakob Kinau)
Nach dem Sturm
1. Aufl. 1936
Hein Koptein (Liederbuch)
1. Aufl. (o. J.)
Das schnellste Schiff der Flotte
1. Aufl. 1938 Reclam Band 7369
Auswahl (v. Dr. Bruno Peyn)
1. Aufl. 1933) Nordmark-Bücherei
Die See als Schicksal
1. Aufl. (o. J.)
Mit vollen Segeln
1. Aufl. 1941
Hanss Hinniks
1. Aufl. 1942
Da steht ein Mensch
1. Aufl. 1971
Seefahrt ist not!
1. farbig und schw./weiß ill. Neuauflage 1983, ill. v. Mario Oehlschläger
De besten Geschichten von Gorch Fock
1. Aufl. 1980 ill. v. Hans Förster
Das schnellste Schiff der Flotte und andere Geschichten. 9 hoch- und plattdeutsche Geschichten
1. Aufl. 1986 schw./weiß ill. v. Mario Oehlschläger
Gorch Fock erzählt von Finkenwerder, von der Elbe und der Nordsee. 10 hoch- und plattdeutsche Erzählungen
1. Aufl. schw./weiß ill. v. Hans Förster 1986

16 Hinrich Wriede, seine Autobiographie

Verfasser: Rudolf Meier, Finkenwerder

Van mi.

Eenen Lebenslop van sich sülbst schrieben, dat is meist, as van een Wohld schrieben, nem een midden binnen steiht. Dor süht een nicks as Böm un Stämm, dortwüschen mol een Bloom – een Grashalm – een Puggenstohl – een drögen Tilln; hin un wenn flügg mol een Schomoker dor dör, een blau Stück Heben blinkert dör de Blöd, een Sünnenplack speelt dör dat Lof, een Vogel singt – un denn sowiet wü kiekt: Böm un wedder Böm, bit sich ok de in Dook un Düsternis verliert un uplöst. Wü seht keen Anfang un keen Ind, wü kinnt keen Höfddeel un keen Liddeeln hier un weet ne wat in't Middel ligg un wat to neffen.

Un so geiht mi dat mit mien Leben ok.

Liggt dat in't Middel, wat wü Johren, Dog un Pladsen heet – oder dat, wat wü belefd un föhlt un mitföhlt hebbt, ohn dat wü Tied un Stünd noch weet? Is dat dat Höfd, wat wü sünd dor Exomens, Anstillung un Geschäft – oder dat, wat wü uns föhlt, wenn all de Dwang un Banden van uns affalln sünd un wü nicks föhlt, as wat wü Minschen sünd?

Ick kann dat hier up son poor Blöd ne seggen.

Un dorüm schrief ick bloß up, wat ick weet. Un da is dütt:

Ick bün an'n 4. Sept. 1882 up de hambörger Siet van Finkwarder born. Ut de Tied van vör mien Scholtied kann ick mi bloß up twee Belefnissen besinnen, een ernst un een lustig. Dat ernste is, wat ick eenmol verdrunken bün. Richtig verdrunken. Ober de Dokter un mien Öllern hebbt mi mit bössen un ruffeln wedder togang kreegen. «Wat wüer dat düster dor nedden», hebb ick segg, as ick de Ogen upmokt hebb.

Der Finkenwerder Heimatdichter Hinrich Wriede (Klütenbacker). Den Beinamen erhielt er, nachdem er behauptet hatte, daß die Finkenwerder Frauen vor dem Formen der Mehlklöße (Klüten) in die Hände spuckten, um das Ankleben daran zu verhindern und damit die schön rund würden.

Dat lustige: eenmol hebb'k een ganzen Pufferform voll Deeg leddigeten un een bannig Fillvull dorför kreegen. Wieder hett dat ober keen Folgen hadd.

Mit süß Johr keem ick noh de Westerschool in Finkwarder un mol glieck den ersten Dag de ganze Wand van de Klaß voll Kirls un Hüs un Böm. Ick kreeg een bannige Dracht Utschillers, ober wieder hett dat ok keen Folgen hadd.

Die Häuser «in de Neßhuuk» (Neß-Krümmung). Im Vordergrund das «Gorch-Fock-Haus», Elternhaus der Kinau-Kinder. Im Hintergrund «de Neßkoot» des Neßbauern, die jahrelang das Domizil des Malers Eduard Bargheer waren. Hier wohnte zeitweilig auch Hinrich Wriede.

Dree Johr loter keem ick noh Hamborg noh School. Lihrt hebb ick dor ne veel, ober föhlt wat dat heet: Heimweeh hebben, un nu irst richtig markt, wo fein dat in Finkwarder wüer. Un van de Tied hett sich mien Leben stüddig twüschen Grotstadt un Land afwickelt; ick hebb jümmer twüschen Finkwarder un Hamborg, twüschen Hoch- und Plattdütsch hin un her dweilt.

Noher würd ick Lihrer in Hamborg, fründ mi mit Gorch Fock an, lee mit em tohop den Kiel van de Finkwarder Speeldeel, schreef plattdütsche Theoterstücken un hochdütsche Geschichten, reis no Paris, mol un teken dor «Akt», bekeek mi de Wilt un frei mi, wat ick lev, mok noch Reisen no Holland, Belgien, Sweiz, Tirol, Dänemark un buk ok mol noh Sweden röber. Ober op best hebb ick mi doch uns leebes dütsches Voderland bekeken, Heid un Moor un Bargens, Seen un de See. Bün mit een Fischdamper noh de Ostsee fohrn un mit een Fischkutter no de Nordsee, hebb in Krieg föftig Mond Soldot wesen un sitt nu wedder ganz up Finkwarder.

As all jümmer stoh ick ok nu noch twüschen Stadt un Land. Mihr noch as ans; denn Finkwarder is siet een poor Johr een Vörstadt van Hamborg; unschüßliche Gerüsten, Krons un Schosteens kiekt van Osten her in mien Finster, un dat Klappern un Bumsen van de Homers klingt bit an mien Schriefdisch.

Ober wenn ick noh'n Westen kiek, denn ligg vör mi de gröne Diek mit Gornstokens, de Schalln mit Beesenbülten, Prieln un Muschelbanken, dat blanke Woter van de Ilw, de Neestedtener Fall, dat Fohrwoter mit Bööt, Jillen, Kutters, Ewers, Kuffen, Tjalken un Dampers, as wüern de letzten dörtig Johr an Finkwarder vorbigohn ohn een Stück to ännern.

Noch jümmer schrief ick hochdütsch un plattdütsch, nehm de Sprok, de mi an'n besten paßlich schient to dat Stück un de Geschicht.

Noh mien plattdütsch Stück «Fischerlüd» schreef ick de hochdütsche Geschichte «Sill Külper», noh de plattdütschen «Leegen Lüd» den hochdütschen «Mann im Sturm», un komm hier nu mit de plattdütschen «Lüd van Neß» vortüch. ―――――――――― So, dat is dat kort, wat ick belefd un sehn hebb.

Un buten weiht de Wind, dat Woter brust; stoh fast un hork noh buten un no binnen.

Autobiographie aus:

«Wriede, Lüd van'n Neß», Seite 5–6

Veröffentlichungen des Autors:

Fischerlüd, en Truerspill
1. Aufl. 1909 (M. F.)
Woterkant, Lustspiel (zus. mit Gorch Fock)
1. Aufl. (1913) (M. F.)
Sill Külper, zwei hochdeutsche Geschichten
1. Aufl. 1914 (Q. V.)
Leege Lüd. Een lustig Spillwark
1. Aufl. 1916 Quickborn-Bücher 13
Der Mann im Sturm. Hochdeutscher Roman
1. Aufl. 1920 (Q. V.)
Lüd van'n Neß, Finkwarder Geschichten
1. Aufl. 1921 Quickborn-Bücher 28
Hoochdütsch lihrn
1. Aufl. (o. J.) Nordmark-Bücherei 11
Lebennige Schull'n
1. Aufl. (o. J.)

Abkürzungen:
(M. F.) = Verlag A. Möhlmann, Finkenwerder
(Q. V.) = Quickborn Verlag, Hamburg

17 Rudolf Kinau, Erinnerungen an den Finkenwerder Heimatdichter

von Rudolf Meier, Finkenwerder

Rudl Kinau
geb. 23. März 1887, gest. 19. Nov. 1975

auf Finkenwerder geboren. Sein Vater war der Seefischer Heinrich Kinau, seine Mutter Metta Holst, die Tochter eines Neuenfelder Bauern (Kätners).

Rudolf, den sie Rudl nannten, besuchte die hiesige Westerschule und kam nach seiner Konfirmation bei dem Elbfischer Jan Fock für zwei Jahre in die Lehre. Vier weitere Jahre fuhr er als Knecht bei seinem Vater auf dem Ewer HF 125. Da die Fischerei in einer schweren Krise steckte, fischten sie bis hinter Helgoland und auf der Doggerbank, um die Existenz der Familie zu sichern. In den Wintermonaten arbeitete Rudl im Hafen auf Schuten; so konnte er sich einiges Geld zusammensparen, um die Seemannsschule in Altona zu besuchen. 1908, nach sieben Monaten, hatte er das Seemannspatent in der Tasche. Er verpflichtete sich freiwillig als «Einjähriger» bei der Kaiserlichen Marine in Kiel. Nach dem Dienstjahr nahm er einen Posten als Schreiber in der Hamburger «Fischhalle» an.

Mit dem Ausbruch des Ersten Weltkrieges wurde er zusammen mit vielen «Finkenwerder Jungs» nach Wilhelmshaven eingezogen und fuhr anfangs als Matrose auf einem Vorpostenboot der Küstenabwehr. Im Mai 1916 begegnete er in Wilhelmshaven zum letztenmal seinem Bruder Johann (Gorch Fock). Vierzehn Tage später starb dieser den Seemanstod in der Seeschlacht am Skagerrak. Der Tod seines Bruders veranlaßte ihn zu dem ergreifenden Nachruf «Achtern'n Diek», der 1918 in seinem Buch «Blinkfüer» veröffentlicht wurde.

Später erhielt Rudl die graue Uniform des Heeres und durchlitt anderthalb Jahre die grauenvolle Hölle vor Verdun. Nach einem Lazarettaufenthalt wegen einer Schußverletzung am Bein kam er heim und trat seinen alten Posten in der «Fischhalle» wieder an. Er wohnte jetzt nahe seines Arbeitsplatzes in Altona, in der Mühlenstraße. Sein Erstlingswerk «Steernkiekers» erschien im Jahre 1917. Jährlich folgten weitere Romane und Kurzgeschichten.

Etwa 1936 gab Rudl, der inzwischen Prokurist geworden war, seinen Posten auf und widmete sich ganz seiner journalistischen Neigung. Er zog zurück nach Finkenwerder und baute sich schräg gegenüber seines Elternhauses am Nessdeich ein idyllisches Holzhaus.

In der schweren Kriegszeit von 1941 bis Kriegsende veröffentlichte er nichts. In der Nachkriegszeit bis 1948 verboten ihm die Alliierten Veröffentlichungen und Vorlesungen wegen des Buches «Kamerad und Kameradin». In dieser Zeit bestritt er seinen Unterhalt als Hilfsarbeiter bei Finkenwerder Bauern.

Von 1951 an erschienen jährlich ein bis zwei neue Veröffentlichungen. Die morgendlichen plattdeutschen Kurzhörspiele «Bunte Brück», «Fief Minuten gooden Wind», «Sünnschien up'n Weg» und «Hör mol'n beten to» machten ihn auch unter der hochdeutsch sprechenden Bevölkerung bekannt. Während der Herbst- und Wintermonate war er meistens auf Reisen und hielt plattdeutsche Vorträge und Lesungen.

Bis zu seinem Tod am 19. November 1975 erschienen über 40 Bücher und Theaterstücke. Auf dem Kirchhof in Finkenwerder wurde Rudl mit allen Ehren feierlich beigesetzt.

Der Dichter hat im Laufe der Zeit 7000 Vorlesungen gehalten. Er war der meistgelesene und meistgehörte niederdeutsche Erzähler und Schriftsteller unserer Zeit.

Durch seine Vorlesungen lernte Rudl Kinau zu Beginn der zwanziger Jahre den Maler und Graphiker Otto Thämer kennen. Thämer war 1892 in Altona geboren und hatte in Altona, Berlin und München Kunst studiert. Rudl wollte ihn etwas unterstützen und bestellte ein Ölgemälde mit einem Halligmotiv. Das Bild war nicht besonders gelungen und wirkte etwas kahl. Daraufhin nahm der Maler das Bild wieder an sich, um es mit ein paar Kühen zu beleben. Danach gefiel es Rudl überhaupt nicht mehr, und es wanderte beizeiten auf den Boden.

Ein 1921 von Rudl in Auftrag gegebenes Exlibris, eine Radierung in der Größe von

Exlibris von Gertrud Pfeiffer. 1926

Exlibris von Otto Thämer. 1921

Familie Kinau vor dem Elternhaus. In der Mitte die Eltern der Kinaus. Daneben mit Brille sein Bruder aus den USA. Hinten von l. n. r. die Geschwister Trine Kinau, Jakob Kinau mit Frau Janna Six und Rudl Kinau mit Frau Ulli. Rechts vorne: Adolf und Metta Kinau, Kinder von Gorch Fock

85 × 125 mm, gelang dem Künstler überzeugend. Ein Fahrensmann an Deck seines Seglers, breitbeinig, die Hände tief in die Hosentaschen geschoben, bekleidet mit dem für Fischersleute typischen «Helgoländer» und langen, bis über die Knie gehenden ledernen «Langschäftern». Unter der Elbsegler-Mütze schweift der Blick in die Ferne. Zwischen den zusammengekniffenen Lippen die kurze erloschene Stummelpfeife. In der Ferne der Finkenwerder Norderelbdeich mit seinen Häusern und Bäumen unter einer schweren wallenden Wolke. Das Ganze sehr lebendig und fast wie ein feines Gemälde in einem schmalen doppelten Rahmen. Darüber, als Einrahmung, ein Leuchtturm, eingefaßt von Blumen und Vögeln. Am Fuß des Bildes in einem ziselierten Rahmen die Worte: «Uns' Book / Ulli un Rudl Kinau».

Ein weiteres Exlibris wurde Rudl 1926 von der künstlerisch sehr begabten Gertrud Pfeiffer verehrt. Sie kam aus dem Oldenburger Land und war dort Lehrerin in einer Haushaltsschule. Als Verehrerin des Bildhauers Otto Flath und Mitglied des Otto-Flath-Vereins besuchte sie ihn des öfteren in seinem Wohnort Bad Segeberg. Bei dieser Gelegenheit machte sie einen Abstecher über Finkenwerder, um Rudl zu besuchen, den sie gleichfalls hochschätzte.

Dies Exlibris, ein Linolschnitt, zeigt in einem oben abgerundeten Viereck einen nach rechts gleitenden Segler vor der aufgehenden Sonne. Das Wasser spiegelt lebendig Licht und Schatten wider. In den oberen Ekken zwei stilisierte Möwen, unten in einem Rahmen der Name des Bucheigners: «Rudl Kinau».

Veröffentlichungen des Autors:

«Steernkiekers» (Erstlingswerk)
1. Aufl. 1917, Quickborn-Bücher 15

«Blinkfüer» (mit Achter'n Diek)
1. Aufl. 1918

«Thees Bott»
1. Aufl. 1919

«Lanterne»
1. Aufl. 1920

«Strandgoot» (u. a.: Autobiographie)
1. Aufl. 1921

«Büt ut de Böker» (Auswahl)
1. Aufl. (1922) Uns' Modersprak 1

«Hinnik Seehund»
1. Aufl. 1923

«Dörte Jessen»
1. Aufl. 1925

«Muscheln»
1. Aufl. 1927

«Schreben Schrift»
1. Aufl. 1929

«Jan Rogenstör»
1. Aufl. (1930) Uns' Modersprak 6

«Frische Fracht»
1. Aufl. 1931

«Lootsenleben»
1. Aufl. (1931) Quickborn-Bücher 49

«Söbenteihn Sack Kaffee»
1. Aufl. 1932

«Sünn in de Seils»
1. Aufl. 1933

«Wind un Woter» (8 lütte Stücken)
1. Aufl. 1933 Nordmark-Bücher 5

«Finkwarder» (Bildband)
1. Aufl. (1936)

«Kristoffer Kolumbus»
1. Aufl. 1937 Quickborn-Schriftreihe 10

«Trino hett'n Toslag kregen»
1. Aufl. 1939

«Kamerad und Kameradin»
1. Aufl. 1939

«Ein fröhlich Herz»
1. Aufl. 1941

«Mien bunte Tüller»
1. Aufl. 1948

«Braune Segel in Sonne und Wind»
1. Aufl. 1951

«Frische Bries», später unter dem Titel «Scheune Bries'»
1. Aufl. (1952)

«Das Hart vull Freid»
1. Aufl. 1953

«Sünnschien und goden Wind»
1. Aufl. 1953

«Finkwarder Geschichten»
1. Aufl. 1953

«Scheune Bries'»
1. Aufl. 1954

«Mattgoot»
1. Aufl. 1954

«Bi uns an'n Diek»
1. Aufl. 1955

«Fief duppelte Släg»
1. Aufl. 1956

«Mit eegen Oogen» (Autobiographie)
1. Aufl. 1957

«För jeeden wat!»
1. Aufl. 1958

«Min Wihnachtsbook»
1. Aufl. 1959

«Wat för Di!»
1. Aufl. 1960

«Seelüd bi Hus»
1. Aufl. 1962

«Land in Sicht»
1. Aufl. 1965

«Langs de Küst»
1. Aufl. 1968

«De beste Freid»
1. Aufl. 1970

«Rund un bunt»
1. Aufl. 1972

«Seuk Di wat ut»
1. Aufl. 1973

«Bi Hus un ünnerwegens»
1. Aufl. 1975

«Up Finkwarder tohus»
1. Aufl. 1976 (Hrsg. v. Hans Henning Holm)

«Lot Di wat vertellen»
1. Aufl. 1982

«Krüz un quer»
1. Aufl. 1983

18 JAKOB KINAU – Seefischer – Zollkapitän – Gewerkschaftsführer – Schriftsteller

von Karlheinz Schmidt, Oststeinbek / Kreis Storman

Die Aufzählung der Berufe in dieser Reihenfolge markiert die breitgefächerten Tätigkeitsfelder im Leben von Jakob Kinau. Wie seine beiden Brüder Johann, der sich als Schriftsteller Gorch Fock nannte, und Rudolf errang auch er literarischen Ruhm, der leider hinter dem seiner beiden Brüder verblaßte. Dies möglicherweise zu Unrecht, denn in seinem letzten Roman «Leegerwall», 1950 erschienen, behandelte er mit dem im 19. Jahrhundert durch das Vorwärtsdringen der Großstadt Hamburg in die ländliche Umgebung hervorgerufenen Niedergang Finkenwerders und seiner gewachsenen dörflichen Strukturen ein Thema von bedrückender Brisanz, das auch heute ausgangs des 20. Jahrhunderts angesichts der Auflassung des Dorfes Altenwerder und der möglichen künftigen Zerstörung des Dorfes Moorburg wiederum von aktueller Bedeutung ist.

Am 28. August 1884 in Finkenwerder als Sohn des Nordseefischers Heinrich Kinau und dessen Ehefrau Metta Holst geboren, ergriff er nach dem Schulbesuch den väterlichen Beruf des Seefischers. Nach fast sechs Jahren Fahrenszeit, zuletzt als Bestmann seines Vaters, trat er 1905 in die Kaiserliche Marine ein. Mit dem Patent zum Schiffer auf kleiner Fahrt in der Tasche kehrte er im Sommer 1907 der Marine den Rücken und trat in den Hamburger Wasserzolldienst ein.

Im Mai 1908 siedelte er von Finkenwerder nach Eimsbüttel um. Der erste Weltkrieg sah Jakob Kinau als Obermaat bei der Minenabteilung der Marine in Cuxhaven. Von Mitte Mai 1916 bis Mai 1918 nahm er auf S. M. S. Wolf zunächst an Kriegseinsätzen in der Nordsee und später am Kreuzerkrieg und an Kaperfahrten im Atlantischen, Indischen und Stillen Ozean teil.

Jakob Kinau
geb. 28. Aug. 1884, gest. 14. Dez. 1965

Nach Kriegsende setzte Jakob Kinau seine Laufbahn beim Wasserzolldienst fort. Er wurde Zollkapitän auf dem großen Zollkreuzer «Preußen», dem Flaggschiff der Zollverwaltung auf der Unterelbe, dann Leiter der Zollschiffsstation «Neue Elbbrücke» am Hamburger Freihafen und schließlich Vertreter des Bezirkszollkommissars Hamburg-St. Pauli. Damit hatte Jakob Kinau den Aufstieg vom mittleren in den gehobenen Dienst geschafft.

Seit September 1920 führte Jakob Kinau auch die Gewerkschaft der Wasserzollbeamten des Deutschen Reiches, für deren Interessen er bis zum Jahre 1934 als wortgewaltiger Sprecher sachverständig und hartnäckig eintrat. Der politische Umsturz 1933 und der stärker gewordene Druck auf den für die politische Führung in Berlin unbequemen Gewerkschaftsführer führten im Jahre 1934 zu dem krankheitsbedingten vorzeitigen Ausscheiden Jakob Kinaus aus dem aktiven Dienst.

Danach konnte er sich im Ruhestand ausschließlich der Schriftstellerei widmen, der schon zuvor sein Interesse gegolten hatte. 1913 hatte er in der «Festschrift zum 25jährigen Bestehen der Hamburger Zollverwaltung» das reizende Gedicht «De Tollansluß» geschrieben, dessen Anfang wörtlich lautet:

«Uns Hamborg weur een freee Stadt,
hett selbst keen Toll un Stüer hatt;
un jung un old freu sick dorto
un dach: blewt doch bloß jümmer so.
Den Tollansluß wull keener.»

Nach dem ersten Weltkrieg trat er mit Romanen von der Niederelbe an die Öffentlichkeit. In seinem ersten, 1924 erschienenen Werk «Die See ruft» sowie in seinem 1926 herausgegebenen Roman «Freie Wasser» schildert er dramatisch Auseinandersetzungen zwischen den Familien traditionsgebundener Großbauern und den Familien der als leichtlebiger geltenden Seefischer. Die Kritiker waren begeistert und stellten seine Werke dem Buch «Seefahrt ist not» seines Bruders Gorch Fock gleich. Als nächstes veröffentlichte Jakob Kinau in Zeitungen sein Kriegstagebuch, das er später, im Jahre 1934, im Quickborn-Verlag unter dem Titel «Adjudant des Todes – Wolfstagebuch» auch als geschlossenes Werk herausbrachte und 1938 in dem Roman «Freibeuter» thematisch frei verarbeitete. Anschließend wandte sich Jakob Kinau historischen Themen zu. 1938 brachte Jakob Kinau eine Geschichte der Seefahrt unter dem Titel «Der Kampf um die Seeherrschaft von der Hanse bis zum Weltkrieg» heraus, die 1943 in Holland als «De Strijd om de Heerschappij ter Zee» erschien. 1939 beschrieb Jakob Kinau in dem Roman «Den Göttern aus der Hand gesprungen» die Auseinandersetzungen der Hanse mit dem dänischen König Volmer Atterdag um die Vorherrschaft in der Ostsee im 14. Jahrhundert. Dieser Roman war eine Vorahnung des zweiten Weltkrieges. Ausgerechnet mit dem Erscheinen dieses Buches fiel auch der Einmarsch Deutschlands in Polen zusammen. Nach diesen historischen Werken wandte sich Kinau wiederum Themen der Niederelbe zu. 1942 erschien der Roman «Undeichbar Land», in welchem er Eindrücke von seinen Aufenthalten auf der Insel Trischen verarbeitete. Wie von Jakob Kinau befürchtet und vorausgesehen: Noch während des zweiten Weltkrieges brach ein Sturm die Deiche der Insel Trischen, die nicht mehr aufgebaut werden konnten. Seitdem behält Trischen als von Überflutungen bedrohtes Vogelschutzgebiet seine insularen Reize für sich. Mit dem 1950 erschienenen Roman «Leegerwall» setzte sich Jakob Kinau als mahnender Rufer und Verfechter des Heimatgedankens ein bleibendes Denkmal.

Nicht unerwähnt dürfen seine Veröffentlichungen über Gorch Fock, seinen Bruder, bleiben: «Gorch Fock – Ein Schiff! Ein Schwert! Ein Segel!» und «Gorch Fock – Ein Leben im Banne der See».

Jakob Kinau starb am 14. Dezember 1965 und fand auf dem Friedhof in Nienstedten, der Elbe nahe, seine letzte Ruhestatt.

Veröffentlichungen des Autors:

«Die See ruft» (Erstlingswerk)
1. Aufl. 1924
«Gorch Fock, Sämtliche Werke»
1. Aufl. 1925
«Freie Wasser»
1. Aufl. 1926
«Ein Schiff! Ein Schwert! Ein Segel!»
1. Aufl. 1934
«Adjudant des Todes»
1. Aufl. 1934
«Ein Leben im Banne der See»
1. Aufl. 1935
«Der Kampf um die Seeherrschaft»
1. Aufl. 1938
«Freibeuter»
1. Aufl. 1938
«Den Göttern aus der Hand gesprungen»
1. Aufl. 1939
«Undeichbar Land»
1. Aufl. 1942
«Leegerwall»
1. Aufl. 1950

19 Harry Reuss-Löwenstein

Eine Kurzbiographie von Rudolf Meier, Finkenwerder

Unter den hiesigen Schriftstellern und Malern vertritt Harry Reuss-Löwenstein wie kein anderer den charakteristischen deftigen Humor der «Woterkant».

Als Sohn des Schauspielers Harry Reuss am 27. Januar 1880 in Fulda geboren, war er vom gleichen Jahrgang wie Gorch Fock und der Marinemaler Hans Holst. Da seine Eltern früh gestorben waren, kam er bereits mit vier Jahren zu seinen Verwandten nach Altona an die Elbe, in deren Hause vornehmlich plattdeutsch gesprochen wurde. Hier in den Gassen von St. Pauli und Neumühlen und besonders am Hafen waren seine Spielreviere, wo er allerlei Streiche ausheckte, die ihm von seinem strengen Onkel mit dem Rohrstock quittiert wurden. In Altona wurde Harry auch eingeschult. Bereits in der Mittelschule erkannten die Lehrer seine künstlerische Ader. In seinem Lieblingsfach, Zeichnen, malte er seine ersten hübschen Aquarelle, die ihm Lob und Anerkennung einbrachten. So beschloß er, Maler zu werden. Er packte seine Zeichenmappe und ging voll Selbstvertrauen zu Alfred Lichtwark, dem Direktor der Hamburger Kunsthalle, um ihm seine Zeichnungen und Gemälde zur Begutachtung vorzulegen. Dieser erkannte Harrys Begabung und ermutigte ihn, mit seinen Studien fortzufahren. Sein Onkel, ein nüchterner Kaufmann, der nichts von dieser brotlosen Kunst hielt, schlug ihm die Zeichenmappe um die Ohren und steckte ihn in die kaufmännische Lehre. Harry – knapp 15 Jahre alt – hatte die strenge Erziehung und den Rohrstock satt. Mit seinen Spargroschen und dem Schirm seiner Tante als Zeltdach kniff er bei Nacht und Nebel aus und kam bis nach Bremen. Dort verdiente er sich durch Austragen des «Fremdenführers» wöchentlich 6 Mark. Seine erste Anschaffung war eine zünftige Tabakspfeife, mit der er in seiner Freizeit am Kai saß und den großen auslaufenden «Pötten» voller Fernweh und Neid auf die Freiheit der Seeleute nachblickte.

Zurück in Hamburg, erhielt er von seinem Onkel die Erlaubnis, zur See zu fahren. Seine erste große Fahrt erlebte er als Schiffsjunge nach Ostafrika. Braungebrannt, mit einem Affen auf der Schulter, kehrte er von seiner ersten Reise zurück.

Die See ließ ihn nicht wieder los. Er fuhr dann als Smuttje auf einem Finkenwerder Fischewer, später auf einem Küstenschiff als Steuermann, und letztlich wurde er Bootsmann und segelte auf einem Chinakasten um Kap Hoorn: So fuhr er sieben Jahre zur See auf Segelschiffen und Dampfern, auf allen Weltmeeren. Im Anschluß daran verrichtete er für drei Jahre seinen Dienst bei der Kaiserlichen Marine, davon 1 ½ Jahre in der Südsee auf dem Kreuzer «Möwe».

Handzeichnung Harry Reuss-Löwensteins aus seinem Buch «Klamauk»

1906, mit 26 Jahren, nahm er Abschied vom Seemannsleben und verdiente sein Geld für eine kurze Zeit als Angestellter in einem Deklarationsbüro. Er nutzte jede freie Stunde mit Zeichenübungen; denn er hatte es sich in den Kopf gesetzt, seinen alten Traum vom Malen zu verwirklichen. Anschließend studierte er 4 Jahre an der Hamburger Kunstgewerbeschule, um sich danach als freier Maler in Finkenwerder niederzulassen. Das Souterrain des Hauses direkt im Westen neben Gorch Focks Elternhaus wurde schließlich seine Heimat. Das war etwa 1910/11, eben als Gorch Fock sein Erstlingswerk «Schullengrieper und Tungenknieper» veröffentlicht hatte. Bereits hier scheint Reuss-Löwenstein als kunstinteressierter Nachbar seine ersten Anregungen für seine spätere schriftstellerische Tätigkeit erhalten zu haben. So verfolgte er mit großem Interesse die Entstehung der folgenden Werke Gorch Focks, besonders des 1912 entstandenen Romans «Seefahrt ist not».

1914 wurde Harry Reuss-Löwenstein eingezogen und kämpfte 4 Jahre in Flandern. Nach dem Krieg, in der schlechten Zeit, als es weder genug zu essen noch Leinwand oder Farbe gab, verlegte er sich auf das Schreiben. Sein 1920 erschienenes Erstlingswerk «Zwischen Süllberg und Chimborasso» und dann besonders «Klamauk» (1925) bestach allgemein durch seine gekonnten Illustrationen. Weitere Bücher und Veröffentlichungen in der «Hamburger Zeitung» folgten. Als Kunstkritiker am «Hamburger Anzeiger» erwarb er sich ebenfalls einen guten Namen.

In der Nazizeit wurde Reuss-Löwenstein die schriftstellerische Tätigkeit wegen seiner freiheitsliebenden Art verboten. Trotzdem schrieb er 1944 einen Roman «Die Maaten von der Pensacola» unter dem Pseudonym «Karl Klick». Mit Basteln von «Buddelschiffen», Segelflicken und ähnlichen seemännischen Arbeiten verdiente er sich sein täglich Brot.

Nach dem Krieg nahm er seine Tätigkeit als Kunstkritiker wieder auf und schrieb noch einige heitere Kurzgeschichten sowie Hörspiele und Reportagen vom Hafen und St. Pauli.

Im April 1966 ist er in Hamburg gestorben; der Ottensener Friedhof wurde seine letzte Ruhestätte.

Veröffentlichungen des Autors:

Zwischen Süllberg und Chimborasso, Seegeschichten
1. Aufl. 1920 (G. V.)
Südseetraum, mit Radierungen des Verfassers
1. Aufl. 1923 (G. V.)
Klamauk, Grotesken
1. Aufl. 1925 (G. V.)
Labskaus, Grotesken
1. Aufl. 1928 (G. V.)
Im Passat und auf St. Pauli, Janmaatengeschichten
1. Aufl. 1932 (G. V.)
Die Maaten von der Pensacola, Roman
1. Aufl. 1944 (S. V.)
Heiter bis Windstärke 12, heitere Kurzgeschichten
1. Aufl. 1955 (P. V.)
Wer zuletzt lacht, heitere Kurzgeschichten
1. Aufl. 1955 (P. V.)
Kabbelige See
1. Aufl. 1962 (F. G.)

Abkürzungen:

G. V. = Glogau Verlag Hamburg; S. V. = Springer Verlag, Hamburg; P. V. = Progress Verlag, Düsseldorf; F. G. = Fehrs Gilde, Hamburg

20 David Justus Ludwig Hansemann, ein fast vergessener Finkenwerder.

Eine Kurz-Biographie von Rudolf Meier, Finkenwerder

Sein Vater, Eberhard Ludwig Hansemann, wurde am 30. Januar 1739 in Celle geboren. Mit 33 Jahren ehelichte dieser im Kloster zu Lüne Luise Hornbostel, die gleichaltrige Tochter eines Pastors, mit der er fünf Kinder hatte. Einer davon war der Theologie studierende Otto Carl Gottlieb Daniel Hansemann, der 1820 als Pastor in Moisburg eingeführt wurde und 1835–58 Pastor in Altenwerder war. Nachdem Luise Hansemann 1781 gestorben war, heiratete Eberhard Ludwig ein Jahr später die zwölf Jahre jüngere Amalie Möller, mit der er sechs weitere Kinder hatte. 1784 wurde er als Pastor in Finkenwerder eingeführt. Hier predigte er in der 1756 erbauten Fachwerkkirche zu der Bevölkerung.

Finkenwerder Fachwerkkirche, erbaut 1756, abgebrochen 1881

Das jüngste Kind – David Justus Ludwig – wurde am 12. Juli 1790 in Finkenwerder geboren*. Obwohl einige der Kinder das höhere Lebensalter nicht erreichten, war das Pfarrhaus in Finkenwerder immer voller Kinder.

Ein Jahr später – 1791 – brach der Deich an der Müggenburg; Finkenwerder lief voll Wasser. Da beschlossen die Einwohner, das Brack mit einem Kesseldeich einzuschließen. 1792 zerbrach jedoch diese Stelle abermals, so daß das Land erneut überflutet wurde.

Finanziell ging es der Familie nicht besonders gut, da drei der Söhne studierten und der Vater für seinen Dienst wenig Bargeld erhielt.

Die Finkenwerder Pastoren wurden damals überwiegend mit Naturalien entlohnt. Das dem Pastor zur Benutzung überlassene Ackerland von 3½ Morgen mußte von den Eingesessenen der Insel zwar pflichtgemäß ohne Entgelt gepflügt und abgeerntet werden, das Saatgut allerdings hatte der Pastor selbst zu liefern und auszusäen. Bargeld bekam er nur zu Michaelis (29. September) und Weihnachten, je nach Größe des Besitzes der Finkenwerder zwischen 8 und 36 Schilling Hamburgisch Courant.

Zu Ostern bekam er zusätzlich von den Bauern und Kötnern (das sind kleinere Bauern) zwischen 10 und 20 Eier, das waren zusammen 800 bis 900 Stück. Außerdem erhielt er je nach Größe des Besitzes einen Schinken oder ein Stück geräuchertes Rindfleisch von etwa 6 kg. Kötner gaben nur einen halben Schweinskopf. Pastor Bodemann bemerkte dazu:

Das diese «den für die Pfarre bestimmten halben Schweinskopf dergestalt noch einmal halbierten, daß sie das Fleisch davon behielten und die Knochen dem Prediger zuschickten».

---

* Däbritz, Hansemann, S. 5. Meyers Konv. Lex. gibt irrtümlich den 17. Juli 1794 an.

David Hansemann, geboren in Finkenwerder – preußischer Finanzminister

An die 70 Schweinsköpfe und 25 Stück Rindfleisch sind derzeit jährlich für den Pastor zusammengekommen. Zu Weihnachten gab jeder Eingesessene zusätzlich ein «halbes Himtenbrot», ein «fünf Pfund schweres Hausmannsbrot»*. Da der Pastor nicht in der Lage war, die Lebensmittel alle für sich und seine Familie zu verbrauchen, verkaufte er die Sachen an die Landeseingesessenen. War der Pastor unbeliebt, versalzten und verpfefferten sie ihm das Brot, räucherten das Fleisch absichtlich zu schwarz und lieferten ihm alte Eier. Es ist vorstellbar, wie «reißend» dann der Absatz war. Aus diesem Grunde ging das Bestreben der kirchlichen Behörden dahin, daß die Abgaben statt in Naturalien in Geld geleistet würden.

Im vierten Lebensjahr David Hansemanns siedelte die Familie von Finkenwerder nach Heiligenfelde/Hoya über. Dort besuchte er die Dorfschule, zeigte aber keinen sonderlichen Lerneifer. Mit 14 Jahren trat er eine kaufmännische Lehre im Einzelhandelsgeschäft der Gebrüder F&D Schwenger zu Rheda an, die er mit Feuereifer verrichtete. Von 1809–1817 war er als Reisender der Tuch- und Wollfabrik I. H. Ebers in Montjoie tätig. 1821 ehelichte David die Tochter eines französischen Fabrikanten, Fanny Fremerey.

1824/25 rief er die Aachener Feuer-Versicherungsgesellschaft ins Leben. 1835 gründete David die Rheinische Eisenbahngesellschaft.

Seit 1840 gab er sich fast ausschließlich der Politik hin. Ein Jahr später war er bereits Abgeordneter in Aachen.

Nach der Thronbesteigung von Friedrich Wilhelm IV. von Preußen (regierend 1840–1861) wurde er 1847 nach Berlin gerufen. Ein Jahr später beauftragte ihn der König mit der Neubildung des Kabinetts. Während er die Führung Alfred von Auerswald überließ, behielt er das Finanzministerium selbst.

«Das Finanzministerium lag hinter dem Zeughaus Unter den Linden innerhalb des Kastanienwäldchens, und es wird berichtet, welch bedenklichen Eindruck es auf den Portier des Hauses gemacht habe, als David Hansemann zu Fuß, ohne Begleitung und, als leidenschaftlicher Raucher, mit einer Zigarrenkiste unter dem Arm erschien, um sich als der neue Finanzminister vorzustellen.»

«Sein Haupthaar war dünn, und die Mühen und Sorgen eines arbeitsamen Lebens hatten ihm den Scheitel gebleicht. Aber seht ihn gehen, nachlässig und beweglich, rasch und bequem, in dieser feierlichen Versammlung wie zu Hause, mit leichter und lässiger Sicherheit.»

* 1 Liter Roggen wogen 650 g, 1 Himpten Roggen waren im Hannöverschen 31,145 Liter = 20,244 kg = ca. 40½ Pfund. Ein halbes Himtenbrot mußte demnach rund 20 Pfund wiegen (Klimpert, Maße u. Gewichte S. 145).

50-Mark-Banknote vom 30. März 1933 mit dem Kopfbildnis David Hansemanns

David Hansemann brachte Ordnung in die Finanzen. Von ihm stammt der Ausspruch, der zu einem geflügelten Wort geworden ist:

«Bei Geldfragen hört die Gemütlichkeit auf.»

Nur bis September 1848 konnte sich die Regierung halten. Mit der Deutschen Nationalversammlung in der Frankfurter Paulskirche wurde eine neue Regierung ernannt. Als Anerkennung seiner Verdienste erhielt er den Posten als Chef der Preußischen Bank. 1851 gründete Hansemann die Disconto-Gesellschaft in Berlin, eine Bank, die er ab 1857 zusammen mit seinem Sohn Adolf* führte. Bis zum Sommer 1864 war er in geistiger Frische in Berlin tätig. Am 4. August 1864 starb er während eines Kuraufenthaltes in Schlangenbad an den Folgen einer Lungenentzündung.

Nach Finkenwerder ist er anscheinend nie wieder zurückgekehrt. 20 Jahre später – 1884 – wurde ihm in Aachen ein Denkmal errichtet.

Das Hansemann-Denkmal in Aachen

* Däbritz, Hansemann Titel: auch Adolph.

David-Hansemann-Medaille «Für treue Dienste»
Vorderseite: Das Portrait von David Hansemann, Umschrift: GEB. 12. JULI 1780 DAVID HANSEMANN GEST. 4. AUGUST 1864

Rückseite: Umschrift: DIRECTION DER DISCONTO GESELLSCHAFT IN BERLIN BEGRÜNDET 1851 (Stern). In der Mitte, umkränzt von Eichenblättern: FÜR TREUE DIENSTE
Durchmesser 56 mm; Gewicht 74,6 g. Bronce Prägung des Medailleurs G. Loos

Quellenangaben:

Däbritz, Hansemann: Professor Dr. W. Däbritz, David Hansemann und Adolph von Hansemann. Richard Scherpe, Krefeld 1954.

Finder, Finkenwärder: Professor Dr. Ernst Finder, Die Elbinsel Finkenwärder – Veröffentlichung des Vereins für Hamburgische Geschichte. Band XIII. Hans Christians Verlag, Hamburg 1940 u. 1951.

Hansemann, Hansemann: Dr. Fritz David von Hansemann, Die Vorfahren und Nachkommen von DAVID JUSTUS LUDWIG HANSEMANN ... C. A. Starke Verlag, Limburg/Lahn ohne Jahr, mit Vorwort vom Dezember 1968.

Klimpert, Maße u. Gewichte: Richard Klimpert, Lexikon der Münzen, Maße, Gewichte, Zählarten und Zeitgrößen aller Länder der Erde. C. Regenhardt, Berlin 1896.

Meyers Konv. Lex.: = Meyers Konversations-Lexikon, 6. Auflage, 24 Bände, Leipzig-Wien 1909/10.

Scheidt/Wriede, Elbinsel: Dr. Walter Scheidt und Hinrich Wriede, Die Elbinsel Finkenwärder – Land und Leute, Rasse und Volkstum des Finkenwärder Fischerdorfes. J. F. Lehmann Verlag, München 1927.

21 Seemann, Biologe und Wissenschaftler Dr. Nicolaus Peters †

Verfasser: Kurt Wagner, Finkenwerder

Dr. Nicolaus Peters, der als erster Sohn der Elbinsel mit Erfolg in der Wissenschaft arbeitete, fand am 23. September 1940 vor der westfranzösischen Küste beim Untergang des Minensuchers, auf dem er als Leutnant zur See fuhr, den Tod.

Er war der ideale Typ, in dem sich die Eigenschaften zum Wissenschaftler und Seemann trafen, um in dem aufstrebenden Walfang einen wichtigen Beitrag zu leisten. In einem Sonderdruck aus den «Mitteilungen aus dem Hamburgischen Zoologischen Museum und Institut» schrieb 1950 sein Freund B. Klatt zum Gedenken von Dr. Nicolaus Peters einen Bericht, aus dem wir zwei Auszüge wiedergeben möchten.

Als Sohn der Elbinsel Finkenwärder, wo er am 10. Februar 1900 geboren wurde, war ihm die See von Jugend auf vertraut. Schon als Schüler benutzte er die Ferien, um auf Finkenwärder Kuttern anzumustern, und während der Universitätsferien fuhr er als Leichtmatrose, um dann später sein Steuermannexamen für große Fahrt abzulegen. Als Offizier der Handelsmarine lernte er Westindien, Afrika, den Fernen Osten kennen, nachdem er sein Studium in Marburg und Hamburg 1922 mit seiner Promotion zum Dr. rer. nat. in Hamburg abgeschlossen hatte, und zuerst als Assistent der Deutschen wissenschaftlichen Kommission zur Erforschung der Meere (D.W.K.) an unserer fischereibiologischen Abteilung unter Prof. Ehrenbaum gearbeitet hatte. Zwischendurch war er eine Zeitlang auch Mitdirektor einer Fischhandelsgesellschaft, bis er dann 1926 endgültig als Wissenschaftlicher Assistent an das Museum zurückkam. Dieser für einen deutschen Zoologen wohl einmalige Lebenslauf zeigt schon die ungewöhnlichen Fähigkeiten, die eine gütige Natur ihm verlieh. Er war einer der seltenen Menschen, die jede Aufgabe anzupacken und erfolgreich durchzuführen vermögen, gleichgültig ob sie praktischer oder theoretischer Art sei. Sein Herz aber gehörte der reinen Wissenschaft. Doch die meisten und wesentlichen Arbeiten galten der Tierwelt des Meeres. Er bearbeitete mustergültig die Peridineen und Radiolarien der Wedellsee am Material der Deutschen Antarktischen Expedition von 1911/12, der Ceratien der Meteorexpedition. Von größerem allgemeinen Interesse waren seine Untersuchungen über die Chinesische Wollhandkrabbe in Deutschland, von der außer zahlreichen Einzelarbeiten zwei monographische Darstellungen (zusammen mit Dr. Panning) die erste 1933, die zweite 5 Jahre später als Band 47 dieser «Mitteilungen» erschienen. Die Krönung erfuhr seine Lebensarbeit jedoch, als 1935 der deutsche Walfang wiedererstand. Es gab nur einen Zoologen in Deutschland, der die Voraussetzungen in sich vereinte, die erwünscht waren für den wissenschaftlichen Biologen, der dieser ersten Expedition beigegeben werden sollte, das war Nic. Peters. Noch vor seiner Heimkehr telegrafierte er mir den Vorschlag, am Museum eine wissenschaftliche Zentrale für Walforschung einzurichten. So entstand die ursprünglich unserem Museum angegliederte Reichsstelle für Walforschung, die später als Reichsinstitut für Walforschung selbständig wurde unter Peters, der hauptamtlich aber Custos am Museum blieb. Die Organisation des Instituts, das eine rasch steigende Zahl «Walbiologen» auszubilden hatte, die nach seiner Anweisung Einzelfragen der Walbiologie auf den verschiedenen Expeditionen zu bearbeiten hatten, lag in der

Hand von PETERS. Seine eigenen Publikationen auf diesem Gebiet, als größte das Handbuch «Der neue deutsche Walfang», waren die Frucht seiner Erfahrungen. Auf den internationalen Konferenzen in Oslo und London vertrat er als der wissenschaftliche Sachverständige Deutschland und gewann rasch die Sympathien der Vertreter der anderen Länder.

Ein bemerkenswerter Nachruf kam auch aus dem Ausland:

Anerkennung für Dr. Nic. Peters
Von norwegischen Walfängern

Der vor einiger Zeit auf See gefallene Hamburger Walbiologe Dr. Nicolaus Peters erhielt die Goldene Medaille der Internationalen Wasserausstellung in Lüttich für seine Mitarbeit an der Ausstellung. Neben dieser Anerkennung erinnern die Nachrufe aus Forschung und Fachwelt an die hervorragenden Verdienste von Dr. Peters, dem bedeutenden Finkenwärder und Begründer und Leiter des Reichsinstitutes für Walforschung in Hamburg. Die Zeitschrift des norwegischen Walfanges «Norsk Hvalfangst-Tidende» hebt seine unermüdliche Arbeit hervor, die vorzügliche Organisation des Reichsinstitutes, das von Peters mit verschiedenen wichtigen eigenen Beiträgen herausgegebene große Handbuch «Der neue deutsche Walfang», bestätigt noch einmal die Beachtung, die Peters mit dem von ihm vorgelegten Material auf den internationalen Walfangkonferenzen von 1937, 1938 und 1939 gefunden hat und die großen Erwartungen, die auch die norwegische Fachwelt an seine weiteren Arbeiten knüpfte. Wir werden ihn vermissen, so schließt Birger Bergersen im Rahmen der norwegischen Walfangkreise seinen Nachruf auf Dr. Peters.

---

22 Im Dienste der plattdeutschen Sprache, Dr. Reinhard Goltz

Bericht: Kurt Wagner, Finkenwerder

Im Jahr 1984 wurde Dr. Reinhard Goltz der Conrad-Borchling-Preis für sein Buch, seine Dissertation über die Fachsprache der Finkenwerder Fischer, (Köhler Verlag) überreicht. Für uns Finkenwerder ein Anlaß, das Wirken und den Lebenslauf eines Mannes aus einer Generation aufzuzeigen, der die Zukunft noch vor sich hat.

Er wurde 1953 in Finkenwerder geboren und wuchs zwischen Rüschkanal, Elbe und Köhlfleet auf. In der ersten Klasse war Maria Kinau, die Frau des in Nienstedten lebenden Schriftstellers Jakob Kinau, seine Lehrerin. An ihren Unterricht in Heimatkunde kann er sich heute noch erinnern. Der Besuch des Gymnasiums für Jungen in Altona, der tägliche Weg mit der Fähre, dem Bus und der Straßenbahn lockerten die Bindungen zur Elbinsel.

Nach dem Abitur und der Bundeswehrzeit nahm er an der Hamburger Universität ein Studium der Fächer Deutsch, Englisch und Erziehungswissenschaften auf.

Durch Zufall geriet er in seinem vierten Semester in eine Veranstaltung mit dem Titel «Plattdeutsch und Schule», und ebenso zufällig ist er am Wissenschaftszweig Niederdeutsch hängengeblieben.

Prof. Dr. Dieter Möhn brachte ihn auf ein «Finkenwerder Thema», und so war der weitere Weg programmiert.

Ein wichtiger Abschnitt war für ihn der einjährige Aufenthalt als assistent teacher in einer Kleinstadt an der nordenglischen Küste. Im Anschluß daran legte er das erste Lehrer-Staatsexamen ab. Nach dem Referendariat, das er zum Teil am Gymnasium Finkenwerder absolvierte, und dem zweiten Examen bot sich ihm die Möglichkeit, als Hochschulassistent an die Christian-Albrechts-Universität zu Kiel zu wechseln.

Von 1983–85 pendelte er daher drei- oder viermal wöchentlich zwischen Finkenwerder und Kiel. Doch erst, als ihm eine feste Stellung angeboten wurde – er arbeitet seit 1985 als wissenschaftlicher Mitarbeiter am Preußischen Wörterbuch, einem Projekt der Akademie der Wissenschaften und der Literatur – erwog er, mit seiner Familie nach Kiel zu ziehen. Schließlich waren sie inzwischen vier Personen.

1980 hatte er Sabine Lenz geheiratet; sein Henning wurde 1981, seine Astrid 1983 geboren. 1986 sind sie nach Kiel umgezogen. Viele Bindungen werden nach Finkenwerder bestehen bleiben.

Seit 1983 ist er auch Redakteur der Zeitschrift «Quickborn», für die er zahlreiche Buch-Hörspiel-Besprechungen und Berichte geschrieben hat.

Er hat sich in Aufsätzen mit Gorch Fock, niederdeutschen Hörspielen und mittelniederdeutschen Briefen auseinandergesetzt. Wir hoffen, daß ihm, der in Finkenwerder aufgewachsen ist, bei seinen Aktivitäten im Bereich des Niederdeutschen die Finkenwerder Mundart Vorbild und Verpflichtung bleiben wird.

De Amor, 'ne Teknung vun Hinnik Stroh sien Vadder «Hinnik»

23 Ein Stück Finkenwerder Geschichte

Adolph «Odje» Albershardt, Finkenwerder

Als am 12. Dezember 1969 weit über tausend Menschen sich in der Finkenwerder St. Nicolai-Kirche bis auf dem allerletzten Stehplatz drängten, nahmen sie Abschied von einem Mann, der in diesem Jahrhundert mit kaum zu überbietender Heimatliebe an der Geschichte der kleinen Elbinsel vor den Toren Hamburgs in neuester Zeit mitgeschrieben hat: Adolph – «Odje», wie man ihn in Finkenwerder liebevoll nannte – Albershardt wurde von Pastor Kruse in seiner geliebten plattdeutschen Sprache für immer verabschiedet. Der Finkenwerder Lehrer, Heimatforscher, Vereinsvorsitzende und Inselfreund war am 2. Dezember 1969 – 77jährig – gestorben.

Eigentlich war dieser von Finkenwerder so überzeugte Mann gar kein Insulaner – er kam 1911 als junger Lehrer auf die Insel. In Lübeck geboren und aufgewachsen, der Tradition und Heimatliebe schon in jüngsten Jahren vertraut, kam er nach Finkenwerder, der Elbinsel, auf der sich nur zu bald die gute alte Zeit des Bauern- und Fischerdaseins mit der überrollenden Gegenwart reiben sollte.

Schnell hatte der freundliche, kontaktsuchende Junglehrer Verbindungen hergestellt. Zu den damals bedeutenden Schriftstellern Hinrich Wriede und Johann Kinau (Gorch Fock). Zu vielen Inselbewohnern, die verschreckt, aber auch erwartungsvoll der Industrialisierungswelle entgegensahen. Adolph Albershardt wurde – trotz seines «falschen plattdeutschen Zungenschlags» – bald auch Mitglied der «Finkwarder Speeldeel», die 1906 auf einem alten Fischerewer gegründet worden war.

So waren sie, die Lehrer früher: Sie aktivierten sich in den Vereinen, schrieben für die Zeitung, waren rundherum aktiv in den Kommunen. Auch Adolph Albershardt.

Kaum hatte er auf der Insel richtig Fuß gefaßt, da mußte er in den großen ersten Weltkrieg. Als Reserveleutnant der Husaren überstand er das große Gemetzel nur leicht verwundet. So stand er mit abgetakelter Uniform 1918 wieder in Finkenwerder.

Als begeisterter Fotograf hielt «Odje» auf Glasplatten, die er selbst in einer Bodenkammer in der alten Aueschule entwickelte, alles fest, was er für bewahrenswert hielt. Kurz nach dem ersten Weltkrieg heiratete er seine Dora Voss, eine Hotelierstochter aus Husum, die ihn später in all seinen heimatkundlichen Vorhaben unterstützte und als «Tante Dolly» – sozusagen als «Mutter der Speeldeel» – viel Gutes tat.

Aus der Hobby-Fotografiererei entwikkelte sich eine Leidenschaft, die sich dann in echter heimatforscherischer Archiviertätigkeit niederschlug. Seinen größten Wunsch, ein richtiges Finkenwerder Heimatmuseum einzurichten, konnte sich Adolph Albershardt nicht erfüllen. Im zweiten Weltkrieg wurden alle Finkenwardensien, die er mühevoll gesammelt und archiviert hatte, ein Raub der Flammen, nachdem eine Bombe das Lager getroffen hatte.

Ein Eckdatum des Finkenwerder Lehrers, der 45 Jahre sein Amt innehatte, war 1936: Finkenwerders 700-Jahrfeier. Es sollte zu einem besonderen Ereignis in der Geschichte der Elbinsel werden. Es nimmt nicht wunder, daß «Odje» einer der Hauptorganisatoren dieses Ereignisses wurde. Das Fest war ein Riesenerfolg – und was nach Feiern und Festen vor allem übrigblieb, war die von Adolph Albershardt wieder ins Leben gerufene «Finkwarder Speeldeel», die, seit

«Speelboos» Hinrich Wriede in den endzwanziger Jahren nach Volksdorf verzog, in Vergessenheit geraten war.

Da «Odje» ein «moderner» Schulmeister war, kam er besonders bei der Jugend an (er verabscheute vor allem die damals noch an den Schulen überall praktizierte Steißklopferei der Lehrer). So nimmt es nicht wunder, daß viele junge Leute in der Speeldeel mitmachen wollten. Viel mehr, als man sie in Theaterstücken beschäftigen konnte. So kam es, daß Adolph Albershardt nach anderen Beschäftigungsmöglichkeiten für die jungen Leute suchte: Er begann die Speeldeel neben Theaterspiel auf Volkstanz und die Erhaltung plattdeutschen Liedguts umzustellen und schuf die Gruppe, wie sie heute noch um die ganze Welt fährt; wie sie bekannt wurde wie kaum ein anderer Folkloreverein in unserem Land. «Odje» war Speelboos bis zu seinem Tod. Die Bundesrepublik ehrte ihn 1964, indem er mit dem Bundesverdienstkreuz 1. Klasse ausgezeichnet wurde.

Heute noch gibt es die «Heimatvereinigung Finkenwerder», die ebenfalls von Adolph Albershardt mitgegründet wurde. Dieser Kommunalverein – inzwischen über fünfzigjährig – war bis zur Einführung der Kommunalparlamente nach dem zweiten Weltkrieg wichtiges kommunalpolitisches Organ Finkenwerders, das gegenüber «Hamburg» viele Wünsche der Bürger vertrat und oftmals sogar eine Art «Exekutive» zu besitzen schien. «Odje» wußte sich mit unerschöpflicher Diplomatie mit den Behörden auseinanderzusetzen und so manchen Wunsch der Finkenwerder – von der Straßenlaterne bis zum Wasseranschluß – ohne große Debatten in irgendwelchen Gremien durchzusetzen.

Das war es, was diesen Mann auszeichnete: Er konnte durch Kontaktfreudigkeit, geschicktes Verhandeln, Ausgleichen und Verständigen die Wünsche der Bevölkerung so artikulieren, daß manch Behördengewaltiger – oftmals schmunzelnd – seinen Argumenten ganz unbürokratisch folgte. Bis an sein Lebensende blieb das so – und noch heute erzählen Kommunalpolitiker gern, wie es «Odje» gelang, sie mit Schnack und Begeisterung zu einer eigentlich nicht geplanten Investition auf Finkenwerder zu überlisten.

Sielgroben, in Achtergrund de Audiek

Es gäbe noch viel, sehr viel über Adolph Albershardt zu berichten. Er ist eben ein Stück neuerer Finkenwerder Entwicklung. Der, immer dem Neuen aufgeschlossen, immer für die Jugend plädierend, immer in seinem Denken seine Elbinsel ganz, ganz vordergründig sehend, ein Stück Finkenwerder Geschichte mitgeschrieben hat. Nicht sehr spektakulär – aber unerhört menschlich und mit viel, viel Herz!

Adolph, Martin, Friedrich, Christian Albershardt, geb. am 17. März 1892 in Lübeck, gest. am 2. Dezember 1969, in Finkenwerder beigesetzt.

24 Drei Schiffe erzählen ihr Leben

Erzähler: Kurt Wagner, Finkenwerder

In der Blütezeit der Segelfischerei hatten unsere Seefischer zu ihren Fahrzeugen ein ähnliches Vertrauensverhältnis wie ein guter Springreiter zu seinem Pferd.

Die Finkenwerder Fischer waren gute durchtrainierte Segler. Sie hatten den sportlichen Ehrgeiz, der schnellste zu sein. Die Elbe war bei entsprechenden Windstärken ein mit braunen Segeln geschmücktes Regattafeld. Wenn ein Seefischer hart am Wind seine Mitstreiter überholen wollte, sprach er mit seinem Schiff. Der Schipper bekam auf jede Frage eine Antwort in der Form von Erfolg oder Mißerfolg. Wenn einem Seefischer ein Partner vorbeisegelte, den er sonst sicher beherrschte, war sein erster Gang, nach der Ankunft in Finkenwerder, zum Segelmacher.

Das Schiff konnte nicht versagt haben, denn in vielen schweren Stürmen auf der Nordsee hatte es seinen Schipper nie im Stich gelassen. Diese alten hölzernen Ewer und Kutter hatten wirklich eine Seele.

Drei von ihnen und zwar:

der Besanewer HF 31, «Maria»,

der Kutter HF 258, «Senator von Melle»

der Kutter HF 30, «Amor»,

möchten aus ihrem Leben erzählen:

De Besanewer HF 31 «Maria»

«Ich heiße Maria und wurde als HF 31 auf der Werft C. Sietas in Cranz-Neuenfelde gebaut. Meine Schipper hießen: Johannes Bahde, Johann Hinrich Lübben, Hermann Jacob Winter und Willi Emil Meier.

Ich war mit ihnen allen sehr zufrieden. Wir haben zusammen viele gute Reisen gemacht. Es gab aber auch kritische Momente. Einmal bin ich vor Finkenwerder gestrandet.

Es ist schon lange her, so um 1905 im November. Wir lagen in der Süderelbe vor Anker. Der Wind blies mit sechs Windstärken aus Süd-Süd-Ost und drehte über West und Nord, bis er mit 10 Windstärken aus Nord-Nord-Ost blies.

Plötzlich hatte mein schöner schlanker Schiffskörper Grundberührung, und wir saßen fest.

Erst nach 14 Tagen fingen sie an, mich mit zehn Mann freizuschaufeln. Es dauerte dann noch eine Woche, bis ich wieder flott war. Ich hatte an Leib und Seele einige Abschürfungen, die aber schnell verheilten.

So um 1920 rammte mich eine Baggerschute. Davon bekam ich eine schwere «Plankenprellung». Als ich diese auskuriert hatte, haben wir immer gute Fangergebnisse erzielt.

Als wir wegen Sturmgefahr am 15. Juni 1930 in Helgoland einliefen und dort festmachten, fühlte ich mich noch pudelwohl. In der Nacht zum 16. Juni wurde mir eine Planke eingedrückt, und mein Schiffskörper füllte sich mit Salzwasser. Auf dem Grund des Helgoländer Hafens fand ich mich wieder. Meine Besatzung konnte sich rechtzeitig retten. Vom Taucher Otto Wulff aus Cuxhaven wurde ich geborgen und nach Finkenwerder gebracht. Man bekam mich wieder hin, und ich habe dann bis in mein Rentenalter keine weiteren Unfälle gehabt. So um 1950 wurde ich ausgemustert.

Ich wurde als «Lust-Ewer» nach Beidenfleth, an die Stör verkauft. Da durfte ich an Sonn- und Feiertagen Gäste auf der Stör und Elbe spazierenfahren. So richtig gepflegt, wie in Finkenwerder, wurde ich in Beidenfleth nicht mehr. Ich war wahrscheinlich zu alt.

So bekam ich auch die Wassersucht; durch meine Nähte zwischen den Planken drangen Ebbe und Flut und Störschlamm ein.

Als der Werftbesitzer «Quiddje» mich gekauft hatte, bot er mich dem Deutschen Museum in München an. Freudig überrascht vernahm ich die Kunde – im fernen Bayernland mein altes «Ewerdasein» in der schönen Bier- und Haxenstadt fristen zu dürfen.

Man schleppte mich noch einmal nach Finkenwerder. Der Abschied von Beidenfleth mit Musik und netten Worten war am 9. Februar 1957. In Finkenwerder wurde ich auf Eckmann's Werft noch einmal liebevoll behandelt. Vorsichtig trennte man meinen 18 m langen Körper auf.

Ich wurde über Land nach München gebracht und bin heute mit meinem Schicksal fast zufrieden.

Nur eines gefällt mir nicht: die meisten Leute, die mich hier besuchen, kann ich nicht verstehen. Von der christlichen Seefahrt kennen sie alle nichts.

Als neulich ein Gast meinen Namen las, meinte er, ich wäre die «Santa Maria», mit der Kolumbus nach Amerika gesegelt ist.

In seltenen Fällen höre ich auch mal ein fachmännisches, mir vertrautes, plattdeutsches Gespräch. Dann freue ich mich ganz doll und stelle mir die Frage: «Warum kann das Deutsche Museum nicht auf der Elbinsel Finkenwerder sein?»

*

Ich heiße «Senator von Melle». Warum man mich auf diesen Namen getauft hat, muß doch einen Grund gehabt haben.

Wahrscheinlich hat mein Besitzer gehofft, durch diesen Namen über den Hamburger Senat eine finanzielle Unterstützung zu erhalten.

Mein Bauherr war August Mewes. Er galt als einer der verwegensten Segler der Finkenwerder Flotte. Sein Schiff sollte der schönste und schnellste Segler der Niederelbe werden.

An der Konstruktion meines Schiffsrumpfes haben auch der damals bei der Werft «Blohm und Voß» beschäftigte Konstrukteur Gustav Behrens mitgewirkt.

Im Jahr 1905 lief ich als HF 258 vom Stapel. Es muß für die Anwesenden ein schöner Anblick gewesen sein, als mein Körper das erste Mal in der Süderelbe schwamm. Ich war sehr stolz und zuversichtlich und freute mich auf die erste Bewährungsprobe in der Nordsee. August Mewes war mit mir sehr zufrieden. Am Wind war ich der eleganteste und schnellste Segler.

In der Nacht der schweren Stürme, im Jahr 1909, als 9 Fischereifahrzeuge in der brodelnden Nordsee untergingen, befand ich mich auch auf See. Wir hatten schwer zu kämpfen; wie ein Spielball wurden wir hin und her geschleudert. Plötzlich kam eine große Welle auf uns zu und versetzte mir einen schweren Schlag, so daß ich mich einmal um meine Achse drehte, also richtig durchkenterte.

Als ich mich wieder aufgerichtet hatte, hingen meine abgebrochenen Masten an der Takelage. Die Besatzung war zum Zeitpunkt des Unglücks unter Deck, ihr war also nichts passiert.

Ein englischer Kohlendampfer nahm unsere Leute auf und ich wurde nach Esbjerg geschleppt.

Als alle meine Brüche verheilt waren, war mein Selbstbewußtsein doch etwas angeknackst.

Wir kamen noch einmal in Seenot, als uns ein schwerer Sturm auf das Watt vor Trischen trieb. Ich sah mein Ende kommen, denn man hatte mir berichtet, daß hier schon viele Schiffe von der tobenden Nordsee auf dem Schlick des Wattbodens zerschlagen wurden. Es wurden auch die schmerzhaftesten Stunden meines Lebens.

Schwer angeschlagen wurde ich aus dem Watt geborgen. Die Finkenwerder Handwerker hatten große Mühe, um mich wieder vollständig instandzusetzen. Es ist auch bei diesem Unglück keiner unserer Besatzungsmitglieder zu Schaden gekommen.

Nach dem Ersten Weltkrieg wurde ich an die Firma Köser und Platzmann verkauft. Ich bekam einen neuen Schipper, der hieß Marcus Schumann und eine neue Hamburger Nr. «HH 144». Mir wurde bewußt, daß ich nun nicht mehr zur Finkenwerder Flotte gehörte, man hatte mich ausgestoßen.

Wenn ich in Cuxhaven neben meinen ehemaligen Kameraden mit ihren «HF-Nummern» lag, bekam ich Heimweh.

Es muß jemand Mitleid mit mir gehabt haben, und so wurde ich wieder nach Finkenwerder verkauft. Unter der neuen Nr. «HF 367» fuhr ich erfolgreich bis zum Zweiten Weltkrieg in der Flotte meiner geliebten Elbinsel. Als man mich nach Ausbruch des Krieges zur Marine einzog, hatte ich ein ungutes Gefühl und keine Hoffnung, die Heimat, das Köhlfleet, das Stack noch einmal wiederzusehen.

Ich hatte mich nicht getäuscht. Kurz vor Kriegsende bekam ich auf der Weser einen Bombentreffer. Als brennende Fackel trieb ich kurze Zeit, bis ich sank. Auch bei meinem tragischen Ende ist keiner meiner Besatzung zu Schaden gekommen. Mein Leben war kurz und reich an negativen Überraschungen.

*

Mich taufte man 1894 auf den Namen «Amor». Ich lief als «HF 30» in Cranz Neuenfelde bei der Werft Sietas vom Stapel. Während meiner Bauzeit machte sogar ein Familienmitglied meines Bauherren eine Bauaufsicht. Ich soll ein sehr robuster und stabiler Kutter gewesen sein.

Nach dem Ersten Weltkrieg baute man mir einen 36 PS – Glühkopfmotor ein. Ein für mich neues und schreckliches Gefühl, als ob ich unter Blähungen litt. Ich konnte mich einfach nicht auf dieses Rummeln in meinem Leib einstellen.

Mit meinen Schippern hatte ich keine Schwierigkeiten. Bis zum Zweiten Weltkrieg hatte ich acht Besitzer, und zwar:

Dat letzte Bild von den Kutter «Amor»

Lorenz Kröger, Hinrich Ockelmann, Jul. Nicol, Kai Simonsen, Hinrich Julius Marquardt, Johs. Peter, Christ. Simonsen, Ernst Julius Blanken, Hinrich Paul Simonsen und Karl Hinrich Simonsen.

Auch ich wurde nach Ausbruch des Krieges zur Marine eingezogen. Man baute mich zum Minensucher um. Ohne Mast und ohne Fischraum durfte ich mit meinem hölzernen Schiffskörper auf die Suche hochgefährlicher Minen gehen. Ein echtes Himmelfahrtskommando. Mein Einsatzgebiet war die Nordseeküste vor Holland und Dänemark.

Als der Krieg 1945 sein Ende fand, war ich froh, alles gut überstanden zu haben. Mein Schipper war noch in Gefangenschaft. Seine Familie ließ mich auf der Werft von August Pahl wieder umbauen. Ich war froh, als ich wieder als echter Fischkutter vom Slip lief. Als mein Schipper aus der Gefangenschaft zurückkam, konnten wir sofort auf die Nordsee zum Fischen fahren. Die hungernde Finkenwerder Bevölkerung brauchte viele Fische.

Im April 1949 stieg der 14jährige Karl Heinz Simonsen an Bord. Er wuchs in die Rolle eines erfolgreichen Seefischers. Wir haben uns immer gut vertragen. Er sollte auch mein letzter Schipper sein.

Als meine alte Maschine verbraucht war, wollte er meinem alten Körper nicht noch einmal einen Einbau einer größeren Maschine zumuten. Man hat mich abgetakelt und in der Aue angebunden. Ich war ganz unglücklich. Es kam noch schlimmer: ein Schiffszimmermann kaufte mich, um mich zu Feuerholz zu verarbeiten. Gegen dieses würdelose Vorgehen hab ich mich gewehrt. Mein kerngesundes Eichenholz nahm die Härte des vielgerühmten «Krupp Stahls» an. Alle Versuche mit Motorsägen und anderen Werkzeugen mußten aufgegeben werden. Ich lag zuletzt in der Aue, die von beiden Seiten zugsspült war, wie in einer Badewanne.

Man hatte mich hier liegengelassen, und als die Aufspülarbeiten abgeschlossen waren, lag ich unter dem Spülsand am Ende des Grundstücks Auedeich 81. Hier liege ich noch heute, unter einem später angelegten Deich und träume davon, in einigen hundert Jahren noch einmal ausgegraben zu werden, um dann zu sehen, wie sich die Niederelbe und Deutsche Bucht verändert haben.

HF 31 Maria in «Dütsche Museum» Foto: Deutsches Museum, München

25 Rund um das Finkenwerder Berufsleben

Verfasser: Kurt Wagner, Finkenwerder

Das gesamte Berufsleben hatte bis etwa 1900 fast den Charakter eines Dienstleistungsgewerbes zur Pflege der Landwirtschaft und der Fischerei.

Aus den Aufstellungen der Jahre 1829 und 1860 über die, auf der Hamburger Seite wohnenden Familien mit Angabe der Berufe und der Familienoberhäupter, die die Ernährung sicherstellten ergibt sich folgende Übersicht:

	1829	*1860*
Seefischer	23	113
Elbfischer	91	58
Schiffszimmermann	23	55
Frachtschiffer	12	43
Landwirt	18	24
Kapitän	–	20
Arbeitsmann	43	12
Fährschiffer	–	11
Bäcker	2	9
Schneider	5	7
Kaufmann	–	7
Gastwirt	2	6
Steuermann	–	5
Schuhmacher	15	5
Tischler	3	5
Maurer	1	3
Schlachter	–	3
Segelmacher	–	3
Repschläger	–	2
Schullehrer	2	2
Korbmacher	–	1
Polizei-Offizient	–	1
Lotsen	–	1
Goldschmied	–	1
Schmied	2	1
Drechsler, Blockmacher	2	1
Apotheker	–	1
Glaser	–	1
Uhrmacher	1	–
Hebamme	1	–
Haubenmacher	1	–
Müller	1	–
Fischhändler	1	–
Zimmermann	1	–
Einwohner ca.	1353	2100
Familien ca.	312	409
Berufe ca.	21	28
Seefischereifahrzeuge	25	68
Elbfischereifahrzeuge	–	50

Vermißt wird in dieser Aufstellung der Beruf Netzmacher. Dies war eine Aufgabe, die von den Familienmitgliedern oder vom Kapitän selbst in der Winterzeit erledigt wurde. Auch das Garn mußte noch von den Frauen gesponnen werden für die Netze und für die Segel.

Das Zuschneiden und Nähen der Segel wurde von den Fischern selbst vorgenommen, wobei diejenigen, die in dieser Arbeit besonders geschickt waren, den Kameraden halfen.

Um 1810 interessierte sich in Finkenwerder der Seefischer Jacob Mewes für das Zuschneiden der Segel. Wenn er hörte, daß einer der Fischer ein Segel herstellen wollte, hatte er immer gleich seine Elle zur Hand, um ihn bei seiner ungewohnten Arbeit behilflich zu sein. Zum Dank dafür bekam er den Spitznamen «Jakkob mit de Ehl (Jacob mit der Elle»). Er hatte schon damals erkannt, daß der gute Zuschnitt der Segel für die Geschwindigkeit der Schiffe sehr wichtig war. Sein Sohn Martin erlernte in Hamburg das Segelmacherhandwerk und machte sich in Finkenwerder selbständig. Danach ließen sich hier weitere Segelmacher nieder. Lindemann aus Blankenese, Jan Rickmers von Helgoland sowie die Einheimischen Kai Kröger und Jacob von Cölln. Sie wurden durch die schnittigen Segel der Ewer an der ganzen Niederelbe bekannt.

Das Lohen der Segel war eine Form der Konservierung. Die Segel wurden einmal im Jahr geloht. Jeder Segelmacher hatte einen Loh-Kessel.

Die Lohe bestand aus einer Brühe gekochter Späne der Eichenrinde. Die Mischung kannten die Segelmacher. Wenn die Lohe am Kochen war, fischte man mit einem Kescher die größeren Stücke aus der braunen Brühe.

Die Segel wurden auf einer Wiese ausgebreitet; danach wurde mit einem Dweiel die Brühe auf das Segeltuch gebracht. Wenn die erste Seite trocken war, wurde das Segel gewendet und der Vorgang auf der zweiten Seite wiederholt.

Die braunen Segel waren stets das Kennzeichen der Finkenwärder Flotte. Die Blankeneser hatten graue Segel; ihnen fehlten die Wiesen, um die Segel auszubreiten.

Schwierigkeiten hatten die Fischer mit ihren Segeln nur, wenn es fast windstill war. Dann hatte das Segel genau an der Stelle einen Bauch, wo man ihn nicht gebrauchte.

In diesem Fall wurden die Segel an diesen Stellen naß gemacht. Das Segeltuch zog sich zusammen, und die Segel standen wieder.

Hier gab es verschiedene Methoden. Es wurden meistens Weidenstöcke genommen. Das Laub am Ende des Stockes wurde in das Wasser getaucht, und mit einem Schwung wurde mit dem feuchten Laub gegen die Segel geschlagen.

Die Schiffswerften von Cölln und Wriede waren schon vor 1800 in Betrieb. Die Werft von Cölln soll 1767 gegründet worden sein. 1816 wurde eine Mühle gebaut, und mit dem Aufstieg der Seefischerei kamen viele Handwerker nach Finkenwerder, um sich hier mit ihrem Können, Wissen und Fertigkeiten in der Pflege und Herstellung der Segelfischerei-Fahrzeuge auf ihrem Zubehör anzusiedeln und sich eine Existenz aufzubauen.

Um 1870, als die Finkenwerder Flotte mit 79 Ewern den Bestand der Blankeneser schon um etwa zehn Schiffe übertraf, machten die Seefischer sich darüber Gedanken, wie sie ihre Fänge – besonders im Sommer – frisch erhalten konnten. Sie bedauerten, daß sie bisher alle Fische, die in der Bünn verendeten, wieder über Bord werfen mußten.

Bei den Seezungen, die ebenfalls lebend mitgeführt wurden, machte es außerdem besondere Schwierigkeiten, sie am Markt alle mit dem Lownetz (Ketscher) wieder aus der Bünn herauszufischen, besonders wenn der Ewer mit der Ebbe aufs Trockne geriet. Alsdann fanden sie häufig noch eine ganze Anzahl verendeter Zungen in der Bünn vor, die – besonders im Sommer – nicht mehr genießbar waren. Deshalb wurden die großen dreibis sechspfündigen Schollen und Steinbutt in der Regel an quer über die Bünn ausgespannten Netzen mit am Schwanz befestigten Schnüren so aufgehängt, daß sie den Schiffsboden nicht erreichen konnten.

Man hatte immer Angst, daß von den großen Plattfischen die Löcher im Bünn abgedeckt würden und damit der Zulauf des frischen Wassers nicht gewährleistet war. Bei Windstille wurde im Bünn immer mit dem großen Ruderriemen gerührt, um das Wasser in Bewegung zu halten.

Die großen Schollen, die so aufgehängt wurden, nannte man Bandschollen. Die Prozedur brauchte man mit den kleinen Zungen und Schollen nicht durchzuführen.

Der Seefischer Jacob Fock aus Finkenwerder, der vor dem Erwerb seines Ewers sich als Kapitän auf großer Fahrt viel in der Welt umgesehen hatte, machte im Jahre 1870 die ersten Versuche, die Fische auf Eis zu konservieren. Er war es auch, der im Jahre 1871 trotz starken Widerstandes die Anregung dazu gab, daß sich ein großer Teil der Flotte zu einer Interessengemeinschaft zusammenschloß, um einen Eisschuppen zu bauen. Für diese fortschrittliche Tat, die sich später als so sehr segensreich erwies, bekam er dann – wie in Finkenwerder üblich – den Spitznamen «Ies-Jakkob» («Eis-Jacob»).

Dieser erste Eisschuppen wurde am Neßbrack erbaut und von Gerhard von Eitzen, dem Vater des im vorigen Jahr verstorbenen Seniorchefs der Firma Mewes von Eitzen, Rudolf von Eitzen, verwaltet. Später wurde dann noch ein Eisschuppen an der Aue und einer im bedeutend größeren Umfang von dem Werftbesitzer J. C. Wriede auf der kleinen Dradenau erbaut. Das Eis wurde im Winter auf dem Brack mit Handsägen in transportable Stücke zerlegt und in den mit Torf isolierten Schuppen befördert und dort gelagert.

Die Ewer mußten damals, wenn sie ihre Fangreise beendet hatten, in den Prielen oder im Köhlfleet ankern. Es war nicht möglich, das Eis direkt vom Schuppen in das Fahrzeug zu übernehmen. Es wurde daher mit den Beibooten, die besonders für diese Aufgabe recht groß ausgeführt waren, vom Bollwerk hinter dem Deich abgeholt. Bevor das Eis in das Boot übernommen wurde, schlugen die Fischer die Eisblöcke mit einem großen Holzhammer in kleine Stücke: später – so etwa um

En Bild ut dat Johr 1860, «Jes Jakob»

1890 – beschaffte J. C. Wriede eine von einem Motor angetriebene Eismühle und eine Motorbarkasse. Mit der Barkasse wurde alsdann das schon gemahlene Eis, in der Regel 2000 bis 3000 Pfund je Ewer, an Bord gebracht.

Die Unterbringung des Eises an Bord erfolgte in den sogenannten Eiskisten. Hiervon waren in der Regel drei Stück vorhanden, die allerdings nur wenig isoliert waren und etwa je 1 cbm Inhalt hatten. Diese drei Eiskisten wurden nebeneinander hinter dem Großmast vor der Bünn unter dem Deck aufgestellt. Auf dem Deck hinter der Winsch war eine kleine Klappe angebracht, durch die das Eis nach Aufheben der schweren Deckel von den Kisten hineingeschüttet wurde. Mit Beginn des Sprotten- und Elbheringfanges, etwa Mitte oder Ende Oktober, brachten die Seefischer die Eiskisten bis zum Frühjahr an Land, um Platz für die Unterbringung der Heringe zu gewinnen, die nicht in der Bünn, sondern ohne Eis auf dem Bünndeck bis zur Anlan-

Kutters bi afflopen Woter an de Steen int Müggenlock

dung an dem Markt gelagert wurden. Die großen schweren Eiskisten standen dann während des ganzen Winters auf einer Stellage ungefähr in Höhe der Deichkrone, damit sie nicht von dem Hochwasser erreicht werden konnten. Sie zeigten auch, daß im gegenüberliegenden Haus ein Seefischer wohnte.

Auf die Anwendung des Eises für die Konservierung stellte sich die gesamte Finkenwerder und Blankeneser Flotte nach den damaligen Verhältnissen recht schnell um. Der Grund hierfür war wohl nicht allein der wirtschaftliche Vorteil, sondern auch die geringen Kosten für die Beschaffung des Eises und der Eiskisten, deren Unterbringung kaum Umbauarbeiten am Schiff erforderten. Die Seefischer konnten nunmehr insbesondere die beim Schollenfang miterbeuteten empfindlichen Zungen, Hummer und Steinbutt auf Eis legen, um sie vor der Gefahr des Verderbens zu schützen, während die besser lebendbleibenden Schollen weiterhin in der Bünn gehalten wurden. Aus dieser Zeit stammt die noch heute gebräuchliche Bezeichnung «Mattgut» für Steinbutt und Zungen; diese wurden ab etwa 1870 geschlachtet und in dem vor der Bünn gelegenen Eisraum zwischen Strohmatten auf Eis gelegt. Eine grundsätzliche und besonders vorteilhafte Wandlung wurde im Sommer durch den Gebrauch der Eiskonservierung erzielt, wenn die Schollenfänge geringer wurden und die Lebenderhaltung der Fische von See bis an den Markt besonders schwierig war. Ebenso war eine sehr lange Flaute für die Durchströmung der Bünn und damit die Sauerstoffzufuhr nachteilig. Nach Einführung der Konservierung auf Eis konnten die Seefischer ihre Fangreisen daher auch im Sommer auf die Dauer von etwa 14 Tagen ausweiten.

Aus dem Sprachschatz der Finkenwerder Fischer wurden weitere Begriffe übernommen.

So der Begriff Kameruner, der noch heute an allen deutschen Fischmärkten Gültigkeit für kleine Seezungen hat (drei Stück auf einem Pfund), stammt auch aus Finkenwerder.

Als auf unserer Elbinsel das Vorland aufgespült wurde, waren dort Gastarbeiter aus Kamerun eingesetzt. Die Kameruner waren alle kleine Männer. Als ein Finkenwerder Ewer vom Fang in den Heimathafen lief, wurde ihm fragend zugerufen: «Wat hest du fungen?» «Denn ganzen Bünn voll Tungen, ober allns Kameruners!» Von dem Tag an war dieser Begriff für eine Handelsklasse festgelegt.

1888 hatte die Seefischerei ihren Höhepunkt. Finkenwerder besaß inzwischen 186 Segelfahrzeuge. Die Einwohnerzahl auf der Hamburger Seite war auf ca. 3000 gestiegen.

Auf der Lüneburger Seite stieg die Zahl der Einwohner von 568 (1860) um 33 % auf 755 (1888). Überträgt man diese Relation auf die Hamburger Seite, wäre die rechnerische Einwohnerzahl 2100 (1860) + 33 % = 2793. Daraus errechnet sich ein theoretischer Zuwachs, der Menschen die sich in Finkenwerder angesiedelt haben von 3000 – 2793 = 207 Einwohner. Diese Zahl der Zugezogenen wird sicherlich höher gewesen sein.

Eine weitere Aufzeichnung ist beachtenswert: Von den 186 in Finkenwerder registrierten Fahrzeugen wurden nur ca. 40 hier gebaut. Und zwar:

1866	1 Ewer
1869	1 Besan-Ewer
1870	1 Besan-Ewer
1872	2 Besan-Ewer
1873	1 Besan-Ewer
1874	1 Besan-Ewer
1875	1 Besan-Ewer und 1 Ewer
1876	1 Besan-Ewer
1877	3 Besan-Ewer, 1 Ewer u. 1 Kutter
1878	6 Besan-Ewer
1879	2 Besan-Ewer
1880	1 Besan-Ewer
1882	1 Besan-Ewer und 2 Ewer
1884	1 Kutter
1885	2 Kutter
1886	5 Kutter
1887	3 Kutter
1888	2 Kutter

Daraus ist zu schließen, daß die Handwerker mit der Wartung der Fahrzeuge ausgelastet waren. Es wird noch heute gern darüber gesprochen, daß die Finkenwerder Fischereifahrzeuge stets einen sehr gepflegten Eindruck machten und die Handwerker ohne Ausnahme ihr Fach verstanden.

Eine kleine Geschichte von Rudolf Kinau schildert die Situation aus den Anfängen der Dampfer-Fischerei aus der Sicht eines Finkenwerder Fischermanns.

«Vör fiefunsöbentig Joahr», segt de ool Jann Stüerholdt, «do schreeben wi achteihnhunnertfiefuntachentig, ick wür dat ierste Joahr ut de School.»

Un denn stoppt he sick mol weddeer 'n frischen Prüntjer achter de Kusen, un denn fangt he an to vertelln:

«Wi dreeben mit fief Finkwarder Eewers mit vulle Seils – all so een bi'n annern langssiet – för plackendootstill eben nerden 't Wesserfürschipp. Uns' Schippers würn woll all 'n beeten gnadderig, dat se wedder mol kee'n Wind harrn un kunnen ne fischen. Un wi Jungs – wie frein uns, dat wi uns scheun utrauhn kunnen un mol'n beeten klöhnen.

Werkeen van uns em toierst seehn hett, dat weet ick nu ne mihr. Ober wi keeken mitmol alltohoopen no den ee'n ool «Smeukeewer», de doar so van de Wesser her anbrusen käm. He harr twee hooge Masten un seeh meist so ut as son grooten Heringslogger – mit dree griese Seils: Vör de Mast son gotliche Fock, achter de Mast son Spitzseil mit Giekboom, un an de Besohnsmast denn noch son hooge spitze Besohn, so as de annern Loggers dat ook harrn. Ober düsse harr twüschen de beiden Masten – so mittschipps – harr he richtig son grooten viereckigen Kasten an Deck stohn, un up den Kasten stünd 'n Kompaß un 'n Stüerrad, un dicht achter dat Stüerrad – harr he 'n grooten hoogen swatten Schorsteen.

«Wat is dat denn nu för 'n Sleden!?» seggt wi all. «Wat will de denn hier beschicken?»

«De will doch woll ne no 'n Nordpol rup und will de Walfisch bangen moken!?» «De schall woll mol nokieken, wonem de Wind bleben is!»

Ober nu mitmol – dreiht de groot Seildamper son beeten bi, un smitt de Fock dol, un sett doar doch woahrraftig 'n richtige Boom-Kurr ut, fiert ehr so sinnig an Grund, holt de groot Kurrlien mit'n Räeder dicht no't Heck ran, und puddelt denn so mit halbe Kraft – mit 'n Stroom un schiere Foahrt – Westsüdwest dolwartut up Spiekeroo loos. Wi könt de Maschien jümmer so eben kloppen hörn, un de swatte Rook ut 'n Schorsteen geiht steil in de Luft.

Ho, un nu wet wi ook gliek all, werkeen dat is! Dat is Busse sien «Sagitta», sien Fischerdamper, nem he de Schulln mit wegjogen will! Dat hett al 'n poarmol in 't Blatt stohn, un doar snackt de ganze Küst al van: «Busse will de Fisch nu mit Damp griepen!»

«Un will jem denn ook gliek in sien'n grooten Ketel koken, un in'n Schorsteen räukern!» segt Jakob Mees.

Oach, un nu geiht dat Lachen un Jizzen jo loos: «Dat kummt mi jüst so vör – as wenn een mit'n groote Trummel vör 'n Buk to 'n Angeln geiht, un mokt för dusend Doler Larm, un wunnert sick, dat doar keen Fisch anbieten will!»

«De mokt de Steenbutt jo al vörher bangen – mit dat Kloppen van sien groot Schruw!»

«So dumm sünd de Fisch nu jo ook ne, dat se denn noch teuben doot, bitt dat groot Nett jem fotkrigt!»

«Mit son klotzige Foahrt behullt he de Kurr jo goar ne an Grund, ritt ehr jo gliek wedder teihn Fohm hooch, un fangt denn doch wieder nix as Seeflach un Klabatzen!»

«Un wenn he de Kurr doch mol an Grund hett, un krigt denn jüst mol 'n ol Wrack fot, denn ‹Gunacht un Adjüs!› – Denn mütt doch entweder die Lien breken un dat ganze Geschirr is weg, oder de Winsch an Deck geiht in Stücken, oder de ganze Damper schütt kupheister un buddelt af!»

«Un wenn he nu doch mol wat fangen schull», segt Mars Stegemann, «wonem will he sien Fisch denn loten? Son richtigen Bünn as wi – hett he doch ne! Un allns up Is packen ...!? Oach, du leebe Tied! Dat Is un de Fisch much ick mol seehn – no fief Dog up See – bi so vel Hitt un Füer in 'n Buk!»

«Un nu lot doar blooß mol wat an de Maschien tweigohn, un de ool Nudelkasten steiht mitmol still –?! Wat will he denn moken? Krüzen un scharp bi de Wind seiln kann he doch ne mit dat Dings!? Kann doch heuchstens halben Winds no de Küst randweiln – un geiht to Foot no Hus!»

Ne, wi würn uns all eenig, Schippers un Knechten un Jungs: Busse harr jo villicht anschlägschen Kupp – un wür ook 'n düchtigen Koopmann, ober – van 't Fischen un Schullngripen buten up See – harr he keen Ohnung, kee'n blassen Schimmer! Doarbi dreeben wi sülben doch – mi fief groote Eewers langssiet – mit vulle Seils un ohne Wind – mit'n Stroom hin un her – as Stroh in'n Nachtputt – un kunnen ne fischen. Un töfteihn Joahr loter – as wi mit uns' Eewers un Kutters noch jümmer blooß för Seils un mit uns' lütt Boom-Kurr buten vör de Kant no Schulln un Scharben un Tungen un Steenbutt rümharken dän – do harrn Busse un 'n ganz Deel annere Reeders an de Wesser und an de Elw – al mihr as hunnert groote Fischdampers in de gangen. Un de harrn al lang keen Seils mihr an de Masten, harrn ober'n feine starke Maschien, harrn breede Netten mit lange Flünken un swoare Scheerbred, un kunnen in jemehrn grooten Is- und Packruum teihnmol so vel Fisch ünnerbringen as uns' besten un neesten Kutters.

Bi uns' Fischeree ünner de Küst – van de Wesser bit no Borkum – un van de Elw bit no Hornsreff rup – stöern uns de Dampers nu ne mihr so dull, doar harrn wi dat jümmer son beeten för uns alleeen, un kümmern uns ne vel – üm de ooln «Smeukers». De güngen jo meist all vel wieder rut un fischen ganz woanners.

Ober wenn wi denn no acht oder teihn Dog in Bremerhoben oder in Geestmündn oder in Hamborg – mit uns' poar Kiepen Fisch to Markt kämen –, un de ganze Halle stünd al van vörn bit achtern vull Schellfisch un Kabeljau un Blaufisch un Lengen – van de Dampers –, un wi kreegen man blooß den halben Pries van dat, wat wi dacht harrn, – denn leep mi dat doch al af un an mol son beeten koolt över 'n Puckel: «Wat schall doar blooß noch van warden?! Wenn dat so wieder geiht, de Fischdampers ward jümmer mihr un jümmer grötter, de kriegt uns toletz jo woll doch richtig ünner de Feut!?»

Jä, un so bi negenteihnhunnertunteihn rüm, do wür 't denn ook al bald sowied. Ne bi jem all, ober bi 'n ganz Deel van uns Eewers un Kutters heet dat nu mitmol: Entweder oder! – Entweder 'n grooten starken Motor inboon un ook den ganzen Winter hindör fischen un foahrn – as güng 't um 't Leben –, oder dat Foahrtüg anbinden un – wat anners beschicken!

Mien Klaus, uns öllste Jung, wür nu grode achtteihn Joahr un foahr bi mi as Knecht. Ick segg: «Klaus, wat meenst du? Wat wöt wi moken? Dat geiht nu jo ook al mit üm di!»

He kickt ierst in 't Wiede un in de Wulken, un denn segt he ganz ruhig un fast: «Vadder, lot uns dat doon, wat wi för Mudder un för uns all doon möt! Lot uns den Eeewer verkäupen oder anbinden. Un du bliffst denn fein bihus un söchst di'n lütt Bohntje an Land, un ick goh as Matroos up 'n Fischdamper un mok noheer Exomen – un ward Kaptein up son grooten Island-Joger!»

Ick hebb em ierstto goarkeen Antwort geben, ick kunn ook nix seggen, mit seet dat den ganzen Obend as 'n Fust in de Kehl. Ober den annern Morgen hebb ick denn doch «jo» segt. Un wi hebbt unsen Eewer bihus in 'n Slüsengroben holt, un ick hebb em noher «för 'n Ei un 'n Botterbroot» an 'n Afdecker un Plünnenhöker verköfft.

Un denn bün ick – mit een'n van mien Makkers ut de Fischeree tohoop – bi son lütte scheune Reederee up 'n Nettenböhn gohn, un hebb noch fiefuntwintig Joahr hindör – för uns' Fischdampers knütt un spleeßt un inheelt – un allns wedder to 'n Fang in de Reeh mokt.

Un mien dree Jungs – sünd een no 'n annern – wenn se jemehr twee Joahr up 'n Kutter achter sick harrn – sind se up'n Fischdamper gohn, un sünd doar Stüermann un Kaptein worden, hebbt dörweg jümmer good foahrn, un hebbt'n Barg Fisch ranholt – van allerwegens her, van 'n Dogger, van Island, van de «witt See» – ut all de Ecken un Kanten. Twee van mien Jungs spelt nu jo al lang bi jemehr Reederee «Inspekter». De drütte, de jüngste – mien goode Hannes –, ist eben vör den letzten Krieg mit sien'n Damper boben ünner Island «bleben».

Ober sien groot Jung – un ook de dree stebigen Jungs van mien beiden Öllsten – foahrt all vier – jümmer noch un jümmer wedder – up groote nee'e Fischdampers no See, un doot in 'n Sommer un in 'n Winder dat beste, wat se as fustfaste Foahrnslüd doon könt: Se holt Fisch un Fisch un nochmol Fisch – un bringt mihr as hunnertdusend Minschen Arbeit un Broot.

Wenn ick nu so trückdinken doo, an achteihnhunnertfiefuntachentig un an Busse sien'n lütten Fischerdamper mit Seils un Boomkurr: Junge, Junge! Wat is ut den lütten eenfachen un stümperigen Anfang – in fiefunsöbentig Joahr – doch för 'n groot fein Wes'wark worden! Mit all de Dampers un all de Räukereen un Marinieranstalten un Fabriken un allns, wat doar so bi hört.

Kinners, Lüd! Wenn dat so wieder geiht!? Wonem schall dat blooß noch hin!?

Rudolf Kinau

Als Ergänzung zu dieser kleinen Geschichte muß noch erwähnt werden, daß der Kapitän der Sargitta, Hinrich Külper hieß. Er stammte aus Finkenwerder und hatte 6 Geschwister. Der erste deutsche Fischdampferkapitän hat sich viele Verdienste um die Fischerei erworben. Zum Dank wurde in Bremerhaven eine Straße nach ihm benannt, die «Hinrich-Külper-Straße». Er zog sich rechtzeitig aus dem harten Geschäft der Dampfer-Fischerei zurück und verdiente dann sein Geld als Fährmann im Fischereihafen Bremerhavens.

Über ihn wird von einem alten Fischermann folgende Geschichte erzählt.

«Hinnik Külper hett mol eenen düchtigen Schippsjungen an Bord hatt. – As de Jung aufmustert hett, segt Hinrich to em – «Dat Du eenen fixen Kerl büst, dat weest Du sülbst und dat ut Di wat ward, dat hoff ick – wenn Du Admirol büst, mildst Du Di wedder bi mi» –

Als Hinnik ob siene oolen Dog immer noch as Fährmann an't schippern wär, kem een Admirol in sien Fährboot und mild sick. «Herr

Kapitän Külper, ich möchte mich wie abgesprochen bei Ihnen melden.»

«Ut den Schippsjungen is tatsächlich eenen Admirol worden.»

Eine Aufzeichnung über die Aufbaujahre einer anderen Branche – der 1885 gegründeten Firma Nicolaus Peters & Sohn – zeigt einige Merkmale jener Zeit auf. Es wurde zunächst mit vielen Artikeln gehandelt. Später begann das Brennen und Destilieren von alkoholischen Getränken. Bald standen Fässer mit Rum, Klaren und Bittern im Verkaufsraum.

Die Preise waren am Steendiek und Auedeich bekannt, es hieß: «Bi Niclos an de Reup kost de Liter Schnaps jetzt achtzich Pen». Im Volksmund hieß eine Schnapshandlung Reup.

Man übte sich in der Herstellung anderer Getränke und war bald auch in der Lage eine schmackhafte Zitronenbrause herzustellen. Das Rezept zur Herstellung dieser Brause ist bis heute das Familiengeheimnis der Firma Nicolas Peters. Das Wasser für die Brause wurde mit einem Lastkahn über die Süderelbe aus Harburg geholt. Für das Aroma benötigte man Zitronen und Zuckerhüte. Auf der Diele in der Ecke standen große Tonfilter. Damit die Brause klar wurde, mußte die gekochte Brühe gefiltert werden. Das Abfüllen der Flaschen erfolgte von Hand, an einer Maschine, die immer nur eine Flasche füllen konnte. Der Ablauf war folgender: Flüssigkeit der Brause in die Flasche, Kohlensäure zusetzen, Flasche schließen. Beim Abfüllen der Brauseflaschen fanden sich oft Kinder als Zuschauer ein, für die es ein Fest war, wenn mal eine Flasche platzte.

Sie konnten ihre kleinen Hände in den Pfützen aus Brause baden und anschließend genüßlich ablecken.

Es ist nicht ganz klar, wann mit dem Handel von Bier begonnen wurde. Man kann sich aber erinnern, daß am Anfang ein dunkles Bier von der Teufelsbrücker Brauerei und von der Bavaria Brauerei aus Altona bezogen wurde.

Die für den Transport des Wassers aus Hamburg und dem Bier aus Altona und Teufelsbrück notwendigen Transportmittel, wie Lastkahn, Pferd und Wagen, waren inzwischen Eigentum der Firma Peters. Im Winter wurde das Bier mit Schlitten und Kahn über das Eis der Elbe nach Finkenwerder geholt.

Der Tagesablauf kannte nur einen festen Punkt, das war das Aufstehen. Der Vater Nicolaus stand morgens um 5.00 Uhr auf, kochte Kaffee, machte Frühstück und weckte die übrigen Familienmitglieder. Der Feierabend ließ sich nicht festlegen. Wenn feiertags oder auch abends nach 22.00 Uhr noch ein Kunde einen Topf Farbe benötigte, wurde ihm der Topf Farbe mit Leinöl angerührt. Das Betriebsklima war vorbildlich. Es wird selbst im Schwabenland keinen Betrieb gegeben haben, in dem so viel gesungen wurde wie im Bierkeller der Firma Nicolaus Peters.

Das deutsche Lied wurde einstimmig und auch mehrstimmig gesungen. Die Leute blieben am Deich stehen und erfreuten sich an den flotten Liedern, die aus dem Bierkeller klangen. Wer bei harter Arbeit frohe Lieder singt, dem macht die Arbeit mit Sicherheit auch Spaß.

Der Verkauf von Flaschenbier war ein zusätzliches Geschäft mit hohem Aufwand. Das Zapfen des Bieres vom Faß in die Flaschen wurde im Bierkeller vorgenommen. Das Faß hievte man auf einen Bock. Der Zapfer bekam eine große Ölschürze vorgebunden. Der Schraubverschluß des Fasses wurde mit einem großen Steckschlüssel geöffnet. Man führte in die Öffnung des Fasses einen Schlauch ein, an dem am Schlauchende ein kleines Gewicht befestigt war, und zwar soweit, bis das Klicken des Schlauches am Faßboden wahrgenommen werden konnte. Die Flaschen wurden bereitgestellt, das Bier mit dem Mund am Schlauch angesaugt und danach in die Flaschen gefüllt. Diese Tätigkeit wurde ohne Leberschäden des Saugers und ohne Einspruch der Gesundheitsbehörde jahrelang durchgeführt.

Als besonders schwierige Tätigkeit erwies sich das Reinigen der zurückkommenden

Bier- und Brauseflaschen. Man hatte für diesen Arbeitsgang zwei Wannen, die Reinigungswanne mit warmem Wasser, dem Soda als Reinigungsmittel zugesetzt war und die Spülwanne mit kaltem Wasser. Die zurückkommenden Flaschen kamen in die Reinigungswanne. Wenn sich auf der Wasseroberfläche eine Ölspur zeigte, hatte mal wieder ein Kunde eine Bierflasche zur Aufbewahrung von Petroleum mißbraucht. Die Flaschen mußten alle aus der Wanne genommen werden, die Wanne wurde gereinigt; es mußte das warme Reinigungswasser zubereitet werden und der Reinigungsvorgang der Flaschen wurde fortgesetzt. Man kann sich heute den Aufwand gar nicht richtig vorstellen. Es gab noch kein fließendes Warm- und Kaltwasser, es mußte in Behältern bewegt werden.

Die Ansprüche an das Trinkwasser waren nicht besonders hoch. Es wurde Wasser entnommen aus der Elbe, aus der Aue, aus Wassergräben und aus den Regentonnen. Im Winter mußten die zugefrorenen Eisdecken zerschlagen werden, um Wasser entnehmen zu können.

Zur Lagerung des Wassers hatten fortschrittliche Häuser Wasserkeller. Die Fischerleute haben damals beim Auslaufen nach See ihr Wasser aus der Elbe bei Brunshausen entnommen. Es gab auch Wassergräben, in denen sich ein Wasser befand, das gerade noch zum Waschen der Wäsche benutzt werden konnte. In so einen Graben ist eine Frau beim Spülen der Wäsche gefallen und ertrunken. Seit Ausbruch der Cholera im Jahr 1892 bewegt das Thema Trinkwasser die Gemeinde.

Ab 1904 hatte Finkenwerder einen Wasserturm mit einer 370 m tiefen Bohrung. Die ersten Zapfstellen wurden bereits 1902 am Auedeich installiert. Danach wurde mit dem Verlegen der ersten Wasserleitungen für Haushalte begonnen. Zuerst wurden die Rohre an den Außenwänden angebracht. Im Winter gab es Probleme mit geplatzten Wasserrohren. Nach dieser Erfahrung wurden die Wasserrohre gegen Kälte isoliert oder an den Innenwänden der Häuser installiert.

Im Jahr 1902 waren die Finkenwärder Nachrichten geradezu gefüllt mit Informationen über das Thema Trinkwasserversorgung. Nachstehend einige dieser Presseberichte.

22.04. *Von unserem Apotheker Herrn Beckmann ist ein Bericht über die Qualität des Trinkwassers vorgelegt worden, der aus der Probebohrung von 376 m Tiefe stammt. Der Bericht ist in jeder Hinsicht zufriedenstellend.*

18.06. 1902 *Über die Beschaffenheit des Elbwassers, was zu einem großen Teil der Bevölkerung immer noch zu Genußzwecken dienen muß, ist zwar schon oft Klage geführt worden, aber die Verhältnisse sind so schlecht, daß eine gesonderte Darstellung gerechtfertigt erscheint.*

Bekanntlich werden am Vorland des westlichen Teils unserer Insel zwei Einschnitte, C und D, einschließlich ihrer Stacks fertig. Die sonst am Ufer in reinlicher Hinsicht ziemlich kräftigen, wirksamen Gezeiten-Ströme werden von den Stacks in ihrer wohltätigen Wirksamkeit fast ganz gehemmt.

Auf eine von unserem Distriktarzt wiederholte Eingabe an den Herrn Medizinalrat in Hamburg, wo die Trinkwasserverhältnisse unserer Insel erörtert wurden, hat eine Besserung der Zustände in Aussicht gestellt, da die erneute Eingabe erkennen lasse, daß die Zustände schleunigst geändert werden müssen. Besonders die Medizinalbehörde und ihr hiesiger Vertreter beschäftigen sich seit 1892 unablässig mit Trinkwasserfragen.

Die Brunnenbohrung am Kanalstack hat sich auch erheblich schwieriger erwiesen, als man gedacht hatte. Die bis in die neueste Zeit vorgenommene regelmäßige Untersuchung des Brunnenwassers scheint aber endlich ein Resultat zu zeigen, das die völlige Brauchbarkeit des Wassers als Trinkwasser erweist. Nach den in diesen Tagen aufgenommenen Aktivitäten kann davon ausgegangen werden, daß bald mit dem Bau des Wasserwerkes begonnen werden kann.

11.07. 1902 *Es wird einstweilen eine provisorische Wasserversorgung in Angriff genommen werden. Es wird eine Rohrleitung von 6 cm Durchmesser in das Trottoir eingegraben werden. Mit dieser Arbeit hat man bereits begonnen. Am Stack ist bereits ein Gerüst gebaut worden, welches ein Tank in ungefähr 7 m Höhe aufgebaut werden soll. Ehe das Wasser in den Tank kommt, wird es durch eine Kühlvorrichtung geleitet, weil die natürliche Wärme des Wassers von 17 °C als zu hoch erachtet wird.*

An die verlegten Rohrleitungen werden in angemessenen Abständen Wasserpfosten und Zapfstellen angeschlossen. Hausanschlüsse können nicht an die provisorische Leitung angeschlossen werden. Die Leitung für die dauernde Wasserversorgung soll bis zum Frühjahr fertiggestellt werden.

Das Hauptrohr für die spätere Leitung soll innendeich hinter den Häusern entlang geführt werden.

Auch später werden hier die öffentlichen Zapfstellen bestehen bleiben.

Die Verlegung der Leitungen in die Häuser wird auf Antrag und auf Kosten der Besitzer der Häuser geschehen.

Es werden nur Trinkwasserleitungen eingerichtet; Spülvorrichtungen fürs WC werden nicht angeschlossen. Ein Zwang der Häuser zum Anschluß an die Trinkwasserversorgung besteht nicht.

Die Außendeichshäuser können nicht an die Leitung angeschlossen werden, weil durch den Deich keine Rohre verlegt werden dürfen, ehe nicht die Aufspülung des Vorlandes abgeschlossen ist.

20.07. 1902 *Unsere Trinkwasserversorgung hat ihren Anfang genommen. Am Kanalstack ist bereits eine öffentliche Schöpfstelle eingerichtet. Das Wasser ist erstklassig. Unbequemlichkeiten bringt es noch mit sich. Man muß das Wasser noch selbst holen. Aber das ist eine unbedeutende Mühe. Wie weit hätte früher einer gehen müssen, um so ein Trinkwasser zu holen. Ein Übelstand ist jedoch, daß diese Schöpfstelle zum Spielen der Kinder mißbraucht wird.*

11.11. 1902 *Unsere Trinkwasserversorgung ist brauchbar. Vom Stack bis Neß sind Zapfstellen installiert. Für die Leute von der Aue entsteht dadurch ein Nachteil, die müssen sich auf den Weg machen, um sich am Stack, an der dortigen Schöpfstelle, Wasser zu holen. Da ist es denn recht unangenehm, wenn hier an den Sonntagen nichts zu holen ist. Während für die übrigen Zapfstellen am Deich das am Sonnabend in Fässer gepumpte Wasserquantum meistens auch für den Sonntag ausreicht, ist es am Stack nicht der Fall. Hier wird das große Wasserfaß, aus dem die Bewohner von* Garnstück *und Auedeich ihren Bedarf decken sollen, schon am Sonnabend abend wieder leer und am Sonntag ist niemand zur Bedienung der Pumpen anwesend.*

An die zuständige Behörde sei hiermit die Bitte gerichtet, der erwähnten Unannehmlichkeiten abhelfen zu wollen.

Die Wasserkeller sind in vielen Häusern leer, da man dieselben nicht mehr nötig zu haben glaubte, seit die Wasserleitung existiert.

Daß das Wasser aus der Aue ungenießbar ist, sieht jetzt jeder Bewohner ein, nachdem wir überhaupt erst Trinkwasser kennengelernt haben. Während des Frostes ist unsere Wasserleitung Tag und Nacht in Betrieb. Damit ein Einfrieren der Leitung verhindert wird, wird das Wasser ununterbrochen durch die ganze Leitung hindurch gepumpt. Sehr vorteilhaft erweist sich der Umstand, daß das Wasser eine natürliche Wärme von 17°C hat. Bei einigen Kältegraden dampft das Wasser beim Auszapfen aus dem Hahn. Am Kanalstack ist ein Zufrieren nicht zu befürchten. Auf dem weiten Weg zum Neß kühlt sich das Wasser ab, weil die Rohre nur 0,5 m in der Deichböschung liegen.

28.11. 1902 *Zu großen Schwierigkeiten hatte es geführt, daß bei den Schöpfstellen das überlaufende Wasser gefriert und eine gefährliche Glätte erzeugt. Auch beim Tragen des Wassers würde zu viel verschüttet. Die Gemeinde kann das Wassertragen auf dem Trottoir nicht untersagen. Es ist zu empfehlen, mit einer Fracht Wasser auf der Mitte der Straße zu bleiben, soweit es möglich ist. Am Stack, wo es mit der Glätte am schlimmsten ist, will die Gemeinde Sand streuen lassen. Es muß aber auch vom Wasser holenden Publikum mit größter Achtsamkeit das Überlaufen vermieden werden. Ganz unzulässig ist es, an den Schöpfstellen Wäschestücke zu spülen. Die unter den Zapfhähnen befindlichen kleinen Sielkästen sind dazu angelegt, das aus den Hähnen nach dem Füllen der Eimer noch nachtropfende Wasser aufzunehmen. Daß auch beim behutsamen Füllen der Eimer etwas vorbeitropft, ist normal. Es sollen in die Siele keine ganzen Eimer von Spülwasser gegossen werden.*

Wäschespülen, Reinigen der Eimer und Geschirre darf an den Zapfstellen nicht vorgenommen werden.

04.12. 1902 *Die anhaltende Trockenheit hat bewirkt, daß die Wasserkeller versiegt sind. Der Norderdeich hat in der provisorischen Wasserleitung einigermaßen Ersatz, wenn auch von den Neßbewohnern darüber geklagt wird, daß eben von der Quelle am weitesten entfernte Ende, infolge der Inanspruchnahme der übrigen Schöpfstellen, nur spärlich fließt.*

Recht unangenehm fühlbar ist der Wassermangel für den dicht bevölkerten Auebezirk. Nur eine Schöpfstelle, das ungemein zeitraubende Wasserschleppen, die durch das unvermeidliche Verschütten folgende Deichglätte betrachtet man als Übelstände.

Die Behörden müssen noch einmal auf diese Zustände hingewiesen werden.

Sie haben mit der Wasserversorgung des Norderdeiches zu lange gewartet. Rechtzeitig gab es Hilfe, um eine Epidemie zu verhindern, zu spät aber in Rücksicht auf die schon schlechten Wasserverhältnisse des nördlichen Vorlandes. Damals hörte man sagen, der Senat hat durch seine Aufspülarbeiten den Neß- und Norderdeichbewohnern das Wasser genommen, doch sind die Interessen der Aue-Bewohner dabei in keiner Weise berührt worden. Danach ist der Staat nur verpflichtet, den Anwohnern des Norderdeichs und Neßdeichs Wasser zu beschaffen.

Sollte wirklich aufgrund dieser Erwägungen der Auebezirk mit einbezogen worden sein in die provisorische Wasserversorgung oder haben andere Umstände auf die behördliche Entschließung gewirkt? Sollte wirklich die Meinung geherrscht haben, das Wasser im Auebezirk genügt den hygienischen Ansprüchen? Dann wurde der Fehler gemacht, den Auebewohnern den Zugang zu dem

04.12. 1902 *Brunnen, diesem güldenen Weg in eine bessere Zukunft zu ermöglichen. Auch die Auebewohner wissen jetzt, was so lange vor ihren Augen verborgen war, daß Quellwasser gar nicht so übel schmeckt.*
Sie sind ferner nicht bescheiden genug anzunehmen, daß dieser aus dem Boden unter ihren Füßen erbohrte Schatz nur für andere, nicht aber auch für sie da ist. Man kann es den Auebewohnern wirklich nicht verdenken, daß die auf bequeme Weise an diesem Schatz teilhaben möchten.
Die endgültige Regelung der Trinkwasserversorgung wird wegen einiger Differenzen hinausgeschoben werden. Eine schleunige Einbeziehung des Auebezirks in die provisorische Wasserversorgung scheint angebracht.
80000 Liter sind in den letzten 14 Tagen durchschnittlich täglich aus dem Brunnen entnommen worden.
Am Samstag sogar 126000 Liter.
Das ungeheure Anwachsen des Verbrauches ist zum größten Teil auf die Rechnung der Aue-Bewohner zu setzen, von denen sogar entfernt Wohnende die Mühe nicht scheuten, mit Brunnenwasser die leeren Wasserkeller aufzufüllen.

20.07. 1902 *Die Herstellung einer Trinkwasserversorgungsanlage sowie die Bereitstellung aller finanzieller Mittel für die Gemeinde Finkenwerder ist gebilligt worden.*

Durch die Versorgung der Haushalte mit Trinkwasser hatte man plötzlich einen Bedarf an Fachleuten, die das Verlegen von Wasserrohren und das Installieren von Wasserhähnen beherrschen.

Der erste Betrieb wurde 1899 von dem Klempnermeister Johannes Achner gegründet. Zu einer Zeit, in der schon einmal über Trinkwasseranschlüsse gesprochen wurde; jedoch Handsteine (Waschbecken), Wassertoiletten oder Gas gab es noch nicht auf der Elbinsel.

Es wurden auch viele Klempnerarbeiten in Eigenhilfe (Schwarzarbeit) durchgeführt. Für Johannes Achner ein Anlaß seine Werkstatt mit einem Ladengeschäft zu kombinieren. Er führte auch, ein auf den Bedarf der Handwerksbetriebe abgestimmtes Sortiment an Nägeln und Schrauben. Die weitere Entwicklung dieses Geschäftes spielte sich im Bereich der Eisenwaren und Haushaltswaren ab.

Mit der Verlegung der ersten elektrischen Leitungen in die Finkenwerder Wohnhäuser wurden Fachleute benötigt, die sich mit der Auslegung der Leitungsquerschnitte und den elektrischen Sicherheitsvorschriften auskannten.

Vor der Installation der ersten Gasleitungen gab es in Finkenwerder Unruhe. Die tödliche Wirkung des ausströmenden Gases war bekannt. Das Vertrauen in die Fachleute und an das Rohr- und Installationsmaterial war nicht vorhanden.

Ein alter Mann gab in einer Gaststätte am Biertisch folgenden Kommentar: «Mit das Gas seh ich swatt. So veel Liekendreegers gifft dat gar nich, um all de Lieken ut de Hüs to holen.»

Einen seltsamen Einstieg in das Inselleben hatte ein aus Rußland stammender junger Schlossermeister mit dem Namen Max Taube. In der russischen Sprache hieß er sicher anders. So etwa um 1890 stellte er sich beim Gemeindevorsteher vor, um sich mit ihm über Existenzmöglichkeiten in Finkenwärder zu unterhalten. Es kam zu einem Dialog in Hoch und Platt:

«Wat kanns Du den überhaupt beschikken?»

«Ich kann Schlösser und Schlüssel anfertigen zum Abschließen der Haustüren.»

«Denn könt wie di hier nicht bruken. In Finkwarder schlut keener sien Husdör aff.»

Der Mann ging traurig in die nächste Gaststätte und bestellte sich ein Bier. Das Bier soll ihm gut geschmeckt haben, aber er stellte fest,

Greta Peters und Jan Wortmann bind «Dreug Fisch»

daß es zu warm war. Danach kam er mit dem Wirt ins Gespräch, klagte ihm sein persönliches Leid, aber er nutzte zugleich die Möglichkeit über seine Fähigkeiten zu sprechen.

Er machte dem Wirt den Vorschlag, sich von ihm eine Einrichtung zur Kühlung des Bieres bauen zu lassen. Sie kamen ins Geschäft, so wurde in Finkenwerder die erste, im Großraum Hamburg, funktionssichere Bierkühlanlage gebaut. Für den Wirt und seine Gäste eine kleine Sensation und für den Schlossermeister ein für ihn nicht mehr erwarteter Start für eine Karriere auf der Elbinsel.

Im Jahr 1907 baute er ein kleines elektrisches Kraftwerk. Er war auch einige Jahre der Kommandant der Freiwilligen Feuerwehr bis etwa 1903.

Die Nachtwächter hatten bei der Ausübung ihrer Tätigkeit immer dann Schwierigkeiten, wenn sie auswärtige Gäste zur Ordnung rufen mußten. Eine Notiz der Finkenwärder Nachrichten vom 9. 7. 1903 zeigt diese Schwierigkeiten auf:

«Unsere Nachtwächter sind am Sonntagabend wiederholt von auswärtigen Clubgästen belästigt worden. In den Fällen wo sie Lärmende zur Ruhe verwiesen, wurden sie von diesen mit einer nicht immer höflichen Aufforderung bedacht ihre Legitimation zu zeigen, ohne dem würden sie sich von ihnen nichts sagen lassen, da jeder behaupten könne er sei ein Nachtwächter.»

Mit den Einheimischen hatten die Nachtwächter kaum Schwierigkeiten. Für diese waren sie Respektspersonen. Wie seine Kollegen hatte auch der Nachtwächter Jan Wortmann erlebnisreiche Jahre hinter sich gebracht. In seiner Glanzzeit war er erfolgreicher Seefischer und Seehundfänger. Durch diese Tätigkeit verband ihn eine enge Freundschaft zu Carl Hagenbeck.

Zu seinem 80. Geburtstag bekam er von diesem eine mit zwei Seehunden verzierte Marzipantorte. Diese durfte nicht angeschnitten werden und hatte bis zu seinem Lebensende einen Platz im Wohnzimmerschrank.

Die alten Fahrensleute machten sich in den verschiedensten Bereichen nützlich. Sie halfen beim Flicken der Netze, bei Malerarbeiten während der Aufliegerzeit oder bei der Zubereitung der getrockneten Schollen «Dreug Fisch».

In ihrer Freizeit gingen sie gern zum Friseur «Putzbütel» oder auf den Segelboden «Seilböhm» um einen Klönschnack abzuhalten. Es wurde gern über die Ereignisse am Ort und an der Küste gesprochen. Über die eigene Familie sprach man nicht. Aber es war jeder stolz, wenn er etwas Positives über seine Nachkommen hörte.

Der alte Jan Wortmann durfte erleben, daß seine drei Söhne als Kapitäne von Fischdampfern erfolgreich ihren Mann standen.

Die Entwicklung der Dampfer-Fischerei kann man am besten an den nachstehend aufgeführten Zahlen wiedergeben.

	Anzahl der Fischdampfer	
Jahr	Deutschland	Hamburg-Altona
1900	122	22
1913	254	50

Es wurden für die Fischdampfer viele erfahrene Seefischer benötigt. Ein Teil der Finkenwerder sah diese Entwicklung mit Sorge um die Zukunft der eigenen Fischereiflotte. Nicht wenige haben durch ihre Erfahrung in der Kutter-Fischerei die Möglichkeit genutzt, sich in der Dampfer-Fischerei nach vorn zu arbeiten, um als Steuermann oder Kapitän in dem neuen Geschäft ihr Geld zu verdienen.

Das Leben auf einem Fischdampfer war hart. Die Leute an Deck hatten es besonders schwer. Die ehrgeizigen Finkenwerder waren bereit, hart zu arbeiten, aber sie hatten stets das Ziel Steuermann oder Fischdampferkapitän vor Augen. Wenn dieser Weg verbaut war, nutzten sie die Alternative in der Handelsschiffahrt.

In den Zeiten der Inflation fuhr man vorzugsweise auf ausländischen Schiffen. Die Finkenwerder waren als sparsame Seeleute bekannt und konnten auf diesem Wege sich das Geld, in harter Währung, für die Seefahrtsschule verdienen. In den dreißiger Jahren fuhren von ihnen schon mehrere als Kapitän auf deutschen Handelsschiffen.

Einige von ihnen nutzten die Möglichkeit, nach der erforderlichen Fahrzeit als Kapitän Elblotse oder Hafenlotse zu werden.

Ewersteern vörn dat Ankerspill, Fischkörf, Kapp (Niedergang zum Mannschaftsraum) un Nettwinsch

Ein sehr interessantes Foto zeigt sechs junge Fischer. Bei drei von ihnen kennen wir ihren maritimen Werdegang. Der erste von links – Amandus Wortmann – wurde Fischdampfer-Kapitän. Der zweite von links – Franz Bott – wurde Lotse. Der erste von rechts, stehend – Hans Hagendorf – fuhr viele Jahre bei der Hapag als Kapitän über alle Weltmeere.

Die Gesamtsituation der Finkenwerder Flotte war kritisch. Die Berichte der Finkenwerder Nachrichten aus den Jahren 1902 und 1903 geben einen kleinen Einblick.

08.02. 1902 *Durch die Bekanntmachung vom 16. September 1892 ist allen kleineren Segelfahrzeugen die Benutzung der Südlichen Fahrrinne im Elbfahrwasser vor Finkenwerder untersagt.*
Dieses Verbot wird besonders von den Fischern, welche mit lebender Ware aufkommen, schwer empfunden. Die vereinigten Fischer Finkenwerder, Blankenese, Cranz, Altenwerder und Neuhof haben sich mit Unterstützung des Schifferverbandes der Unterelbe und dem Deutschen Küstenschifferverein eine Eingabe an den Regierungspräsidenten in Lüneburg gerichtet, um eine Änderung der gemachten Verordnung herbeizuführen. Als Begründung führen die Fischer die schlechte Beschaffenheit des Wassers in der nördlichen Fahrrinne durch die Sielausflüsse von Hamburg-Altona an. Gerade im Sommer ist dies Gift für die Fische. Außerdem haben wir dann alle häufig Windstille und die Fischer müssen die Fahrrinne wechseln. Wegen der wenigen Liegeplätze im Köhlfleth sind viele unserer Fischer gezwungen, in Cuxhaven zu überwintern. Das führt zu Reisekosten. Unser Geschäftsleben leidet auch darunter.

20.03. 1902 *Unsere seit 1885 im Rückgang befindliche Fischerflotte scheint in einer Krise zu stecken, von der die Fischerkasse schwer betroffen wird.*

Die Mitglieder haben in den letzten 12 Jahren viermal Prämie bezahlt. Trotzdem ist das Kassenvermögen von 116000 Mark auf 80000 Mark herabgesunken und wird in diesem Jahr schon nach dem jetzt zu übersehenden Verlust um weitere 27000 Mark auf 53000 Mark verringert werden.
Die in Folge des Rückganges der Seefischerei eingetretene Abminderung der Kreditfähigkeit der Fischer erregt die schwersten Bedenken und Befürchtungen für das fernere Florieren der Kasse.
Die Kasse hat bisher immer versucht, ohne fremde Hilfe fertigzuwerden, was ihr indessen nur unter schweren Opfern möglich war.

Sie hat deshalb schon mehrfach um Zuwendungen eines Reichszuschusses angeklopft. Nun wurde erneut eine Eingabe wegen Erlangung eines Reichszuschusses eingereicht.

In der Denkschrift der Reichsregierung von 1886 ist nun freilich der Grundsatz angesprochen worden, daß die Beihilfen aus Reichsmitteln in erster Linie für verbesserte Fahrzeuge, erneuerte Fangmethoden und Sicherheit an Bord gegeben werden. Indessen glauben die Fischer, sie werden hoffentlich bis oben durchdringen, daß auch im Sinne der Denkschrift gegebene und eine solche Zuwendung erscheinende Hilfe die Fischereibetriebe erhalten, die vor dem Ruin bewahrt werden sollten.

Die Fischerkasse hat auch deshalb um 30000 Mark erbeten, welche zur Schadenszahlung der Kasse benutzt werden sollen.

18.06. 1902 *Der Niedergang unserer Seefischerei wird am besten demonstriert durch die Tatsache, daß dem Abgang durch Totalverlust von 8 Fahrzeugen in den letzten 4 Jahren nur ein Zuwachs von 3 Fahrzeugen gegenüber gestellt wird.*

24.08. 1902 *Ende der Störfischereisaison.*
Während im Vorjahr die Störfischerei, die von April bis August von 3 Fischern betrieben wurde, die ca. 500 Störe fingen, mußten sich in diesem Jahr 6 Fischern mit 400 Stören begnügen. Es wurden dem geringen Fang entsprechend höhere Preise erzielt.

20.09. 1902 *Die Frage der Anforderungen an die Führer von Seefischereifahrzeugen wird demnächst zum Abschluß gebracht.*

18.10. 1902 *Die technische Kommission für Seefischer beschäftigt sich gegenwärtig mit Anforderungen für Führer und Bestleute der Segelfischereiflotte. Bis heute wurde von den Führern lediglich der Nachweis einer 60 monatlichen Seefahrtszeit gefordert. Nach den vorläufigen Vorschlägen der Kommission soll die Minimalfahrzeit auf 50 Monate herabgesetzt werden, dagegen wird eine Ablegung einer Prüfung in der Kenntnis des Seestraßenrechts verlangt.*
Für Bestleute wird eine Mindestfahrzeit von 30 Monaten vorgeschlagen. Dieser Vorschlag stößt auf Kritik, da auch der augenblickliche Leutemangel sich dabei negativ auswirken würde.
Wünschenswert sei, daß man von den Fischern der Unterelbe die Ablegung einer Prüfung des Seestraßenrechts verlange. Das Verhalten mancher derartiger Schiffer beweist, daß das Signalwesen im Bereich der Böhmischen Dörfer zu suchen ist.
Angesichts der Ignoranz mancher dieser Herren ist es zu verwundern,

daß sich auf dem Elbstrom alledem so wenig ereignet.

19.01. 1903 *In dem chronisch gewordenen Mannschaftsmangel der Hochseefischerei sieht man Möglichkeiten für eine Besserung.*

13.03. 1903 *Die Kommission zur Ausbildung von Fischerjungen schloß mit 9 hiesigen Schuhmachern einen Vertrag auf Lieferung von Fußbekleidung ab, für den demnächst eintretenden 27 Mann starken Jahrgang unserer Seefischereirekruten.*

Bei dieser Gelegenheit wurde die Gründung einer Rohstoffeinkaufsgesellschaft von den hiesigen Schuhmachern angeregt.

10.05. 1903 *In der Elbe wurde ein Stör von 150 Pfund gefangen. Der Stör hatte 30 Pfund Rogen. Auch die Lachsfischerei verzeichnet gute Fänge. Der hiesige Seefischer Herr Meier HF 223 brachte am Dienstag morgen einen Fang von 18 Stören an den Altonaer Fischmarkt. Die 3 größten Tiere wiegen zusammen 600 kg. Der größte Stör wurde mit 340 Mark, der kleinste mit 40 Mark bezahlt. Der Gesamterlös betrug 2400 Mark. Für eine knapp 14tägige Reise ein ungewöhnlich günstiges Ergebnis. Die Tiere sind auf der Höhe von Sylt gefangen worden. Herr Meier hatte 1902 eine Bruttoeinnahme von 13 000 Mark erzielt.*

10.05. 1903 *Wie uns bereits mitgeteilt wurde, werden im Laufe dieser Tage die vom Deutschen Seefischereiverein ausgerüsteten Fahrzeuge die dänische Hafenstadt Friedrichshaven verlassen.*

Es ist gerade jetzt von Interesse, die leitenden Gesichtspunkte ins Gedächtnis zu rufen.

Für große Schiffe ist bis jetzt noch immer die durch Dampf getriebene Schraube das beste und billigste Fortbewegungsmittel. Anders liegen die Verhältnisse in Kleinbetrieben.

Schon vor Jahren hat der Deutsche Seefischereiverein folgende Leitsätze aufgestellt:

1. *Für den Kleinbetrieb in der See- und Küstenfischerei ist der Motor mit Hilfsschraube vorzuziehen, da der Motor einen geschulten und geprüften Maschinisten nicht erfordert und die raumbeengte Kesselanlage überflüssig macht.*
2. *Um die Fische in der Bünn, dem durchlöcherten Fischbehälter, lebend an den Markt zu bringen, ist der Motor mit Hilfsschraube besonders wichtig, weil bei Windstille und anderen Widerwärtigkeiten die Fische im Bünn sterben, bevor sie an den Markt kommen.*
3. *Petroleum ist zunächst das beste Betriebsmittel.*

   Spiritus anzustreben, ist aussichtsvoll. Benzin ist gefährlich.

   Die große Wichtigkeit der Versuche leuchtet ein, wenn man bedenkt, daß an den deutschen Küsten 18 000 bis 19 000 Fahrzeuge Küstenfischerei betreiben.

22.07. 1903 *In der Finkenwerder Seefischerkasse sind gegenwärtig 104 Kutter und Ever versichert.*

23.07. 1903 *Für die Einführung von Motoren auf Finkenwärder Fischereifahrzeugen dürfen die Ergebnisse von dänischen Motorkuttern wichtig sein.*

Die Kutter werden aus Holz gebaut und mit einer Petroleummaschine von 4 PS versehen. Die Maschine dient zum Treiben der Hilfsschraube und zum Einhieven der Netze; neuerdings zum Betrieb einer Turbine, um das Wasser in dem Fischkasten in Bewegung zu halten.

Die seit Anfang Mai des Jahres stattfindenden Versuchsfahrten für Motorfischereifahrzeuge HF 211, HF 164 und LF 12 mit 8 PS, 12 PS und 16 PS Motoren haben folgendes Resultat gebracht:

1. *Die Rentabilitätsfrage ist als gelöst zu betrachten, denn die Fangergebnisse entsprachen den Erwartungen.*
2. *Das Ersetzen des Baumnetzes durch das Schernetz hat sich bewährt.*
   Das Schernetz darf als das Fanggerät der Zukunft betrachtet werden.
3. *Für das Einheben der Netze hat sich der schwächste, der 8-PS-Motor, am besten bewährt.*
   Zum Schleppen der Scherbrettnetze ohne Windkraft haben sich alle Motoren als zu schwach erwiesen. Es dürfte aufgrund dieser Erfahrung zu empfehlen sein, Leistung der Motoren auf etwa 8 PS auszulegen. Mit dieser Leistung könnte man das Netz einhieven und auch als Hauptmotor die Kraft des Windes unterstützen. Diese Motorleistung dürfte ebenfalls ausreichend sein, bei Windstille das Schiff an die Märkte zu bringen. Sollte man durchaus die Fahrzeuge in den Stand setzen, nur durch Motorkraft das Netz zu schleppen, so dürfte man genötigt sein, 25 PS zu wählen. Derartige Motoren verbieten sich aber von selbst – einmal der Raumfrage wegen, sodann aber auch hauptsächlich in Rücksicht auf den Kostenpunkt. Sehr fehlbar hat sich übrigens die infolge des Motoreinbaus erfolgte Raumverkleinerung der Bünn gemacht. Das ideale Motorfahrzeug wartet noch auf einen Konstrukteur. Alles in allem angenommen hat sich die Motor-Idee als lebensfähig erwiesen. Das Interesse unserer Fischer nimmt langsam zu, wenn nur die Frage der Unterstützung befriedigend gelöst wird.
   Die Voraussage dürfte nicht allzu gewagt sein, zu behaupten, daß die Seefischerei der Zukunft im Zeichen des Motors stehen wird.

Diese Berichte machen es deutlich: das Zeitalter der Motoren und Maschinen hatte auch die Elbinsel Finkenwerder erreicht.

Der Erste Weltkrieg hat die technische Entwicklung etwas gebremst, aber nach dem Krieg wurde allen Fischereifahrzeugen ein Antriebsmotor eingebaut. Am 1. Januar 1925 waren alle 55 Fahrzeuge mit Maschinen ausgerüstet. In Finkenwerder hatten inzwischen die Maschinenbauer die ersten Erfahrungen mit dem Verhalten und den Tücken der Maschinen gemacht.

Es wurden im Maschinenbau die ersten Firmen gegründet. Ewald Goltz, Heinrich Reumann, Friedrich Pieken und 1936 die Firma Hermann und August Nitzbon. Durch die Frachtschipper, die Fährdampfer und die Fischereifahrzeuge gab es für sie alle genügend Arbeit. Die Anforderungen an die Maschinenbauer waren hoch. Viele Fertigungsteile mußten von Hand mit der Feile bearbeitet werden, um sie bei einer Vielzahl von Maschinentypen einbauen zu können.

Um die Jahrhundertwende begann Hamburg im Zuge der Elbvertiefung mit der Aufhöhung der Vorländereien vor dem Norderdeich am Köhlfleth. Diese Arbeiten wurden vom Strom- und Hafenbau geplant und durchgeführt. 1909 wurde ein Stackmeisterplatz in Finkenwerder geplant.

1912 stellte man eine Betriebsanlage, die Stackmeisterei, fertig. Diese umfaßte Werkstättengelände, Helgenanlage, Magazingebäude, Schmiede, Lagerschuppen, Aufenthaltsräume für die Arbeiter, einen Wohnbau für den Stackmeister und eine Hafenanlage.

Dieser Betrieb war der erste, der von nicht ansässigen Finkenwerdern auf unserer Elbinsel angesiedelt wurde. Er gab aber vielen Einwohnern einen sicheren Arbeitsplatz.

Nach Ausbruch des Ersten Weltkrieges konnte ein großer Teil unserer Seefischer vom Wehrdienst befreit werden. Sie waren fast die einzigen, die innerhalb des deutschen Hoheitsgebiets in der Nordsee fischen konnten. Es wurden in dieser Zeit gute Fangergebnisse erzielt.

Im übrigen hat der Krieg vielen Familien ihren Ernährer genommen. Es gab tragische Schicksale. Einige kamen schwer verwundet nach Finkenwerder zurück und waren nun nicht mehr in der Lage, in dem von ihnen vorher ausgeübten Beruf weiterhin tätig zu sein. Organisierte Umschulungen gab es damals noch nicht, jeder mußte sehen, wie er klar kam. Eines dieser Schicksale betraf den Fuhrmann Jacob Steffens. Er hatte sich in günstiger Lage am Kanalstack ein Fuhrgeschäft aufgebaut, um die aus Hamburg mit dem Dampfer kommenden Waren an die verschiedenen Adressen zu verteilen. Seine Transportmittel waren auf dem modernsten Stand. Es waren ein stabiler Wagen und zwei treue, gesunde Pferde.

Am 3. Kriegstag mußte er seine geliebten Pferde «Bell» und «Tom» zum Einsatz beim Militär abgeben.

Kurz danach erhielt auch er seinen Einberufungsbefehl. Es ging in Richtung Frankreich an die Front. Das Fuhrgeschäft wurde von seiner Frau Helene mit einem kriegsuntauglichen Pferd weitergeführt. Die schweren Säcke und Kisten mußten von dieser Frau auf die Böden und in die Keller ihrer Kunden getragen werden. Jacob Steffens wurde «an der Somme» schwer verwundet und kam 1916 auf Krücken aus dem Krieg zurück. Das Fuhrgeschäft konnte er nicht weiter betreiben. Seine Frau verdiente sich nun durch Schneiderarbeiten etwas Geld. Auf ihrem Grundstück befand sich eine Räuchertonne, in der sie für ihren eigenen Bedarf Fische räucherten. Die Fischerleute, denen das Schicksal des beliebten Fuhrmannes bekannt war, brachten ihm Fische und ließen sie räuchern. Ein Teil der Räucherfische durfte Jacob Steffens für seine Mühe behalten. Es hatte sich bald herumgesprochen, wie gut die von ihm geräucherten Fische schmeckten. So kam eines Tages der Polsterer Jochen Mewes (Jochen Slips) zu ihm, um sich einen frischen Aal räuchern zu lassen. Von Aalen kannte Jacob nichts, aber er tat Jochen den Gefallen. Nach einer Woche kam dieser wieder, um sich abermals einen Aal räuchern zu lassen.

Hier hebbt se dat irste Mol
den «Finkwarder Räukerool» räukert

Bald war es *der* Geheimtip am Deich und immer mehr Aalkenner besuchten Jacob, um bei ihm räuchern zu lassen. Die Arbeit der Vorbereitung und das Schlachten der Aale wurde von seiner Frau übernommen, er selbst stand am Räucherofen. So wurde am Stack der Grundstein für eine der beliebtesten Fischdelikatessen – den Finkenwerder Räucheraal – gelegt.

Als Helene Steffens ihren 82. Geburtstag feierte, erschien in der HAN ein Bericht über die Entwicklung der inzwischen bekannten Aalräucherei.

Bericht

1948 wurde die Aalräucherei Jacob Steffens in Steffens u. Mewes umbenannt. Am 01.01.1973 übernahm der Enkel Jacob Mewes dieses Unternehmen. Er baute es weiter aus und konnte sich gegen den gesamten Wettbewerb mit Qualität durchsetzen. Die

Aale – Aale – nichts als Aale

Fester Platz auf der Speisekarte – In 24 Stunden Nachschub aus dem Ausland

hb. Aale, Aale, und wieder Aale, wohin man schaut: In Kisten und Kästen, in Eiswassertonnen, auf Splitten aufgezogen oder auf der „Schlachtbank", sei es auf der automatischen Aalschlachtmaschine oder auf jenen Tischen, an denen aalkundige Frauen mit flinken Händen die glatte Ware manuell ausnehmen. Die Front der Aalräucherei Steffens & Mewes in Finkenwerder wird von zehn düsteren Räucheröfen eingenommen.

Beschürzte Männer mit feuerfesten Handschuhen versorgen die heißen Höllenrachen ausreichend mit Sägespänen. Von Zeit zu Zeit wird eine Ofentür geöffnet. Undurchdringlicher Rauch quillt heraus. Wenig später sieht man sie dann: Goldbraun, glänzend und triefend — Aale. Der fertige Rahmen wird herausgezogen, aus den namenlosen Windlingen der Meeresgründe ist ein Begriff geworden: der Finkenwerder Räucheraal.

Die Finkenwerder Aalräucherei, die sich ohne jede Einschränkung zu den größten Deutschlands zählen kann, fing 1918 mit einem kleinen Räucherofen auf dem Hof an. Aale waren von jeher sehr gefragt, gute Räucheraale, und Gründer Jacob Steffens erkannte damals schon, daß Qualität das A und O sein und bleiben mußte. Erst dann konnte man an Quantität denken.

Die Erweiterung des kleinen Räucherbetriebes aber schien unumgänglich. Der Räucheraal gehörte schon zum guten Ton zahlreicher gastronomischer Betriebe, als 1925 im Gebäude an der Sandhöhe 1a zwei massive Räucheröfen entstanden. Als dann 1928 Schwiegersohn Martin Mewes dem Geschäft beitrat, ging die Entwicklung der Aalräucherei von Jahr zu Jahr mit Riesenschritten voran.

Heute wird der weltbekannte Räucheraal, der auf zahlreichen Speisekarten seinen festen Platz gefunden hat, in alle Windrichtungen versandt. Ein großer Verkaufsstand in der Hamburger Fischhalle an der Großen Elbstraße findet die ersten Abnehmer, und weiter geht es mit Lastwagen in alle Teile Deutschlands, wo der gute Ruf der Spezialräucherei vorausgeeilt ist.

Wenn Martin Mewes eine neue Sendung braucht, telefoniert er frühmorgens mit Dänemark oder Schweden. Natürlich bezieht er auch z. B. aus Holland und anderen Ländern die noch lebende Ware aus Thermoswagen. Aale aus Dänemark und Schweden aber sind eine besondere Delikatesse, da sie in sauberen Gewässern aufwachsen. Nach dem Telefonat vergehen oft nicht mehr als 24 Stunden, und die aalige Last rollt heran. Dann geht alles wie am Schnürchen: Entschleimen, schlachten, in Eiswasser pökeln, nachwaschen, aufsplitten und schließlich räuchern.

Marktanteile konnten gehalten werden. Am 02.02.1982 wurde dieses gesunde Unternehmen an die «Nordsee Deutsche Hochseefischerei» verkauft.

Finkenwerder hat viele gute Fischräuchereien hervorgebracht. Hinrich Martens, Paul Horstmann, Jan Schloo, Martin Butendeich, Christian Rabe, Jakob Koch, Hans Loop, Hans Harthan, Hannes Ockelmann, Johannes Mewes, Walter Külper, Hermann Hekker, Paul Wittorf, Helmut Tschischke. Nach dem Zweiten Weltkrieg war der Beruf eines Fischräucherers noch gefragt. Um 1950 waren mehr als 10 Finkenwerder Räucherer in Hamburger Räuchereien beschäftigt. In den mageren Nachkriegsjahren gab es fast auf jedem Grundstück eine Möglichkeit zu räuchern. Die Räucheröfen waren einfache Geräte, entweder Räuchertonnen oder umgebaute Munitionsschränke. In Finkenwerder gab es nach 1948 sieben Fischgeschäfte. Heute, außer dem Laden von «Steffens und Mewes» nur noch das Fischgeschäft von Paul Wittorf, das als eines der *besten* in Hamburg bekannt ist.

Nachdem die Seefischer ihre Fahrzeuge auf Motorfahrzeuge umgestellt hatten, gab es in jedem Jahr eine Wettfahrt der Kutter auf der Elbe, zu der auch Gäste geladen wurden. Der Sieg wurde anschließend kräftig gefeiert.

Dieses Ereignis zeigt gleichzeitig, daß die Seefischerei unter Segel der Vergangenheit angehörte.

Die Segelmacher mußten sich auf die neue Situation einstellen. Ein neuer Markt entwikkelte sich durch den Segelsport. Der Segelmacher Meyer hatte sich als erster auf das Anfertigen der Segel für die Sportboote und Yachten spezialisiert. Er war erfolgreich. Zu seinen Kunden zählte die gesamte Prominenz. 1924 lieferte er einige Segel an Prinz Heinrich von Preußen. In einem Bericht über die Olympiade am 16.08.1936 aus dem Hamburger Fremdenblatt wurden diese Erfolge gewürdigt.

Uns Flott mokt ne Wettfohrt

Olympische Streiflichter

Finkenwärder Segel

Finkenwärder, die Heimat des Dichters Gorch Fock, ist an den deutschen Erfolgen im Olympia-Segeln in besonderem Maße beteiligt. Die Wettfahrten-Segel für die 30 Olympia-Jollen, die sämtlich von Deutschland gestellt wurden, sind auf Finkenwärder gefertigt. Die Elbinsel bei Hamburg ist nicht nur die Heimat der Fischer, sondern auch die Stätte alter deutscher Segelmacherkunst. Die Segelmacher-Erfahrungen vieler Generationen werden noch heute auf Finkenwärder überliefert. Jeder „Fahrensmann" weiß, wieviel auf gute Segel ankommt, besonders aber in einem schweren internationalen Wettbewerb.

Auch für das siegreiche Boot „Wannsee" mit dem GoldmedaillenTräger Dr. Bischoff am Steuer sind vier vollständige Segelsätze für die verschiedenen Windstärken von Finkenwärder geliefert worden. Aber auch für die Kruppsche „Germania", für den Sechser „Gustel" und für den italienischen Sechser sind die Segel auf Finkenwärder genäht. Der Verlauf der Rennen beweist am besten, wie gut und sorgfältig die alte deutsche Segelmacherkunst auf Finkenwärder zu arbeiten weiß.

Der Segelmacher Paul Külper lieferte einen Satz Segel für den berühmten Graf Luckner. Paul Külper erinnert sich:

«Negenteinhundert söbenunddöttig heb ick för Graf Luckner de Segels mokt. Dat Schipp is bi Sietas ümbaut worden. Dat wär een groten Logger. Dor is Luckner bi mi in de Wohnung an Diek wesen un hett de Segels bestellt.

Un den hepp ick de Segels mokt. Ick har jeden Dag Beseuk von veele Fachlüd, de sick vör düsse wichtige Arbeit interessieren deen. Dor kem ok jümmer Schipper Lütt mit siene Lackpantüffeln. Schipper Matten Lütt wär Fachmann is lang no See fohrt un he kun sien Wurt moken.

As ick de Segels fertig har, hepp ick se an Bord schafft.

Luckner har eenen Rigger ut Hamborg und de much mi nich lieden. Worüm dat weet ick nich. He wär eenen olen Hackenputzer und jümmer an snacken. Herr Graf hier, Herr Graf dor. Dat Seilschipp har eene Amerikanische Yachttakelung.»

Wie schlogen denn de Seils an un dat wär windstill. De Seils hüngen so beeten dol. Dar see denn de Rigger: ‹Junge, dor hest Du die eenen afknepen, de hangt jo wie Footmatten.› Ick segg: ‹Du hest jo keen Ohnung.›

De Rieker wedder: ‹Wenn Luckner kummt, de nimmt die de Segels nich aff.›

Dor käm Luckner mit een Bokass un de Rigger nehm em in Empfang: ‹Herr Luckner, de Seils, ick weet nich›.

Ick hepp Luckner dann erklärt: ‹Wenn dat utreckt is, dann is das in Ordnung.›

Wat schull ick moken, ick hepp Schipper Lütt anropen: ‹Matten ick hepp Schwierigkeiten mit Luckner, de will mi de Segels nich affnehmen.› Schipper Lütt se: ‹Ick komm.›
He kem mit Ottsch Lindow sien rotes Auto, mit sien Lacktüffeln. Hett sick allns ankeeken, de een Mast wär 28 m hoch.

Dor güng he op Luckner los, un stellt sick vor: ‹Ick bün Kaptein Lütt. Wenn Du würklich een Seemann büst, denn müst Du ok seen, dat de Segels in Ordnung sind. De ward nich ännert. De Garantie übernehm ick. Ick hepp all mehr ünner Segels fohrn as Du.›

Darmit har he Luckner erstmol öbertügen kunnt. No dree Reisen kreeg ick von Luckner eenen Breef, in den hett he sick for de goode Arbeit bedankt.»

In diesem kleinen Bericht wurde der Rigger erwähnt. Der Begriff Rigger stammt aus dem Englischen. Übersetzt heißt es Auftakeler. In einem Auszug aus der Werkzeitung der Deutschen Werft aus dem Jahre 1935 berichtet der Taklermeister:

Nun zu dem Beruf selbst. Der Taklerberuf war früher, zu den Zeiten der alten Segelschiffe, einer der angesehensten und bestbezahlten Berufe, die es bei der Seeschiffahrt gab, denn nur die tüchtigsten Seeleute konnten die Reihen der Takler auffüllen. Während heute die Werften allen ihre eigene Taklerei haben, lag früher das Geschäft in den Händen der Riggerbase, die die Arbeit privat übernahmen und ausführten. Damals kannte man noch keine so ausführlichen Zeichnungen wie heute, sondern die Base gingen mit ihren Vizen an Bord, besprachen die Arbeit, nahmen an Ort und Stelle ihre Maße und führten die Arbeit aus. Die Takler selbst waren mit ihren Basen in einer Zunft, der sogenannten Riggerlade, welche heute nicht mehr existiert, zusammengeschlossen. Jeder Seemann, der Takler werden wollte, mußte sich in die Zunft aufnehmen lassen, und Bedingung war eine dreijährige Fahrzeit als Matrose auf großen Segelschiffen. Das bedeutete eine Lehrzeit von ungefähr sechs bis sieben Jahren, denn gewöhnlich fuhr man ein Jahr als Junge, im günstigsten Falle zwei Jahre als Leichtmatrose, um dann Matrose zu werden. Das Vereinslokal befand sich Ecke Friedrich- und Davidstraße. Inhaber war Louis Busch. Hier meldete man sich an. Gewöhnlich kannte man schon den einen oder anderen Takler, der einen zum Mitglied beim Vorstand vorschlug. Nach einer langen und nassen Prüfung der Papiere wurde zur Aufnahme geschritten, die gewöhnlich so lange dauerte, wie das Geld reichte oder sogar am nächsten Abend fortge-

setzt wurde. Die Takler und Base selbst waren alles alte im Kampf ergraute Männer mit wettergebräunten Gesichtern, einen swatten Krusen hinter der Kuse, Leute, die selbst vor Bier und Grog keine Angst hatten. Wie in alten seemännischen Berufen, so gab es auch hier alle möglichen Kategorien von Männern, die die Welt von oben bis unten bereist hatten, und wenn man ihre Fahrzeit heimlich zusammenzählte, so kam des öfteren über 300 Jahre heraus. Die meisten der alten Zunftgenossen konnten weder rechnen noch schreiben, aber praktisch waren die alle auf der Höhe. Den Zollstock kannte man damals noch gar nicht, denn es wurde alles nach Faden und Fuß gemessen, das sind alles Maße, die man heute noch mit Armen und Beinen ersetzen kann. Der Vize hatte gewöhnlich einen viermal zusammenklappbaren Fußstock und eine hölzerne Tauwerkslade. Ich hatte hier in Finkenwärder unter den Taklern einen alten Zunftgenossen D. Engström, der kannte auch keinen Zollstock. Wenn das Maß einen Meter war, dann ging es, denn so lang war der Zollstock, war es einen halben Meter, dann klappte er ihn zusammen, war es weniger, dann hörte man ihn schimpfen: «Dreemol hev ick all affneden und noch to kort.» Mit dem Rechnen war es bei ihm auch sehr knapp. Wir gaben ihm einmal acht Schäkel, fünf große und drei kleine, als wir ihn am anderen Morgen danach fragten, sagte er: «Es fehle ihm einer, denn fief und dree sind söben und acht hev ick hat.» Im Laufe der Jahre sind nun diese alten Raben alle gestorben, wir haben viel von Ihnen gelernt, mit ihnen ist die Romantik der guten, alten Segelschiffe in die Ewigkeit verschwunden, und der alte Spruch: «Früher hatten wir hölzerne Schiffe und eiserne Motoren, heute dagegen eiserne Schiffe und hölzerne Matrosen», ist wahr geworden.

Vor 1900 wurden von dem ehemaligen Schiffskapitän J. Nibbe eine Mineralwasserfabrik und eine Drogerie gegründet. Hier erlernte der niederdeutsche Dramatiker Fritz Stavenhagen den Drogistenberuf. J. Nibbe,

De Fähr över de Süderelv

der 58jährig starb, war mit Elise Wriede verheiratet, deren Schicksal dem Dramatiker Stavenhagen eine Anregung gegeben haben könnte.

Der Vater der Elise Wriede war der Schiffbaumeister oder Baas Carsten Wriede, der eine der bekanntesten Schiffswerften an der Niederelbe besaß. Die Werft befand sich «up de Ploods» und in den letzten Jahrzehnten des vorigen Jahrhunderts auch auf dem «Dradenausteert».

Später übernahm der Schiffbaumeister Julius C. Wriede, der im August 1931 starb, die väterliche Werft.

Elise Wriede wurde 1845 in dem schönen Fachwerkhaus Auedeich 24, geboren. In ihrer Jungmädchenzeit war die Blütezeit der Wriedeschen Werft. 16 Lehrlinge und 14 Gesellen gingen jeden Mittag mit der Familie zu Tisch. Der größte Teil der Belegschaft schlief im 1. Stockwerk des geräumigen Hauses.

Als der Sohn des Husumer Tonnenlegers August Pahl auf der Werft von Carsten Wriede mit einem Fahrzeug lag – auf dem er als Steuermann fuhr – lernte er die Tochter Carsten Wriedes kennen und verlobte sich am 18. 10. 1865 mit ihr. Am selben Tage wurde auf der großen Diele ihres Elternhauses die Liedertafel «Harmonie» gegründet. Der Schwiegervater August Pahl in Husum, Besitzer eines Segelschiffes «Heinrich Wilhelm», das zwischen Husum und Altona fuhr, ließ seinem Sohn auf der Wriedeschen Werft ein großes Segelschiff bauen, einen Zweimaster, der auf den Namen «Elise» getauft wurde. Auf der ersten Reise ließ sich das junge Paar in England trauen. Von Bristol unternahmen sie gemeinsam eine Reise nach Südamerika, die zugleich ihre Hochzeitsreise war. Nach 3 Jahren erkrankte der junge Schiffskapitän F. Pahl in Pernambuco am gelben Fieber und starb. Das Segelschiff wurde verkauft und ging später auf See unter. Mit 30 Jahren heiratete die

Witwe zum zweiten Mal, und zwar wieder einen Kapitän Herrn J. Nibbe. Nach dem Tod ihres zweiten Mannes führte Elise Nibbe die Drogerie bis ins hohe Alter weiter. Am 18.10.1935 durfte sie als rüstige Frau ihren neunzigsten Geburtstag feiern.

Den Beruf eines Fährmanns gibt es 1986 auf Finkenwerder nicht mehr.

Als 1929 die Helferich-Brücke, in der Nähe des Storchennestes, über die Aue gebaut wurde, konnte Fährmann Hans Butendeich seinen Fährkahn anbinden.

Die Fähre bei Rüther, über die Süderelbe, wurde bis 1962 betrieben. Diese war für die engen Kontakte zwischen Neuenfelde und der Lüneburger Seite wichtig. Bei Tanzveranstaltungen wurden mit dem Fährmann Termine abgesprochen zu denen Gruppen, Liebespaare oder einzelne Personen über die Süderelbe geschippert werden sollten. Die Neuenfelder Tanzveranstaltungen wurden von den Finkenwerdern gerne besucht. Neuenfelder Markt, Schützenfest und Reiterball waren besonders beliebt.

Eine weitere Fähre wurde nach dem Aufbau des Petroleumhafens am Köhlfleet benötigt.

Zwei ehemalige Elbfischer, die Vettern Jan Niemann und Jan Niemann, stiegen auf den Beruf eines Fährmannes um. Ihre Fahrgäste waren hauptsächlich Mitarbeiter, die im Bereich des Petroleumhafens beschäftigt waren. Sie hatten ein Fährboot mit dem einzelne Fahrgäste befördert werden konnten und die Barkasse «Alwine» für Gruppen.

Für die beiden Elbfischer eine Aufgabe, die ihnen auch noch Kontakte zu ihren damaligen Berufskollegen bot. Auf der Finkenwerder Seite lagen an der Verlängerung des Fährpontons die letzten Elbfischer. Im Jahr 1958 wurde dieser Fährbetrieb eingestellt. Es bleibt nur zu hoffen, daß uns alle weiteren traditionellen Berufe auf unserer Elbinsel erhalten bleiben.

Jan Niemann mit siene Alwine

26 Die Elbfischerei von Finkenwärder im Wandel der Zeiten

Titel: Abschrift der Aufzeichnungen vom Januar 1942 – Verfasser: Johannes Niemann†, Finkenwerder

Aus einer sehr alten Elbfischerfamilie stammend, fühle ich mich veranlaßt, einiges über diesen Beruf aufzuzeichnen.

Die Elbfischerei ist sicher, neben der Landwirtschaft, der älteste Beruf von Finkenwärder. Soweit ich nach Überlieferungen meiner Vorfahren weiß, wurde früher die Fischerei ausschließlich mit Jollen, den sogenannten «Buttjilln», betrieben. Diese, jetzt fast nicht mehr vorhandene Bauart, war ein vorn und hinten spitzes Fahrzeug, deren Vor- und Achtersteven ziemlich nach außen überlagen und aus zwei Kielplanken, der Kimmplanke, dem Barkholz, der Bobenplanke und teilweiser Setzbord gebaut waren. Ursprünglich waren diese Fahrzeuge sehr klein. Die Kiellänge betrug gewöhnlich nur 15–16 Fuß. Die Besegelung bestand nur aus einem sogenannten Rahsegel ohne Unterbaum. Eine eigentliche Kajüteneinrichtung war nicht vorhanden. Für die Zwei-Mann-Besatzung war nur eine backähnliche Überdachung vorhanden. Gelegenheit zum Kochen war nicht vorhanden. Das Essen für die 2–3 Tage dauernde Reise wurde fertig gekocht von zu Hause mitgenommen und bestand größtenteils aus Suppen von Hülsenfrüchten, sowie Weiß- und Schwarzsauer mit Mehlklößen. Kartoffeln gab es an Bord nicht, da gekochte Kartoffeln in der warmen Jahreszeit zu leicht verdarben. Zum Aufwärmen der Gerichte war ein eiserner Grapen vorhanden, in dem Holzkohle glühte. Hierauf wurde der Essentopf gesetzt.

Gefischt wurde mit Butt-, Sturen-, Stör- und Stintnetzen sowie Zugnetzen, den sogenannten «Saiden». Die Anfertigung der Netze wurde nur im eigenen Haushalt besorgt. Die Hausfrau übernahm das Spinnen der Garne, der Mann nebst Kindern und Gehilfen das Knoten der Netze sowie das Einstellen zum fertigen Netz. Diese ganz und gar selbst gefertigten Netze waren im Vergleich zu den heutigen – in Fabriken maschinell hergestellten – sehr grob. Es spricht von einem erheblich größeren Fischbestand der damaligen Zeit, wenn die Fischer auch mit den groben Netzen ihr Leben fristeten.

Mit der Zeit wurden sowohl Netze, wie auch Fahrzeuge, immer mehr verbessert. Die ursprünglichen Hanfnetze wurden später von Netzfabriken aus feinsten Baumwollfäden geknotet, so daß dem Fischer nur noch die Arbeit des Einstellens verblieb. Jetzt wurden auch immer mehr Netze für besondere Fischarten angefertigt und erprobt.

So gab es statt der vorgenannten Netzarten später:

1. Große Buttnetze, das sind dreiwandige Netze aus Baumwolle, deren Innennetz eine Maschenweite von 40–45 mm haben, den Spiegelmaschen aus dickerem Garn und dem Flott- (Korken) und Bleisimm.
2. Kleine Buttnetze aus feinstem Baumwoll- oder Seidengespinst mit gleicher Maschenweite, aber nur einwandig und mit einer geringeren Netzhöhe.
3. Große Sturennetze wie große Buttnetze, nur kleinere Maschenweiten.
4. Kleine Sturennetze, ähnlich den kleinen Buttnetzen, nur engere Maschenweiten.
5. Maifischnetze, ursprünglich wie große Buttnetze, nur ungeloht, in späterer Zeit immer feiner werdend im Gespinst und doppelt bis dreifach so breit wie anfangs.
6. Stintgarn, auch dreiwandig, Maschenweite diesem Fisch entsprechend sehr fein.

7. Saiden, einwandige Netze für den Fang der verschiedenen Fischarten mit entsprechender Maschenweite versehen.
8. Aalkörbe, aus Baumwolle geknotet, schlauchartige Netze, die in runden Eisenbügeln eingestellt wurden.
9. Aalreusen, Korbgeflecht aus Weiden.
10. Quappenkörbe und Wurfnetze.
11. Lachs- und Störnetze.

Die Verbesserung der Fahrzeuge ging nur ganz allmählich vor sich. Die Form der Jolle hat sich, wie schon erwähnt, teilweise bis heute erhalten, sie wurden mit der Zeit nur größer gebaut. Die Besegelung wurde ebenfalls besser. Das Rahsegel erhielt einen Unterbaum, und es wurden auch Fock und Klüver geführt. Die Kajüteneinrichtung wurde so gestaltet, daß Schiffer und Gehilfe je eine Koje bekamen. Vor allem wurde auch eine feste Feuerstelle eingebaut, so daß alle Mahlzeiten an Bord zubereitet werden konnten. Wurde früher ausschließlich mit der Jolle gefischt, so ließ man sich jetzt Kähne oder kleine Boote zum eigentlichen Fischfang bauen. Die größeren Fahrzeuge benutzte man nur noch als Wohnraum und Aufbewahrungsort für den Fang. Um die Jahrhundertwende begann man mit dem Bau von Kuttern: vorn steilstewigen und achtern mit einem Heck versehenen, schmalplankigen Fahrzeugen. Diese Bauart erfreute sich schnell großer Beliebtheit. Erstens wegen der größeren Schnelligkeit beim Segeln und dann der schmalen Planken wegen, die bei Erneuerungsarbeiten nicht so teuer wurden.

Ein noch späterer Typ unserer Fahrzeuge ist das nach dem Weltkrieg entstandene «Einmannboot». Dieses Boot ist aber schon eine Verfallserscheinung, entstanden durch Leutemangel und Niedergang der Elbfischerei.

Jetzt möchte ich einige Ausführungen über die eigentliche Fischerei machen und beginne mit dem für Finkenwärder wichtigsten Teil:

1. Buttfischerei

Der Elbbutt, allgemein als sehr wohlschmeckend bekannt, wird mit Stell- und Treibnetzen gefangen. Als Stellnetze werden die großen Buttnetze quer zum Strom und die kleinen Buttnetze längs des Stromes benutzt. Als Treibnetze können nur große Netze gebraucht werden. Das Aussetzen der Stellnetze quer zum Strom geht folgendermaßen vor sich:

Bei Stauwasser werden die vorher zurechtgelegten Netze ausgesetzt, und zwar kommt zuerst Anker mit Reep und Boje, dann ein Buttnetz mit zwei bis drei Schweinsblasen zum Auftrieb, danach abwechselnd Anker und Netz und zum Schluß, nachdem 6–8 Netze ausgesetzt sind, die Endboje. Die Netze bleiben – je nach Beschaffenheit des Fangplatzes – ¼ Std. bis 4 Std. im Wasser stehen. Das Fangergebnis ist recht verschieden. Gilt ein Fang von 7–8 Stiegen (1 Stiege = 20 Stück) als recht befriedigend, so kommt es doch häufig vor, daß durch Unrat verschmutzte Netze nur 20–30 Stück enthalten, während wiederum bei günstiger Gelegenheit auch Fänge von 20–30 Stiegen erzielt werden.

Die Stellnetze längs des Stromes werden nur mit je einem Anker an jedem Ende beschwert und bleiben nur so lange stehen, bis der Strom sich dreht. Die Ausbeute paßt sich den großen Stellnetzen an, im günstigen wie im ungünstigen Falle.

Die Fischerei mit Treibnetzen ist ganz anders. Gefischt kann nur werden, wenn genügend Strömung geht. Die Netze werden an einem Ende mit mehreren Blasen versehen, dann ziemlich quer zum Strom ausgesetzt. Das letzte Ende wird mit einer Eisenkugel und Leine am Boot befestigt und nun mit der Strömung treiben gelassen. Die Dauer einer sogenannten Drift richtet sich nach der Beschaffenheit des Flußbodens. Eine genaue Kenntnis der Bodenbeschaffenheit jedes Fanggebietes ist für den Fischer erforderlich, wenn er nicht dauernd Netze an Wracks, Steinen, Baumstämmen usw. zerreißen will.

Auch hier ist das Fangergebnis sehr verschieden und richtet sich nach der Jahreszeit sowie Wind- und Wetterverhältnissen.

2. Sturenfischerei

Während die Buttfischerei das ganze Jahr über betrieben wird, kommen für die Sturenfischerei mit Treibnetzen nur die Monate April bis Mai (Laichzeit), und für die Stellnetze nur die kältere Jahreszeit in Frage. Der Ertrag dieser Fischerei ist sehr schwankend.

3. Maifisch-Fischerei

Der Maifischfang wird größtenteils mit Treibnetzen ausgeübt. Die Saison beginnt Ende April mit geringen Ergebnissen, dann ansteigend, und endet schließlich Anfang oder Mitte Juni. Früher wurden auch sehr große Fänge mit der Saide gemacht.

4. Stintfischerei

Auch diese Treibnetzfischerei wird nur während der Laichzeit im Frühjahr betrieben. Anders dagegen ist der Stintfang mit Hamen, der ungefähr Ende August beginnt und etwa bis Ostern dauert.

5. Zugnetz- oder Saidenfischerei

Die Saidenfischerei ist eine besondere Art von Fischfang. Die Saide wird, den Maschenweiten entsprechend, für den Fang von Stint, Maifisch, Hecht, Quappen, Aaland, Barsch und Brassen sowie überhaupt sämtlichen in der Elbe vorkommenden Fischen – mit Ausnahme von Butt – benutzt. Die Ausbeute kann, worauf ich später noch zurückkomme, einige tausend Pfund in einem Zug betragen.

6. Verschiedene Fischereiarten

Wenige und nur gelegentlich ausgeübte Fangarten sind für Finkenwärder Aalfischerei mit Hamen, Körben und Reusen sowie die Fischerei mit dem Wurfnetz und Quappenkörben.

7. Stör- und Lachsfischerei

Eine heute ganz ausgestorbene Fangart war die früher für etliche Fischer sehr ertragreiche Stör- und Lachsfischerei, die aber mit sehr viel Glück verbunden war. Während einige Fischer hierbei große Gewinne erzielten, fischten andere wochenlang, um auch nur einen Fisch zu fangen.

Fangplätze

Nun will ich die Fangplätze der Niederelbe etwas näher erläutern und beginne bei Finkenwärder. Die um die Insel Finkenwärder vorhandenen Flußläufe waren früher wohl der beste Laich- und Fangfischplatz für alle Fische der Elbe. Aber auch der Fang großer Fische war dort sehr günstig. Es handelte sich um ein flaches, mit einigen Prielen durchzogenes Ufer. Der Boden war schlickig, moorig bis sandig und mit Schilf, Binsen und Schlingpflanzen bewachsen. Gefangen wurden hier die schmackhaftesten in der Elbe vorkommenden Butt. Wenn die Fischerei auch nicht das ganze Jahr ausgeübt werden konnte, so war sie doch zeitweise sehr ergiebig. Gefangen wurden ferner rund um die Insel: Stint, Sturen, Quappen, Aal, Stör, Lachs und von Juli bis September besonders Aaland. Letztgenannter Fisch wurde bei günstigem Wetter mit der Saide in so großen Mengen gefangen, daß der Fang kaum zu bewältigen war. Nach Erzählungen aus meinem älteren Verwandtenkreise weiß ich, daß man die Bünn von drei Buttjollen in einem Zuge füllte und noch eine größere Menge wieder schwimmen lassen mußte. Leider wurde dieser so überaus wichtige Fangplatz mehr und mehr ruiniert. Es begann um die Jahrhundertwende, als einzelne Stacks gelegt wurden, die die Fischerei behinderten. Ganz verloren ging der Fangplatz erst durch den Bau des Flughafens.

Kommen wir weiter zum Fangplatz am Nordufer der Elbe von Neumühlen bis Schulau. Diese Gegend hatte im allgemeinen nur Bedeutung für die Fischerei mit kleinen Buttnetzen. Allerdings wurde auch hiermit zeitweise ein guter Verdienst erzielt.

Ein besonders guter Buttfangplatz für Frühjahr und Herbst war «Stülkenhörn». Wenn auch das ganze Jahr über mehrere Fischer den Fang hier auf Butt, Stint, Aal und Neunaugen ausübten, so war doch das Herbstgeschäft das bedeutendste. Um diese Zeit fischten hier 30–40 Boote, die besonders große Butt fingen. Sie hatten auch guten Beifang an Schnepel, Neesen, Quappen und Brassen.

Ein früher sehr bedeutender Fangplatz war die Gegend Borstel mit Hanskalbsand. Erwähnt sei, daß im vorigen Jahrhundert hier ein sehr guter Störfangplatz war. Einige meiner Landsleute waren auch hier zum Fischen. Der größte Teil dieser «Goldfischer» waren die sogenannten «Lühbauern». Das sind im «Alten Lande» in der Landwirtschaft Beschäftigte. Unsere Fischer hielten sich mehr an den Fang von Butt, Neesen, Quappen und Schnepel, die hier fast immer reichlich zu erbeuten waren. Der Hanskalbsand war ein guter Fangplatz für Maifisch mit der Saide.

Jetzt mal wieder zum Nordufer, die Strecke von Schulau bis Juels. War diese Gegend auch schon immer ziemlich fischreich, so muß ich hier besonders feststellen, daß nach Anlegung der großen Stacks – ca. 15–20 Jahre – zeitweise überraschende Fänge gemacht wurden.

Ein ähnlicher Fangplatz wie Borstel ist der Lühhaken mit Lühesand, wenn auch nicht ganz so bedeutend, doch die Fische waren gleicher Art.

Fahrwasser Schwinge bis Abbenfleth:

Hier wurde Buttfang nur zeitweise, dann aber mit gutem Erfolg ausgeübt.

Sehr gesuchte Fangplätze waren am nördlichen Ufer von Haseldorf bis Kolmar und besonders Pagensand. Hier konnte man das ganze Jahr über zufriedenstellende Buttfänge machen, auch noch, als die anderen Fangplätze unergiebig waren. Der Beifang war im allgemeinen nur gering.

Asselersand bis Freiburg:

Auf allen bisher genannten Fangplätzen wurde Buttfischerei mit Stell- und Treibnetzen ausgeübt. Dieser Platz galt in früheren Jahren nur als Herbst- und Frühjahrsfangplatz. Hier wurde dann nur mit Treibnetzen, besonders große, sogenannte «Intreckerbutt» gefischt. Dies sind im Brackwasser lebende und nur im Herbst etwas elbaufwärtsziehende Butt. Auch hier war früher ein bedeutender Störfang. Der Maifischfang, der früher fast auf der ganzen Niederelbe ausgeübt wurde, ist jetzt nur noch hier rentabel.

Süder- und Norderwatten:

Befischt wurden die Watten von Neufeld bis zur Elbmündung in den Sommermonaten von ca. 20–30 Finkenwärder Fischern. Die Fänge waren im allgemeinen sehr gut. Doch der Nachteil war die lange Wegstrecke. Bei Windstille waren drei Fluttiden erforderlich, um den Hamburger Markt zu erreichen. Während dieser Zeit waren die meisten Fische abgestorben und wertlos.

Der Verkauf der Fische:

Die von den Finkenwärder Fischern gefangenen Fische wurden früher nur in Hamburg am Hopfenmarkt verkauft. Durch den Ausbau des Hafens mußten die Fischer hier weichen und landeten ihre Fänge an den neuerbauten Fischmärkten von St. Pauli und Altona. Wiewohl die Seefische hier in Auktion verkauft wurden, hielten die «Lüttfischer» treu an ihren alten Gebräuchen fest und handelten ihren Fang an Fischhökerinnen und Privatkundschaft nach Stückzahl aus. Zählmaß war das «Auftrag». Die Fische wurden in mehreren Größen zum Verkauf angeboten, und als ganzes Auftrag (33 Stück) oder halbes (17 Stück) verkauft. Die Preise schwankten von den kleinsten Butt das Auftrag von 0,80–1,00 Mark (das ist ungefähr 0,20 Mark das Pfund) bis 7,00–8,00 Mark per Auftrag für die größte Sorte Butt (was einem Preis von 0,60–0,70 Mark für das Pfund entspricht). Mit Beginn des Weltkrieges hörte der Stückzahlverkauf auf, und es durfte nur noch nach Gewicht gehandelt werden. Von jetzt ab wurde auch oftmals die Auktion besucht und hierdurch Preise erzielt, die im freien Handel keiner zu fordern gewagt hätte.

HF 143 «Anna-Auguste», de grötste Ewer in de Finkwarder Fischerflott

Een Lüttfischer

Besonders wichtig für die Elbfischer ist der Altonaer Sonntagsmarkt. Man kann sagen, daß die Existenz der meisten kleineren Betriebe davon abhängt.

Als weitere Absatzgebiete sind noch die Ortschaften an der Unterelbe von Borstel bis Wischhafen zu nennen. Der Verkauf beschränkt sich aber nur auf Butt, Aal und Stint. Alle anderen Fischarten sind hier nicht gangbar.

Allgemeine Übersicht:

Die Elbfischerei, die aus kleinsten Anfängen mit primitivstem Geschirr und Fahrzeugen sich entwickelte, erreichte ihren Blütestand in den Jahren von 1880–1914. Waren doch um diese Zeit in der örtlich organisierten «Elbfischergenossenschaft» ca. 120–130 Buttjollen und im «Küstenfischerverein» auch noch 20–30 Fahrzeuge eingetragen.

Man mag die «gute, alte Zeit» noch soviel verunglimpfen, für die Elbfischerei hat sie in der genannten Zeit bestanden. Der Verdienst war gut bis sehr gut zu nennen, Abgaben und Unkosten sehr gering. Da die Lüttfischer sparsame, nur für die Häuslichkeit lebende Leute waren, hatte fast jeder sein eigenes Haus mit Garten. Wenn er eben 60 Jahre erreicht hatte, auch genügend Ersparnisse, um einen sorglosen Lebensabend zu beschließen.

Leider begann schon ein paar Jahre nach Weltkriegsende der allmähliche Niedergang. Die bisher mit 2 Mann in Kuttern oder Jollen betriebene Fischerei mußte aufhören, da die jungen Leute sich mehr und mehr der Seefahrt und anderen Berufen zuwandten. Es entstand das bereits erwähnte «Einmannsboot», das sich auch noch eine Reihe von Jahren bewährte. Eine besonders arge Zeit setzte ein, als sich nach Friedensschluß die Wollhandkrabbe zum erstenmal zeigte und seuchenartig ausbreitete. In sehr kurzer Zeit war in der Elbe kein Fangplatz mehr frei von diesem Ungeziefer. Und unsere Netze, die normalerweise ein paar Jahre gebraucht werden konnten, waren in drei bis vier Wochen derart zerrissen, daß ein Flicken derselben unmöglich war. Weiter ist durch die Elbregulierung unsere Fischerei sehr geschädigt worden. Durch Baggerungen, Sandaufschüttungen und Legen von Faschinen und Stacks wurden viele gute Laich-, Jungfisch- und Fangplätze zerstört. Als besonders verheerend für den Fischbestand der Elbe, hauptsächlich in der warmen Jahreszeit, machten sich überall die Abflüsse chemischer Fabriken, Ölraffinerien und dergleichen bemerkbar. Es werden hierdurch nicht sehr ertragreiche Fangplätze zu gewissen Perioden von allen Fischen entvölkert, sondern auch auf anderen Gebieten erbeutete, auf der Fahrt durch die verseuchten Zonen zum Markt in die Bünn befindlichen Fische getötet und für die Volksernährung unbrauchbar gemacht.

So kann ich meine Betrachtungen schließen mit der traurigen Gewißheit, daß der Fortgang der Elbfischerei nur noch ein langsames Hinschleppen ist und nur noch sehr wenigen Fischern ein weiteres, bescheidenes Auskommen gewähren kann.

100 jähriges Stiftungsfest der Unterelbe Versicherungskasse Hamburg-Finkenwärder 1834–1935

Weihnachten 1935

Hochgeehrte
Festversammlung!

Der Vorstand unserer ehrwürdigen Kasse hat mir den ehrenvollen Auftrag erteilt, Ihnen über die Kasse, ihre Schicksale in Freud' und Leid einen Bericht zu erstatten. Daß ich dieser Aufgabe gern und mit Freuden nachgekommen bin, brauche ich kaum zu sagen, bekennen möchte ich jedoch meine Verbundenheit mit der Fischerei auf Gedeih und Verderb, welche mich veranlaßte, für diese Arbeit keine Mühe zu scheuen. Die Geschichte der Finkenwärder Kasse ist fast zugleich die Geschichte der Finkenwärder Seefischerei überhaupt. Das Geschlecht von heute hat höchstens vier Geschlechter vor sich, die den Weg zur See fanden, und erst die zweite Generation schritt 1835 zur Gründung der Kasse.

Die Finkenwärder Seefischerei hat weiter das große Glück, daß aus ihrer Mitte, aus der Familie eines der Ihren, Dichter aufgestanden sind, die das Leben der Fischerei meisterhaft zu schildern verstanden haben, das ernste „Die See ruft" von Jacob Kinau, die köstlichen Kleinmalereien von Rudolf Kinau und das Hohelied der Finkenwärder, „Seefahrt ist not" von Gorch Fock. Man soll den Stand suchen, der so seine Schicksale in der lebensvollen Dichtung verewigt sieht, wie die Finkenwärder Seefischerei.

Es sei mir darum vergönnt, meine Ausführungen heute mit einem Wort Gorch Focks zu beginnen und zu enden.

„Insonderheit aber bitten wir dich für die, die auf dem Wasser ihre Nahrung suchen. Segne, segne die Fischerei auf der See und im Fluß, behüte Mann und Schiff in allen Gefahren!

Pastor Bodemann beugte den grauen Kopf tiefer als zuvor. Die gefurchte Stirn berührte fast das schwarze Tuch, mit dem die Kanzel vom Sonntag Reminiszere bis zum stillen Freitag bedeckt war. Es schien, als wenn die Stimme ihm versagte. Und er hielt überwältigt inne und ließ die große Stille kommen.

Totenstill wurde es in der Kirche von Finkenwärder. Regungslos saß die Gemeinde. In die Augen kam die Dunkelheit wie von aufsteigenden Tränen.

Und die See nahm das Wort, die Nordsee, die Mordsee — mit ihren jagenden, zerrissenen Wolken, mit ihrem pfeifenden, brausenden Sturm, mit ihren haushohen, schäumenden, brüllenden Seen, mit Brand und Wetterleuchten, mit Dünung und Gewitter — mit geborstenen Segeln, gebrochenen Masten, blakenden Notfackeln, verlorenen Wracken und hilferufenden Fahrensleuten.

Und es war niemand da, der nicht ihre Stimme vernommen hätte.

Zuhinterst saß die greise Geeschen Witten, tiefe Runen im Gesicht, das einer Landkarte ähnlicher sah, als einem Menschenantlitz. Sie konnte nur noch für Tote beten, denn alles Leben hatte sie der See gegeben: ihren Vater, der dreiundvierzig vor der holländischen Küste über Bord gekommen war, ihren Mann, der in den sechziger Jahren während der Aequinoktien untergegangen war, ihren Bruder, den sich die See fünf Jahre später bei Amrum geholt hatte, ihre beiden Söhne, die vor neun Jahren mit ihrem neuen Ewer verschollen waren. Sie wohnte ganz allein in ihrem großen, leeren Dachhaus, zwischen Netzen und Segeln, die die Gebliebenen zurückgelassen hatten, und wunderte sich, daß sie immer noch lebte."

Vor diesem ernsten Bild einer schweren Zeit haben wir uns zwei Menschenalter zu denken, die nicht so gefahrvoll lebten, einfach und ruhig ihrem Beruf nachgingen, während der stürmischen Jahreszeit auflegten und gemütlich den Winter mit häuslichen Arbeiten verlebten. Den Beginn der Finkenwärder Seefischerei überhaupt legen die wenigen Urkunden auf das Jahr 1800. Größere Heringsschwärme vor der Elbe haben die Finkenwärder auf die Spuren der Blankeneser gebracht, die damals schon mehr als 100 Fahrzeuge gehabt haben sollen. 1819 meldete der Finkenwärder Landvogt 15 Seefischer, die mit Hamen auf Heringe fischten. Außerdem mögen sie mit Schollengarn auch Plattfische gefangen haben. Die Fahrzeuge, zuerst wohl ältere Blankeneser Fahrzeuge, waren Raaewer, ohne festes Deck, vorn und hinten spitz, vorn wegen des Logis 10—12 Fuß, achtern nur 5—6 Fuß hoch, etwa 50 Fuß lang, 15 breit und etwa 3 Fuß tief. Auf jeder Seite war ein hölzernes Schwert, in der Mitte eine Bünnkiste, 15 Fuß lang und 3 Fuß breit. Erst später ist der Raum zwischen Bord und Bünn durch lose Luken bedeckt worden, die nach der Mitte zu schräg lagen. Getakelt waren diese einfachen Fahrzeuge mit einem Pfahlmast ohne Wanten, gehalten durch ein Stag vom Top zum Steven. Dieser bis 62 Fuß hohe Mast führte eine 28 Fuß lange Raa und daran ein Segel, das durch eine Kette, die durch den Top führte, und eine Talje aufgezogen werden mußte. Diese Fahrzeuge hat es bis 1845 gegeben. Mit diesen einfachen Fahrzeugen fuhren die Männer nach See, während die Frauen daheim den Hanf für die Netze spannen und zwirnten und wohl auch die zugeschnittenen Segel nähten, sowie die Männer beim Absatz ihrer Fänge in der Stadt unterstützten.

Diese einfache Zeit ist die Gründungszeit der alten Kasse, in der sich am 1. Januar 1835 24 Fischer mit 14 Fahrzeugen zusammenschlossen, nachdem bereits vorher Gelder gesammelt sowie die Satzung beraten worden war. Diese erste Satzung ist erhalten und mit einer Einleitung versehen, die es verdient, allen Satzungen voraufgesetzt zu werden. Sie lautet:

„Da es bei unserem gefährlichen Gewerbszweige leider an häufigen Beispielen von Unglücksfällen nicht fehlt, und dadurch mancher redliche Mann, trotz der größten Geschicklichkeit und Gewissenhaftigkeit, dennoch sich und seine Familie vor Elend und Noth nicht schützen und durch einen Schlag sein ganzes Hab und Gut und die Mittel zu seiner Erhaltung verlieren kann, da wir auch zugleich erkennen, daß einen Jeden unter uns ein gleiches Schicksal zu jeder Zeit zu treffen im Stande ist, so halten wir uns untereinander verbunden, durch gegenseitige Unterstützung den jedesmal vom Unglück Getroffenen vor dem gänzlichen Untergange zu bewahren, und haben uns deshalb vereinigt, mit Vorwissen der Hohen Obrigkeit, unter uns eine Casse zu errichten, mit dem Zwecke, daraus für unvorhergesehene und unverschuldete Unglücksfälle dem sie Betreffenden eine billige Unterstützung zukommen zu lassen. Wir haben deshalb folgende Punkte, sowohl in Absicht der Errichtung, als der Verwaltung derselben, unter uns nach reiflicher Ueberlegung ausgemacht und festgesetzt."

Die Namen der Gründer sind erhalten und haben das Recht, für heute der Vergessenheit entrissen zu werden. Es sind echt Finkenwärder Namen:

Johann Bade, Wilken Dammann, Hans Claus Fick, Jacob Fock, Johann Fock, Arend und Hinrich Fahje, Johann Peter Hintze, Diederich Hustede, Hein Külper, Johann Külper, Kai Kröger, Hinrich Külper, Hein Külper jun., Arend Külper, Hinrich Loop, Hans Mewes, Marten Mewes, Hinrich Mewes, Hermann Mewes, Herm. Diedr. Meier, Joachim Röhrs, Johann Reckmann, Peter Reckmann.

Hein Külper wird als Rechnungsführer, Johann Reckmann, Hans Claus Fick, Hinrich Loop und Hinrich Mewes werden als Vorsteher aufgeführt.

Die damalige Zeit war nicht so papiersüchtig wie heute, so daß es schwer ist, einen klaren Ueberblick über die ersten Arbeiten zu gewinnen. Auch haben die Väter der alten Kasse sich jahrzehntelang selbst geholfen und keinen rechtsgelehrten oder sonst gelehrten Beistand in Anspruch genommen. Ihre Buchführung bestand im Ansatz des Saldos, wenn das Jahr um war. Zweimal im Jahr, zu Johannis und Michaelis, hoben sie Gelder ein, einmal im Jahr, zu Neujahr, zahlten sie aus.

Ihre Höchstversicherungssumme war bis 1854 2000 MC., von da an 3000 MC. Letzteres aus dem Grunde, weil die Flotte modernisiert war. Die Zeit des Pfahlewers war vorüber, die Besahnewer mit Gaffelsegel und Fock, mit Wanten am Großmast und 2 Segeln an jedem Mast hatte sich durchgesetzt. Die Zahl der Fahrzeuge war langsam gewachsen. Anfängern gewährte die Kasse zum Kauf oder Bau eines Fahrzeuges Darlehen aus ihrer Reserve. 1849, das erste Jahr einer ausführlichen Buchführung, weist bereits 42 Fahrzeuge auf, von denen 20 aus Mitteln der Kasse beliehen sind. Aus der Prämie läßt sich ohne weiteres die Gesamtversicherungssumme errechnen mit 92 800 MC. oder 111 360 M. Außer dieser Einnahme war eine solche aus sogenanntem Ueberverdienst eingeführt. Wer Reisen nach England unternahm, mußte von seinem Erlös im Sommer 3, im Herbst 5 Prozent abführen. Da die Schäden durchweg gering waren, mußte das Vermögen schnell wachsen. Die Mittel wurden immer wieder zum Bau neuer Fahrzeuge ausgeliehen.

Von 1850 bis 1860 stieg der Bestand von 42 auf 65
„ 1860 „ 1865 „ „ „ „ 72
„ 1865 „ 1870 „ „ „ „ 72 „ 86
„ 1870 „ 1875 „ 116
„ 1875 „ 1880 „ 176 Fahrzeuge.

Es hat Jahre gegeben, wie 1878 und 1879, in denen der Flotte jährlich 17 neue Fahrzeuge zugeführt wurden, wobei der Abgang noch unberücksichtigt ist. Die Zahl der Verluste ist in dieser ganzen Zeit merkwürdig gering. Der erste Totalverlust, der aus den Büchern nachweisbar ist, ist 1860 verzeichnet. In diesem Jahr ist Hein Külper mit seinem Ewer verschollen. B a r g h e e r hat in einer Arbeit aus dem Jahre 1896 aus einer nicht bezeichneten Quelle als ersten Totalverlust die Seefischer Johann Külper und P. Hintze aus dem Jahre 1843. Außer diesen beiden waren bis 1870 nur drei Verluste zu decken: Heinrich Strohsal 1862, Jacob Cölln 1867 und Peter Fick 1869. In allen Fällen wurde die Mannschaft geborgen. Von 1870 bis 1880 sind 6 Totalverluste gedeckt worden, davon nur 1 verschollen. Infolge des raschen Wachsens des Vermögens bei recht niedrigen Schäden und winzigen Verwaltungskosten konnten auch Gelder an Private ausgeliehen werden. Bereits 1859 waren mehr als 12 000 MC. in Hypotheken belegt, z. B. Paul Wichers Erbe mit der Färbergerechtigkeit, belegen auf dem Holländischen Brook, zu 4 Proz. Zinsen 2537 MC. Selbst die Gemeinde Finkenwärder lieh bei der Fischerkasse. 1864 hatte die Westerschule ein Darlehen von 1100 MC., später die Aueschule ebenfalls ein solches. Nachdem 1863 das Vermögen der Kasse so auf 29 306 M. und 14 Schilling Courant angewachsen war, wurde es mit Einwilligung Seiner Wohlweisheit des Herrn Senator A l a r d u s als Landherrn auf 20 000 MC. reduziert. Die Interessenten, damals 73, konnten sich die überschießende Summe zu gleichen Teilen zurückgeben lassen. Die Beleihung der Fahrzeuge, d. h. die Gewissenhaftigkeit der Mitglieder gegen die Kasse als Geldgeber, muß als sicher gegolten haben. Erst 1866 finden sich Beanstandungen des Landherrn über drei säumige Zahler. Die Jahre von 1870 bis 1880 brachten neben dem gewaltigen Wachstum der Flotte ein Aufschnellen des Vermögens, da die Schäden sehr gering waren. Schäden über 1000 M. sind nur verzeichnet, wenn ein Totalverlust dabei war. 1879 hatte die Kasse ein Vermögen von 80 228,07 M., die Gesamtversicherungssumme betrug etwa 1½ Million.

Dem Leben des Fischers vor 1880 wie auch dem Bestand der Finkenwärder Seefischerkasse haftet der Z u g des Behäbigen, Sicheren, vielleicht auch der der Wohlhabenheit an. Breit und sicher stand der Finkenwärder Seefischer auf seinen Beinen, wohl fundiert stand seine Kasse da, so daß es ihr auch nicht viel ausmachte, als einmal in der Verwaltung ein dunkles Kapitel aufgeschlagen wurde. Bis 1880 war die Leitung der Kasse stets einem der Ihren anvertraut, in dessen Haus auch die eiserne L a d e mit den Kassenpapieren und dem Barvermögen aufbewahrt wurde. Als Obervorsteher der Kasse werden genannt Jacob Fock und Hein Külper von 1835 bis 1850, Johann Bade von 1851 bis 1856, Hans Claus Fick 1857 bis 1862, Hein Loop 1864 bis 1875 und Johann von Cölln 1863 und 1876 bis 1880. Nach dessen plötzlichem Tod wurde erstmalig ein Obervorsteher gewählt, dem man eine namhafte Entschädigung zukommen ließ, Peter F i c k , der wohl noch den meisten der Anwesenden als Greis bekannt ist. Seit 1853 hatte die Kasse aus den Reihen der Finkenwärder Schullehrer einen Rechnungsführer, für die bis jetzt geschilderte Zeit war es der Schullehrer der Aueschule C. M e i e r , der der Kasse bis 1882 gedient hat.

In diese Zeit der Behäbigkeit und des Wohlstandes paßt so recht die von Gorch Fock geschilderte Sitte der O s t e r f e i e r der Finkenwärder Fahrensleute.

„Und die Finkenwärder Fahrensleute feierten Ostern, indem sie um ihr Eiland gingen. Nur Ostern taten sie das, sonst nicht. Wann käme sonst auch wohl ein Fischermann dazu, einen Gang um sein Land zu machen? Er geht so wie so nicht gern, denn Seebeine sind nicht für Landwege geschaffen. Wintertags lassen es die grundlosen Wege nicht zu, sommertags hat er zwischen Jütland und Niederland zuviel zu beschicken. Nur Ostern ging es klar.

Da kommen sie an, die Osterleute. Zuerst die Gören, de mol üm Finkenwarder snurren weut.

Nach ihnen aber kommen die Seefischer, zu zweien oder dreien, in Gruppen zu fünfen oder sieben, in Scöfen zu zehn und zwanzig: die brauchen den ganzen Deich und gehen geruhig und langsam, bleiben stehen und kehren ein, betrachten den Deich, die Häuser und die Schiffe, wie ein Bauer sein Vieh.“

Von 1881 an beginnt die Finkenwärder Fischerei und die Entwicklung der Kasse einen Zug ins T r a g i s c h e zu bekommen. Es ist, als ob das Schicksal es lange genug gut mit den Finkenwärdern gemeint habe und ihnen nun einmal zeigen wollte, daß es auch anders könnte. Hö, ihr Finkenwärder, wie steht ihr, wenn ich einmal anders mit euch spiele? Die Finkenwärder Fischerei und die Finkenwärder Kasse haben diese grauenhafte Zeit überstanden, durchgebissen, aber beide haben furchtbar bluten müssen. Dabei muß darauf hingewiesen werden, daß die Finkenwärder Fischerei und ihre alte Kasse nicht unvorbereitet und schutzlos in diesen grausen Kampf gegangen sind. Bereits seit 1875 hatte man begonnen, die Fahrzeuge zu verbessern. Es wurden die sogen. K u t t e r e w e r eingeführt, 1883 wurde der erste scharfe K u t t e r gebaut. Beiden Typen wurde bedeutend erhöhte Seefähigkeit zugesprochen. Die hölzernen Seitenschwerter waren verschwunden und einem eisernen Mittelschwert gewichen, die Ewer waren mit einem festen Kiel versehen. Die Bünn war verbessert, seit Anfang der siebziger Jahre wurden Eiskisten zur Aufbewahrung der Fische eingeführt. Diese modernen Fahrzeuge mußten höher bewertet werden. Bereits 1876 wurde die Höchstversicherungssumme auf 10 000 RM. festgesetzt, für kleinere Fahrzeuge auf 7500 RM. Diese Art Fahrzeuge waren bereits gegen 1890 verschwunden.

Die Flotte wurde unablässig durch Neubauten vermehrt. In den Jahren

1881 bis 1885 einschl. wurden 22 Fahrzeuge neu gebaut,

1886 „ 1890 „ 24 Fahrzeuge,

von denen eine Reihe heute noch vorhanden sind. Sie sind heute die Veteranen der Flotte. 1893 bis 1895 kamen noch 14 Fahrzeuge hinzu. Hier ist ein Wort über die Werften zu sagen. Nach der Aufstellung von August Bargheer aus dem Jahre 1896 sind allein auf der Finkenwärder Werft von W r i e d e in den Jahren 1875 bis 1895 54 Fahrzeuge gebaut worden, 31 Ewer und 23 Kutter. Nach derselben Quelle sollen bis 1869 fast sämtliche Fahrzeuge der Flotte, deren Zahl auf 150 geschätzt wird, auf dieser Werft entstanden sein. In späterer Zeit, d. h. um 1890, kamen hinzu: die Werft von Hinrich B e h r e n s - Pr.-Finkenwärder mit 32 Fahrzeugen, Junge-Welsfleth mit 8 Fahrzeugen, Kremer-Elmshorn und Sietas-Cranz mit 12 Schiffen.

Auch auf die Qualitäten der Fahrensleute wurde strenger geachtet. Ab 1876 wurde von jedem neuen Mitglied verlangt, daß er außer dem Patent auf Kleine Fahrt mindestens 5 Jahre Fahrtzeit auf Segelfischerfahrzeugen nachweisen konnte. Fahrtzeit auf Kauffahrteischiffen wurde nicht gezählt.

Ueber diese Flotte von 180 Fahrzeugen brach nun das Geschick herein. In den Jahren 1881 bis 1885 blieben auf See 19 Fahrzeuge und 45 Menschenleben. 42 zum Teil schwere Sturm- usw. schäden waren zu decken. Abgesehen von den Menschenleben, die unersetzbar sind, entstanden der Kasse in dieser kurzen Zeit 167 000 RM. Verluste, in dem Unglücksjahr 1883 allein 73 500 RM. Jetzt begann für die Mitglieder die Zeit der Nachschüsse, die vorher nur einmal im Jahr 1873 zur Anwendung gekommen war. Fast 50 000 RM. wurden in den drei Jahren 1882 bis 1884 so gehoben, außer der Normalprämie, die 71 364 RM. ausmachte.

Die Jahre 1885 bis 1890 waren äußerlich ruhiger als die Jahre vorher. 1885, 1886 und 88 waren ohne Totalverluste, 87 hatte einen, 89 und 90 je drei aufzuweisen. Durch die vermehrten Neubauten hob sich die Flotte auf die Höchstzahl, die sie je erreicht hat, 1 8 6 F a h r z e u g e i m J a h r e 1 8 8 8, mit einem Versicherungswert von 1 430 000 M. und einem Kassenvermögen von fast 111 000 M.

Aber 1 8 8 5 w u r d e a u c h d e r e r s t e d e u t s c h e F i s c h d a m p f e r g e b a u t. Der erst verlachten kleinen „Sagitta“ von Geestemünde folgten bald immer mehr Neubauten bzw. Ankäufe aus England, und diese rasch entstehende Dampferflotte sollte einen vollständigen Umschwung in der gesamten Nordseefischerei zur Folge haben. In diesem Wettlauf zwischen Dampf und Wind, zwischen Kapital und Kleinbetrieb, mußte die Segelfischerei unterliegen.

1885 fand die Gründung des Deutschen Seefischerei-Vereins statt, dessen erster Präsident Dr. Herwig viel für die Segelfischerei tat, allerdings auch sehr bald, wenn auch in bester Absicht, die Selbständigkeit der Kasse durch versuchten Zusammenschluß mit anderen antastete. Nur das Fehlen geeigneter Nachbarkassen hat damals wie auch später diese Pläne vereitelt.

Dasselbe Jahrfünft brachte im Wirtschaftsleben der Seefischerei den allergrößten Umschwung durch die Einführung der Fischauktionen auf Betreiben des Hamburger Fischhändlers Platzmann. Bis dahin hat es in den Satzungen immer geheißen:

„Jeder Interessent, der mit seinen Fischen an den Markt kommt, soll gehalten sein, dieselben selbst zu einem bestimmten Preis entweder an die Fischfrauen oder an die Reisekäufer fest zu verkaufen. Es wird hierdurch streng verboten, den Verkauf der Fische den Reisekäufern zu übertragen. Wer der Vorschrift zuwiderhandelt, hat eine Strafe von 100 Mark Courant zum Besten der Kasse zu zahlen."

Das waren die verbotenen „Wustgeschäfte". Seit 1887 war die Auktion erlaubt, später sogar geboten.

Die Not und die Konkurrenz der Fischdampfer wie auch der Engländer trieb die Finkenwärder immer weiter auf die See hinaus und hielt sie den ganzen Winter hindurch fest. 1889 finde ich zum ersten Mal in einer Aufstellung von Talg bei dem Totalverlust H. F. 185 J. Fick die Anmerkung „Austernfang mit Schleppnetz seit 16. 10. verschollen". Das gebliebene Fahrzeug war ein Jahr alt. Jetzt begann eben die grause Zeit der Finkenwärder.

1889 erscholl der erste Hilferuf an die Oeffentlichkeit, ein Gesuch an den Reichskanzler um Gewährung eines Darlehens aus Reichsmitteln. Damals erhielt die Kasse die Verwaltung der 15 000 M., von denen kleine Bau- und Beschaffungsdarlehen gewährt werden konnten, der 100-Dahler-Fonds, der bis in den Weltkrieg hinein benutzt wurde und dann abgeliefert werden mußte.

Auf die äußerlich ruhige Zeit bis 1890, die allerdings bereits den Keim des Verderbens in sich barg, folgte von 1891 bis 1895 wieder eine der Not. Die Zahl der Fahrzeuge sank durch Abgänge auf 175, 92 auf 163, 93 auf 159, stieg dann allerdings durch Neubauten wieder auf 165. Diese Periode weist 14 Totalverluste auf gegen 14 Neubauten. Allein 1891 und 1895 blieben je 5. Wenn bei Ausgleich der Verluste durch Neubauten ein Abstieg um 21 Fahrzeuge stattfand, muß damals ein gewaltiges Durchkämmen oder Sieben der Flotte vorgenommen worden sein. Bereits in dieser Zeit gab es Versuche, den Betrieb zu modernisieren, um der Konkurrenz der Dampfer besser begegnen zu können. 1894 blieb das erste Fahrzeug, das mit einer Schraube versehen war, die von einer Dampfmaschine getrieben wurde, auf seiner ersten Fangreise: H. F. 207 Gustav Wegener.

Unaufhaltsam ging das Schicksal der Flotte seinen Gang weiter. Bis zur Jahrhundertwende blieben noch 24 Fahrzeuge, so daß es das letzte Jahrzehnt des alten Jahrhunderts auf 38 Verluste brachte, wobei bemerkt werden muß, daß außer diesen noch verschiedene anderswo versicherte Fahrzeuge blieben.

Die allergrößten Katastrophen brachte allerdings erst das nächste Jahrzehnt in einem Umfang, daß die Oeffentlichkeit helfend eingreifen mußte, weil die Verluste alles überstiegen. In den 10 Jahren von 1901 bis 1910 ist kein Jahr ohne Verluste gewesen. Am schlimmsten waren die Jahre 1902 und 1909, die je 10 Verluste brachten. Insgesamt sind in diesem Jahrzehnt 50 Fahrzeuge geblieben, also im Durchschnitt jährlich 5. Das hält keine Gilde aus.

In den 25 Jahren von 1910 bis jetzt sind nur 17 Fahrzeuge geblieben, davon 4 durch Kriegsereignisse. Die Gesamtzahl aller Totalverluste habe ich mit 140 festgestellt, davon

in den ersten 25 Jahren bis 1860 2
in den nächsten 25 Jahren bis 1885 24
in den nächsten 25 Jahren bis 1910 97
in den letzten 25 Jahren bis 1934 17

Es ist ohne weiteres klar, daß die gewaltigen Verluste, die oft gerade die besten Fahrzeuge und anerkannt gute Leute betrafen, viele kopfscheu machen mußten, so daß in dem Bestand ein Rückgang zu verzeichnen ist, der dem Aufbau der siebziger Jahre an die Seite zu stellen ist. Den 186 Fahrzeugen des Jahres 1888 standen 1895 noch 165, 1900 noch 135, 1906 noch 103 gegenüber.

Das war der Umfang des Jahres 1872.

Wenn die damalige Zeit auch schwache Herzen fand, die der angestammten Fischerei den Rücken wandten, im Hafenbetrieb, auf Fischdampfern oder beim Zoll Unterkunft suchten, wo sie sehr gesucht waren, ein Stamm blieb seinem Beruf treu: „Lewer en lütt Herr as en grot Knecht."

In der Verwaltung der Kasse trat in der kritischen Zeit ein Wechsel ein. Der alternde Peter Fick machte 1902 dem Gastwirt C. H. Tiedemann Platz, und als dieser bereits 1904 starb, folgte ihm August Böttcher, der neben dem lange Jahre indirekt für die Flotte wirkenden Schiffbaumeister Julius Carsten Wriede schon jahrelang die Taxen und Besichtigungen der Kassenfahrzeuge erledigt hatte. Böttcher und Wriede haben das Verdienst, die Reform der alten, schwer um ihre Existenz ringenden Kasse geregelt zu haben. An dieser Stelle sei auch der Handlanger dieser leitenden Personen gedacht. Es ist bereits erwähnt, daß seit 1853 dauernd ein Lehrer sich dem Dienst der Kasse gewidmet hat. In den ältesten Zeiten war es der den Alten noch bekannte Schullehrer C. Meyer von der Aueschule. Er schied 1882, ein Jahr nach dem Loch in der Kasse, aus und gab sein Amt ab an den Lehrer Prüß, der 1888 nach Geesthacht versetzt wurde und August Bargheer von der Norderschule das Amt überließ. Dieser trat 1902, kurz nach Peter Fick, zurück und überließ es Karl Talg, der bis 1910 Rechnungsführer der Kasse war, und so die kritischen Tage des Sterbens der alten und der Gründung der neuen Kasse miterleben durfte.

Auch der junge Deutsche Seefischerei-Verein unternahm verschiedene Hilfsaktionen, um die Segelfischerei zu halten und zu stützen, bei dem konservativen Sinn der Seefischer und der Finkenwärder, oft gegen deren Willen und wohl auch manchmal auf falschem Wege. Anfang der neunziger Jahre begannen die Darlehen zu fließen, zuerst zur Ermöglichung von Neubauten, später auch zu anderen Zwecken.

Der häufigen Verluste bemächtigte sich die Theorie der Techniker und Konstrukteure. Man entdeckte die Gefahr der großen Luken und des freistehenden Bünnschornsteins. 1904 wurde in einem umfangreichen Umbauprogramm hier Wandel geschaffen. Es wurde versucht, die Erträge der Fangreisen zu erhöhen und erreichte es durch Umstellung vom Baumnetz auf das Scherbrettnetz, die ebenfalls 1904 innerhalb von zwei Monaten vorgenommen wurde, ein Wechsel, wie er nach Lübbert so radikal und schnell in der Geschichte der deutschen Segelfischerei ohne jedes Beispiel ist. Das dritte Mittel, mit der man die Fischerei zu heilen versuchte, wurde entweder nicht in hinreichendem Maße angewandt oder die Industrie, wenigstens die deutsche, war noch nicht imstande, die erforderlichen Mittel hervorzubringen: ich meine die Motorisierung der Seefischerflotte. Was in den Jahren 1903 und nachher in bezug hierauf getan wurde, war nach den Erkenntnissen von heute krasses Stückwerk und hat sich als solches auch ausgewirkt. 1903 versah man einen Ewer mit einem 8-PS-, einen platten Kutter mit einem 12-PS-, und einen scharfen Kutter mit einem 16-PS-Motor. Bei allen drei Motoren handelte es sich um dänische Modelle.

Die Vorarbeiten für die Umformung der alten Kasse haben eine ganze Reihe von Jahren gedauert, da der Deutsche Seefischerei-Verein mit seinem Präsidenten Dr. Herwig sich eingeschaltet hatte und dieser von Anbeginn an, d. h. bereits seit 1885 das Ideal der Verschmelzung der Kasse mit anderen zur Verwirklichung zu führen suchte. Nachdem die Kasse für 1901 und 1902 allein für Schäden rund 90 000 RM. hatte ausgeben müssen und für 1903 wieder 5 Totalverluste zu decken waren, wendete sie sich eben vor Weihnachten 1903 mit einem Hilferuf an den Senat. Selbst nach den so heftigen Inanspruchnahmen betrug das Vermögen der Kasse noch über 80 000 RM. Da aber an eine Abnahme der Leistungen kaum zu denken war, suchte der Vorstand vorsorglich um Hilfe nach. Aus einem Schreiben des Dr. Möhring, den die Fischer für ihren Sachwalter hielten und der im Ausschuß des D. S. V. saß, an den damaligen Senator von Melle, das ich im Staatsarchiv entdeckt habe, ist ersichtlich, wohin die Pläne des Deutschen Seefischerei-Vereins unentwegt gingen. Das Gesuch der Kasse, unterstützt von dem damaligen Fischerei-Verein Hamburg, wird als Unfug bezeichnet, „denn die Frage des Eintritts der beinahe bankerotten Finkenwärder Kasse in den Rückversicherungsverband des Deutschen Seefischerei-Vereins und eine bedeutende Unterstützung des Reiches bilden den Gegenstand mehrjähriger Verhandlungen." Die inzwischen eingetretenen neuen großen Verluste bei der Finkenwärder Kasse verursachen aber bei diesen Plänen Bedenken, daß die fraglichen Stellen es nicht verantworten konnten, sie weiter zu verfolgen. Es wurde eine Auffüllung des Reservefonds der alten Kasse empfohlen, um diesen auf 10 Prozent der Versicherungssumme zu bringen, wozu etwa 44 750 RM. erforderlich waren.

Bei den verhältnismäßig jungen Kassen zu Cranz und Altona sahen die Verhältnisse noch viel schlimmer aus. Um auch den dort versicherten Fischern zu helfen, wurde im Verlauf der Jahre 1905 und 1906 die Vereinigung dieser beiden schwachen Kassen mit der Finkenwärder Seefischerkasse erwogen. In langwierigen Verhandlungen in Bremen, bei denen Finkenwärder durch Böttcher und Talg vertreten war, wurden diese Pläne verwirklicht, und mit dem 1. Januar 1907 entstand die Unterelbe-Versicherungskasse mit dem Sitz in Finkenwärder und dem Vorstand der alten Kasse. Leiter der neuen Kasse blieb Böttcher. Durch den Zuwachs von fünf PC.-Schiffen und 22 Altonaer Fahrzeugen stieg die Zahl der versicherten Fahrzeuge, immer den alljährlichen Abgang durch Ausscheiden angerechnet, von 103 auf 124 Fahrzeuge. Die Versicherungssumme dieser vereinigten Flotte betrug annähernd 1 Million. Für die aufgezehrte Reserve sorgten Reich und Staat. 1907 ist eine Schenkung des Reiches von 30 000 RM., 1908 eine neue von 40 000 RM. verbucht. Nach dem gewaltigen Unglück von 1909 trat auch der Hamburger Staat mit 40 000 RM. Zuschuß auf den Plan. 41 175 RM. Reichsdarlehen ließ sich die Kasse nach dem Unglück von 1909 stunden, die 1911 und 1912 ebenfalls vom Reich geschenkt wurden. Während in den Jahren 1907 bis 1909 RM. 21 500 + 21 900 + 16 100 = insgesamt 59 500 RM. zu decken waren, betrug die Schadensumme des Jahres 1910, in die die Verluste des Jahres 1909 fallen, die kolossale Summe von 124 430 RM.

Die gewaltigen Ereignisse des Jahres 1909, die in ganz Deutschland zu einer Hilfsaktion veranlaßten und besonders in Hamburg das Mitgefühl weiter Kreise weckten, hatten für den Bestand der Flotte ähnliche Folgen wie die früherer Unglücksjahre, so manches alte Fahrzeug, das sein Besitzer unter der Wucht der Tatsachen nicht mehr für taktfest halten mußte, wurde aus dem Betrieb gezogen und ihr Besitzer suchte auf weniger gefahrvolle Weise sein Brot zu verdienen. In den Jahren 1909 bis 1914 sank der Bestand der Flotte von 113 auf 95, 89, 82, 72 und 1914 noch 68. Wenn ich zurückblicken darf: 1861 waren 70 Fahrzeuge vorhanden, deren Besitzer sicher glücklicher waren als ihre Nachkommen 50 Jahre später.

Neubauten waren 1905 die letzten entstanden, so daß die Tage der Finkenwärder Seefischerflotte gezählt scheinen mußten.

Die Modernisierung der Flotte durch Motorisierung erwies sich vor dem Krieg als Fehlschlag. Die alte Kasse hatte 1906 6 Motoren gehabt, 1907 kamen 2 hinzu. Bis 1915 verblieb es bei 8 — 9 Motoren in der gesamten Flotte. Mitgesprochen haben mag auch der Umstand, daß kein Mensch Geld hatte, sich in der Zeit des Niederganges noch so teure Maschinen anzuschaffen. Die erste stärkere Maschine in H. F. 233 war mit 6300 M., die in H. F. 249 1911 mit M. 9000 versichert, für die damalige knappe Zeit enorme Summen.

Erst nach dem Krieg, der die Flotte erst nach und nach mit Zunahme der Reklamationen in Betrieb brachte und der vier Opfer kostete, setzte die Motorisierung in erheblichem Maße ein: 1919 waren es 11 Maschinen,

1921	24
1922	36
1923	41

und mit dem 1. Januar 1925 alle 55 Fahrzeuge mit Maschinen ausgerüstet, die inzwischen immer weiter ausgebaut und jetzt in der modernen Dieselmaschine ihre modernste Form bekommen haben.

Eine Schilderung der letzten Zeiten der Kasse darf nicht an die Nachkriegszeit vorübergehen, die eine Umlagerung aller Werte, für die Kasse aber, die anders aufgebaut als die alte Kasse mit ihren Sachwerten nur mit festbelegten Geldern arbeitend, eine gewaltige Gefahr bedeutete, da ihr mühsam aufgebautes Reservekapital wie Schnee an der Sonne zerrann, ohne daß die Leitung etwas dagegen tun konnte. Die Jahre 1922 bis 1924 müssen für die, die überlegend und beratend an der Kasse mitarbeiteten, noch heute ein gelindes Gruseln hervorrufen. Eine Erhöhung der Versicherungssumme folgte der andern. 1923 im Juni bei 30 Millionen pro Fahrzeug angekommen, machte eine Versammlung Schluß mit der Papiermark und setzte den Wert auf 1500 Mark Gold fest, und als dies als untragbar beanstandet wurde, eine Versammlung im Oktober den Wert auf 600 Mark für Motorfahrzeuge und 400 Mark für Segler. Woher das Geld bei einem eventuellen Totalverlust hätte genommen werden sollen, das konnte damals keiner sagen. Mit dem Schluß des Jahres 1923 hörte dieser Spuk auf und 1924 begann die Kasse bescheiden mit 3000 Mark für Motorfahrzeuge und 2000 Mark für Segler, die Summen, die ihre Vorfahren um 1850 festgesetzt hatten. Nachdem die nächsten Jahre mit freiwillig erhöhter Versicherungsprämie und verhältnismäßig geringen Schädensummen schnell die Lage der Kasse besserten, wurden die Versicherungssummen häufiger erhöht, ja vielleicht 1929 auf Veranlassung des D. S. V. zum Teil überhöht, so daß manches wieder rückgängig gemacht werden mußte.

In den Jahren, die auf die Inflation folgten, hob sich die immerhin als Kleinbetriebsform arbeitende Flotte durch Zuwachs an Schiffen, die unter anderen Verhältnissen und an anderen Plätzen elend versagt hatten und erst im Verband der Finkenwärder Seefischerei wieder vernünftig zu arbeiten erwarten ließen. Abgesehen von einem fast komischen Zuwachs in den Kriegsjahren, der die bereits ausgeschiedenen Veteranen von weither der Flotte zuführte, sie aber nach Kriegsende sofort wieder verschwinden ließ, und weiter abgesehen von dem Hinzutritt der letzten Blankeneser Fahrzeuge infolge Auflösung der 1823 gegründeten alten Blankeneser Kasse, kamen die ersten Nachkriegsbauten ab 1925 in die Flotte. 1925 und 1926 kamen die Reste der mit hohen Erwartungen gegründeten Kutter-Reedereien in die Flotte, 1927 entstand der erste Neubau Ernst Modersitzki H. H. 204. 1928 entstanden die ersten Neubauten aus Reichsmitteln, H. F. 293 und 294, die der Kasse manche Kopfschmerzen bereiten sollten, und dann kam ein Reichskutter nach dem andern, von Ostfriesland, von der Ostsee, sogar von Norwegen. 1929 entstanden die letzten beiden Neubauten aus Reichsmitteln. Diese Maßnahmen hoben die Flotte und brachten den besonders zu begrüßenden Zuwachs an jungen Fahrzeugen, die immerhin einen kleinen Ausgleich gegen die Vergreisung der Flotte bedeuten. Die allerletzte Vergangenheit brachte endlich die mit Reichszuschuß im Rahmen des Arbeitsbeschaffungsprogramms erbauten Neubauten, die zu Beginn des nächsten Jahres den Bestand wieder auf 80 Fahrzeuge bringen dürften.

Sparsame Wirtschaft der Nachkriegsjahre und Jahre glückhafter Fahrt, das gesteigerte Sicherheitsmoment, umsichtiges Fahren brachten auch die Vermögensverhältnisse der erneuerten Kasse wieder ins Reine. Es ist den Mitgliedern nach 1924 nicht hoch genug anzurechnen, daß sie es für richtig hielten, schnell einen kleinen Sicherheitsfonds zu schaffen, selbst wenn dazu erhebliche Opfer nötig wurden. Freiwillig wurden bis 3 Prozent Prämie eingeholt, und schnell erholte sich die Kasse. Wenn auch die Hilfsbereitschaft des Reiches und des Staates nicht hoch genug anzuerkennen ist, soll doch nicht unterlassen werden, zu bemerken, daß auch die Kasse ihre Opfer gebracht hat, als das Reich Hilfe brauchte. An der 2. Kriegsanleihe beteiligte sich die Kasse mit 100 000 RM., die später infolge der starren Struktur der Geldunterbringung so gut wie verloren gingen, der unheilvollen Folgen der Inflation für die Kasse wurde bereits gedacht.

Dank eigener Tatkraft hat sich die Kasse ihren anerkannten Platz mit zähem Durchhalten zu erwerben verstanden. Bis jetzt sind auch alle Versuche, ihre Selbständigkeit,

auf die sie stolz ist und auch wohl sein kann, zu beschneiden oder zu vernichten, vergeblich gewesen. Noch immer steht die Kasse da, wie sie Gorch Fock in seinem „Seefahrt ist not" rühmend erwähnt:

„Das ist wahrhaftig kein grüner Tisch, an dem die sechs Alten mit dem Obervorsteher sitzen! Plattdeutsch wird gesprochen, einer nennt den andern du, jeder weiß, was er will, und niemand braucht nach Worten zu suchen. Das ist der Senat von Finkenwärder, und einen bessern hatte Venedig auch nicht.

Ein fester Bau ist diese Seefischerkasse, ein Denkmal besten Gemeinsinns. Sie ist der mächtige Leuchtturm, der seine Strahlen bis zur Themsemündung wirft. Seen wollten ihn unterwaschen, Stürme wollten sein Licht verlöschen: er steht und leuchtet!"

Daß diese Prophezeiung unseres Fischerdichters sich in Zukunft erfüllen möge, ist unser aller Wunsch. Wie wir auch wünschen und hoffen, daß unsere Jungen aus der Geschichte unserer Fischerkasse jene Lehre ziehen und befolgen werden, die, im Rahmen unseres großen stolzen Volkes und Vaterlandes gesehen, nur allein maßgebend ist: „Der einzelne vermag nichts — die Gemeinschaft ist alles!" Vereinigen wir die Wünsche für das Wohl der alten Kasse in dem Spruch, der auch die alte Fahne der Brüderschaft ziert:

„Es blühe die Fischerei!"

Heil!

Twee Frachtewers kott vor de Affohrt vun Meßbarg no Finkwarder. Achter de «Ora et Labora» Schipper Fock & Kühl, vörn de «Helmut» Schipper Meier

De Nobiskrug, Typ «Ich verdiene»

28 Die Frachtschipper

Verfasser: Kurt Wagner, Finkenwerder

Das Transportieren von Frachten auf dem Wasser zur Versorgung der Bewohner war seit Bestehen der Elbinsel eine sich lohnende Tätigkeit. Die Frachtschipper fuhren mit ihren kleinen Segelfahrzeugen zwischen Hamburg und Finkenwerder. Sie fielen durch ihre Zuverlässigkeit auf. In der Hansestadt war man bereit, ihnen Frachten für weitere Häfen an der Niederelbe anzuvertrauen. Als Fracht fuhren sie Obst, Gemüse und Torf.

Ab 1850 wurde die Nordsee und Ostsee von Ewern, Kuffs, Tjalken, Schonern, Schonerbriggs, Galeassen befahren, die in Finkenwerder gebaut wurden und hier ihren Heimathafen hatten. Insgesamt gab es 1850 ca. 10 Frachtschiffe in Finkenwerder. Es gab neue Zielhäfen am Rhein, in England, Holland, Rußland und Skandinavien.

Es gab auch schon Frachtschipper, die mit ihren Seglern von ca. 120 Tonnen nach Übersee segelten. Ein großes Abenteuer, fremde Sprachen, unbekanntes Tropenklima, skrupellose Makler und Agenten machten ihnen in der Fremde das Leben zur Hölle.

Mit der Entwicklung in der Handelsschiffahrt wurden die großen Reedereien immer stärker. Für so kleine Unternehmer wie unsere Frachtschipper wurde es unmöglich, sich auf Reisen nach den Übersee-Häfen gegen die große Konkurrenz durchzusetzen.

Die Frachtsegler mußten sich den Markt schon mit den Dampfern teilen.

1878 betrug in der Welthandelsflotte der Segelschiffsraum noch etwa das Vierfache des Dampferraums. 1890 war Gleichstand eingetreten, und danach ging die Zahl der Segler Jahr um Jahr zurück.

Die Finkenwerder Frachtschipper beschränkten sich nun auf das Befahren der Nordsee und Ostsee, aber es wurde noch lange Zeit erfolgreich gesegelt. Die beste Zeit hatten die Frachtschipper zwischen den beiden Weltkriegen und zwischen 1950 und 1970.

Nachdem 1919 der größte Teil Westpreußens an Polen abgegeben werden mußte, war die Versorgung von Danzig und Ostpreußen über die Ostsee einfacher als durch den Polnischen Korridor.

Die Finkenwerder Frachtschiffe wurden auch für den Transport der Frachten zwischen allen deutschen Häfen mit Gotenhafen, Danzig, Königsberg eingesetzt. Es war auch allgemein ein Bedarf an Schiffsladeraum vorhanden. Es wurden Spezialschiffe entwickelt, darunter auch ein für damalige Verhältnisse optimaler Typ mit dem vielversprechenden Namen «Ich verdiene». Von diesem Typ gab es in der Finkenwerder Frachtschiffsflotte 4 Schiffe, und zwar

Schiffsname	Eigner
Nobiskrug	Heinrich Stüven
Ellen	Johannes Knüppel
Geheimrat Königs	Heinrich Knüppel
Berta von Busch	Fritz von Busch

Unter den übrigen Schiffen waren zwar mehrere Typen und Baujahrgänge vertreten, jedoch waren alle in einem sehr gepflegten Zustand. Nachstehend die übrigen Schiffe:

Eigner	Schiffsname
Detels, Hermann	Qua Vadis
Cordes, Henri	Anna Cordes
Grewe, Hinrich	Magdalena
Hamm, Jan	Käte Hamm
Horstmann, Hinrich	Greta
Horstmann, Martin	Deutschland
Hase, Heinrich	Zitadelle
May, Robert	Amazone
Lütje, Hans	Gorch Fock
Lütje, Hinrich	Astarte
Meier, Hans	Maria Elisabeth
Meyburg, Jakob	Melpomene
Nummssen, Heinrich	Freiherr vom Stein
Rabeler, Rudolf	Anna
Rinck, Jan	Alida
Rolf, Willi	Irma Rolf
Sinnig, Fritz	Hayo
Fock, Nicolaus	Secloni
Tewes, John	Guschi II
Tiedemann, Hans	Regine
Oelkers, Heinrich	Helene
Witt, Jakob	Marie
Ahlf, Martin	Drochtersen
Meier, Paul	Finkwarder
Dreyer, Jan	Zukunft
Eichmann	Lisa
Schulz, Jakob	Hinrich Wilhelm
Rahmann, Jonny	Gretl
Behrens, Paul	Hela

Als Frachten wurden hauptsächlich Getreide, Kohle und Holz gefahren. Das Getreide wurde in den Laderaum geschüttet, ebenso die Kohle. Wenn einmal nach einer Ladung Kohlen eine Ladung Getreide folgte, mußte nach dem Entladen der Kohlen der Raum so lange gefegt werden, bis vom Kohlenstaub nichts mehr zu sehen war. Erst danach konnte das Getreide in den Laderaum geschüttet werden.

Bei den Frachtschippern galt immer das Sprichwort «Zeit ist Geld». Es wurde immer darauf geachtet, die Liegezeiten in den Häfen kurz zu halten.

Im Zweiten Weltkrieg wurden viele der Finkenwerder Frachtschiffe für die verschiedensten Aufgaben in der Kriegsmarine eingesetzt.

Nach Kriegsende mußten enige von ihnen im Rahmen der Wiedergutmachung an die Alliierten abgeliefert werden.

Im Jahr 1950 liefen die ersten neuen Frachtschiffe vom Stapel. Es kam zu einem enormen Aufschwung. Die Schiffe wurden immer schöner, schneller, größer und moderner. Die Frachtschipper waren die ersten, die von der mehr positiven Stimmung für die Deutschen profitierten. Besonders gut wurden sie in Finnland behandelt. In den Häfen Kotka und Hamina zum Beispiel kannte man alle Namen der Finkenwerder Frachtschiffe und Eigner. Diese wiederum schwärmten dann in Finkenwerder von der Gastfreundschaft der Finnen.

Neben unserer Elbinsel war der Thiessen Kai in Kiel Holtenau ein beliebter Treffpunkt für unsere Frachtschipper. Auch an der französischen Atlantic-Küste waren Häfen wie Honfleur Umschlagplätze, die gern von unseren Schippern angelaufen wurden.

Die Entwicklung war bis 1970 recht gut, bis die Staatsreedereien des Ostblocks sich in den Markt drängten. Viele unserer Frachtschiffe mußten verkauft werden. Von den Finkenwerder Eignern sind nur noch

Henry Horstmann, MS «Johanna»
Hans Heinrich Knüppel, MS «Nautilus»
Jan Paul Stüven, MS «Borkum Riff»
Helmut Rolf, MS «Pico Ruivo»
Henry Horstmann, MS «Hammaburg»
Henry Horstmann, MS «Hammonia»
Hans Hermann Knüppel,
MS «Peter Knüppel»
Hans Hermann Knüppel, MS «Helios»

mit ihren Schiffen im Geschäft. Viele Schipper haben die Entwicklung rechtzeitig erkannt und haben sich als Lotsen und in branchenverwandten Berufen eine Existenz geschaffen.

29 Die Schiffszimmerleute

Verfasser: Kurt Wagner, Finkenwerder

Wann genau mit dem organisierten Bau von Schiffen auf Finkenwerder begonnen wurde, ist nicht überliefert. Es ist bekannt, daß die Namen v. Coelln und Wriede 1600 in unseren Kirchenbüchern zu finden sind. Es ist sicher, daß ab 1800 auf den Werften v. Coelln und Wriede Schiffe gebaut wurden.

Es kam zu einigen Werft-Gründungen:

1863 Jochen Behrens an der Süderelbe

1870 Jan Eckmann am Norderdeich

1897 August Pahl an der Aue.

Von drei weiteren Werften gibt es Widersprüche in den Gründungsdaten. Es wurden von ihnen Fischereifahrzeuge gebaut, und zwar:

1896 baute August Albers an der Süderelbe den Kutter HF 266 «Pauline»

1899 baute August Böttcher am Norderkirchenweg den Kutter HF 280 «Amanda»

1912 baute Gustav Behrens an der Aue den Kutter HF 286 «Helene».

Außer den genannten gab es auf dem kleinen Dradenau für kurze Zeit eine Werft Köser und Schreiber. Die Werft von August Albers existierte etwa 10 Jahre. Sein Sohn Friedrich Albers hatte zwischen 1922 bis 1926 an der Süderelbe einen Bootsbaubetrieb. Die Süderelbe hatte schwer unter der ab 1900 systematisch durchgeführten Elbregulierung zu leiden. Durch den Bau einiger Leitdämme führte die Süderelbe nicht mehr den kräftigen Elbstrom. Die Verschlickung der Süderelbe nahm zu. Die Werft von Jochen Behrens hatte unter dieser Erscheinung schwer zu leiden. 1910 wurde es für die Werft August Pahl an der ehemaligen Aue zu eng. Die Werft wurde auf die neu aufgeschütteten Flächen am Köhlfleet verlagert. So ab 1922 siedelte sich auch Jan Eckmann mit seiner Werft am Köhlfleet an. Der Standort seiner Werft war hinter dem Norderdeich. Er baute dort Elbfischerboote, die mit einem Wagen über den Norderdeich gezogen werden mußten, um außerdeichs ans Fahrwasser zu gelangen. Als Dritter im Bunde zog es Gustav Behrens von der kleinen Dradenau zum Köhlfleet. In den Anfangsjahren, als noch alle Planken mit der Handsäge zugeschnitten wurden, mußte ein Schiffszimmermann eine körperlich harte Arbeit leisten.

Einen sehr abenteuerlichen Berufsweg durfte der erfolgreiche Segelyachtkonstrukteur Karl Feltz zurücklegen. Nachdem er 1925 bei Martin v. Coellen seine Lehre beendete, arbeitete er als Schiffszimmermann bei Gustav Behrens, Jan Eckmann, August Böttcher, Friedrich Albers, Hinrich Behrens, Henry v. Coelln, Hans v. Coelln.

Von 1929 bis 1932 besuchte er die Ingenieurschule und fing 1934 im Yachtbau, bei der Werft v. Hacht an. Die Deutsche Werft Kiel und die Nobiskrugwerft in Rendsburg waren weitere Stationen, bis er 1939 von der Schiechau-Werft in Elbing in leitender Position eingestellt wurde.

Als er die ersten Früchte seiner systematischen Arbeit im Bereich der Arbeitsvorbereitung ernten wollte, standen im Januar 1945 die Panzer der Roten Armee vor Elbing. Nachdem sich seine Frau mit den vier Kindern rechtzeitig nach Hamburg absetzen konnte, begann für ihn eine gefahrvolle Flucht, durch alle Kontrollen der Aufsichtsbeamten des Dritten Reiches, zurück in die Heimat.

In Finkenwerder fand er zunächst bei der Deutschen Werft einen neuen Arbeitsplatz.

Privat hatte er einige Sorgen. Eine Berechtigung auf Wohnraum hatte er nicht, obgleich er in Finkenwerder geboren war, galt er offiziell als Flüchtling. Nach Kriegsende hatte er

Gelegenheit in eine zerstörte Flakbaracke am Westerdeich zu ziehen. Die Baracke hatte Steinmauern, aber es gab so gut wie nichts, was in Ordnung war. Es gab in einem Wohnraum einen eisernen Ofen mit einem sehr langen Ofenrohr.

Wenn beim Feueranzünden zu viel Dachpappe verheizt wurde, tropfte Teer durch das undichte Ofenrohr auf den Tisch.

Die Kinder haben dann ängstlich reagiert, denn die kleinen schwarzen Teerkugeln sahen wie Kakerlaken aus. 1945 machte sich der Konstrukteur Karl Feltz selbstständig. Er eröffnete ein Ingenieur-Büro.

1946 fing er an, sich auch durch Reparaturarbeiten im Bootsbau über Wasser zu halten.

Seine Zeichnungen mußte er abends beim Licht der Karbidlampe machen. Aus Verlegenheit hatte er auch Schlitten und Spielzeug gebaut, als Tauschobjekt für den Schwarzen Markt.

Für eine Flasche Fischtran bezahlte man 140,– RM. Er bekam die ersten Aufträge. Es wurden die ersten Fischerkähne gebaut.

1948 folgte die erste H-Jolle. Es gab weitere Aufträge. Fischerboote, Motorboote für die Firma Harmstorf, Fährboote und Rettungsboote für die Fairplay-Schlepper.

Es kam die große Zeit des Yachtkonstrukteur Karl Feltz. Der Scorpion, der Listang waren die Glanzpunkte seiner Konstruktionsarbeit. Er kam dann auch nach als Konstrukteur einer 20 m-Yacht für den Americans Cup ins Gespräch. Als fast 80jähriger ist er heute seinen Söhnen, die auf ihrer Werft nach seinen Plänen Sportboote bauen, der wichtigste Berater.

Sportboote aus Stahl wurden von den Brüdern Kalli und Peter Feltz in einer sehr guten Qualität gebaut.

Im Jahr 1986 gibt es in Finkenwerder noch folgende Werften:

Hinrich v. Coelln am Köhlfleet-Hauptdeich
Jan Hinrich Behrens am Rüschkanal
Eckmanns Werft am Köhlfleet-Hauptdeich
Gustav Behrens am Köhlfleet-Hauptdeich
Karl Feltz am Rüschkanal

Alle vorgenannten Werften behaupten sich durch Qualität und Pünktlichkeit gegen einen harten Wettbewerb. Die Senioren aus diesem traditionsreichen Handwerk, die von Kind an, die Entwicklung ihrer Betriebe miterleben durften, Henry v. Coelln und Joachim Behrens stehen ihren Nachfolgern noch immer mit Rat zur Seite und hoffen daß dieses edle Handwerk für weitere Zeit noch goldenen Boden behält.

Alle Finkenwerder Werftbetriebe sind seit dem Tag der Gründung im Besitz der Gründer-Familien geblieben.

Die Werft Hinrich von Coelln wird die achte Generation erleben. Die Brüder Henry und Jörg unterstützen zur Zeit ihren Vater bei der Ausübung seiner Geschäfte.

Seit dem Gründer Hinrich von Coelln geb. 1744, gest. 1795 folgten:

Barthold	geb. 1769,	gest. 1844,
Martin	geb. 1803,	gest. 1863,
Martin	geb. 1840,	gest. 1882,
Hinrich	geb. 1870,	gest. 1954,
Henry	geb. 1905,	
Henry	geb. 1929,	
Henry	geb. 1956,	
Jörg	geb. 1965.	

Die Werft Hans von Coelln wurde 1967 geschlossen, als dem Besitzer die Auflage gemacht wurde, von der Aue zum Köhlfleet umzuziehen.

Auch diese Werft hat die gleichen Ahnen ab Martin von Coelln geb. 1840, gest. 1882 folgten:

Martin	geb. 1866,	gest. 1930,
Johannes	geb. 1905,	gest. 1971,
Martin	geb. 1935.	

Martin von Coelln ist als Meister bei der Werft Hinrich von Coelln angestellt.

Die Wriedesche Werft bestand, bis im Jahr 1964 Julius Wriede in den Ruhestand trat und den Betrieb aufgab.

Joachim Behrens vom Süderdeich hat folgende Nachfolger: Hinrich, Joachim und Jan Hinrich.

Eckmanns Werft wird die fünfte Generation erreichen. Die Folge Jan Eckmann, Hinrich Eckmann, Jonni Eckmann, Schwiegersohn Rudolf Nimz und Jan Nimz.

Bei Gustav Behrens Schiffswerft heißt die Reihe: Gustav, Paul, Hans. Hier gibt es die Söhne Olaf und Thees, die sich für eine Nachfolge bereithalten.

Die Werft August Pahl befand sich bis zu ihrer Schließung im Jahr 1985 im Familienbesitz.

Die Bootswerft Feltz hat in ihrer Familie schon einen Nachfolger.

Die Finkenwerder Schiffszimmerleute und Schiffbauer waren an Bodenständigkeit nicht zu übertreffen.

---

30 Die Landwirtschaft

Verfasser: Kurt Wagner, Finkenwerder

Als Fischerinsel ging Finkenwerder in die Geschichte der Niederelbe ein. Die Geschichte der Seefischerei ist 200 Jahre alt.

Ihre Blütezeit begann etwa 1830, nachdem durch Amsincks Taten das Leben auf der Elbinsel sicherer wurde.

Die harte Zeit im Kampf ums Überleben und gegen die Gewalt der Natur: «die Sturmfluten». Vom Tag der ersten Ansiedlung bis 1830 haben die Bauern fast allein die Fluten durchstehen müssen.

Die Bauernhäuser auf ihren Wurten, die über die gesamte Insel verteilt sind, kann man als Zeugen der Vergangenheit betrachten.

Auf der Hamburger Seite mußten einige Bauernhäuser der Industrie und den Wohnsiedlungen weichen. Darunter die schönsten und größten, wie der Neßhof, der Bausenhof, der Uhlenhof, der Köpcke Hof (Keupsche Hof) und Au-Kassen Fock. Es ist moralisch vertretbar, von der «Bauerninsel Finkenwerder» zu sprechen.

Bauernsöhne aus dem «Alten Land», denen die Tücken der Sturmfluten und die Fruchtbarkeit des Marschlandes bekannt waren, haben sich die ersten Wurten und Häuser auf der Elbinsel errichtet. Als sie die Kunst des Deichbaus erlernt hatten und die Deiche schützten, die die Insel umgaben, wurde die Zahl der Bauernhöfe ständig größer.

Auch die politische Trennung störte sie nicht; im Norden die Grafschaft Holstein, im Süden das Herzogtum Lüneburg.

Die Geschichte der Seefischer ist auch ein Teil ihrer Geschichte. Nach Abschluß der Reform und Aufbauarbeiten an den Deichen der Hamburger Seite wurde die gesamte Insel sicherer. Die Bauern konnten ihre Arbeit planvoller ausführen. Es kam eine Zeit der wirtschaftlichen Erholung.

Finkenwerder wurde bei der steigenden Einwohnerzahl eine Insel ohne Raum. Da weitete sich der Blick vieler Bauernsöhne, die erkannten, daß auch die Fischerei ihre Familie ernähren konnte. So halfen die Nachfahren eines harten Bauerngeschlechts eine Fischerflotte aufzubauen. Sie wuchsen in die Rolle eines Seefischers und pflügten mit Erfolg die Nordsee.

Um die gleiche Zeit stellte sich die Landwirtschaft vom Getreideanbau auf Obst um. Es bestätigte sich mehr und mehr, daß der Boden und das Klima für Kernobst optimal geschaffen war. Von den Obstarten wurden hauptsächlich Äpfel angebaut. Auch Pflaumen, Zwetschen, Birnen, Himbeeren und Erdbeeren brachten gute Ergebnisse.

Mit dem Anbau einer Apfelsorte hat sich der Bauer auf ca. 15 Jahre festgelegt. Er hat keine Möglichkeit, sich kurzfristig auf marktgängige Sorten einzustellen. Zum Zeitpunkt des Anbaus muß der Bauer überlegen, wie gut die Marktchance der Sorte sein wird.

Der Markt wird von vielen Faktoren beeinflußt. Es kann auch die Farbe der Äpfel sein. Rote Äpfel oder grüne Äpfel, die einen Einfluß auf die Kaufentscheidung des Kunden nehmen können. Wichtig ist vor allem, daß der Apfel knackig und gesund aussieht.

Eine sehr beliebte Sorte war und ist der «Finkenwerder Herbstprinz». Beim Anbau von Birnen muß berücksichtigt werden, daß es einige Jahre dauert, bis die Bäume gut tragen. Ein altes Sprichwort lautet: «Birnen mußt du erben, Birnen kannst du nicht pflanzen.» Ein Birnenbaum kann bis 100 Jahre alt werden. Die beliebteste Birne ist die «Bürgermeister Birne». Auf der Lüneburger Seite befinden sich einige Walnußbäume. Diese gedeihen am besten in der Nähe der Deiche.

Die Bauern planen ihren Anbau zeitlich so, daß sie in jedem Ernte-Monat eine gleichmäßige Auslastung bekommen. Bei den Äpfeln zum Beispiel könnte die Aufteilung der Apfelsorten so sein, daß vom August bis in den späten Herbst die Sorten in der Reihenfolge Jambo, Ingried Marie, Gloster, Boskop, Herbstprinz, Golden Delicius, Jona Gold gepflückt werden.

Dat oole Buernhus vun Kassen Benitt

Der Anbau von Meerrettich war eine harte Arbeit und erfordert viel Fachwissen. Der Meerrettich wurde auch auf Pachtland außerhalb Finkenwerders angebaut. Im Bereich der Haseldorfer Marsch gab es vom Boden her gute Bedingungen. Die Meerrettichbauern «Mariksbuern» mußten dann im Boot über die Elbe schippern, um ihr Pachtland zu erreichen. Die Erzeugnisse der Finkenwerder Landwirte waren qualitativ immer erste Handelsklasse.

Am 20.9.1902 wurde in Finkenwerder der erste Wochenmarkt abgehalten. Über diesen Tag wird berichtet:

«Der gestrige erste Markttag nahm einen überaus günstigen Verlauf. Die Kauflust war so rege, daß gar manche nicht bedient werden konnten. Die Waren zeichneten sich durch eine wohltuende Frische aus. Auch die Preise waren günstig.»

Ein Besucher des Wochenmarktes im Jahr 1986 wird feststellen, daß sich die Waren der Finkenwerder Bauern noch immer durch eine wohltuende Frische auszeichnen.

31 Die Elbinsel und ihre Gaststuben

Verfasser: Kurt Wagner, Finkenwerder

Wann und wo auf Finkenwerder die erste Gaststube eröffnet wurde, ist in keinem Kirchenbuch, in keiner Urkunde aufgezeichnet worden. Es ist aber wahrscheinlich, daß sich schon zum ersten Deichbauprojekt die Ureinwohner regelmäßig in einem Raum oder einer Stube getroffen haben. Die Aufzeichnung aus dem Harburger Amtslagerbuch aus dem Jahr 1667:

Sebastian König ietziger Vogt, wohnet am Teiche auf seinem von Siemon Vocken ihme angeerbten Hoff, welchen er mit Henning Linnemann als Miterben getheilet, und vor seinen Antheil davon hat. Achtehalb (16) Morgen binnen und drey morgen Butenlandes, davon sieben Morgen Binnenlandes vor seiner Thür, der halbe Morgen zwischen Hennig Linneman ins Westen, und Henrich von Riegen ins Osten, drey Morgen Butenlandes zwischen Henning Linneman ins Osten und Jacob Fincken ins Westen belegen, davon er über funftzig Ruthen Teichs halten muß.

Gibt jährlich Zehentgelt Siebendehalb (17) Thlr., ein Rauchhuhn, welches er ietzo wegen Verwaltung der Vogtey, wie auch das Dienstgelt inne behält.

Gibt von einem zugekauften Stück Landes ein Thlr. zwey und dreißig Schill. Vieheschatz.

Hat einen freyen Krug, so lang er Vogt ist.

Die Eintragung «Hat freyen Krug, solang er Vogt ist», läßt vermuten, daß dem Amt eines Vogtes immer ein freier Krug zugeordnet war, ein Raum, eine Stube, in der sich die Einwohner einfinden konnten, um über ihre Sorgen zu sprechen. Der Vogt Sebastian König hatte viele ungenannte Vorgänger. Logisch ist es, daß ein Vogt nicht nur Freunde, sondern auch Gegner hatte, die sich in einer anderen Gaststube trafen. Daraus läßt sich vermuten, daß Finkenwerder immer mindestens 2 Gaststuben hatte, seitdem sich auf der Elbinsel Einwohner versammeln oder beraten konnten.

Verbindliche Angaben über die Gasthöfe der Hamburger Seite gibt es aus dem Jahre 1829 und 1860:

1829 gab es 3 Gaststuben:

Peter Gräpel	Krugwirt und Drechsler
Hinrich Harms	Branntweinbrenner
Martin Wriede	Krugwirt

1860 gab es 7 Gaststuben:

Im Auedistrikt:

Hinrich Harms	
Paul Harms	Brenner und Gastwirt
Gerd Külper	Gastwirt
Peter Fock	Fährmann und Gastwirt
Johann Mewes	Gastwirt
Johann Steffens	Gastwirt.

Am östlichen Norderdeich:

Johann Heinrich	Gastwirt

An der Landscheide:

Paul Harms	Gastwirt.

Die gesamte Entwicklung auf der Hamburger Seite führte zu weiteren Eröffnungen von Gaststuben, Bau von Gesellschaftsräumen und Tanzsälen.

Die Gastwirte lebten nicht nur vom Ausschank ihrer Getränke in der Gaststube. Eine weitere Einnahme wurde mit dem Verkauf von Spirituosen außer Haus erzielt. Ein über 100 Jahre altes Tagebuch der Gaststätte «Schwartau's Gasthof» zeigt, daß es in einigen Familien recht trinkfeste Männer gegeben hat. Es wurde bei Schwartau Wein in allen Mengen verkauft. Die größte Einheit war ein «Anker», die kleinste Einheit eine «Flasche». Ein «Anker» war damals ein Flüssigkeitsmaß. In Hamburg entsprach 1 «Anker» à 40 Quartier = 36,227 Liter. «Schwartau's Gasthof» hatte prominente Kunden, unter ihnen auch Pastor Bodemann.

Ob Pastor Bodemann die Getränke alle selbst getrunken hat, ist nicht bekannt. Es gibt einige Leute, die bis ins hohe Alter mal «Einen» oder «Zwei» regelmäßig getrunken haben, ohne auch nur einmal krank gewesen zu sein.

Zu diesen gehörte der Wirt des «Goldenen Anker», Karl Heinrich. Er wurde am 11.12.1880 geboren. Sein bester Jugendfreund war Johann Kinau (Gorch Fock). Aus ihrer Schulzeit eine kleine plattdeutsche Geschichte von Karl Heinrich:

Upp Affwegen

Jan und Korl würn twe twölfjährige Jungs und seet'n in de School upp de ihrste Bank. Een Morgen segt de Lihrer to jüm: «Ihr beide könnt mal in den Keller gehn und für meine Frau Feuerung rauf holen.» Jan und Korl würn ok gliek bi de Hand. As de beidn nu in'n Keller sünd und Füerhult inpackt, segt Jan: «Minsch Korl, kiek mol, watt door bobn alls upp'n Burd steiht, is alln's ingemokt'n Krom, weeß wat? Door goot wü mol bi. Wenn wü door man blos rupp komm kun'n.» «Och, datt geiht, seggt Korl, du bückst di un ick stieg die upp'n Puckel, denn kann ick door anreggn.»

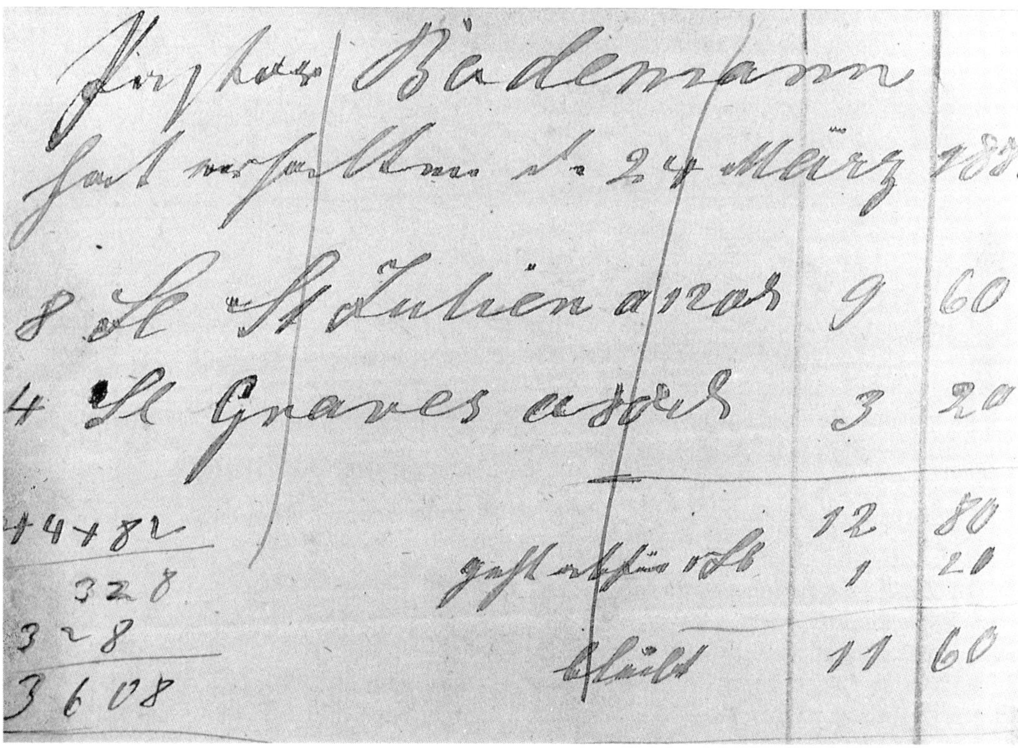

Schwaddaus Bookführung

«Wenn du dat meens, denn man los», segt Jan. Korl stigt Jan upp' Krüz. – «Stoh fast!» röppt he – langt mit beide Han'n no den'n een grooden Glashobn; door – bums, giff datt'n Knall, – de Krom wür ja woll suer wordn, – de ganze Saus flügg Korl üm de Uhrn, he plumpst von bobn dol, und Jan und he liggt beide mang dat Füerhult. Korl sien Ogn und Näs sünd dicht von ludder Kronsbeern, sien scheun wittbunt'n Buscherump sütt ut as'n frischgelohdes Segel. Jan is de ihrste, de wedder to sick kummt, he springt upp, kickt Korl an; Korl ganz verbiestert, will no Jan seuk'n, kann aber vör denn roden Kronsbeerkliester de Ogn ne uppkriegn'n. He pruß und schüttl sick as'n Hund, de int Woder seet'n hett. Watt nu? – «Jä, watt nu?» seggt Jan, «nu komm man her, wü goht no'n Grob'n und wascht uns wedder aff.» Und wenn die Lihrer denn ut Finster kickt? jault Korl. Och, wü slirkt uns dicht an de Mauer langs», segt Jan. «Mienweg'n denn fot mi man bi de Hand an, ick kann nix sehn, mi brinnt de Ogn as Füer von den'n suern Schiet.» As de beiden nu eb'n ut'n Keller rut sünd – noch ganz bedebbert – geiht bobn datt Finster upp. «Nu ist de Katt'n Hex», seggt Jan. De Schoollihrer kickt ut'n Finster. As he de beiden sütt, löpt dem de Tron'n vör Lachen langs de Backen. «Kommt mal rauf ihr beiden Sünder.» Jan seggt: «He lacht jo noch, dann ward woll ne so slimm war», und Jan und Korl – jüm bebert de Büx – nu rin in de Klaß. De Lihrer har intwüschen all'n poar annere Lihrers ranholt, um datt Spillwark mit antosehn.

Jan, Korl an de Hand, mokt de Döhr upp, de Kinner schreet all «Hurro!» as de beiden «Kompottbemolten» rinkommt, de Lihrers könnt sick vör Guch'l ne hol'n. To Strof müssen Jan und Korl denn noch döhr all de Klassen Spießruten lopen. Datt annere ist denn vör de beiden noch glimpflich affgohn, blos de wittbunte Buscherump, de hett noch dorch Korl sien Mudder ehrn Rohrstock sien «Rewangje» kreegen.

Karl Heinrich wurde 96 Jahre alt. Es war ein Universaltalent. Gastwirt, Destilliteur, Unterhalter, Sänger.

De Upkleber vun Karl Heinrich sien Rum

Die von ihm destillierten Getränke wurden auch als Medizin mißbraucht. Für jedes Leiden hatte er einen speziellen Kräuterschnaps. In seiner Gaststube war immer Stimmung. Er war auch dabei, wenn in anderen Gaststuben mal richtig was los war. Auf den Maskeraden in der «Elbhalle», seinem Nachbarn, fehlte er nie. Er ließ sich auch immer etwas einfallen. Man erinnert sich, daß er auf einer Maskerade hoch zu Roß in den Saal der Elbhalle geritten ist und dort das Lied vom «Postillon von Lonjumeau» gesungen hat.

Er war ein echter Gastwirt, der alle an einen Gastwirt gestellten Anforderungen erfüllen konnte. Zu diesem Kreis gehörten auch Martin Struhs, Jan Siebert Loop, Paul Schwartau, Walter Fock, Gretchen Lütt und Aurora Achner. Der Gastwirt hatte auch die Aufgabe, seinen Gast zu beraten.

Die Probleme der zwischenmenschlichen Beziehungen haben sich in der Geschichte Finkenwerders nie geändert. Wenn sich ein Gast von seinem Wirt betreut fühlte, kam er aus Überzeugung.

De ole Tresen bie Struhs «Harmonie»

Es war aber auch die Einrichtung der gemütlichen Gaststuben, die eine Ausstrahlung auf die Gäste hatten. Der Gasthof «Harmonie» war ein Gasthof, der alle ansprach. Ob Künstler, Fischer, Bauern oder Handwerker. An den Wänden der Gaststube hingen Gemälde. Der Gasthof «Harmonie» hatte mit den Gasthöfen «Elbhof» und «Elbhalle» viele Gemeinsamkeiten. Nach einer Regelung der Gemeindeverwaltung durfte auf einem ihrer Tanzsäle sonntags eine Tanzveranstaltung durchgeführt werden. Sie befanden sich alle drei hinterm Deich mit der Gaststube am Deich und dem Saal tiefer liegend im Grund. Zum Saal führte eine steile Treppe. Im Saal gab es einen Ausschank am Saaltresen und einen im «Suploch», einem separaten Raum in dem sich die Gäste weniger beobachtet fühlten.

Über die sonst sonntäglichen Tanzveranstaltungen wird auch heute noch gern gesprochen. Eine immer gut besuchte Gaststube hatte das Cafe «Walter Fock», Müggenburg. Hier gab es viele Stammgäste und einen Wirt, der als ehemaliger Seemann gut erzählen konnte.

Da war das Fährhaus Steffens am Stack. Mit der Einrichtung der Dampferlinie zwischen Hamburg-Landungsbrücken und Finkenwerder-Stack war dieses Gasthaus besonders von den Dampferfahrern gut besucht. Es gab zwar einen Fahrplan, aber wann wurde dieser mal eingehalten? Das Fährhaus war dann eine angenehme Wartehalle.

Im Sommer beim Bier, im Winter beim Grog versuchte man die Wartezeit zu überbrücken. Der Wirt gehörte zu den ersten fünf Fernsprechteilnehmern der Elbinsel, die im Jahr 1902 im Fernsprechbuch aufgeführt sind. Er hatte die Teilnehmer-Nr. 1 und war von der Finkenwerder Gemeinde – dem Cuxhavener Hochseewasserdienst als Adresse bei Sturmflutwarnungen angegeben.

Eiserner Anker zu Finkenwärder, enthüllt am 17. Oktober 1913

Harms's Gastuv

Im Jahr 1913 wurde in Finkenwerder die erste Veranstaltung für Kriegshilfe in der Öffentlichkeit veranstaltet. Nach Wahl des Materials, ob Eisen, Kupfer, versilbert, vergoldet, durften sich die Interessenten einen Nagel kaufen und mit dem Hammer in einen hölzernen Anker zimmern. Der Anker hängt heute noch in der St. Nikolai-Kirche.

Als der Anleger für den Fährdampfer an die Einfahrt des Köhlfleets verlegt wurde, verlor das Fährhaus an Bedeutung. Es wurde später geschlossen.

Storchennest

Von der Verlegung des Anlegers hat später ein anderer Wirt profitiert. Paul Wüpper baute so um 1930 sein Gasthaus «Zur Landungsbrücke» in direkter Nähe des Anlegers. Ein geschmackvoll eingerichteter Holzbau der im 2. Weltkrieg von Brandbomben getroffen wurde und abgebrannt ist. Nach dem Krieg hat man diese Gaststätte wieder aufgebaut.

Der Gasthof «Harmonie» und das Cafe «Walter Fock» fielen auch Bombenangriffen zum Opfer. Der Elbhof mußte dem Bau der Finkenwärder Lichtspiele weichen. Nach dem Krieg gab es von den Tanzpalästen der ersten Stunde nur noch die Elbhalle.

Als «Haus der guten Tanzmusik» hatte diese, einen über Hamburgs Grenzen hinaus, guten Ruf. Veranstaltungen mit bekannten Stars sorgten für volle Kassen, bis etwa Mitte der sechziger Jahre. Das Fährhaus Rüther wurde 1962 geschlossen. Ein weiteres Fährhaus in «Insel Treff» umgenannt. Schipper Lütt «De Füerfaste» (Schifferhaus) fand keinen Nachfolger, da beide Söhne als Kapitäne auf großer Fahrt eine gesicherte Existenz hatten.

Der Gasthof Amanda v. Eitzen war an den Sommerwochenenden das Zuhause der Kanusportler und Paddler, die mit ihren kleinen Booten im Neßkanal lagen. Die Wassersportler aus der Süderelbe besuchten den Gasthof Camper, der eine sehr schöne Gartenanlage besaß.

Beide Gasthöfe wurden geschlossen, wie auch das «Landeshaus» an der Landscheide, «Winters Gasthaus» und die Elbhalle.

Die Erwartungen, die von den Gastwirten der Elbinsel an den sogenannten Fremdenverkehr gestellt wurden, waren eindeutig zu hoch.

Das Sterben der Finkenwerder Gaststuben war auch eine Folge der Entwicklung in Richtung Urlaubsreisen, Fernsehen etc.

Von einem Kenner der Finkenwerder Gaststuben wird erzählt, daß ihm während eines Spazierganges am Deich oder durch die Aue immer dann die Kehle trocken wird, wenn er an einem ehemaligen Gasthof vorbeikommt.

Wenn die Gaststuben der Elbinsel erzählen könnten, hätte man eine lückenlose Aufzeichnung der Finkenwerder Geschichte.

Amanda v. Eitzen ehr Gasthoff

Übersicht aller Finkenwerder und Finkenwärder Gaststätten

	1860	1880	1910	1936	1950	1986	Gaststube	Saal	Garten	Gesellschaftsraum
1 Elbblick						x				x
2 Zur Landungsbrücke				x	x	x	x	x	x	x
3 Elbhof		x	x	x			x	x		x
4 August Hubert					x	x	x			
5 Altländer Hof			x	x	x	x	x			x
6 Café Walter Fock			x	x			x			x
7 Fock und Oben					x	x	x			x
8 Steendieker Hof (Köpke)			x				x			x
9 Fährhaus Steffens		x	x				x		x	
10 Fährhaus J. S. Loop			x	x	x	x	x			
11 Sächsischer Hof			x	x	x	x	x			x
12 Stadt Hamburg			x	x	x	x	x			x
13 Schifferhaus	x	x	x	x	x		x			
14 Prigge (Blutiger Knochen)			x	x			x			
15 Finkenwärder Hof			x	x	x	x	x	x	x	x
16 Café Popp			x	x			x			
17 Harmonie	x	x	x	x			x	x		x
18 Johs. Lohse (Harms)			x	x	x	x	x			x
19 Altenwerder Fähre «Storchennest»		x	x	x	x	x	x		x	x
20 Zur Linde			x	x			x		x	
21 Landscheide «Tante Anna»		x	x	x	x	x	x		x	
22 Zur Erholung		x	x	x	x	x	x	x		
23 Landeshaus			x	x	x	x	x	x	x	
24 Süderelbe «Camper»	x	x	x	x	x		x	x	x	
25 Bäckerei H. Fock		x	x	x	x	x	x		x	
26 Schwartaus Gasthof	x	x	x	x	x	x	x	x		x
27 Fährhaus Rüter		x	x	x	x		x			
28 Johs. Müller			x	x			x		x	
29 Amanda v. Eitzen			x	x	x		x			x
30 Marwitz		x	x	x	x	x	x			
31 Zur Börse		x	x				x			
32 Elbhalle		x	x	x	x		x	x		x
33 Goldener Anker			x	x	x	x	x			
34 Winters Gasthaus				x	x		x	x		x
35 Fuchsbau					x	x	x			
36 Café Bauer					x	x	x			
37 Kiek in						x	x			
38 Aurora					x		x			

32 Einiges aus den Zeitungen 1902/1903

Berichter: Kurt Wagner, Finkenwerder

01.02.1902 Für die Beleuchtung der Baustelle der Deichpflasterung sind noch einige Laternen angeschafft worden.
Für die Lampenanzünder soll für die Instandhaltung und das Anzünden der Lampen auf der Baustelle täglich 2 Mark bezahlt werden.

01.04.1902 Die Norderschule wird 4-klassig.

21.01.1902 Der Kriegerverein. Es nahmen bis dahin 19 Kameraden an Feldzügen teil. Als Feldzüge zählten der Krieg um Schleswig-Holstein 1848–1864, der Krieg gegen Frankreich 1870–1871, die Afrikanischen Kolonialkriege und die China-Expedition.

21.03.1902 In der zweiten April-Woche wird von der Museumsgesellschaft ein Abend veranstaltet. Herr Pastor Müller hat sich angeboten, einen Vortrag (Lichtbilder) über Transvaal zu halten.

21.07.1902 Untergang der «Primus».

26.01.1903 Der Mitgliederbeitrag der Finkenwerder Kranken- und Sterbekasse von 1867 beträgt pro Woche 0,4 bis 0,5 Mark.
Hierfür gewährt die Kasse bis zu 26 Wochen freie ärztliche Behandlung, freie Arzneien, Brillen und Bruchbänder. Als Krankengeld werden 13 Wochen pro Wochentag 2 Mark, weitere 13 Wochen je 1 Mark, nach 13 Wochen wird auch für die Krankenhausbehandlung die Hälfte bezahlt. Die Leistungen der Kasse wurden als gut bezeichnet. Im Jahr 1902 gab es 213 Mitglieder als Neuaufnahme.

23.02.1903 Der Bürgerverein Vorwärts stellt den Antrag, die Fahrrinne am Lösch- und Ladeplatz zu vertiefen.

18.03.1903 Der Finkenwerder Kreditverein hat Generalversammlung.

18.04.1903 Die Gemeindevertretung wird wegen der schlechten Beschaffenheit des Spritzenhauses angesprochen. Der Fremdenverkehr gewinnt für unsere Insel mehr und mehr an Bedeutung. Es kann einem nicht gleichgültig sein, wie sich unser Eiland dem Fremdenverkehr präsentiert.

30.05.1903 Ein herrliches Pfingstwetter. Unsere Wirte dürften ein vorzügliches Geschäft gemacht haben.

01.07.1903 Unser Jahrmarktfest war hervorragend besucht. Das Wetter konnte nicht besser sein. Es waren weniger Buden als im Vorjahr aufgestellt, aber die anwesenden 4 machten gute Geschäfte, besonders die Ballonverkäufer.
Auch die Lokale waren gut besetzt. In den Tanzlokalen wurde sich bis in den frühen Morgen amüsiert. Bis zum späten Morgen konnte man noch lustigen Gestalten begegnen.

02.07.1903 Der Markttrubel ist vorbei. Auf die Tage der stürmischen Lust ist der graue Alltag gefolgt. Der Verlauf unseres Nationalfestes wurde besonders durch das herrliche Wetter begünstigt. Im Köhlfleth und Elbe hatten etwa 110 Seefischereifahrzeuge festgemacht.
Unsere jungen Hochseefischer machten sich während der Festtage bemerkbar, trotzdem hat man von Ausschreitungen nichts gehört.

02.07.1903 Am Montag wurde wie seit einigen Jahren beim Gastwirt «Johannes Kröger» ein vielbesuchter Viehmarkt abgehalten.

21.07.1903 Während der Abwesenheit von Herrn Standesbeamten Lehrer Ahrens hat Herr Bargheer dieses Amt übernommen.

21.07.1903 Der hiesige Pfeifen Club Fidelia wird am Mittwoch 15.07. eine Ausfahrt mit der Harmonie nach Travemünde machen.

25.07.1903 Im vergangenen Winter hat der Gemeindevorstand eine Straßenordnung ausgearbeitet. Die wurde von den Landherrn nicht genehmigt, weil sie zu städtisch war.
Es fehlt noch immer an einer Straßenordnung, das zu mancherlei Mißständen führt, weil gewisse Leute nach den Grundsätzen verfahren, was nicht verboten ist, ist erlaubt. Die Wagen fahren häufig zu schnell und beim Umwenden wird nicht selten in ungeeigneter Weise das Trottoir von Pferd und Wagen benutzt. Das schnelle Fahren wird noch eifriger von manchen Radfahrern geübt, die unverantwortlicher Weise auf dem Deich dahinjagen, so daß schon mehrfach Kinder und Erwachsene umgefahren worden sind.
Eine Straßenordnung ist unbedingt nötig.

Juli 1903 Die Abwicklung des Abfuhrwesens ist in mehreren Gemeinde-Versammlungen Gegenstand heftiger Beschwerde.
Die am Morgen zum Dampfer gehenden Dampfergäste beschweren sich, daß noch immer viele Abfuhreimer ohne Deckel am Deich stehen. Es ist Anstand, diese Eimer nur mit einem Deckel verschlossen an den Deich zu stellen. Auch der Abfuhrwagen muß verschlossen sein, damit nicht sein Inhalt auf dem Deich entleert wird.

28.10.1903 Der bekannte Marinemaler Salzmann, ständiger Begleiter des Kaisers auf dessen Seereisen, weilt gegenwärtig zu Studienzwecken auf unserer Insel.
Prof. Salzmann hat im Hotel Stadt Hamburg Quartier eingenommen und gedenkt dem Vernehmen nach etwa 8 Tage auf unserer Insel zu verweilen.

24.11.1903 Der Arbeiterverein Finkenwerder von 1900 verhandelt über Witwengelder.

November 1903
Im Zuge der Arbeit an der Straßenordnung der Gemeinde des Hamburger Teils, wurde auch der Bereich Straßennamen überarbeitet. Es gab einige Veränderungen.
Die Zusammenfassung:

Landscheideweg
zwischen Westerdeich und Auedeich

Westlicher Norderelbdeich
zwischen Westerdeich
und östlicher Norderelbdeich

Westerdeich
zwischen Landscheideweg
und Westlicher Norderelbdeich

Kirchenweg
zwischen Landscheideweg
und Norderelbdeich

Norderschulweg
zwischen Norderelbdeich
und dem Hof von Carsten Fock

Steendiek
zwischen Norderschulweg und Kehrwieder

Östlicher Norderelbdeich
zwischen Kirchenweg
und Norderschulweg

Kehrwieder
zwischen Steendiek
und Parzelle 358 d

Müggenburg
zwischen Kehrwieder und Sandhöhe

Sandhöhe
zwischen Müggenburg und Auedeich

Garnsstück
hinter der Sandhöhe

Auedeich
zwischen Sandhöhe
und der südlichen Landesgrenze

v. Coellns-Weg
zwischen Auedeich und der Aue

Däupspruch för den Fischkutter „Nordsee".

Gliek geiht't to Woter – mit Hurroh –
dien Lüd sünd al an Bord.
Wi stoht un winkt, un kiekt di no
un wünscht di: Feine Foahrt!

Sünn in de Seils, un Schum vör'n Boog!
un: Jümmer gooden Moot!
Denn ward uns' Heben wedder hooch,
un denn – – versackt de Noot.

Denn ward uns' Land ook wedder free,
un allns ward kloor un frisch. – –
– Man loos, uns' Kutter! Seil no See!
un hol vel feine Fisch!

Uns' Herrgott wokt, un steiht di bi,
wenn't ook mol hult un weiht.
– – – – – – – – – – – – – – – –
Wi kniept de Dumens un dinkt an di.
– – – – – – – – – – – – – – – – –
„NORDSEE", – vel Glück un Freid!

Rud. Kinau. 8. 8. 1946.

Die Kapitäne Walter Bröker und Hugo Rieper ließen im Jahre 1946 bei der Kremer-Werft in Elmshorn einen Hochsee-Fischkutter bauen. Er lief am 8. 8. 1946 vom Stapel und erhielt den Namen «Nordsee» und die Zulassung SS 90. Das SS bedeutet Schleswig und den Heimathafen Schulau. Aus Freundschaft mit den beiden Kapitänen schrieb der Finkenwärder Dichter Rudolf Kinau das nebenstehende Taufgedicht. E. K.

33 Die Geschichte der Finkenwerder Schulen von 1660 bis 1952

Von Adolf Albershardt † und Heinrich Müller †, Finkenwerder

Das Mittelalter kannte nur Standesschulen, Gelehrten-, Kloster- und Fürstenschulen. Der Gedanke, eine Volksschule zu gründen, entstand erst in der Reformation. Diese neue Schule wurde von der Kirche ins Leben gerufen, lehnte sich an sie an und wurde von ihr betreut. So entstand auch die älteste Finkenwerder Schule als Kirchenschule im Südteil der Insel.

Als erster Finkenwerder Schulmeister wird Hans Carstens (gest. 1642) genannt. 1650 war Gotthard Meyer Schulmeister. Er wird im Finkenwerder Kirchenbuch lobend erwähnt. Nach Meyers Tod wurden Küster- und Schuldienst miteinander verbunden. Vordem war der Küster lediglich Kirchendiener gewesen, und er hatte mit der Unterrichtung der Jugend nichts zu tun. Von nun an aber wurde der Schulunterricht zur wesentlichsten Arbeit des Küsters. 1608 ließ man für den Küster – unweit der Kirche auf einer Wurt, auf dem alten Osterdeich, beim «Karkenbutendiek» – ein eigenes Haus erbauen. Darin mußte auch der Schulunterricht abgehalten werden. 1757 wurde es neu mit einer selbständigen Schulstube errichtet. An dieser Stelle steht noch heute die ehemalige Lüneburger Schule.

Zur Zeit Gotthard Meyers machte sich der hamburgische Teil Finkenwerders von der Lüneburger Kirchenschule unabhängig. 21 Bauern verpflichteten sich, die Mittel für die Errichtung einer Schule aufzubringen. Sie wollten 1659 auf der Hamburger Seite, in der Nähe der Kirche, ein eigenes Schulhaus errichten und einen eigenen Lehrer anstellen. Die Lüneburger Regierung bestritt jedoch den Hamburgern das Recht zur Gründung einer eigenen Schule, da sich die Hamburger Seite in einem Vergleich des Jahres 1617 bereiterklärt hatte, zur Unterhaltung der Küsterschule mit beizutragen. Da keine Einigung erzielt werden konnte, entstand eine zwölfjährige «Wirrung». Während dieser Zeit trennte sich die Hamburger Seite von der Lüneburger Kirchengemeinde und hielt sich kirchlich zu Nienstedten. Erst 1672 kam es zu einem Vergleich, worin die Hamburger eine Mitunterhaltung der Küsterei erneut zugestanden.

1660 wurde die Schule mit einem eigenen Lehrer auf dem hamburgischen Teil der Insel eröffnet. Sie lebt in der heutigen Westerschule am Landscheideweg weiter. In der Stiftungsurkunde heißt es: «Im Namen der heyligen Dreyfaltigkeit, Urkunden und bekennen wir hernach benandte Unterthanen im Finkenwärder Hamburgischen Theils, hiermit Jedermänniglich, diesen offenen Brieffs Ansichtigern und Lesern, daß, demnach von einem Wol Edlen und Hochweisen Rat der Löblichen Stadt Hamburg, als unserer lieben Hochgebietenden Obrigkeit, uff unsere unterthänige Bitte und allhier in Finkenwärder, Hamburgischen Theils und Gebiets, zu unserer Kinder Erziehung eine Schule zu erbauen, und dero Behuef Schulmeisters zu unterhalten, großgünstig concedieret und frey gegeben worden, wir darauf uns sambt und sonders, wegen der Unkosten und Bau-Mittel, umb dieselbe außzurichten und beizubringen, nach Vermögen angegriffen, auch solche Schule, vermittelst göttlicher gnädiger Hülffe und Beystandes würklich erbauet haben.» Die Stifter verpflichten sich weiter, ihrem Lehrer zu seinem Lebensunterhalt jährlich 6 Himpen Weizen und 8 Himpen Roggen zukommen zu lassen. «Überdies soll den Schulmeistern noch ein gewisses, billig mäßiges Schulgeld verordnet werden, so ein Jeder, so sein Kinder in der Schule erziehen lässet, alle viertheil Jahr benamtlich auf Weihnachten, Ostern, Johannis und Michaelis unweigerlich bezahlen.» Die Gründung der Westernschule aus freier Entschließung war zu jener Zeit eine einzigartige Tat für das Hamburger Landgebiet.

Für die neue Schule fanden sich wegen der kärglichen Bemessung der Einkünfte keine befähigten Bewerber, und die Berufenen erwiesen sich im Amt unterrichtlich und erzieherisch als unfähig. Sie waren nicht ortseingesessen, gehörten dem Handwerksstand, zumeist dem «sitzenden» Gewerbe an, und die Stellung in der Bevölkerung war gedrückt und unfrei. Manche dieser Schulmeister starben früh dahin oder verkamen als Trinker, ihre Familie im Elend zurück lassend.

Wegen dieses unerfreulichen Zustandes übernahm darauf der Landherr die Anstellung der Lehrer, und zwar ohne Zutun der Gemeinde. Die Verhältnisse besserten sich trotzdem nicht, und es herrschten teilweise geradezu tolle Zustände. So wird von einem Lehrer Hinrich Bösekuhr berichtet, daß er abgesetzt werden mußte, «weil er zur Unruhe viele Gelegenheit gab und hauptsächlich die Hamburger Gemeinde aufgewiegelt hatte.»

Die Haupttätigkeit im Unterricht des Lehrers lag vor allem auf religiösem Gebiet. Durch Leseübungen wollte man die Kinder an die Bibel heranführen. Rechnen und Schreiben wurden als Nebenfächer angesehen. Beim Tode des Pastors Overbeck (gest. 1729) war trotzdem die Bibel noch in keines Menschen Händen. Hamburgische Fischer drohten dem Schulmeister mit Schlägen, wenn er von ihren Kindern die Erlernung der Bibelsprüche verlangte. Dem Schreiben wurde im Vergleich zum Rechnen der Vorzug gegeben. 1650 konnten die Kirchenjuristen noch nicht einmal schreiben. Im ersten Vierteljahrhundert zwischen 1800 und 1900 wußte der größte Teil der Bewohner des hamburgischen Finkenwerders weder mit Tinte noch Feder umzugehen. Noch 1850 begegnete man vereinzelt Schreibunkundigen.

Der «Deichbauer Finkenwerders», Bürgermeister Amsinck, dem die Insel, als er noch Senator und Landherr war, soviel wegen der äußeren Sicherung ihres wirtschaftlichen Lebens verdankte, machte sich später besonders um die Finkenwerder Schulverhältnisse verdient. Er stellte bei seinen Besuchen folgendes fest: «Der alte, beruflich unfähige Lehrer kann die etwa 125 Knaben und Mädchen, Kinder verschiedener Altersstufen, Anlagen und Fähigkeiten, die in einer Klasse auf beschränktem Raum zusammengehalten werden, nicht in Zucht halten. Die Gesellschaft geht aus Rand und Band, wenn der Lehrer gelegentlich die Schulstube verläßt, um seiner Frau Kartoffeln schälen zu helfen. Von einem geregelten Unterricht kann unter solchen Verhältnissen nicht die Rede sein.» Amsinck war vor allem darauf bedacht, einen zweiten «Adjunkten» anzustellen, doch die Kämmerei versagte sich ihm, weil man den Einwohnern, «welche unter außerordentlichen Deichlasten schmachten, die Ausgabe nicht zumuten könne». 1826 hatte die Westerschule 214 Kinder (112 Knaben und 102 Mädchen). Die von Amsinck unermüdlich geplante und befürwortete zweite Schule wurde endlich 1827 «auf der Aue» errichtet, zu Michaelis dieses Jahres in Benutzung genommen und mit einem eigenen Lehrer besetzt. Er hieß Franz Grabbe. Am 9. Januar 1847 ertrank er mit seiner Frau Kath. Sophie, geb. Kröger, aus Blankenese, als sie über das Eis der Elbe von Altona nach Finkenwerder zurückkehren wollten. Grabbes Nachfolger waren Lehrer Heuer (1847- -51), Cornehlsen (1851-53) und Carl Meier, der 35 Jahre an der Aueschule wirkte.

Eine landherrliche Verordnung vom 20. September 1828 regelte die Schulverhältnisse in Finkenwerder und bestimmte: «Alle Kinder vom 5.–10. Jahre östlich vom alten Bracke müssen die neue Schule besuchen. Vom 10.–14. Jahre müssen sie in die alte Schule.»

Das Haus Auedeich 84c war die Wohnung des Lehrers der neugegründeten Aueschule, im Hause Auedeich 84d richtete man die Schulstube ein. 59 Kinder wurden darin unterrichtet. 1839 hatte die Westerschule

160 Kinder, die Aueschule dagegen 54. So beschloß man, das Gebäude der Westerschule um eine Schulstube zu erweitern und auch einen zweiten, einen «Unterlehrer», anzustellen. Der Kosten wegen kam der Plan nicht zur Durchführung. 1832 wurde ein Anbau der Aueschule vorgenommen, wie aus einer Urkunde zu ersehen ist. Am 24. Oktober 1840 bestimmte eine landherrliche Verordnung, daß alle Kinder von 5–12 Jahren in der Aueschule bleiben und nur zwei Jahre bis zur Konfirmation Aufnahme in der Westerschule finden sollten. Für die Aueschule wurden gleichzeitig zwei Schulvorsteher gewählt. 1845 trat wieder eine Aenderung ein: das Schulmandat bestimmte, daß künftig die Kinder während der ganzen Schulzeit in der Aueschule bleiben sollten und seitdem gab es zwei selbständige Schulen in Finkenwerder. 1851 und 1853 drängte der derzeitige Landherr auf die Anstellung eines Hilfslehrers für beide Schulen.

Inzwischen war vom Höfner Carsten Fock, in unmittelbarer Nähe der bisherigen Schule, ein Platz erworben worden. Darauf wurde ein neues Schulhaus errichtet. Es war ein «Ständerwarkhus», also mit Fachwerk versehn, und enthielt zwei Klassenräume, sowie eine Wohnung für den Lehrer und den «Unterlehrer». Im Oktober 1849 konnte das neue Schulgebäude eingeweiht werden. Das alte Schulhaus wurde verkauft, und es entstanden Wohnhäuser daraus. Die beiden Häuser haben sich allerdings seit jener Zeit stark verändert.

Die Kinderzahl wuchs weiterhin in Finkenwerder; so kam es, daß in der Westerschule und auch auf der Aue je 170 Kinder unterrichtet werden mußten. Trotzdem stand immer noch kein zweiter Lehrer zur Verfügung.

1850 wurde ein Schulvorstand für beide Schulen eingesetzt, nachdem bisher jede Schule ihre eigene Verwaltung gehabt hatte. Die Schulversäumnisse gingen zurück. Weiter stieg die Schülerzahl: 402 Kinder besuchten beide Schulen. Von ihnen nahmen 130 Knaben und 82 Mädchen am Schreiben, 135 Knaben und 101 Mädchen am Rechnen teil. Trotzdem fand ein von Pastor Müller erneut vorgetragener Vorschlag auf Einsetzung eines zweiten Lehrers keine Beachtung. Erst 1863 wurde die Forderung erfüllt.

Am 5. September 1863 wurde von den Landherren Alardus und Hübner eine Verordnung «betreffend die Verwaltung der Schulangelegenheiten und der Erhebung einer Schulabgabe in Finkenwerder, Hamburgischen Antheils» erlassen. Die Verordnung regelte die Frage der Schulvorsteher und die Schulabgabe (Gehalt des Lehrers, die Zulage an ihn für die Haltung eines «Gehülfslehrers» und die Kosten der Unterhaltung des Schulgebäudes). Ausführlich wurde weiter darin das Schulgeld und die Festsetzung der Lehrereinkünfte behandelt. Es heißt darüber: «Das Schulgeld wird für Kinder bis zum vollendeten 10. Jahre auf 4 Courantmark, für Kinder nach vollendetem 10. Jahre auf 6 Courantmark festgesetzt und wird von den Schulvorstehern nach der von den Lehrern einzureichenden Schulliste vierteljährlich einkassiert. Für das dritte und fernere Kind ist nur das halbe Schulgeld zu zahlen, und zwar für das jüngste.

Für jedes die Schule besuchende Kind ist jährlich 6 Schilling Holzgeld zu zahlen.

Jeder Lehrer bekommt ein Gehalt von 900 Courant-Mark jährlich. An jeder der beiden Schulen wird ein Gehülfslehrer angestellt, welchen außer freier Station ein Gehalt von 200 Courant-Mark, ohne freie Station ein Gehalt von 500 Courant-Mark zu zahlen ist. Der erste Lehrer ist verpflichtet, gegen Vergütung von 300 Courant-Mark Logis und Beköstigung zu gewähren. Der vom Lehrer anzunehmende Gehülfslehrer ist dem Prediger zur Prüfung vorzustellen und dem Landherrn hiervon behufs seinerseitiger Genehmigung Anzeige zu machen.»

Mit diesen Bestimmungen sind die Finkenwerder Schulverhältnisse nunmehr geordnet und die Schulen der Gemeindeverwaltung unterstellt. Jede der beiden Schulen hatte seit 1863 2 Klassen und neben dem «Schullehrer» einen Gehülfslehrer. Seit 1873 gab es an der Aueschule 3 Klassen und 2 «Gehülfslehrer», und 1874 hatte die Westerschule gleiche Verhältnisse aufzuweisen.

1867 mußte die Aueschule durch einen dritten Klassenraum erweitert werden. Der Anbau ging hart bis an den Apfelbaum, der noch heute am Schulhofeingang steht. Das Fundament wurde im verflossenen Jahr bei Ausgrabungen wieder entdeckt.

Das Gesetz für die städtischen Schulen vom Jahre 1870 hatte keinen Einfluß auf das Finkenwerder Schulwesen, ja das Finkenwerder Ortsstatut vom 31. Oktober 1874 bestimmte ausdrücklich, daß die Schulordnung des Jahres 1863 weiterhin in Kraft bleiben sollte. Ein eventueller Fehlbetrag müsse aus der Gemeindekasse bezahlt werden. Die Schulordnung erhielt aber einen wichtigen Zusatz: «Die Gemeinde bildet eine Schulkommission.» Zu ihr sollten gehören: der Gemeindevorsitzende, 2 Mitglieder der Gemeindeversammlung, sowie sechs von den beiden Schuldistrikten auf 3 Jahre zu wählende Schuldeputierte (3 von der Aueschule, 3 von der Westerschule). Der Voranschlag der Einnahmen und Ausgaben für jede Schule mußten der Gemeindeversammlung zur Bewilligung vorgelegt und der Geldbedarf für beide Schulen sollte grundsätzlich aus Gemeindemitteln bestritten werden.

Die Schülerzahl wuchs weiterhin ständig an. Die Schuldeputation beantragte daher am 25. März 1871 den Neubau eines Schulhauses. Der Landherr aber machte auf die Schwierigkeiten einer Durchführung aufmerksam. Erst elf Jahre später wurde das neue Schulhaus, das heute noch benutzt wird, im Stil der «Gründerjahre» errichtet. Es hatte 5 Klassen, 2 Wohnungen für verheiratete und zwei für unverheiratete Lehrkräfte, da die Wohnraumnot in Finkenwerder von jeher groß war. Zum Schulhaus gehörte auch ein 600 qm großer Spielplatz. Die Kosten des Baues betrugen 50000 Mark, die der Gemeinde durch die Staatskasse ersetzt wurden. Das alte Haus wurde beim Abbruch an den Werftbesitzer Albers am Süderdeich verkauft. Fenster, Türen und Balken fanden dort beim Hausbau Verwendung und sind heute noch vorhanden. Das Oberlicht zur Schultür wurde noch 1936 bei der 700-Jahrfeier Finkenwerders auf einer Ausstellung gezeigt.

Von den 5 Schulzimmern im neuen Schulgebäude wurden zunächst vier in Benutzung genommen. 1882 waren 250 Kinder in 3 Klassen, 1883 in 4 Klassen 274 Kinder und 1884 gab es 284 Kinder in 4 Klassen. Danach wurde die Aueschule 5klassig und Carl Johns nahm die Stelle eines «Schullehrers» ein, um später das Amt eines Hauptlehrers bis zum Jahre 1919 mit großer Treue zu führen. Bis 1889 stieg die Schülerzahl auf 351, und zwei Jahre weiter mußte eine 6. Klasse eingerichtet werden. Für schwächere Kinder wurde – das mutet heute recht neuzeitlich an – eine besondere Abschlußklasse geschaffen, um die beiden ersten Klassen – sie waren damals nicht Anfangs-, sondern Abschlußklassen – zu entlasten. Während dieser Jahre mußten sich die 6 Klassen mit 5 Räumen begnügen. Um die Raumnot zu steuern – die vor Jahrzehnten in Finkenwerder schon ein bekannter Begriff war –, wurde am 20. November 1891 beschlossen, durch einen Anbau zwei Klassen und die entsprechenden Lehrerwohnungen zu schaffen. Das Vorhaben scheiterte an der hohen Forderung des Höfners Rüsch für den von ihm abzutretenden Grund und Boden und an dem Widerstand der Schulvorsteher aus dem Westerschuldistrikt. Statt dessen wurde in der Mitte der Insel beim Uhlenhof eine dritte Schule, die Norderschule, errichtet. Sie konnte am 4. Mai 1893 eingeweiht werden und enthielt 2 Klassen und eine Lehrerwohnung. Von den zwei Klassen wurde zunächst nur eine Klasse in Benutzung genommen. Doch bald mußte auch hier die 2. Klasse eingerichtet werden. Wegen der steigenden Kinderzahl war man gegen Ende der 90er Jahre sogar gezwungen, vier weitere Klassenräume durch einen Erweiterungsbau für die Norderschule zu schaffen. Seit dieser Zeit hatte Finkenwerder drei gleichmäßige Schulsysteme. Bereits 1893 ging man daran, die Schulbezirke zu verkleinern. So sank die Schülerzahl der Aueschule in diesem Jahre auf 288. Doch schon 1901 war man gezwungen, den Schulbezirk der Aueschule bis zum Kanalstack zu verkürzen.

Am 1. Oktober 1905 wurde beschlossen, nun doch am Nordende der Aueschule einen Anbau durchzuführen, um 2 Klassen darin unterzubringen. Dieser Anbau, der am 1. August 1907 eingeweiht wurde, erforderte 24000 Mark. Von Rüsch Erben mußten 873,13 qm zu je 5 Mark für den Grund erworben werden. Die Nebenkosten für den Anbau betrugen: Aufhöhung des Spielplatzes 2700,08 M, Sielleitung 172,90 M, Schlacken und Kies 768,25 M, Anpflanzungen 302 M und Kaufpreis für den Grund und Boden 4365,65 M. Am 1. April 1909 wurden alle Finkenwerder Schulen 7klassig und Norder- und Westerschule erhielten durch Anbauten zwei weitere Klassenräume. Die Angleichung der Finkenwerder Schulverhältnisse an die der Stadt Hamburg vollzog sich dadurch fast von selbst. Sie hatte ihre Vorbereitung schon durch das Landschulgesetz vom 12. Dezember 1879 und durch die zeitgemäße Reform dieses Gesetzes im Jahre 1898 gefunden. Ostern 1908 wurde der fremdsprachliche Unterricht – der bereits einige Jahre fakultativ eingeführt worden war – zum Pflichtfach an den Finkenwerder Schulen. Als die Norderschule im Jahre 1913 eine Selekta erhielt, die für alle drei Schulen gemeinsam zur Verfügung stand, waren damit die Finkenwerder Schulen 8stufig geworden.

Die schweren Jahre des Ersten Weltkrieges gingen nicht spurlos an den Schulen der Elbinsel vorüber, waren doch viele Lehrer zum Heeresdienst eingezogen. An der Aueschule kehrte Lehrer Max Weinert nicht aus dem Felde zurück.

Nach Kriegsschluß, im September 1919, wurde Finkenwerder in die Stadt Hamburg als Vorort eingemeindet. Die Finkenwerder Schulen hörten von diesem Zeitpunkt auf, Gemeindeschulen zu sein. Sie wurden zu Staatsschulen und ihre Verwaltung ging auf die Hamburger Schulbehörde über. Die Schulen erhielten Selbstverwaltung, wählten ihren Schulleiter – das Amt in der Aueschule übernahm Heinrich Müller – und ihre Elternräte. Vor allem wurde die ungeteilte Schulzeit eingeführt, nachdem Finkenwerder bislang den Unterricht auf die Zeit von 8–11 Uhr und 1–4 verteilt hatte. Die Einführung der neuen Schulzeit stieß zunächst auf Widerstand, und es kam sogar zu einem Schulstreik. Heute würde sich der Widerstand gegen eine geteilte Schulzeit richten. So wandeln sich die Ansichten!

1919 mußte die Aueschule die allgemeine Gewerbeschule für das weibliche Geschlecht bei sich aufnehmen. Der in diesem Jahre eingeführte Unterricht in der Nadelarbeit wurde zunächst von den Handarbeitslehrerinnen der Volksschule gegeben, zwei Lehrer der Volksschule erteilten Unterricht in Deutsch, Kultur- und Bürgerkunde. 1921 wurde eine eigene Gewerbelehrerin angestellt, Nähmaschinen und viele andere Lehrmittel wurden für die Gewerbeschule geliefert. 1923 erhielt sie ihre Selbständigkeit, und seit dieser Zeit führt sie den Unterricht nur mit eigenen Lehrkräften durch.

1926 wurde eine Klasse der Aueschule zu einer Schulküche umgebaut. Damit konnte auch in den Finkenwerder Schulen Haushaltungsunterricht erteilt werden. Ein Jahr später zum 100jährigen Bestehen erhielt die Aueschule auch eine Nähklasse, nachdem vorher ein Klassenraum bereits für den Werkunterricht ausgestaltet worden war. Die Umgestaltung von drei Klassenräumen für besondere Unterrichtszwecke war dadurch möglich geworden, daß sich seit 1921 der Geburtenrückgang immer stärker bemerkbar machte. Dadurch aber, daß die Gewerbeschule ihren Einzug in der Aueschule gehalten hatte, war die Aueschule unaufhaltsam zum Absterben verurteilt. So kam es, daß sie 1932 mit der Norderschule vereinigt und unter eine gemeinsame Leitung gestellt wurde. Erst am 15. September 1946 erhielt die Aueschule ihre alte Selbständigkeit wieder.

Als 1937 Preußisch Finkenwerder zu Hamburg kam und durch das Groß-Hamburg-Gesetz wieder mit Hamburg-Finkenwerder, von dem es seit 1265 politisch getrennt war, vereinigt wurde, ging die Schule der Südseite – die

Rechts auf dem Bild die «Norderschule» nach dem Wiederaufbau 1949

«Lünbörger School» – in der Westerschule auf.

Mit der Besiedlung der Fläche B zwischen dem Steendiek und der Landscheide, sowie einem Geländestreifen zwischen Neßdeich und Landscheide ergab sich ein Zustrom neuer Schüler in die drei Schulen. Die Klassenräume reichten nicht aus, und so wurden 1938 neben der Aueschule drei Schulbaracken mit je 2 Klassenräumen eingerichtet. Zwei Baracken wurden durch Kriegseinwirkung zerstört. In einer Baracke aber wird noch heute Unterricht erteilt.

Auch im Zweiten Weltkrieg hatte das Finkenwerder Schulwesen stark zu leiden. Im April 1944 wurden die drei Schulen geschlossen. Erst im September 1945 öffneten sich die Schultüren der Aueschule wieder. In ihren sieben noch zur Verfügung stehenden Räumen mußte die gesamte Finkenwerder Schuljugend in vielen Schichten unterrichtet werden, denn am 9. April 1945 hatten Brandbomben die Norderschule zerstört und die Westerschule wurde von der Besatzungsmacht für die Unterbringung von Truppen beschlagnahmt. Die Norderschule wurde wieder aufgebaut und konnte am 14. September 1949 eingeweiht werden. Nach Freigabe der Westerschule hatten alle drei Schulen ihre Selbständigkeit wieder erhalten. Die Schulraumnot aber blieb, und so entstanden Pläne für einen Neubau an der Ostfrieslandstraße, der – immer wieder durch den Finkenwerder Ortsausschuß vorangetrieben – 1951 begonnen wurde. Trotz vieler Schwierigkeiten konnte der Schlüssel für die neue Aueschule, die eine halbe Million an Kosten erforderte, am 23. April 1952 durch Landesschulrat Matthewes feierlich übergeben werden. Ihre vorbildlich eingerichteten 8 Räume haben 13 Klassen aufgenommen, von denen sich fünf noch mit einem Schichtunterricht abfinden müssen. Die 694 Jungen und Mädel der Aueschule aber haben die Hoffnung, daß sie in den kommenden Jahren, nach Beendigung des zweiten Bauabschnitts, der 1½ Mill. DM erfordern wird, unter einem Dach ihrer Schule vereint sein werden.

34 Die Seemannschule zu Finkenwerder

Verfasser: Kurt Frank, Hamburg 76

Die Deutsche Seemannsschule in Hamburg wurde 1862 gegründet; sie begann ihren Ausbildungsbetrieb am 01. Dezember 1862 in einem Gebäude auf Steinwerder in Hamburg. Am 06. Oktober 1863 wurde ein aus Holz auf dem Lande erbautes Schiff für die Ausbildung in Betrieb genommen.

Die Ausbildung der Seemannsschüler erfolgte in einjährigen bzw. zweijährigen Kursen.

Die Führung der Deutschen Seemannsschule als selbständige, rechtsfähige Stiftung nach bürgerlichem Recht wurde durch die Verleihung der Korporationsrechte durch Drekret des Senats vom 11. 11. 1887 ermöglicht.

Ab 1889 hatte die Seemannsschule ein neues Gebäude auf Waltershof mit einem Übungsschiff aus Metall.

Am 05. März 1913 bezog die Seemannsschule ein neues Gebäude auf Finkenwerder am Eingang des Köhlfleets. Die Dauer der Ausbildung wurde auf sechs Monate reduziert und fand als Ergänzung der praktischen Vorausbildung statt.

Von November 1919 bis Oktober 1924 wurde die Seemannsschule vorübergehend in das Lotsengebäude auf Waltershof verlegt; das Schulgebäude diente der neu errichteten Deutschen Werft als Verwaltungsgebäude.

Von April 1920 bis April 1922 ruhte der Ausbildungsbetrieb in der Deutschen Seemannsschule ganz.

Nach der Wiederaufnahme des Unterrichts wurde die Dauer der Ausbildung auf drei Monate festgelegt.

Eine wesentliche Veränderung des Ausbildungsbetriebs erfolgte ab 1932, und zwar wurde nun die Ausbildung zusammen mit dem «Deutsche Schulschiff-Verein» durchgeführt. Das Schulschiff «Großherzogin Elisabeth» wurde unweit der Schule an die Pfähle gelegt und später käuflich erworben.

Die vom Deutschen Schulschiff-Verein angenommenen Seemannsschüler wurden für das erste halbe Jahr der Seemannsschule zur Vorausbildung übergeben.

In der NS-Zeit erhielten künftige Matrosen in anderen Einrichtungen der «Reichsverkehrsgruppe Seeschiffahrt» ihre Ausbildung. Die Deutsche Seemannsschule in Hamburg und der Deutsche Schulschiff-Verein nahmen nur solche Schüler auf, die nautische Schiffsoffiziere werden wollten.

Während des Zweiten Weltkrieges erhielt die Seemannsschule noch andere Aufgaben, z. B. die Ausbildung der gesamten Besatzung des Frachtsegelschulschiffes «Kommodore Johnsen» über mehrere Monate. Die schweren Luftangriffe im Jahre 1943 zwangen zeitweise zur Unterbrechung der Ausbildung. Im März 1943 wurde der Vertrag mit dem Schulschiff-Verein gelöst.

Im Januar 1944 wurden noch Matrosen-Lehrgänge angeordnet, doch am 06. September 1944 mußte der Betrieb in Finkenwerder eingestellt werden.

Es wurde auf das Schulschiff «Großherzogin Elisabeth» verlegt, das Schulschiff selbst im Holzhafen von Wismar festgemacht. Das Schiff verholte später nach Fehmarn Reede, wurde von brit. Tieffliegern angegriffen und am 08. Mai 1945 vom Royal Marines Commando beschlagnahmt.

Nach dem Krieg wurde die Ausbildung der Seemannsschüler ab 1953 im Haus Grüneck am Falkensteiner Ufer in Blankenese wieder aufgenommen. Dieses Haus erhielt bei der Einweihung am 01. November 1953 den Na-

«Großherzogin Elisabeth» an de Seemannschool

men «Seemannsschule Hamburg». Während früher als Ziel der «Kapitän auf Großer Fahrt» vorschwebte, wurden nunmehr auch solche aufgenommen, die sich mit den Mannschaftsgraden des Deckdienstes begnügen wollten. Nach einer Verordnung vom 28. Mai 1956 sollte ab 01. April 1958 nur derjenige als Decksjunge anmustern dürfen, der eine «Seemannsschule» besucht hatte.

Wegen der großen Anzahl an Bewerbern wurde die Gründung weiterer Seemannsschulen nötig:
01.09.1957 Bremervörde (im Sommer 1972 aufgelöst),
01.11.1957 Finkenwerder (Wohnheim des Überseeheims Finksweg).

In beiden in Hamburg gelegene Seemannsschulen erteilten Lehrer der Staatlichen Gewerbeschule Werft und Hafen den Berufsschulunterricht.

Als 1973 die Seemannsschule am Falkenstein aufgelöst wurde, übernahm die Staatliche Gewerbeschule Werft und Hafen die Ausbildungsoffiziere einschließlich Schulleiter.

Ab 1973 erhielten die Seemannsschüler während der Schulzeitblöcke ausschließlich an der Staatlichen Gewerbeschule Werft und Hafen ihre Ausbildung; auch der Bootsdienst gehörte dazu.

Die Seemannsschule auf Finkenwerder diente den auswärtigen Seemannsschülern nur noch als Internat. Dort wurden auch Grundlehrgänge «Metall» und u. a. für Seeleute ohne geregelte Berufsausbildung durchgeführt.

Die endgültige Auflösung der Deutschen Seemannsschule Hamburg erfolgte zum 31. Dezember 1984.

Die Ausbildung zum Matrosen / Schiffsmechaniker liegt weiterhin in der Verantwortung der Staatlichen Gewerbeschule Werft und Hafen; der Bootsdienst wird in einer schuleigenen Anlage am Fischereihafen Altona mit schuleigenen Booten (auch ein Motorboot gehört dazu) durchgeführt.

Die auswärtigen Seemannsschüler sind im Seemannsheim Altona – in unmittelbarer Nähe der Bootsanlage und nur zwei Kilometer von der Schule entfernt – untergebracht.

35 Eine Hand voll Gedichte

entdeckt von Erich Könnecke, Hamburg

Een Gedicht von Gorch Fock, dat ne veröffentlich worden is.

Schreeben hett he dat in de Tied, as he bi de «HAPAG» in't Kontur seet.
Ich danke seiner Schwester Katrin Kinau für die Überlassung dieser Kostbarkeit.
In alter Freundschaft Dein Erich Könnecke

Ick sitt un schriev, un till un reeken,
de ganzen Doog, de ganzen Weeken,
de ganzen Mont, de ganzen Joahrn,
as harr ick buten nix verlorn.
Lot ober mol de Wulken trecken,
so deep, as wulln's up't Dack sik leggen;
lot den Stormwind brusen,
un lot den Regen floogwies susen,
un lot jüm scheeten för de Floot,
denn reugt sick wat in Hart un Bloot.
Denn ward dat in de Uhrn een Tuten,
un mien Gedanken jumpt no buten,
un loopt un fleegt, as haarn se Feeber,
no Westen hin un seukt een'n Ewer.
Eeen Fischerewer, de doar dukt
un deep un dull in't Wooter stukt.
För Stormseils klüst un reeben in,
doar loop ick gau no't Rur hin.
Un frog den Schipper ne ierst lang,
ick fot mit an un bün ne bang.
Un achter an den lütten Mast,
doar bin'n ick mi mit'n Strohtau fast,
dat mi de grooten Seen ne kriegt,
de bannig obern Settbord stiegt.
De Oogen goht von Luv no Lee,
vergeeten is de Schrieberee:
ick bün up See, up See, up See!

Ick sitt un schriev, un till un reeken,
de ganzen Doog, de ganzen Weeken,
de ganzen Mont, de ganzen Joahrn,
as harr ick buten nix verlorn.
Lot ober mol'n Sünnschien wesen,
denn ward dat ok nix mit dat Lesen,
de Sünn, de lacht mit rein wat ut,
un snackt un deit: «Nu komm doch rut.
Komm mit no buten, doar is't scheun,
de Heben blau, de Bäum so greun.
Geelgöschen singt so fin und seut, und fein,
se seggt, doar kunn'n een Fedder sei'n.
Nu danzt de Görn doar Ringelkranz
un junge Dierns, de wogt een'n Danz.
Un achter Flaggen, achter Dacken,
doar steiht de Wald mit dusend Nacken,
mit dusen Kronen steiht he doar,
all dusend un noch dusend Joahr.
Mit Schummerlicht un deepe Still.
Ick weet bald ne mihr, wat ick will
un wat ick schall un wat ick do,
ick klapp de Beuker open un to,
un mark ne, dat de Feddern fallt:
Ick bün in'n Wald, in'n Wald, in'n Wald.

Meine alte Bark

Von Harry Reuss-Löwenstein

Oft im Traume, buntbewimpelt,
kommt ein Schifflein angedümpelt –
kleine Bark. In Jugendjahren
bin ich lang darauf gefahren.
Schimmernd Lichtgewölk der Segel,
Fittich weißer Meeresvögel,
Bug schmiegt sich in Wogenpfühle,
schaumumsprühtes Gischtgewühle.
Hör des Glöckleins Glasen klingen,
Blöcke knarr'n zum Shantysingen.

Smutje luvt aus der Kombüse,
Bootsmann schnuppert in die Brise,
Käppen peilt durch den Sextanten.
Und nun steig ich in die Wanten,
schau vom Top durch Segel, Tauwerk.
Unten tief, ein winzig Bauwerk,
wie ein Flaschenschifflein schier,
folgsam wie ein treues Tier
pflügt die Bark durch übersonnte
weite See zum Horizonte.

Fern zum Süd durch Glitzerwellen
Möwen segeln, Tümmler schnellen,
Brandungsgischt, Korallengründe,
Palmen flüstern leis im Winde.
Seh in Buchten still dich liegen,
ankernd in der Dünung wiegen,
aus des Urwalds Dämmerschweigen
heimlich Rauchgebete steigen.
Nacht wölbt flimmernd Sterngefunkel
über spiegelnd Meeresdunkel.

Sturmsee oft die Tatzen reckte,
nasser Tod die Zähne bleckte.
Brecher zischten, Böen hetzten,
Spieren krachten, Segel fetzten,
jankend knirschten Deck und Spanten.
Taumelnd rangst du mit Giganten
wie ein Tier um seine Jungen,
treues Schiff! Doch nie bezwungen
trugst du sicher uns zum Hafen.
Kleine Bark! Wo magst du schlafen?

Finkenwärder Heimatslied

Zum Mitsingen

Melodie: Teure Heimat.

Lied von Carl Derner.

**Finkenwärder, unsere Heimat,
Lieben wir aus Herzensgrund,
Doch manch Schicksal drückt uns nieder,
Weil es so die Zeit gibt kund,
Finkenwärder, teure Heimat,
Wie veränderst du dich sehr,
Seit man dich hat so gesteinigt,
Bist das Alte du nicht mehr.**

**Unsere Vorfahren solltens wissen,
Wie ihr teures Vaterland
Ist verändert und beschmissen
Mit dem weißen Wüstensand.
Grüner Deich, wie warst du herrlich,
Ruhten uns auf dir oft aus,
Konnten auf dir Netze trocknen,
Jetzt ist es mit allem aus.**

**Unsere Fischer sollten ziehn
Von dem lieben Heimatsort
Nach Cuxhaven solltens fliehn,
Doch es ist noch keiner dort,
Ihre Häuser, ihre Höfe,
Ja, sogar vom Elternhaus,
Sollten sie so schnell verlassen,
Das hält ein Fischerherz nicht aus.**

**Darum laßt uns fröhlich singen,
Teure Heimat, sei gegrüßt,
Gehen wir dann einst von hinnen,
Unser letztes Wort noch ist:
Teure Heimat, sei gegrüßt,
Aus dem Jenseits sei gegrüßt,
Sei gegrüßt aus weiter Ferne,
Teure Heimat sei gegrüßt.**

Finkenwerder – nur ein Wort

Autor K. W., Finkenwerder

Die Elbinsel, der Fischerort
Finkenwerder, auch ein Wort,
das kombiniert in «Hoch» und «Platt»,
verschiedene Bedeutung hat.

Für Feinschmecker die erste Wahl,
der «Finkenwerder Räucheraal».
Weiter eine große Rolle
spielt die «Finkenwerder Kutterscholle».
Schön knusprig braun in Speck gebraten,
ein Hit in allen Speisekarten.

«Finkenwarder Speeldeel» sei genannt,
sie ist inzwischen sehr bekannt.
Man hört sie über alle Sender,
in Städten aller Bundesländer,
plattdeutsche Lieder und Gesänge,
für viele Ohren Heimatklänge.
«Gorch Fock» das ist ein Wertbegriff,
auch unser letztes Segelschiff,
führt uns auch auf eine Spur,
die «Finkenwerder Literatur».
Mal als Dichter, mal Autor,
stellt sich Familie Kinau vor,
als kulturelle Glanzlichter
als Finkenwerder Heimatdichter.

«Finkenwerder Dampfer» fahren ist sehr
beliebt seit vielen Jahren.
So um die Jahrhundertwende
waren an jedem Wochenende
die Dampferfahrten ausgebucht;
nicht nur weil man Erholung sucht.
Die Leute kamen im Sonntags-Staat.
An den Landungsbrücken lag parat
der Finkenwerder Dampfer, sauber,
ein Traum für alle Kurz-Urlauber.
Alles gepflegt, gut in Schuß,
für Gäste sicher ein Genuß.
Leinen los, das ist der Start
für eine interessante Fahrt.

Man hört die großen Dampfer tuten,
man sieht die Festmacher, die Schuten,
die großen Docks von Blohm und Voss,
den Howaldt-Helgen auf Werk Ross,
wie Lotsen unter Schwierigkeiten
das Schiff zum Liegeplatz begleiten.
Auch der Zoll tut seine Pflicht,
wozu, warum begreift man nicht.

Man sieht Getreideheber, Schwertransporte,
die schönen, kleinen Elbvororte.
Häuser am Uferweg entlang,
mal am Wasser, mal am Hang
ist jeder Baustil dort vertreten,
von Övelgönne bis Nienstedten.
Das Nordufer mit seinen Höhen;
den Süllberg kann man auch noch sehen.
Dann das Köhlfleet, das dem Inselleben
den Weg zur Großstadt hat freigegeben.

Man nähert sich dem Inselreich
mit saftig grünem Deich.
Vor einem liegt das Fischernest,
in dem sich recht gut feiern läßt.
Man sieht Fischerboote, Fischerkähne,
kleine Werften, eine Szene,
in die auch Ewer, Kutter, Masten,
Scherbretter und Netze paßten.
Braune Segel, Bojen, Tampen,
Rettungsringe, Ankerlampen.

Ein Anblick, sehr bewegt und bunt,
der Wasserturm im Hintergrund,
man sieht eine andere Welt,
fast wie aus dem Ei gepellt.
Alles sauber und gepflegt,
am Stack wird endlich angelegt.

Man wird mit Blasmusik empfangen,
fröhlich wird an Land gegangen,
zu Kaffeetrinken, Tanz und Schwoof
geht's zum «Finkenwärder Hof».

Für die Leute aus der Stadt
gab es dann von allem satt.
Nicht jeder wollt sich amüsieren,
man ging auch gern am Deich spazieren
und genießt die Gegensätze.
Alte Männer flicken Netze.
Sieht dort Schleusen, Stege, Siele,
Außendeich und kleine Priele,
die Schalln, viele grüne Wischen,
Wäscheleinen mit trockenen Fischen;
von Lotsenhöft bis Baggerloch
es nach Teer und Fischen roch.

Dann ist da noch in ganzer Breite
die schöne Lüneburger Seite.
Wenn man den schönsten Teil, die Wiet,
mit ihren Bauernhäuschen sieht,
sie zeigt sich in der Maienzeit
im allerschönsten Blütenkleid.
Zwischen Bäumen, zwischen Zweigen,
kann man die Musterhöfe zeigen.

Zur Ernte man hier Äpfel pflückt.
Baum für Baum, Stück für Stück.
«Finkwarder Herbstprinz» sehr beliebt,
es kaum eine bessere Sorte gibt.

Im Sommer arrangiert für Gäste
die «Finkenwerder Blütenfeste».
Für die, die sich zum Tanz einfanden,
spielen auf die «Finkenwerder Dilettanten».
Tanz im Saal, in allen Räumen,
man tanzt auch unter Apfelbäumen.

Bei Schwartau, Camper oder Rust
hat man viel Freude, s' war eine Lust.
Man kommt in Stimmung und in Schwung,
jedoch der absolute Höhepunkt,
«Finkwarder Markt», mehr als ein Ball,
ein Sonnenwendfest, ein Sonderfall.

Vier Tage lang einmal im Jahr,
zu diesem Fest ist alles da.
Man keine weiten Wege scheute,
es kommen sogar die Fischerleute.

Von außerhalb kommen die Verwandten,
gute Freunde mit Bekannten.
Karussells, ein Jahrmarkt-Treiben,
am Wurststand kann man stehenbleiben
und in Ruhe unterdessen
gemütlich eine Bratwurst essen.
Langsam klingt der Jahrmarkt aus,
manch einer kommt geschafft nach Haus.

Den Hamburgern bleibt nicht erspart
eine weitere Dampferfahrt.
An Landungsbrücken geht's von Bord,
«Finkenwerder» nur ein Wort?

Süderdiek

36 Die Deutsche Werft

Verfasser: Kurt Wagner, Finkenwerder

Am 6. Juni 1928 fand die formelle Gründung der Deutschen Werft durch die drei Firmen, Gutehoffnungshütte Oberhausen, Allgemeine Elektricitäts Gesellschaft Berlin, und Hamburg, Amerika Linie Hamburg, statt. Die Werft wurde auf dem sogenannten Vorland I, der Elbinsel Finkenwerder, aufgebaut.

Bei einem Rückblick auf die Entwicklung dieser seit den zwanziger Jahren bestehenden Werft zeichnen sich mit großer Klarheit sieben Perioden ab.

I. Die Jahre 1918–1926:
Gründung und Werftaufbau, schnelle, gewaltige Entwicklung, Durchführung eines großen Bauprogramms für in- und ausländische Reeder, schließlich schwere Krisen im Anschluß an die Wirtschaftsschrumpfung, die nach Beendigung des Wiederaufbaus der Handelsflotte und nach der Inflationszeit durch die Umstellung auf die Goldmark ausgelöst wurde.

II. Die Jahre 1927–1933:
Langsamer, systematischer Wiederaufbau, Übernahme der Reiherstiegwerft, Bau zahlreicher Fracht- und Tankschiffe für In- und Ausland, am Schluß – als Auswirkung der Weltwirtschaftskrise – völliges Daniederliegen des Schiffsneubaus.

III. Die Jahre 1934–1944:
Rasch wiederansteigende Entwicklung, Bevorzugung der Serienbauten – besonders des Tankerbaues – größtenteils als Kompensationsgeschäft mit dem Ausland, daneben Spitzenleistungen im Bau einzelner, besonders hochwertiger Schiffe. Mit Kriegsbeginn Bau von Kriegsschiffen, zur Hauptsache U-Boote.

IV. Die Jahre 1945–1950:
Besetzung der Werft durch die Alliierten, kurze Zeit später Freigabe, Aufräumung der verheerenden Kriegsschäden mit wenigen Arbeitern, nebenbei Fischkutter-Reparatur und Umbau von KFK-Kuttern auf Fischkutter, kurz nach der Währungsreform Schiffsreparatur für ausländische Rechnung, Schiffsneubauten für In- und Ausland, in Kürze hoffentlich wieder uneingeschränkter Schiffbau.

Die Werft wurde im Jahre 1923 von dem Vorland I auf das Vorland II verlegt und dort in weit größerem Stil aufgebaut. An dem Norderdeich, auf dem Vorland I und auf der Fläche B entstanden, in den Jahren 1919–1939 Siedlungshäuser für die Werftarbeiter.

V. Die Jahre 1951–1956: Aufstieg in die Spitze des Weltschiffsbaus
Das Jahr 1951 war der Auftakt für weitere Jahre. Das erste Nachkriegsrekordjahr war 1953.

Mit einer Gesamtsumme von über 219000 tdw abgelieferten Schiffsraumes stand die Deutsche Werft in der Rangliste aller Handelsschiffswerften der Welt an erster Stelle. Ihr folgten Kockmans (Malmö), Harland & Wolff (Belfast).

Für die Reihenfolge der Werften, gemessen an ihrem 1953 vom Stapel gelassenen Schiffsraum, gab «The Glasgow Herald» folgende Aufstellung:

Deutsche Werft AG	147000 BRT
Howaldt Kiel	129000 BRT
Kockmans, Malmö	127000 BRT

VI 1956–1960: Die Suez-Krise und der Schiffbau
Im Juli 1956 proklamierte der ägyptische Staatspräsident Nasser die Verstaatlichung

der Suezkanalgesellschaft. Die Schiffahrt erlebte eine der größten Konjunkturen der Geschichte. Die in Auftrag gegebenen Schiffe wurden nicht mehr mit Rücksicht auf die Kanalabmessungen dimensioniert und erreichten bis dahin nicht gekannte Größen.

Auch für die «Deutsche Werft» wurde das Problem Großschiffbau akut. Die «Deutsche Werft» nutzte die gute Geschäftslage, um einen großzügigen Ausbau durchzuführen. Für den Neubau einer Großhelling, neuer Kräne und Werkhallen wurden mehr als 50 Millionen DM bereitgestellt. Als die neuen Anlagen betriebsklar waren, flaute die Konjunktur im Weltschiffbau ab.

VII 1961–1973: Der Niedergang

Die deutschen Werften hatten mehr mit der Konkurrenz aus den Billigländern zu kämpfen als andere Industriezweige.

Es kam zu Fusionen und später zu Stillegungen. Die «Deutsche Werft» gehörte zu den prominentesten Opfern der deutschen Werftkrise.

Das Containerschiff «City of Edinburgh» 58 000 BRT war der letzte Neubau, der in Finkenwerder vom Stapel lief. Die Kiellegung des Schiffes war am 21. 09. 1972 der Stapellauf am 05. 03. 1973. Ein denkwürdiger Tag. Es gab einen Rekordbesuch. Aber keiner der

Besucher konnte sich freuen, mit Tränen in den Augen sahen sie den stählernen Schiffskörper in die Elbe gleiten. Die Ablieferung der «City of Edinburgh» erfolgte am 09. 11. 1973 vom Kai der HDW Werke Ross.

Im Jahr 1973 wurde die Deutsche Werft A. G. Finkenwerder als HDW-Finkenwerder für immer geschlossen.

Im Jahre 1951 wurden auf der «Deutschen Werft» folgende Schiffe gebaut und vom Stapel gelassen:

Schiffsname:	Reederei:	Tragfähigkeit:	Stapellauf:
MS «Valencia»	Rob. M. Slomann jr., Hamburg	2200 t	19. 1. 51
MS «Palermo»	Rob. M. Slomann jr., Hamburg	2200 t	5. 2. 51
Mot. Kühlschiff «Proteus»	Afrikanische Frucht-Companie A.G. Hamburg	3500 t	10. 3. 51
Mot. Kühlschiff «Perseus»	Afrikanische Frucht-Companie A.G. Hamburg	3500 t	7. 4. 51
MS «August Bolten»	Aug. Bolten Wm. Miller's Nachf. Hamburg	5000 t	28. 4. 51
MS «Heluan»	Ernst Komrowsky, Hamburg	2400 t	16. 5. 51
MS «Adolf Leonhardt»	Leonhardt & Blumberg, Hamburg	12500 t	16. 6. 51
MS «Hornfels»	H. C. Horn, Hamburg	7000 t	17. 7. 51
MS «Hornsund»	H. C. Horn, Hamburg	7000 t	14. 8. 51
MS «Burg Sparrenberg»	Ernst Russ, Hamburg	7000 t	26. 9. 51
MS «Anita»	Ernst Russ, Hamburg	7000 t	29. 10. 51
TMS «Grönland»	A/S Det Dansk-Franske Dampskippsselskab. Kopenhagen	16500 t	27. 12. 51

37 MBB–Hamburger Flugzeugbau, ein starker Partner an der Elbe

Verfasser: Arno A. Evers, Finkenwerder

Silbern schimmern sie in der Sonne, die fabrikneuen Flugzeuge aus Finkenwerder, bereit für den Einsatz in aller Welt. Exotische Beschriftungen wie: Air Jamaika, Thai Airways International, Indian Airlines und Pan Am leuchten über den Elbdeich. Die bunten, frisch lackierten Seitenleitwerke symbolisieren: wieder ist bei MBB auf Finkenwerder ein Airbus fertig geworden. Hamburg ist für alle Airbusse «das Tor zur Welt». Hier werden die Rümpfe montiert und mit den flugwichtigen Systemen ausgerüstet. Hier in Hamburg bekommen alle Airbusse außerdem ihren individuellen Komfort: Maßgeschneidert nach den anspruchsvollen Wünschen der Fluggesellschaften aus aller Welt. Entworfen und geplant nach hohen Sicherheitsanforderungen und anspruchsvollen Spezifikationen. Stets das Ziel vor Augen, ein Produkt zu schaffen, daß auf dem Weltmarkt seinen Platz findet.

Der Erfolg gibt den Hamburger Flugzeugbauern recht. Zusammen mit ihren Kollegen aus Frankreich, Großbritannien und aus Spanien haben sie dem europäischen Airbus zum Durchbruch verholfen. Seit dem Erstflug des ersten Airbus A 300 B1 in Toulouse am 28. 10. 1972 sind bis heute über 500 Flugzeuge verkauft, über 300 stehen im täglichen Flugeinsatz. Mit den verschiedenen Typen der Airbus-Familie wie A 300–600, A 310–300 und der neuen A 320 (Erstflug 1987, Indienststellung 1988) können im Kurz- und Mittelstreckenbereich fast alle Anforderungen der Fluggesellschaften erfüllt werden. Und die Langstreckenversionen A 330 und A 340 stehen schon vor der Tür.

Anfänge in den dreißiger Jahren

Die Anfänge des Flugzeugbaues auf Finkenwerder gehen bis in die dreißiger Jahre zurück: Im Juni 1933 ließen die Inhaber der Schiffswerft Blohm & Voss, die Herren Rudolf und Walther Blohm, das Unternehmen «Hamburger Flugzeugbau GmbH» als Tochtergesellschaft in das Hamburger Handelsregister eintragen. Die ersten Arbeiten an Flugzeugen wurden zunächst in Steinwerder und Wenzendorf begonnen, doch schon bald suchte man einen geeigneten Platz für ein neues Flugzeugwerk. Dieses Werk sollte speziell auf Entwicklung und Herstellung von Seeflugzeugen zugeschnitten sein. Am Südufer der Elbe fand sich schließlich ein geeigneter Standort. Hier vereinigte sich in einem zwei Kilometer breitem Becken die Süderelbe mit dem Hauptstrom der Norderelbe. Das hier zu einem langen und breiten See erweiterte Flußbett (Mühlenberger Loch) bot sich förmlich an für die Anlage eines kombinierten Land- und Wasser-Flughafens. Das seichte Ufergelände mußte allerdings erst im Jahre 1937 durch Aufschwemmen von Elbsand künstlich hergerichtet und befestigt werden.

Im Juni 1939 begann die Fertigung in Halle 1. Der volle Ausbau des Werkes Finkenwerder war im März 1940 beendet. Es bestand zu diesem Zeitpunkt im wesentlichen aus zwei etwa je 9000 m^2 großen Montagehallen, der Einflughalle 3 und je einer Halle für Teilefertigung und Lager. Das Konstruktionsbüro war in einem langgestreckten (ca. 350 m) zweigeschossigen Gebäude untergebracht, an dem seitlich noch je eine Halle für den Attrappenbau und die Vesuchsabteilung mit Windkanal angebaut waren. Die offizielle Bezeichnung des neuen Werkes: «Entwicklungswerk Finkenwerder mit Land- und Wasserflughafen.» Der Landeflugplatz wurde zunächst nicht voll ausgebaut, für Seeflugzeuge

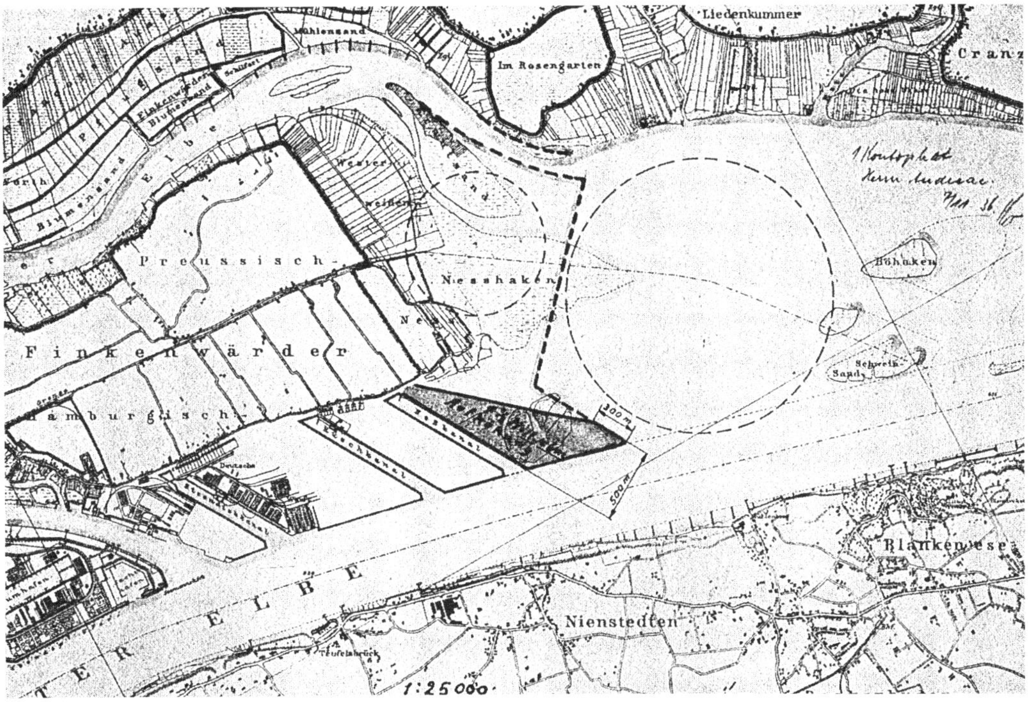

Historische Karte von 1936, in die der geplante «See-Flughafen» als großer und der «Land-Flughafen» als kleiner Kreis eingezeichnet sind.
Von hier aus waren ursprünglich Direktflüge nach New York und anderen Weltstädten vorgesehen.

waren aber alle notwendigen Einrichtungen vorhanden, wie z. B. Slipanlage, Turmkran usw.

Mit diesem Einwicklungswerk Finkenwerder wurde die Hamburger Flugzeugbau GmbH ein wirklich modernes Unternehmen, dem jetzt auch größere und schwierigere Aufgaben übertragen werden konnten. Zusammen mit den Anlagen in Wenzendorf in der Nordheide und Steinwerder verfügte das Unternehmen über eine Gesamt-Arbeitsfläche von ca. 82000 m^2. Das war allerdings – verglichen mit den anderen deutschen Flugzeugwerken Junkers, Dornier, Heinkel und Messerschmitt – nicht sehr viel. Die Belegschaft stieg bis zum Jahre 1942 auf etwa 3800 Arbeiter und 900 Angestellte (davon etwa 400 im Konstruktionsbüro). Zur gleichen Zeit hatte z. B. Heinkel eine Belegschaft von ca. 50000 und Junkers sogar etwa 150000 Beschäftigte.

Während die übrige deutsche Flugzeugindustrie laufend bemüht war, ihre Fertigungskapazitäten auszuweiten, übte Blohm & Voss in dieser Hinsicht eine bemerkenswerte Zurückhaltung. Man war ja schließlich in erster Linie eine Schiffswerft und hatte den Flugzeugbau als Ergänzungsbeschäftigung aufgenommen. Ab 1937 lief hier die Entwicklung des von der Lufthansa in Auftrag gegebenen Flugbootes BV 222 – Fluggewicht 45000 kg, sechs Motore, 24 Fluggäste, Reichweite 7000 km. 1940 startete das mächtige Flugboot – Spannweite 46 m – zu seinem ersten Flug. Nach erfolgreicher Flugerprobung übernahmen an Stelle der Lufthansa das RLM die BV 222 als militärischen Transporter und erteilte einen Serienauftrag. Dieses Flugzeug und der inzwischen in Großserie laufende Fernaufklärer BV 138 waren bis zum Jahre 1944 die Hauptobjekte für die Beschäftigung

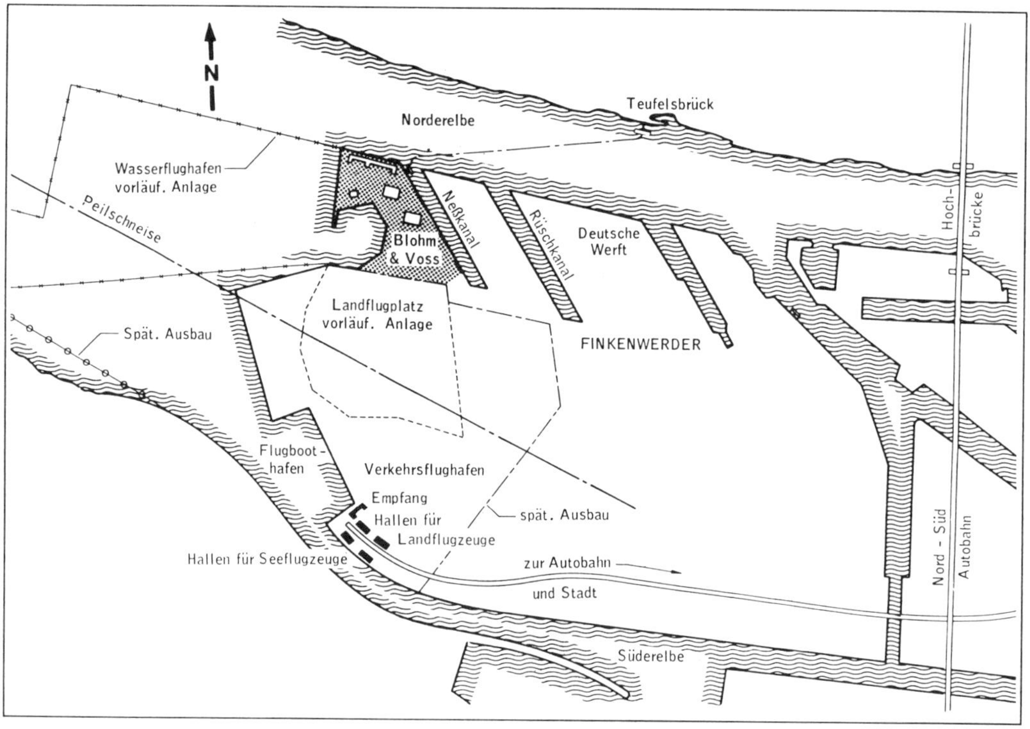

Lageplan des geplanten «Wasserflughafens» und «Land-Verkehrsflughafens» mit Autobahnanschluß zur damals projektierten Autobahn-Hochbrücke. Schon damals war eine Nord-Süd-Autobahn vorgesehen, fast auf der gleichen Trasse des Elbtunnels (A 7)

der Belegschaft in Konstruktion und Fertigbau. Anfang 1942 entwickelte Blohm & Voss einen noch größeren Fernaufklärer, die BV 238. Mit 90 Tonnen Fluggewicht war dieses Boot damals das größte Flugzeug der Welt, die Spannweite betrug 60 Meter (Airbus A 300: 43,9 Meter). Der Erstflug war am 10. März 1944.

Die gute Verbindung zur Lufthansa führte zu einem zivilen Auftrag zur Entwicklung eines zweimotorigen Landverkehrsflugzeuges, der späteren BV 144. Ausgelegt für 23 Fluggäste war dieser Hochdecker von der DLH dafür vorgesehen, die Ju 52 abzulösen.

Insgesamt wurden beim Hamburger Flugzeugbau dreizehn verschiedene Flugzeugtypen – vom Schulflugzeug bis zum sechsmotorigen Flugzeug – entwickelt. Über 800 Flugzeuge stellte man bis 1945 her.

Das Werk Finkenwerder blieb von Luftangriffen fast völlig verschont. Anfang 1945 wurde das Werk von den Engländern besetzt. Später benutzte die Besatzungsmacht das Werk als Reparaturwerk für Tanks und Lastwagen. Ein Teil der Belegschaft blieb hier beschäftigt. Kleine Gruppen des Konstruktionsbüros fanden sich außerhalb des Werkes zusammen und beschäftigten sich mit Aufgaben, die mit Flugzeugbau nichts zu tun hatten.

Neubeginn mit Lizenzbau

Als 1955 die Bundesrepublik Deutschland ihre Hoheitsrechte auf dem Luftfahrtsektor zurückerhielt, entschloß sich die Geschäftsführung der Blohm & Voss mit der «Hamburger Flugzeugbau GmbH» (zunächst als «Hamburger Fahrzeugbau GmbH») die alte Tätigkeit wieder aufzunehmen. Doch woher sollten die Aufträge kommen? Der Anfang

Luftaufnahme nach einem Bombenangriff im Sommer 1944, der sein eigentliches Ziel nur knapp verfehlte. Aus Tarnungsgründen waren Feldwege im Gelände dargestellt, um eine landwirtschaftlich genutzte Fläche vorzutäuschen.

war äußerst schwierig. Militärische Entwicklungen kamen nicht in Frage und so versuchte man, die alte Zusammenarbeit mit der Lufthansa – die ja ebenfalls im Stadium des Neubeginns war – wieder aufzunehmen. So begann 1957 bis März 1959 die Entwicklung der HFB 209, eines Kurz- und Mittelflugzeugs für 54 Passagiere bzw. acht Tonnen Fracht. Doch die Lufthansa zeigte sich damals noch nicht interessiert.

Die eigentliche Fertigung auf Finkenwerder begann im Sommer 1957 mit dem Lizenzbau des Transportflugzeuges Nord 2501 Noratlas. Es wurden bis 1964 insgesamt 186 Flugzeuge gebaut.

1959 begann man mit der Entwicklung des Noratlas-Nachfolgers Transall C 160. Diese erste anspruchsvolle Aufgabe war der Beginn der deutsch/französischen Partnerschaft, auch auf dem Gebiet der Entwicklung. Die Transall C 160 hatte 1963 ihren Erstflug. Hauptauftragnehmer war damals die Firma Vereinigte Flugtechnische Werke GmbH, die mit MBB fusionierte. Die Transall hat eine Nutzlast von 16 Tonnen, in der ersten Serie wurden 169 Flugzeuge hergestellt. Inzwischen ist dieses Flugzeug auch in Asien und Südafrika zu Hause. Später wurde noch eine kleinere Zweit-Serie aufgelegt.

Es zeigte sich bald, daß ein echtes technisches Leben in einem Flugzeugwerk nur möglich ist, wenn es gelingt, die eigene Entwicklung wieder zu aktivieren, wieder eigene Flugzeuge zu bauen, die man selbst entworfen und konstruiert hatte.

Schon 1957 hatte man ein zweistrahliges Mittelstreckenflugzeug für 80 Fluggäste in Angriff genommen. Die HFB 314 wurde 1960 auf der Luftfahrtschau Hannover vorgestellt, danach aber endgültig aufgegeben.

Oben: Luftaufnahme des Werkes 1958. Der Hafen für die Wasserflugzeuge, in der Bildmitte, wurde später mit Hafenschlamm zugespült.
Hier steht heute die große Halle 14 für die Airbus-Innenausstattung.

Unten: Die gesamte Produktionspalette des Hamburger Flugzeugbau von 1933 bis 1945 im Modell.
Insgesamt wurden über 800 Exemplare von 13 verschiedenen Typen hergestellt.
Das kleinste Flugzeug hatte eine Spannweite von 6,6 Metern, das größte eine von 60 Metern.

1961 begann dann die Entwicklung eines eigenen, kleineren Flugzeuges, der HFB 320, Hansa Jet, für max. 12 Passagiere mit Strahlturbinenantrieb. Von diesem Flugzeug wurden insgesamt 47 Exemplare gebaut. Als «newcomer» auf einem ohnehin schon gesättigten Markt – es gab bereits englische, französische und amerikanische Flugzeuge gleicher Größenordnung – hatte die HFB 320 von vorneherein einen schweren Stand. Allerdings gewann die gesamte Mannschaft des Hamburger Flugzeugbaues mit der HFB 320 einen großen Erfahrungsschatz, der den folgenden Programmen, vor allem dem Airbus, sehr zu gute kam.

1969 fusionierte die selbständige Hamburger Flugzeugbau GmbH mit der Messerschmitt-Bölkow-Gruppe zur Messerschmitt-Bölkow-Blohm GmbH (MBB). 1980 kamen noch vier Standorte der Firma «Vereinigte Flugtechnische Werke (VFW) durch Fusion dazu. Heute ist MBB mit über 36000 Mitarbeitern an 19 Standorten das größte deutsche Luft- und Raumfahrtunternehmen.

Herausforderung Airbus-Programm

Als sich die Firmen der europäischen Luftfahrtindustrie Mitte der sechziger Jahre entschlossen, ein gemeinsames Passagier-Flugzeug zu entwickeln und zu bauen, war dies eine gewaltige Herausforderung an alle Beteiligten: Organisationsstruktur, Finanzierung, Kundendienst, Geometrie und Auslegung des Flugzeuges sowie die Bauaufteilung mußten definiert, geklärt und gemeinsam realisiert werden. Auf fast allen Gebieten betrat man technisches und kaufmännisches Neuland, es gab wenig Orientierungspunkte für die tägliche Arbeit. Sehr schwer war es auch, Fuß in einem Markt zu fassen, der weltweit «fest in amerikanischer Hand» war. Zu dem Zeitpunkt, als Airbus Industrie, die europäische Dachorganisation mit dem Airbus auf dem Markt kam, flogen in der westlichen Welt bereits über 5000 Jet-Passagierflugzeuge. Dabei hatten die europäischen Flugzeugbauer mit dem Airbus A300 ein Produkt, das in seiner Klasse – Kurz- und Mittelstreckenflugzeug mit großer Passagierkapazi-

Der Standort Hamburg der Unternehmensgruppe Transport- und Verkehrsflugzeuge der Messerschmitt-Bölkow-Blohm GmbH heute.
Hier sind über 5500 Mitarbeiter tätig. Die Fertigungsfläche beträgt 85000 m^2, das Werftgelände ist 120000 m^2 groß (freigegeben vom Luftamt Hamburg Nr. 432/83).

Übergabe des ersten Airbus A 300 an die Deutsche Lufthansa am 09. Februar 1976.
Hier stand – wenige Wochen vor dem Ereignis – das Wasser 1,50 Meter hoch.

tät und moderner Technologie – einzigartig war. Doch zunächst mußte das Vertrauen der Kunden, der Fluggesellschaften gewonnen werden.

Am 28. Oktober 1972 war der Erstflug des ersten Airbus in Toulouse, am 23. März 1974 erster Linienflug bei der Air France auf der Strecke Paris–London. Es gab aber auch Durststrecken: Im Jahr 1976 wurde nur ein einziger Airbus verkauft. Doch bald ging es steil aufwärts: 1979 verkaufte Airbus Industrie 120 Flugzeuge, die Produktionspläne wurden langfristig auf acht Flugzeuge pro Monat ausgelegt.

Schon bald stellte sich heraus, daß die Anforderungen des Marktes auf Dauer nur dann erfüllt werden können, wenn man – ähnlich wie die amerikanische Konkurrenz – mehrere unterschiedliche Flugzeuge anbieten kann. So initiierte man den Ausbau der Airbus-Familie. 1978 wurde mit der Entwicklung und Produktion der A310 begonnen, einem Flugzeug mit großer Reichweite für 210–280 Passagiere. Die A310 – Erstkunden Lufthansa und Swissair – steht seit April 1983 im Liniendienst.

Im Frühjahr 1984 erfolgte der offizielle Programmstart für die A320. Dieses moderne Flugzeug rundet die Produktpalette von Airbus Industrie nach unten ab. Die A320 ist für 140–180 Fluggäste konzipiert. Erstflug ist im Frühjahr 1987. Ablieferung der ersten Flugzeuge ab 1988. Der erste Rumpf für die erste A320 wurde vom Werk Hamburg am 27. März 1986 mit einer festlichen Zeremonie an Airbus Industrie übergeben.

Vor fast genau zehn Jahren war es die Übergabe des ersten Airbus A300 an die Lufthansa, die mit dramatischen Umständen verbunden war: Am 3. Januar 1976 wurde das

MBB-Werksgelände von einer verheerenden Sturmflut überrascht. Werkstätten wurden verwüstet, Konstruktionsbüros überschwemmt, Hallen überflutet. In einer beispielhaften Aktion versuchte die Belegschaft zu retten, was zu retten war. Der Schaden betrug damals über 80 Mio. DM. Die Zukunft des Hamburger Standortes schien gefährdet. Der Hamburger Senat beschloß in einer unbürokratischen Entscheidung, das Werksgelände in die Hochwasserschutzlinie einzubeziehen. Am 9. Februar 1976 wurde – trotz Hochwasser – der erste Airbus A300 mit seiner kompletten Innenausstattung termingerecht an die Deutsche Lufthansa übergeben.

Der Standort Hamburg ist heute innerhalb der sechs norddeutschen MBB-Airbus-Fertigungsstätten für Entwicklung und Konstruktion des deutschen Bauanteils verantwortlich. Im Werk Hamburg werden alle Airbus-Rümpfe – für A300, A310 und A320 – in hochmodernen, teilweise automatisierten Fertigungsstraßen montiert. In diese fertigen Rümpfe bauen die MBB-Mitarbeiter alle flugwichtigen Systeme wie Flugsteuerung, Klimaanlage, Elektrik ein. Eines der ungewöhnlichsten Flugzeuge der Welt, die Super Guppy, transportiert die Rümpfe zur Endmontage nach Toulouse. Danach kommen alle Flugzeuge zurück an die Elbe, um hier ihre kundenspezifische Innenausstattung zu erhalten. Und dann stehen die Airbusse am Elbdeich, bereit für einen erfolgreichen Einsatz in aller Welt.

Benutzte Quellen:
Hermann Pohlmann
«Chronik eines Flugzeugwerkes» (1979)
«Prof. Junkers nannte es «Die Fliege» (1983)
beide erschienen im Motorbuch Verlag
und eigene Aufzeichnungen.

Ablieferung des 100. Airbus-Rumpfhecks an die Airbus Industrie/Toulouse im Sommer 1972.
Insgesamt sind heute über 500 Flugzeuge der Typen A300, A310 und A320 fest bestellt,
davon stehen fast 350 weltweit im Einsatz.

38 Hamburger Stahlwerke GmbH (HSW)

Verfasser: Hans-Hasso Henning, Hamburg

Die Hamburger Stahlwerke (HSW) ist ein Küstenstahlwerk am seetiefen Wasser mit Direktreduktionsanlage. Nach Verhandlungen im Mai 1968 zwischen Willy Korf, der der Freien und Hansestadt Hamburg, die zur Gründung der Hamburger Stahlwerke GmbH (HSW) führten, erfolgte im November 1969 der erste Rammschlag auf dem neu erschlossenen Gelände im Hamburger Hafen. 1971 wurde der Betrieb aufgenommen.

Durch den Zusammenbruch des Korf-Konzerns 1983, änderten sich die ursprünglichen Eigentumsverhältnisse. In der im August 1983 gegründeten neuen Hamburger Stahlwerke GmbH liegen die Gesellschaftsanteile über eine Holdinggesellschaft zu gleichen Teilen bei den Herren Grosse und Dr. G. Weiland. Das Stammkapital beträgt knapp 30 Mio. DM. Die neue Gesellschaft hat alle Mitarbeiter übernommen.

Jährlich werden für ca. 110 Mio. DM Dienstleistungen und Waren in der Hamburger Region eingekauft.

Ein wesentlicher Teil hiervon kommt direkt von Betrieben aus Finkenwerder. Beispielhaft hierfür sind zu nennen der Schrotthandel, Maler- und Schlosserbetriebe, Stahlbau, Kleineisenwaren- und diverse sonstige Einzelhandelsgeschäfte. Der hierdurch hervorgerufene mittelbare Beschäftigungseffekt sichert weitere ca. 1600 Arbeitsplätze im Raum Hamburg.

Die Aus- und Weiterbildung haben einen hohen Stellenwert. Die Zahl der Ausbildungsplätze wurde in den letzten Jahren überdurchschnittlich gesteigert. Sie wurde seit 1982, bei einem Anstieg der Gesamtmitarbeiterzahl bei HSW um 7,5 %, um mehr als 40 % erhöht. In den Berufen Industriekaufleute, Betriebsschlosser, Hüttenfacharbeiter sowie Verfahrensmechaniker werden ca. 80 junge Menschen ausgebildet. Das sind rd. 10 % der übrigen Belegschaft.

Jedes Jahr nehmen mehr als 25 % der Mitarbeiter an internen und externen Weiterbildungsveranstaltungen teil. Neben fachbezogenen Schulungen, die den größten Teil ausmachen, werden z. B. Führungsseminare, Sicherheitsschulungen und Sprachentraining durchgeführt. Dafür wurden 1985 1,4 Mio. DM ausgegeben.

Die Bemühungen, durch eine umfassende und konsequente Aus- und Weiterbildung die vorhandenen Kenntnisse und Fähigkeiten nicht nur zu festigen, sondern auch der Entwicklung ständig anzupassen, werden auch in der Zukunft fortgesetzt. Der Erfolg eines nicht subventionierten Stahlwerkes hängt trotz modernster Technologie wesentlich von den Menschen ab, die in ihm arbeiten.

Zum Konzern gehören verschiedene Tochtergesellschaften:

Die Salzgitter Draht GmbH, seit dem 1. Oktober 1983 zu 71,1 % bei HSW, stellt hauptsächlich Betonstahlmatten, Körbe und gerichtete Stäbe her. Mit einem Umsatz von ca. 45 Mio. DM ist die Salzgitter Draht GmbH heute eines der leistungsfähigsten Unternehmen seiner Art.

Die BÖCO *Baustahlmatten GmbH* in Biebesheim/Rhein, zu 50 % im Besitz von HSW, produziert ebenfalls Lager- und Listenmatten. In Biebesheim/Rhein werden seit 1956 Baustahlmatten hergestellt. Die Firma BÖCO gehört zu den ältesten Mattenherstellern in der Bundesrepublik. Das Baustahlmattenprogramm wird durch Abstandhalter und N-Matten abgerundet.

Rationalisierungen und die Konzentration der Fertigung ermöglichen außerordentlich kostengünstige Fertigung und Absatz.

Die HCE Hamburg Consulting & Steel Engineering GmbH wurde Mitte 1984 gegründet und berät Stahl- und Walzwerke bei der Lösung ihrer spezifischen Probleme. Die Spitzenstellung der Hamburger Stahlwerke GmbH bei Produktivität und Verbrauchssenkung ermöglicht den Transfer der modernsten Stahl- und Walzwerktechnik auf andere Werke, z. B. durch das Training von Fachpersonal. Bereits im ersten Jahr des Bestehens wurden Projekte in USA, Spanien, Norwegen, Mexiko, Indien und Trinidad und Tobago teils allein, teils konsortial mit deutschen Anlagebauern abgeschlossen.

Die *Hamburger Transport Unternehmung* (HTU) ist für alle Konzernunternehmungen tätig. Auch sie wurde Mitte 1984 gegründet. Jährlich werden von der HTU ca. 1,4 Mio. Tonnen Fracht umgeschlagen.

Zum Konzern gehören noch weitere Tochtergesellschaften in den Bereichen Handel und Versicherung.

Schiffsentladung

Das heutige Produktionsprogramm.

Die Stahlproduktion läßt sich in sechs Hauptgruppen zusammenfassen:

- Massenstahl für Betonstahlmatten,
- Betonstahl, schweißbar,
- weiche Güten,
- extra weiche Güten,
- Schweißgüten und
- Härtegüten mit 0,20–0,90 % Kohlenstoffgehalt.

Das Lieferprogramm enthält:

- Knüppel (Halbzeug) mit Querschnitten von 100–130 mm vkt. und Längen von 6,0–14,0 m,
- gerippten Betonstahl mit einem Durchmesser von 6,0–28,0 mm DIN 488, Lagerlängen von 12,0–14,0 m sowie Sonderlängen,
- Walzdraht mit einem Durchmesser von 5,5–12,0 mm in Schritten von 0,5 mm. Das Ringgewicht beträgt ca. 1500 kg, der Ringinnendurchmesser ca. 850 mm, der Ringaußendurchmesser ca. 1250 mm.

Die für den Verkauf bestimmten Knüppel werden überwiegend in Betonstahlqualitäten erzeugt. Der Walzdraht, das Hauptprodukt, wird bis zu ca. 50 % für den Betonstahlmattenbereich hergestellt.

Typische Drahtprodukte aus HSW-Walzdraht sind:

- Eisendrahtqualitäten, z. B. Betonstahlmattendraht, Feindraht, Flachdraht, Geflechtsdraht, Heftdraht, Nietendraht, Telefondraht;
- Stahldrahtqualitäten, z. B. Angelhakendraht, Draht für biegsame Wellen, Federringdraht, Federstahldraht, Flugzeugdraht, Seildraht, Spannstahldraht;
- Schweißdrahtqualitäten, z. B. Draht zum Schutzgasschweißen, Unterpulverschweißen, Autogenschweißen, Kerndraht für umhüllte Elektroden.

Wichtige Gesamtkennzahlen des Werkes.

Das Werk steht auf einem *Gelände* von nur 230000 m^2. Es hat ein eigenes Hafenbecken mit einer 486 m langen Kaimauer und Gleisanschluß, die Bundesautobahn verläuft nahe dem Werksgelände. Das Hafenbecken ist für eine maximale Schiffsgröße von 90000 dwt ausgelegt. Es können gleichzeitig Hochsee- sowie Binnenschiffe be- bzw. entladen werden.

Zum Ende 1985 waren 788 Mitarbeiter tätig sowie 75 Auszubildende, ohne die Mitarbeiter der Tochtergesellschaften.

Im Geschäftsjahr 1985 wurden 699000 t Knüppel, 446000 t Walzdraht sowie 183000 t Eisenschwamm erzeugt. Der Absatz betrug insgesamt 721000 t, der Umsatz 475 Mio. DM.

Die *Leistung* betrug 1,3 Gesamtleistungsstunden pro Tonne Knüppel bzw. 1,8 h/t Walzstahlproduktion. Der Umsatz pro Mitarbeiter erreichte ca. 590000,– DM/Jahr. Der Anteil der Personalkosten an der Wertschöpfung betrug ca. 40 %. Damit liegen die Hamburger Stahlwerke weltweit in der Gruppe der produktivsten Stahlhersteller.

Das Werk gliedert sich, dem Produktionsablauf folgend, in drei Produktionsbereiche: Direktreduktionsanlage, Elektrostahlwerk und Walzwerk, **Bild 2**.

Die Direktreduktionsanlage wurde 1971 in Betrieb genommen und 1979 und 1984 umgebaut. Sie erzeugt Eisenschwamm mit Hilfe von Erdgas aus Eisenerzpellets bzw. Stückerz. Die Metallisierung des Eisenschwamms liegt bei über 95 % und ca. 91 % Fe gesamt,

Tafel 1. Direktreduktionsanlage

Leistung	max. 70 t/h, min. 20 t/h
Verfügbarkeit	8000 h/a
Kapazität	550000 t/a
Energieverbrauch	3,32 MWh/t
Ofendurchmesser	4,88 m
Volumen der Reduktionszone	183 m^3
Volumen der Kühlzone	126 m^3
Katalysatormaterial	Nickel/Chrom/Niob
Rauchgastemperatur	280 °C

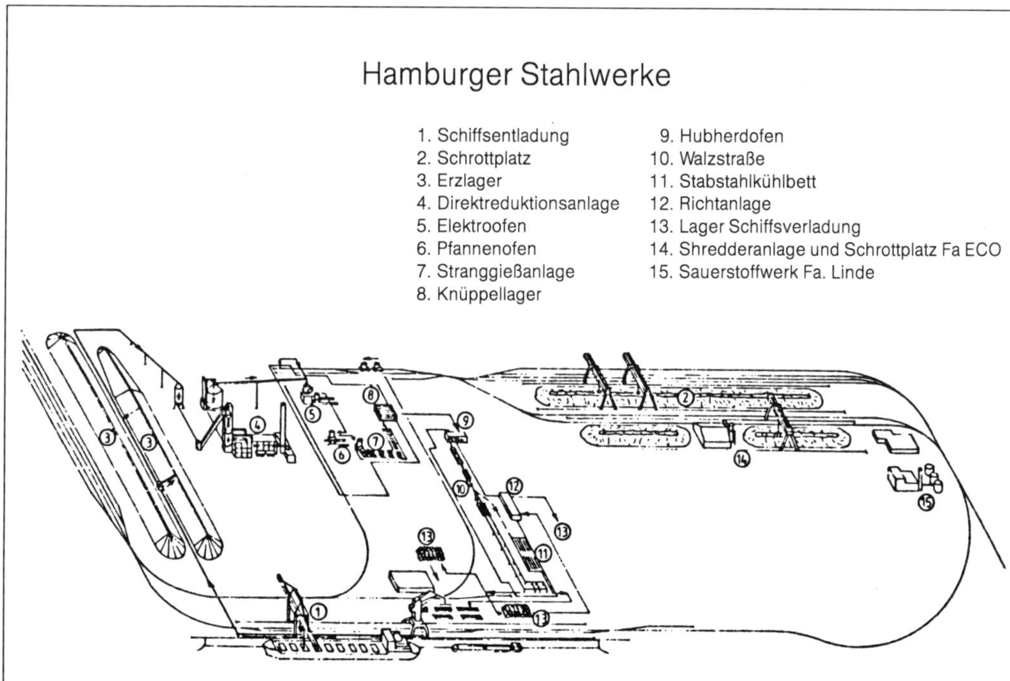

Bild Nr. 2

Bei dem bei HSW angewendeten Verfahren wirkt der Schachtofen als Gegenstromreaktor für die eigentliche Reduktion. Die Reduktionszone, in der das Erz auf Reduktionstemperatur gebracht und reduziert wird, befindet sich im oberen Teil des Schachtofens. Die von oben chargierten Erze oder Pellets sinken abwärts, während das durch eine Ringgasleitung eingespeiste Gas gleichmäßig verteilt in entgegengesetzter Richtung nach oben strömt. Das heiße Gas reduziert das Oxid bei gewünschten Reduktionstemperaturen > 800 °C. Der Gegenstromeffekt bewirkt eine optimale thermische und chemische Ausnutzung der Gase.

Das bei der Produktion entstehende Feinmaterial wird pneumatisch in den Elektro-Ofen befördert. Hierdurch entfällt eine Brikettierung.

1979 wurde die Anlage umgebaut, um den Energieverbrauch zu senken. Das Ziel wurde erreicht durch die Vorwärmung sämtlicher Gase sowie Einführung sogenannter flip-flop-Klappen, die gleichzeitig eine Steuerung des Kohlenstoffgehaltes ermöglichen. 1984 wurde das Verfahren grundlegend geändert, um eine flexible Leistung zwischen 20 und 60 t/h zu ermöglichen.

Das Stahlwerk wurde 1971 in Betrieb genommen und 1976, 1981 und 1985 umgebaut. Es arbeitet heute mit einem rechnergesteuerten UHP-Schmelzofen mit einem mittleren Abstichgewicht von 110 t in Kombination mit einem Pfannenofen. Die Schmelzfolgezeit beträgt < 70 Minuten, dies entspricht einer Leistung von 94 t/h. 1979 wurden noch ca. 137 Minuten benötigt, um 100 t Stahl zu schmelzen,

Tafel 2. Schmelz- und Pfannenofen

	Schmelzofen	Pfannenofen
Typ	Krupp	HSW-Konstruktion
Leistung	94 t/h	
Verfügbarkeit	7 920 h/a	
Transformator	75 MVA	66 MVA
Ofendurchmesser	6,8 m	Pfanne
Elektrodendurchmesser	600 mm	400 mm
durchschn. Chargengewicht	122 t	
durchschn. Abstichgewicht	110 t	110 t

Der *UHP-Schmelzofen* wird wegen der unterschiedlichen Produkte (einfache Qualitäten wie Mattendraht, hohe Qualitäten wie Stahldraht) flexibel mit sehr unterschiedlichen Kombinationen Schrott : Eisenschwamm betrieben.

Der Ofeneinsatz besteht durchschnittlich zu 80 % aus Schrott und 20 % aus Eisenschwamm. Monatlich werden ca. 50 000 t Schrott verarbeitet. Der Eisenschwamm der Reduktionsanlage, der im Gegensatz zum Schrott keine schädlichen Begleitelemente wie Kupfer enthält, wird hauptsächlich zur Erzeugung von Qualitätsstahl eingesetzt.

Beim Einschmelzen wird korbweise chargiert. Bei einem Schrotteinsatz von 100 % werden 3 Schrottkörbe à 43 t benötigt, um eine flüssige Schmelze von 107 t abzustechen. Nach Einschalten des Ofens wird durch das Zünden des Lichtbogens der Schmelzprozeß in Gang gesetzt. Der Schrott eines 43-t-Schrottkorbes wird in 12 Minuten eingeschmolzen.

Der Eisenschwamm wird durch ein separates Deckelloch mit ca. 3 t je Minute chargiert. Die Förderrate wird so geregelt, daß das flüssige Stahlbad erhalten bleibt. Das Feinmaterial wird mit einer Lanze seitlich durch die Ofenwand eingeblasen.

Nachdem die Abstichtemperatur von 1620 °C erreicht ist und eine Kontrollprobe die richtige chemische Zusammensetzung ergeben hat, wird die Schmelze über einen exzentrischen Bodenabstich in eine Gießpfanne abgestochen. Mit diesem exzentrischen Bodenabstich (System Mannesmann-Demag) und dem Pfannenwagen wurde der Schmelzofen 1985 ausgerüstet. Der Umbau erfolgte aufgrund der bei HSW üblichen Wechselgefäßtechnik ohne nennenswerte Produktionseinbuße.

Die gesamte Feinungsarbeit wird in der Pfanne durchgeführt. Die Behandlung des Stahls im Pfannenofen dauert 30–50 Minuten.

Diese Arbeitsweise sowie die konsequente Umrüstung auf wenige, besonders leistungsfähige Aggregate, verbunden mit der Anwendung modernster Verfahren hat zu einer deutlichen Qualitätsverbesserung sowie zur Senkung der Energie, Elektroden- und Feuerfestverbräuche geführt. So wurde beispielsweise der Feuerfest-Verbrauch in kg/t Knüppel von 1981, dem letzten Jahr ohne Pfannenofen, bis 1984 um knapp 35% gesenkt. Er liegt bei ca. 10 kg/t Knüppel. Der Elektrodenverbrauch beträgt z. Z. 2,6 kg/t Knüppel. Der Qualitätsstandard der Knüppel wurde so erheblich verbessert, daß der Abwertungsanteil heute unter 0,4% liegt, der Kontrollaufwand erheblich eingeschränkt und die Knüppelputzerei aufgelöst wurde.

Stranggießanlage. Die ehemals zwei 4-Strang-Gießanlagen vom Typ Concast/Schloemann wurden 1981 in eine 6-Strang-Anlage umgebaut. Sie ist für Knüppelformate von 100–130 mm vkt. ausgelegt, **Tafel 3** und **Bild 3**.

Tafel 3. Stranggießanlage

Typ	Kreisbogenanlage, Concast/Schloemann
Anzahl der Stränge	6
Leistung	104 t/h
Verfügbarkeit	7920 h/a
Gießradius	5 m
Knüppelformate	100–130 mm vkt.
Knüppellänge	6,0–14,0 m
Kokillenlänge	800 mm
Trenneinrichtung	mechanische Pendelschere (300 t)
Kühlbett	Wendekühlbett

Bild Nr. 3 Knüppelstranggießanlage

Die Gießstrahlabschirmung arbeitet nach einem eigenen Verfahren. Die gesamte Anlage wird nahezu vollautomatisch durch ein ebenfalls von HSW entwickeltes Mikroprozessorsystem gesteuert. Die Stranggießanlage wurde 1984 grundlegend modernisiert.

Durch Optimierung des Produktionsprogramms und dadurch, daß unmittelbar nach dem Gießende einer Pfanne die bereitstehende nächste Pfanne über den Verteiler gefahren wird und der Gießvorgang somit ohne Unterbrechung fortgesetzt werden kann, wird die Sequenzgröße auf bis zu 10 Chargen gesteigert. Aufgrund der guten Oberflächen- und Innenbeschaffenheit können die Knüppel direkt im dahinterliegenden Walzwerk eingesetzt werden.

In einer elektromechanischen Scherenanlage werden die endlos gegossenen Knüppel auf die gewünschte Länge geschnitten. Die Steuerung der Scheren erfolgt automatisch durch Fotozellen.

Walzwerk. Das Warmwalzwerk nahm die Produktion 1971 auf. Es wurde 1974, 1983 und 1985 umgebaut und besitzt eine kombinierte Draht-/Stabstahlstraße, auf der zweiadrig Draht und einadrig Stabstahl gewalzt werden kann. Obwohl das Walzwerk ursprünglich für die Erzeugung von Beton- und Massenstahl konzipiert war, werden heute auch Qualitäts- und Schweißdrähte gewalzt,

Tafel 4. Warmwalzwerk

Hubherdofen	Didier-OFU
Nutzbare Breite	14,80 m
Nutzbare Länge	27,13 m
Nutzbare Herdfläche	401,50 m^3
Kapazität	150 t/h
komb. Draht- und Stabstahlstraße	Schloemann/Ashlow
Anzahl Gerüste	25
Anstichquerschnitt	120 mm vkt.
Drahtdurchmesser	5,5–12,0 mm
Betonstahl	6,0–28,0 mm
Walzgeschwindigkeit	60 m/s Draht u. 10 m/s Stab
Kühlsystem	kombiniertes Wasser-Luft-Kühlsystem

Überwiegend wird Walzdraht in den Abmessungen 5,5–12,0 mm produziert.

Bei der Walzung von geripptem Betonstahl werden die dünnen Abmessungen (6,0–12,0 mm) wie Draht zweiadrig gewalzt und anschließend auf einer 1984 neu investierten Richtmaschine gerichtet und auf Länge geschnitten. Die Abmessungen von 14,0–28,0 mm werden einadrig auf einem Kühlbett gewalzt und mit einer Hochlaufschere auf handelsübliche Längen geschnitten.

Der 1984 in Betrieb genommene *Hubherdofen* wurde komplett außerhalb der Walzlinie zusammengebaut und bei einem Eigengewicht von 2000 t über eine Strecke von 6 m in die endgültige Position hydraulisch verschoben. Durch die Anwendung dieser in der Stahlwerksgeschichte neuen Technik reichte für die Umstellung ein Produktionsstillstand von nur 10 Tagen gegenüber 9 Monaten bei konventioneller Bauweise.

Der Hubherdofen ist für eine Stundenleistung von 150 t ausgelegt. Die maximale Knüppelanzahl bei 120 mm vkt. sind 123 Stück plus 10 Knüppel auf dem Festherd, die gleichzeitig erwärmt werden. Der Ofen besitzt 125 Decken-Strahlungsbrenner, die die Knüppel auf die Walztemperatur von 1150–1200 °C bringen. Die Strahlungsbrenner sind in eine Vorwärm-, Heiz- und Ausgleichzone aufgeteilt, wobei die Ausgleichzone noch einmal 3stufig ist. Die Ofenführung läuft automatisch, im Bedarfsfall ist jedoch auch eine manuelle Regelung möglich.

Die Walzstraße besteht aus 25 Walzgerüsten. Sie ist in eine Vorstraße mit 9 Gerüsten, eine Mittelstraße mit 8 Gerüsten und einen Fertigblock mit 2 × 8 Gerüsten aufgeteilt. Die Ausgangsgeschwindigkeit an Gerüst 25 beträgt 60 m/s.

Die Hauptsteuerbühne ist der zentrale Leitstand der Walzstraße. Alle Funktionen der Straße werden von hier aus bedient oder eingestellt. Über Monitore und Schaubilder kann der gesamte Walzablauf kontrolliert werden.

Der von den horizontal ausgelegten Windungslegern aufgefächerte Draht wird über Transportketten der Ringsammelstation zugeführt. Die unter den Transportketten befindlichen Ventilatoren kühlen den Draht auf genau einstellbare Temperaturen ab.

Bild Nr. 4

Der Aufnahmedorn sammelt die Windungen, übergibt sie dem Bundsammelwagen, der sie zur Hakenbahn und zur Bundpresse führt, **Bild 4**. Hier werden die Windungen mit 20 t Druck zu einem Coil zusammengepreßt und mit selbst hergestelltem Draht gebunden. Die Hakenbahn befördert das Coil zur Waage, wo es etikettiert und transportfähig gemacht wird.

Die *Modernisierung* des Walzwerkes wurde Ende Juni 1985 abgeschlossen. Dabei wurde der zweiadrige Duo-Drall-Block geteilt in zwei einadrige Drallblöcke; außerdem wurde eine neue, vollautomatische und mikroprozessorgesteuerte Drahtadjustage sowie eine Kiesfilterwasseraufbereitungsanlage erstellt. Durch den Umbau wird neben humanisierten Arbeitsplätzen und einer Verbesserung der Kühlwasserqualität die Produktqualität gesichert und die Produktivität erhöht.

Bild 5 zeigt Drahtbunde vor der Verladung im werkseigenen Hafen.

Energieversorgung. Hauptenergieträger sind elektrischer Strom für das Stahlwerk und den übrigen Werksbedarf sowie Erdgas für die Direktreduktionsanlage, den Hubherdofen und die Pfannenwirtschaft.

Das Unternehmen hat zwei getrennte 110-kV-Anschlüsse. Aus einem Anschluß werden direkt aus dem 400-kV-Netz des Stromlieferers die Lichtbogenöfen versorgt. Aus dem anderen Anschluß kann der übrige Werksbedarf gedeckt werden.

Parallel zur Versorgung des Elektro-Ofens mit elektrischer Energie ist eine Spannungshalte- und Kompensationsanlage geschaltet. Über eine Schaltanlage werden im Bereich der sonstigen Werksversorgung die einzelnen Betriebe, Band- und Krananlagen versorgt. Je nach Betriebsteil wird die Spannung umgeformt oder herabgesetzt. Wichtige Antriebe wie z. B. die Wasserversorgung können auch im Notbetrieb betrieben werden. Beide Einspeisungen können mit einem Lasttrenner verbunden werden, so daß bei Ausfall einer Einspeisung auch ein eingeschränkter Betrieb im anderen Einspeisungsbereich möglich ist.

Das Erdgas wird über eine Versorgungsleitung mit einem Druck von 18–20 b eingespeist und auf den Werksdruck von 3,5 b reduziert. Die Direktreduktionsanlage verbraucht zur Zeit ca. 210000 m^3 (i.N.)/24 h. Der Restverbrauch (Pfannenwirtschaft, Hubherdofen) beträgt 60000–70000 m^3 (i.N.)/24 h.

Die Instandhaltung ist im Bereich der Werkserhaltung seit 1976 zentral zusammengefaßt. Die Instandhaltungsmaßnahmen gliedern sich in vorbeugende sowie störungsbedingte Instandhaltung (Reparatur). Der Schwerpunkt liegt auf der vorbeugenden Instandhaltung.

Bild 5. Drahtbunde vor der Verladung mit einem Wippdrehkran

Die Arbeiten der vorbeugenden Instandhaltung werden für einen vorgegebenen Zeitpunkt nach einer bestimmten Systematik für die unterschiedlichen Anlagen und Aggregate gesondert ermittelt. Sie gliedern sich in Wartung und Pflege; Inspektion (Funktionskontrolle und Abnahme) sowie eigentliche vorbeugende Instandhaltung (Auswechseln von Teilen nach einer vorgegebenen Betriebszeit oder aufgrund von Inspektionsergebnissen).

Alle Tätigkeiten der vorbeugenden Instandhaltung werden mit Hilfe der EDV erfaßt und gesteuert. Das Programm errechnet z. B. die Reparaturintervalle für verschiedene Anlagen und deren Teile, Reserveteilbewegungen und Kostenentwicklungen bzw. Tendenzen. Es ermöglicht eine exakte Schwachstellenanalyse und effektive Steuerung.

Umweltschutz. Die Umweltschutzmaßnahmen der Hamburger Stahlwerke GmbH gliedern sich in die Bereiche Reinhaltung der Luft, Lärmminderung, Abwasserbehandlung und Reststoffbeseitigung.

Reinhaltung der Luft. Das Einschwammförder- und -umschlagsystem der Direktreduktionsanlage wird mit drei Naß-Entstaubungsanlagen enstaubt. Dabei beträgt die installierte Antriebsleistung $\Sigma \approx 500$ kW, die Absaugleistung $\Sigma \approx 90000\,m^3$ (i. N.)/h und der Staubgehalt des Reingases $< 50\,mg/m^3$. Zusätzlich wurden 1986 3 Mio. DM für eine emissionsfreie Verladestation für Eisenschwamm investiert. Der für den Verkauf vorgesehene Eisenschwamm wird in einem geschlossenen System, in dem zusätzlich eine Entstaubungsanlage installiert ist, gelagert und in Eisenbahnwaggons verladen. Diese doppelte Sicherheit garantiert eine 100 %ige Emissionsfreiheit.

Im Stahlwerk ist eine kombinierte Hallen- und Direktabsaugung (Trockenentstaubung) installiert mit einer Absaugleistung von $1600000\,m^3$ (i.N.)/h. Das Filterhaus besteht aus 16 Filterkammern mit 216 Gewerbefiltern je Kammer, was einer Oberfläche von über $34500\,m^2$ entspricht. An diese Entstaubungsanlage sind angeschlossen die Direktabsaugung des Elektro-Ofens zur Erfassung der Primärabgase; die Dachhaube über dem Elektro-Ofen zur Erfassung der Abgase beim Chargieren von Schrott, beim Abstich und zur Erfassung derjenigen Abgase, die nicht von der Direktabsaugung erfaßt werden und dem Ofen durch Öffnungen (z. B. Elektrodendurchführungen) verlassen; die Direktabsaugung des Pfannenofens zur Erfassung der Primärabgase bei der Pfannenbehandlung; die Dachhaube über dem Pfannenofen; die Direktabsaugung des Elektro-Ofens I, der z. Z. als Standby-Ofen benutzt wird, und die dazugehörige Dachhaube.

Die Entstaubungsanlage erfüllt schon heute die in der 3. Novellierung der TA Luft vorgesehenen Auflagen für Elektrostahlwerke. In dieser Novellierung beträgt der Grenzwert für den Staubgehalt des Reingases $20\,mg/m^3$ (i.N.). Die Einhaltung dieses Grenzwertes wird durch eine kontinuierliche Messung des Staubgehaltes mit der Bildung von integralen Mittelwerten über einen Zeitraum von jeweils 10 Minuten überwacht. Überschreitet der Staubgehalt als integrierter Halbstundenwert $40\,mg/m^3$ (i.N.), erfolgt automatisch eine Abschaltung des Elektro-Ofens. Die Einhaltung des 20-mg-Grenzwertes wird anhand der Registrierung der 10minütigen Mittelwerte regelmäßig kontrolliert.

Die staubförmigen Emissionen bei der Bärenaufbereitung werden durch eine Trockenentstaubungsanlage erfaßt.

Lärmminderung. Da die Hamburger Stahlwerke in der Nähe von Wohngebieten angesiedelt sind, kommt dem Lärmschutz eine besondere Bedeutung zu. Es wurden in der Vergangenheit verstärkt an verschiedenen Anlagen Lärmschutzmaßnahmen durchgeführt, um sicherzustellen, daß in der näheren Umgebung ein Lärmemissionsrichtwert von 50 dB(A) tagsüber bzw. 35 dB(A) nachts nicht überschritten wird. Bei der Einrichtung von neuen Anlagen bzw. beim Umbau bestehender wird jeweils auf der Basis eines Lärmgutachtens ermittelt, ob Schallschutzmaßnahmen notwendig sind und durchgeführt werden müssen, damit die Einhaltung der genannten Richtwerte gewährleistet bleibt.

Abwasserbehandlung. Die verschiedenen Kühlwasserkreisläufe werden als geschlossene Kreisläufe betrieben. Die Wasserverluste infolge von Verdunstung und Verdampfung werden durch die Zugabe von im Werk aufbereitetem Elbwasser ausgeglichen. Das Schmutzwasser, das ebenfalls in einem geschlossenen Kreislauf zirkuliert, wird in Kiesfiltern von Schweb- und Feststoffen befreit. Das Walzwerk erhält nach Modernisierung eine neue Kiesfilteranlage.

Reststoffbeseitigung. Die Elektroofenschlacke wird zu Wegebaumaterial aufbereitet und in einer Menge von jährlich ca. 60000 t verkauft. Die kalkhaltige Schlacke wird als Düngemittel abgesetzt. Der zinkhaltige Filterstaub des Stahlwerkes wird zum Recycling aufbereitet.

Blick auf das Stahlwerk

Allgemeines. Die Betriebsführung wird durch die elektronische Datenverarbeitung wesentlich unterstützt. Das Rechnerverbundnetz läßt sich in drei Teilbereiche gliedern: Prozeßdatenverarbeitung, Betriebsdatenerfassung und -auswertung sowie kommerzieller Datenverarbeitung.

Prozeßdatenverarbeitung: Im Bereich des Schmelzofens ist ein Prozeßrechner im Einsatz, die Gießanlage wird mit Mikroprozessoren gesteuert. Die Steuerung des Elektrolichtbogenofens hat im wesentlichen folgende Funktionen: Ofensteuerung auf der Grundlage von Fahrdiagrammen; Steuerung der Eisenschwammzugabe in Abhängigkeit der zur Verfügung stehenden Leistung; Legierungsmittelrechnung; Vorgabe der metallurgischen Arbeit; chargenbegleitende Protokollierung der wesentlichen Funktionen und Daten; Information des Ofenpersonals und der Stahlwerksleitung über Ofenzustand und Stahlanalysen; Berechnung der aktuellen Badtemperatur; Bedienungsführung über Bildschirmdialog und Funktionstastatur und Energieverteilungssteuerung.

Die Steuerungsprogramme des Spritzwassers der Stranggießanlage liefern Vorgaben der Spritzwasserdrücke je nach Qualität, Gießgeschwindigkeit und Oberflächentemperatur. Alle Chargenberichte werden automatisch nach Komplettierung per Bildschirmdialog gedruckt.

Der Hubherdofen des Walzwerkes ist zur Optimierung der Energie automatisiert. Auch die Steuerung der Walzstraße erfolgt durch einen Rechner.

Betriebsdatenerfassung und -auswertung. Die in den Produktionsbetrieben mit Hilfe der Prozeßsteuerung erfaßten Daten werden in das Rechnersystem eingespeist und zu Berichten, Statistiken und Auswertungen verarbeitet. Die Produktions- und Bestandsberichte sind an dieses System angegliedert.

Kommerzielle Datenverarbeitung. Die mengen- und finanzwirksamen Betriebsdaten werden der kommerziellen Datenverarbeitung zur Verfügung gestellt. Folgende Aufgabenbereiche werden mit Hilfe der EDV bearbeitet: Materialwirtschaft, Lohn- und Gehaltsabrechnung, Finanzbuchhaltung, Kostenrechnung, Auftragsabwicklung, Betriebsabrechnungsbogen und Unternehmensplanung.

39

1897!

Die Fischerflotte.

Verzeichniß der

Fischer-Fahrzeuge von der Elbe, Weser,

Ems, Norderney, Vlaardingen etc.

Preis 50 Pf.

Verlag:

Johs. Kröger's Buchdr.

Blankenese.

Unterscheid.-Zeichen u. Nr.	Name des Fahrzeuges	Name des Hochseefischers	Wohnort des Hochseefischers
HF			
1	Margaretha	Joh. Siv. Cohrs	Finkenwärder
2	Catharina	Paul Barghusen	„
3	Gesine	Hinr. Friedrichson	„
4	Der Friese	Heinr. Saß	K „
5	Wal	August Gentsch	„
6	Salamander	Christ. Claussen	K „
8	Margaretha	Wilhelm Bünger	„
9	Anna	Hein Loop	„
11	Hai	Paul Meyer & Julius Meyer	„
12	Nymphe	Jacob Fock	K „
14	Cobra	H. Mewes & Jac. Inselmann	„
15	Fortuna	Johs. Hollander	„
16	Fürst Bismarck	Paul Wüpper	K „
17	Betty	Peter Schuldt	„
20	Thusnelda	J. C. Bastian & Julius Wüpper	„
21	Alida	Jürgen Bielenberg & H. Smidt	„
22	Meta Alwine	Heinrich Wüpper	„
25	Victoria	August Schröder & Herm. Buck	„
26	Jupiter	Hinr. Woldmann	K „
27	Blitz	Joachim & Martin Barmbrock	„
29	Cito	Heinr. Loop	K „
30	Amor	Johs. Simonsen	K „
31	Maria	Johann Bahde	Finkenwärder
32	Welle	H. Meier	„
35	Maria	Hannes Mewes	„
36	Catharina	H. Helmcke	„
37	Freia	H. Wehr & Joh. Fock	K „
38	Delphin	Heinrich Lühmann	
39	Presto	H. Barghusen	K „
41	Preciosa	Paul Detels & O. Schuldt	„
42	Providentia	H. Butendeich	K „
44	Meta Catharina	Johs. Rübcke & J. Quant	„
45	Vlieboot	Peter Külper & H. Külper	K „
46	Seerose	J. Meyer	K „
47	Seeadler	J. Six & Amandus Mewes	K „
48	Claus Heinr.	Claus Helmcke gen. Maack	„
49	Fare Well	H. Peters & O. Sietas	K „
51	Minnie	Karsten Marquard	Sm „
54	Eben-Ezer	Heinrich Wüpper	K „
56	Amanda	H. Lancker & J. Lancker	„
57	Albinus	Heinr. Butendeich	K „
HF			
59	Diamant	Karl Woldmann	K „
60	Welle	Hein Lübben	„
61	Elisabeth	Hinrich Mewes	Finkenwärder
64	Meta Amanda	J. Popp	„
65	Allegro	Wilhelm Wüpper	K „
66	Courier	Hinrich Meyer	„
68	Matthias	Joh. Wehr	K „
69	Gesine	Hannes Fick	K „
72	Pescatore	Carsten Wulf	K „
73	Courier	Willmann & Folkers	K „
75	Lerche	Johann Schloo	„
76	Taube	H. Fahje	K „
77	Willy	Jacob Holst	„
78	Anna	Julius Achner	„
80	Catharine	Johs. Wulf	„
84	Annitha Mathilde	Heinr. Barghusen	„
85	Catharina	Peter Detels & Johs. Mewes	„
88	Adele	Heinrich Oehms	„
89	Welle	Joh. Fick	K „
90	Preciosus	Johs. Hustedt	K „
92	Sperber	G. Meier	K „
93	Willy	Carsten Hustedt & Jul. Hustedt	„
100	Anna Cath.	Martin Külper	„
101	Rebecca	Martin Mewes	„
104	Venus	H. Sietas & J. Mohr	K „
105	Seeluft	Peter Fock	„
107	Augusta	Ahrend Fock	Finkenwärder
109	Helene	Johannes Gahde	„
110	Armin	Jacob Keßler	„
111	Saturn	Ernst Heinrich & H. Mewes	„
112	Elsa	August Wriede	„
113	Joh. Cathar.	Jacob Marquard	„
115	Hai	Joh. Lancker	„
117	Catharina	Max Stegemann	„
118	Anni Mathilde	Simon Fock & Carsten Fock	„
120	Hai	Peter Koch	„
123	Magdalena	Johann Hamm	„
124	Adelheid	Herm. Reiher	„
125	Cäcilia	Heinrich Kienau	„
127	Meta Auguste	Carsten Fick	„
129	August	Herm. Schröder	„
130	Anna	M. Mewes & H. A. Meier	„
131	Catharina Magdalena	Paul Külper	„
132	Gesine	Jacob Suhl	„
140	Anna Maria	Jürgen Warncke	„

Unterscheid.-Zeichen u. Nr.	Name des Fahrzeuges	Name des Hochseefischers	Wohnort
HF			
141	Meta	Hinrich Meister-knecht & Johs. Buck	"
143	Anna Auguste	H. Wülfken	"
145	Anni	Peter Rickmers	Finkenwärder
146	Bertha Alwine	Jacob Stroh	"
147	Margaretha Catharina	Jacob Kröger & Claus Voß	"
148	Margaretha Dorothea	Heinrich Schacht	"
152	Anna Mar-garetha	Johs. Külper	"
154	Anna Her-mine	Hermann Meyer	"
156	Anna	Johann Külper	"
158	Fortuna	Joachim Bott	"
159	Hoffnung	Julius Bott & Julius Meyer	"
162	Adelgunde	P. Pülsch	"
163	Nautilus	R. Krug	K "
164	Albatroß	Jacob Lührs	K "
166	Michael	Martin Mewes	"
168	Margaratha	Johann Kühl	"
170	Catharina Maria	Michel Fick	"
172	Germania	Carsten Kröger	K "
175	Nordsee	J. Bade	K "
177	Juliane	J. Behrendsen & J. Nibbe	K "
178	Regine Mar-garetha	Johs. Jonas	"
179	Hermine Henriette	Johann Reckmann	Finkenwärder "
180	Gazelle	J. v. Eitzen	K "
181	Fortuna	Jacob Külper	K "
182	Forelle	C. Pauli	K "
183	Frieda	H. Fick & C. Böckmann	K "
184	Adonis	Hinrich Mewes	K "
186	Flora	Johannes Winter	K "
187	Avance	Albert Rolf	K "
188	Laertes	August Witt	K "
189	Sagitta	Julius Detels	K "
190	Möwe	Carl Meier	K "
191	Elbe	J. S. Fock	K "
192	Nixe	Joh. Mewes	K "
194	Schwalbe	Hinrich Wulf	K "
195	Nordstern	H. J. Külper	K "
196	Columbus	H. Heitmann & Claus Ahlf	K "
199	Probus	Rudolf Mewes & J. Holst	K "

Unterscheid.-Zeichen u. Nr.	Name des Fahrzeuges	Name des Hochseefischers	Wohnort
HF			
201	Antilope	H. Schacht	K "
202	Edelweiß	M. Külper & Joach. Fock	K "
203	Germania	H. Meier & H. Beulke	K "
204	Dorothea	Simon Külper	K "
205	Schwalbe	Johann Lühs	K "
206	Ingerta	Hinrich Külper	K "
210	Olga	Peter Reimers & Peter Horstmann	Finkenwärder K "
211	Maria	W. Schuhmacher	"
212	Condor	Paul Wittorf	"
214	Elbe	Fritz Hartmann	K "
215	Nelson	Johs. & Amandus Woldmann	K "
216	Cili Margaretha	Jac. Cohrs	K "
217	Justitia	Hermann Loop	K "
218	Apollo	J. Struß	K "
219	Emma Gesine	H. Gröhn & J. Lühs.	"
PC 9	Albert	Soltau	K "
LF			Finkenwerder
2	Nelson	Peter Struß	(Lünebg. Seite)
3	Neptun	Herm. Wittorf & Martin Wittorf	"
4	Jonni	Johs. & H. Martens	K "
5	Helene	R. Fock & R. Behrens	K "
6	Anna	Jacob Fock	"
8	Pegasus	H. Mundt	K "
9	Anna	Johann Stürho.dt	"
10	Meteor	H. Oelkers	"

K bedeutet Kutter, E Ewer, Sm Smack

40 Ein Dank an alle.

Bereits seit Jahren trug ich mich mit dem Gedanken, meine gesammelten Kurzgeschichten zu veröffentlichen; Geschichten, die mir alte Leute erzählt haben.

Im Jahr 1983 faßte ich den Entschluß, ein Buch über unsere Elbinsel zu schreiben. Eine Chronik und einige Zeilen über das Leben, wie ich es als einer, der im Jahr 1935 geboren wurde, und meine Freunde, die alten Erzähler und Erzählerinnen, erlebt haben.

Ein Anlaß war für mich auch die vor uns liegende 750-Jahr-Feier. Für die Nachforschungen im Hamburger Staatsarchiv opferte ich einen Jahresurlaub.

Ich war angenehm überrascht, als ich feststellte, daß alle mir von den Gesprächspartnern, die im Durchschnitt achtzig Jahre alt waren, genannten Informationen auf das Jahr genau bestätigt wurden. Das Langzeit-Gedächtnis dieser Generation war noch nicht durch Funk und Fernsehen verdorben.

Bei all meinen Aktivitäten wurde ich von meinem Jugendfreund, dem Marinemaler Hinrich Stroh, unterstützt.

Neben dem von mir verfaßten Teil bemühte sich Rudolf Meier um Biographien einiger Künstler und um die Familienchroniken von Oehms und Bade. Weitere Artikel schrieben:

Erich Könnecke, Dirk Römmer, Adolf Albershardt, Gustav Wülfken, Jan Niemann, Arno A. Evers, Werner Marquart, Hans Hasso Henning und Kurt Frank.

Ein Arbeitskreis, der aus den Personen Jürgen Fritzler, Heinz Köhler, Jürgen Lilienthal, Rudolf Meier, Dirk Römmer, Hinrich Stroh und Kurt Wagner bestand, hat in der gesamten Planungsphase des Buches zur Gestaltung beigetragen.

Das Layout und die graphische Gestaltung lagen bei Jürgen Fritzler.

Besonderen Dank für die geleistete Hilfe möchte ich hiermit aussprechen:

Herrn Dr. Schneider vom Staatsarchiv,
Herrn Theodor F. Siersdorfer,
Herrn Arthur Conrad Förste.

Den Graphikern und Illustratoren: Richard Erickson, Werner Schultz, August Pahl.

Den Fotografen: Marianne Menges, Irma Oehms, Willi Luther, Jan Book, August Meier, Heiner Tode, Herbert Harms, Kurt Schuback, Heinz Linde, Hans Folkers.

Meinen alten Helferinnen und Helfern:

Lenchen Mewes, Gesa Book, Käthe Bott, Meta Wittorf, Hans H. Mohr, Hans Sylvester, Jochen Bastian, Paul Külper, Hans Lütje, Hans Hagendorf, Hannes Wülfken, Karl Feltz, Jochen Behrens und Hinrich Stroh.

Den Chronisten der Finkenwerder Polizeiwache, deren Aufzeichnungen uns eine große Hilfe waren.

Der Firma Gottfried Friedrichs KG, Andersen u. Co, Bella-Tourist-Reisen, Hamburger Sparkasse, Frau Lenchen Mewes, Frau Waltraud Mewes, Volksbank Hamburg Ost West eG und der Vereins- und Westbank für ihre Unterstützung.

Dem Verleger und Buchhändler Erich Könnecke gebührt für seinen Wagemut, dieses Werk mit einem Dutzend Autoren herzustellen, unsere Anerkennung.

Ich hoffe, den Freunden Finkenwerders mit dieser Arbeit etwas Freude bereitet zu haben.

Finkenwerder, den 15. August 1986

Kurt Wagner

41 Inhaltsverzeichnis